KB076025

베를린장벽의 서사

독일 통일을 다시 본다

베를린장벽의 서사

독일 통일을 다시 본다

김영희 지음

창비

줄리와 도빈에게

왜 지금 독일 통일인가

"미네르바의 부엉이는 황혼이 되어야 날기 시작한다." 헤겔(Georg W. F. Hegel)의 『법철학』 서문에 나오는 말이다.[1] 헤겔은 "저녁때가 되기 전에는 그날 일을 칭찬하지 말라"는 독일 격언을 철학적으로 이론화한 것 같다. 미네르바는 지혜의 여신이다. 헤겔은 역사적 사건의 올바른 이해와 해석에는 시간적 거리가 필요함을 강조하고 있다. 사건이 진행 중일 때는 혼란이 지배한다. 혼란 속에서는 미네르바가 부엉이라는 전령을 날려 보내도 복잡하게 얽혀 돌아가는 사건을 객관적으로 관찰할 수가 없다. 공간에 비유하면 숲속에 들어가면 개개의 나무만 보일 뿐 전체 숲을 볼 수 없는 것과 마찬가지다.

독일 통일 후 25년이 지났다. 25년은 형이상학적으로 헤겔의 시간적

---

1) 독일어 원문은 "Die Eule der Minerva beginnt erst mit der einbrechenden Dämmerung ihren Flug." 영어로는 "The owl of Minerva takes flights only as the dusk begins to fall."

거리를 충족시킬 정도는 아닐 것이다. 그러나 두개의 독일이 하나가 되어 내적 통합(Innere Einheit)이 거의 완료되어가는 통일 25주년의 시점은 독일 통일이라는 대사건을 형이하학적으로 조망하기에는 충분하다고 생각된다. 독일 통일의 더 깊은 의미는 후세 학자들의 역사철학적 평가의 과제로 남을 것이다.

독일 통일 후 국내외에서 수많은 저서들이 쏟아져 나왔다. 특히 독일 국가보안부 슈타지(STASI)의 기밀문서가 공개되면서 독일·유럽·미국 학자들의 일차 자료를 이용한 연구서가 많이 발표되었다. 한국에서도 독일 통일 이후 몇년 사이에 관련한 책이 10종 이상 출간되고 연구논문도 많이 발표되었다.

한국에서 나온 독일 통일 연구서는 대체로 1차 자료보다는 2~3차 자료를 이용하거나 현지의 목격담에 바탕을 두었다. 1차 자료는 독일 학자, 통일 전부터 독일문제로 명성을 얻은 유럽 학자, 독일 통일에 직접 참여했던 서방세계와 러시아의 전직 관리만이 이용할 수 있다. 한국 저서들의 또다른 공통점은 1989~90년의 통일 과정, 통일 직후 동서독의 내적 통합 과정에 초점을 맞추었다는 것이다.

독일 통일이 '통일=아데나워 서방정책+브란트 동방정책+콜 통일외교와 동서독 통일협상'이라는 등식으로 설명된다면, 서방정책과 동방정책과 통일외교는 통일 과정의 대부분을 차지하는 필수적인 조건들이다. 본문에서 자세히 설명하겠지만 아데나워(Konrad Adenauer)의 서방정책이 성공하지 못했다면 브란트(Willy Brant)는 동방정책에 전념할 수 없었을 것이다. 모스끄바조약과 바르샤바조약 같은 동방정책의 성과, 그 바탕이 된 고르바초프(Mikhail Gorbachyev)의 뻬레스뜨로이까와 동유럽 시민혁명이 없었다면 콜(Helmut Kohl)의 통일외교와 동

독과의 통일협상도 1989~90년에는 불가능했을 것이다. 1991년 고르바
초프가 실각하고 소련제국과 동유럽 사회주의체제가 해체된 것을 고려
하면 1990년 10월 독일이 통일된 것은 메르켈(Angela Merkel) 총리가
말한 행운 이상의 '신의 선물'이었던 것 같다.

이 책은 독일 통일에 관한 2~3차 자료, 특히 독일, 소련, 영국과 미국,
프랑스 전문가와 정책참여자 들의 저서와 기록을 토대로 쓴 것이다. 무
엇보다 1989~90년 통일의 내적 조건보다는 외적 조건에 훨씬 많은 지
면을 할애했다. 동유럽 시민혁명의 전말, 고르바초프의 뻬레스뜨로이
까와 글라스노스뜨의 진행과 실패, 갑자기 통일을 눈앞에 둔 콜의 초인
적인 통일외교가 이 책의 큰 흐름이다.

우리가 반드시 머리에 깊이 새겨야 할 것은 독일 통일의 외적 조건이
독일인에게 거저 주어진 것이 아니라 서독의 역대 정부가 능동적으로
만들어낸 것이라는 사실이다. 교황 요한 바오로 2세의 폴란드 자유화
기여, 동서독 개신교의 역할, 폴란드 가톨릭 지식인들의 자유노조 쏠리
다르노시치(Solidarność) 지원은 직간접으로 독일 통일의 중요한 외적
조건이 된다. 그러나 교황의 역할과 동유럽 시민혁명이 독일 통일에 미
친 절대적인 영향은 브란트의 동방정책이 선행했기에 가능했다. 이렇
게 서독의 3대 정책과 동유럽 사태는 상호작용의 변증법적 관계로 진행
되었다.

우리는 통일의 당사자다. 미·중·러·일 주변 4강이 한반도 통일을 주
도하기를 기대하는 것은 연목구어(緣木求魚)다. 통일의 이니셔티브는
한국에서 나와야 한다. 동시에 독일에서와 마찬가지로 한국의 이니셔
티브와 주변 4강의 역할은 상호 작용하는 변증법적 관계여야 한다. 북
한의 '우리끼리 통일'은 처음부터 고려의 대상이 되지 않는 정치적 구

호에 불과하다. 남북관계 개선과 남북 협력이라는 내적 조건이 갖추어지면, 남북한의 한목소리가 주변 4강의 한반도 정책을 평화와 통일을 지지, 지원하는 방향으로 선회시킬 수 있는 것이다.

평화 정착은 통일 준비의 알파요 오메가

한국에 이미 독일 통일에 관한 책이 많은 것을 알면서도 굳이 이 책을 쓴 이유는 2015년 1월 박근혜 대통령의 '통일대박론' 이후 새롭게 활기를 띤 통일 논의에 하나의 방향을 제시하겠다는 넓은 오지랖 때문이다. 한국의 통일 논의는 1989~90년 상황에 집중되어 있는 것이 특징이요 약점이다. 거기까지 간 과정은 충분한 주목을 받지 못했다.

서독 총리 아데나워는 독일이 2차대전 패전의 폐허를 딛고, 문명파괴의 오명을 씻고, 국제사회의 일원으로 복귀하려면 먼저 서방국가들과 관계를 회복해야 한다는 비전에서 출발했다. 그는 프랑스와의 화해가 성사되면 이딸리아나 베네룩스3국과의 화해는 부수적으로 따라올 것이라 판단했고, 그 판단은 정확했다. 아데나워의 서방정책은 프랑스와의 데탕트 정책이었다. 그래서 그는 프랑스에 자를란트의 관리권을 넘기고 루르의 석탄과 철강의 생산 및 판매를 프랑스, 이딸리아, 베네룩스3국과 나누는 통 큰 양보를 서슴지 않았다. 1870~71, 1914, 1939년 독일이 프랑스에 세번의 대전을 도발한 것을 계산에 넣으면 독일이 감수해야 할 양보였다.

빌리 브란트는 1969년 집권하여 바로 동방정책에 착수했다. 그의 탁월한 외교책사 에곤 바(Egon Bahr)는 독일 통일의 열쇠를 모스끄바가 쥐고 있음을 간파하고 소련과의 관계개선에 외교적 자산을 집중했으며, 이것이 불씨가 되어 1980년대 헬싱키 프로세스와 함께 동유럽 무혈 시민혁명이 성공하게 된다. 동유럽 시민혁명의 동풍이 불어 동독시민들에게 거리로 뛰쳐나갈 용기를 주었다.

한편 1989년 베를린장벽이 무너지자 영국 총리 마거릿 대처(Margaret Thatcher)와 프랑스 대통령 프랑수아 미떼랑(François Mitterrand)은 독일 통일 저지를 위해 동분서주했다. 그들은 통일독일이라는 강력한 중앙집권적 빅 파워가 유럽대륙의 중앙에 등장하는 것을 용납할 수 없었다. 일찍이 독일 통일 지지입장을 밝힌 아버지 부시(George H. W. Bush)의 지원이 있었다고는 해도 대처와 미떼랑을 설득하고 오데르-나이세 국경선 문제가 걸려 있는 폴란드를 회유하는 것은 결코 쉬운 일이 아니었다. 이에 콜은 서독의 경제력을 바탕으로 한 외교자산을 총동원하여 초인적인 통일외교를 벌였다.

한국과 독일의 상황은 현저히 다르지만 서방정책-동방정책-동서독 통일협상 과정은 한국이 벤치마킹할 교훈의 보고다. 통일은 준비하되 말하지 않는다는 아데나워·브란트·콜의 깊은 사려, 큰 담론보다 작은 실천이 중요하다는 에곤 바의 통찰, 대처와 미떼랑의 철벽 같은 통일 저지를 불요불굴의 초인적 외교로 극복한 콜의 예술적 통일외교, 통일 후 동독 파워 엘리트들을 내적 통합과 화해에 우선순위를 두고 처리한 지혜는 하나같이 우리가 진지하게 배울 내용이다. 상황이 달라 독일 통일에서 배울 것이 없다는 생각은 치명적인 무지와 나태의 발로다.

독일 통일의 가장 중요한 교훈은 통일이 서방정책과 동방정책 위에 긴 평화를 축적하며 왔다는 사실이다. 평화를 건너뛴 통일은 있을 수 없다. 우리의 통일정책도 한반도 평화 정착, 남북한 대화·화해·협력의 축

10

적을 골격으로 해야 한다. 브란트의 말로 마무리를 대신한다. "평화가 전부는 아니다. 그러나 평화가 없으면 아무것도 할 수가 없다."

차
례

제1장

/

아데나워의 서방정책

독일이 너무 좋아 두개의 독일이 있기를

2차 세계대전 후 독일은 모든 유럽인들의 '축복' 속에 분단되었다.[1] 패전으로 독일 제3제국은 멸망했고, 1945년 2월 얄타회담과 7월 포츠담 회담은 패전 독일을 연합국관리이사회 아래 4대 승전연합국이 분할점 령하기로 결정했다. 유럽인들이 1870~71년 프로이센-프랑스 전쟁에 이어 20세기에 두번의 대전을 일으켜 유럽 문명 자체를 말살시킬 뻔한 독일이 다시 강력한 중앙집권적 통일국가로 재기하는 것을 원하지 않은 것은 당연했다. 그런 배경에서 프랑스 작가 프랑수아 모리악(François Mauriac)의 것으로 알려진 명언이 전해져 내려온다. "나는 독일을 너무 좋아한다. 그래서 하나의 독일보다는 두개의 독일이 있어 기쁘다."[2]

---

1) David Calleo, *The German Problem Reconsidered: Germany and the World Order 1870 to the Present* (Cambridge, Eng.: Cambridge University Press 1978) 162면.

2) Timothy G. Ash, *In Europe's Name: Germany and the divided continent* (New York: Random House 1993) 23면. 이 말을 누가 먼저 했는가에 대해서는 몇가지 다른 의견이 있다. 프랑

그래도 독일은 패전 후 반세기에서 5년이 모자라는 시점에 통일을 성취했다. 1949년 서독/동독 정부 수립에서 1989년 베를린장벽 붕괴까지의 독일 통일 과정은 3단계로 나뉜다.

첫 단계는 1949~63년까지 초대 총리 콘라트 아데나워가 추진한 서방정책(Westpolitik)이다. 서방정책의 두 기둥은 첫째 프랑스와의 화해, 둘째 유럽의 다자기구에 참가하여 서독 스스로 다자기구의 한 멤버로 구속을 받아 독일에 대한 서유럽국가들의 경계심과 적개심을 해소시키는 것이었다. 통일독일에 대한 동서유럽국가들의 경계는 단순히 정서적·심리적·감정적인 것이 아니라 히틀러(Adolf Hitler) 제3제국의 트라우마를 반영한 지극히 실존적인 것이었기 때문이다.

1949년에 수립된 독일연방공화국(서독) 초대 총리에 오른 아데나워는 두개의 뜻밖의 행운을 만났다. 하나는 1947년부터 고조된 동서냉전이고, 다른 하나는 1950년 발발한 한국전쟁이었다. 한국의 비극이 이들에게는 축복이었던 것이다. 이 시기 미국은 경제에서는 마셜 플랜을 통해서 유럽에 막대한 경제재건 사업을 위한 자금을 쏟아붓고, 군사에서는 나토(NATO)를 결성하여 동유럽을 세력권으로 장악한 소련의 위협에 대비하고 있었다. 그러던 중 한국전쟁이 일어나자 미국은 미군의 유럽 잔류를 조건으로 서독 재무장을 요구하게 된다. 이는 유럽인들에게 큰 충격이 아닐 수 없었다.

2차대전의 악몽에서 깨어나지 못한 서독인들조차 재무장에 반대했다. 그때 나온 시민들의 구호가 "나는 싫다!"(Ohne mich!)였다. 여론

수아 미떼랑이라는 설, 심지어 전 이딸리아 총리 안드레오띠(Giulio Andreotti)라는 설까지 다양하다.

은 찬성 24프로, 반대 36프로로 갈렸다. 의회와 내각에서도 재무장을 둘러싼 격렬한 논쟁이 벌어졌다. 내무장관 구스타프 하이네만(Gustav Heinemann)은 재무장에 반대하여 장관직을 사임하고 당적을 사민당으로 옮기면서, 신이 우리 손에서 두번이나 칼을 거두어 갔는데 칼을 세번 쥘 수는 없다고 말했다. 재무장이 필수적이라고 생각한 아데나워는 이에 지지 않고, 신은 우리에게 생각하라고 머리를 주고, 행동하라고 손을 주었다고 응수했다. 독일 대정치가들의 격조 높은 정치수사(Rhetoric)가 한국 정치인들의 품격 없는 언행과 대조된다. 그때 아데나워는 대세에 맞서 인기 없는 정책을 추진하는 이른바 컨트래리언 리더십(Contrarian leadership)을 발휘했다.

아데나워 퇴임 후에는 루트비히 에르하르트(Ludwig Erhard) 정부와 쿠르트 키징어(Kurt Kiesinger) 정부가 1969년 정권이 빌리 브란트의 사회민주당(SPD, 이하 사민당)으로 넘어갈 때까지 아데나워의 외교노선을 계승, 발전시켰다. 뒤에 자세히 설명하겠지만 서방정책의 특징은 정부간 협상(high policy)과 활발한 풀뿌리 교류의 투 트랙이었다. 또한 브란트의 사민당 정부도 이러한 기독교민주연합(CDU, 이하 기민당) 정부의 투트랙 모델을 따르게 된다.

두번째 단계는 브란트의 동방정책(Ostpolitik)이다. 기민당 정부의 서방정책이 성공함으로써 서독은 프랑스를 포함한 서유럽국가들로부터 '유럽의 가족'으로 받아들여졌다. '서부전선 이상 없음'은 브란트 정부에게 시선을 동쪽에 집중할 활동의 공간을 허용했다.

브란트는 1969년 자유민주당(FDP, 이하 자민당)과의 연립정부의 총리가 되기 전 1966년부터 3년 동안 기민/기독교사회연합(CSU, 이하 기사당)과 사민당의 대연립정부의 외무장관을 지낼 때부터 총리 키징어와 정면으로 대립하지 않은 한도에서, 때로는 키징어 노선과 미묘한 차이를 보이면서 이미 자신의 동방정책의 구상을 실천에 옮기고 있었다. 그리하여 브란트 정부는 집권 이듬해인 1970년 모스끄바조약과 바르샤바조약을 체결하는 역사적인 성과를 올린다. 동독과의 화해는 모스끄바를 통해서만 가능하다는 에곤 바의 비전이 결실을 맺은 것이다.

브란트의 옆에는 '독일의 키신저' 에곤 바가 있었다. 동방정책의 주요 내용들은 대부분 기자 출신인 바의 머리에서 나왔다. 바는 상상력, 기획력, 추진력, 협상술에서 키신저(Henry Kissinger)와 맞겨룰 만한 협상의 달인이었다. 그는 독일 역사상 1871년 독일을 통일하여 제2제국을 세운 오토 폰 비스마르크(Otto von Bismarck) 이래의 탁월한 외교전략가일 것이다.

독일 통일의 세번째 단계는 1989~90년에 전개된 헬무트 콜 기민/자민당 연립정부의 동방정책과 독일정책(Deutschlandpolitik)이었다. 독일정책은 동독을 상대로 통화·경제·사회 통합, 동서독 간 통행 확대, 1990년 3·18 총선거 후에는 통일에 따르는 모든 문제를 협상하는 내적 조건 갖추기를 의미한다. 콜은 1982년 사민당으로부터 정권을 쟁취한 뒤 첫 시정연설에서 사민당 정부의 동방정책을 계승, 발전시키겠다고 선언하여 많은 독일인들을 놀라게 했다. 그는 야당 시절 브란트의 동방정책 비판자였다. 콜의 브란트 동방정책 계승 선언은 정권이 바뀔 때마다 대북정책이 바뀌는 한국에 시사하는 바가 크다. 콜은 소련과 폴란드, 헝가리, 체코슬로바키아에서 불어오는 개혁 바람, 사실상 혁명 바람이 동독 주민들에게 반체제 자유화 운동을 촉발한 기회를 놓치지 않았다.

독일 통일 과정을 100으로 볼 때 이들 각 단계의 통일 기여도는 얼마나 될까. 독일의 권위 있는 주간지 『디 차이트』(*Die Zeit*) 편집인과 발행

20

인을 오래 지낸 원로 언론인이며 역사학자인 테오 좀머(Theo Sommer)는 동방정책의 통일 기여도가 99프로라고 말했다.[3] 좀머는 사민당에 우호적인 독일의 대표적인 지식인이다. 그래서 동방정책에 그렇게 후한 점수를 주는 게 아닌가 싶어 롤프 마파엘(Rolf Mafael) 주한 독일대사에게 물었다. 그의 답은 70프로였다. 그래도 매우 높은 점수다. 99프로가 맞든 70프로가 맞든 독일 통일 과정에서 동방정책이 차지한 비중이 압도적이었음을 알 수 있다. 동방정책이 빠진 독일 통일은 상상할 수 없다. 동방정책은 통일정책이 아니라 데탕트 정책이었다. 소련·동유럽권과의 긴 평화공존의 축적 위에 통일의 기회가 온 것이다. 평화의 과정을 건너뛴 박근혜 정부의 통일대박론과 극명한 대조를 이룬다.

아데나워가 직면한 묵시록 같은 독일

1949년 서독 초대 총리 아데나워의 눈앞에 놓인 패전국 독일의 참상은 말의 과장 없이 묵시록적이었다. 전사자 700만명, 전체 주택의 4분의 1 파괴, 소련·폴란드·체코슬로바키아에서 추방되어 온 독일인 1,200만명. 그러나 무엇보다 독일인들에게 충격이었던 것은 1937년을 기준으로 국토의 4분의 1을 소련과 폴란드에 내어 준 일이다. 독일인들은 그때를 영시(Stunde Null, Zero Hour)라고 불렀다. 철학자 칸트(Immanuel Kant)가 한번도 떠난 적이 없었던 쾨니히스베르크도 그때 소련에 빼앗겨, 지금은 리투아니아를 건너뛰어 소련 본토와 떨어져 있는 역외영토

---

3) 필자와의 인터뷰, 『중앙일보』 2014년 10월 10일. 이 책의 부록에 수록되어 있다.

칼리닌그라드가 되었다. 작가 귄터 그라스(Günter Grass)의 고향인 조선 도시 단치히는 그단스크라는 새 이름으로 폴란드 땅이 되었다.

1945년 2월 얄타에서 미국 대통령 프랭클린 루즈벨트(Franklin Roosevelt), 소련 공산당 서기장 이오시프 스딸린(Iosif Stalin), 영국 총리 윈스턴 처칠(Winston Churchill)이 리바디아궁에서 3강 수뇌회담을 열어 패전국 독일을 미국·소련·영국·프랑스 전승 4개국이 분할점령하고 폴란드의 국경선을 독일 땅 깊숙이 들어간 오데르-나이세(Oder-Neiße) 강으로 하자고 결정했다. 7월 포츠담회담에서는 구체적으로 독일의 비나치화·비군사화를 결정하였으며, 영토문제에서는 동프로이센의 북반부를 강화조약 체결 때까지 소련 점령 아래 두고 동프로이센 남반부와 오데르-나이세 이동의 지역은 폴란드가 관리한다고 결정했다. 결과적으로 스딸린은 폴란드 땅의 동쪽 일부를 소련이 차지하고 독일의 동쪽 땅으로 폴란드에 보상을 하는 교활한 흥정에 성공했다. 휠체어에 앉은 병약한 루즈벨트는 여전히 혈기왕성한 스딸린을 당할 수가 없었다. 스딸린은 루즈벨트의 힘을 빼기 위해 풍광은 좋아도 교통이 불편한 얄타를 회담장소로 잡았다. 처칠은 오로지 유럽대륙의 세력균형에만 집중하여, 전쟁 승리에 의미 있는 기여를 하지도 못한 프랑스를 전승국의 일원으로 독일 분할점령에 참여시키는 데 힘을 쏟았다. 처칠 덕에 프랑스는 유엔 상임이사국까지 되었다.

사실 독일은 더 많은 것을 잃을 수도 있었다. 나치독일의 패색이 짙던 1944년 9월 캐나다의 퀘벡에 모인 미국·소련·영국·프랑스 연합국 대표회의에서 미국 재무장관 헨리 모겐소(Henry Morgenthau Jr.)가 독일의 공업시설을 완전히 해체하고 독일을 양 치고 채소나 기르는 농업국가로 강등시키자는 과격한 제안을 했던 것이다. 그것은 상대방을 철저히 파괴하여 재기불능으로 만드는 이른바 카르타고식 평화(Carthaginian peace)였다. 당연히 프랑스가 환영했고 종전 후 소련은 재빨리 독일의 주요 공업시설을 거두어 갔다.

그러나 윈스턴 처칠은 독일의 탈공업화 점령정책에 반대했다. 그는 공업화된 유럽에 영국경제의 운명이 달렸음을 내다봤다. 유럽 한복판에 농업국가 독일이 버티고 있는 한 유럽의 공업화는 기대할 수가 없다고 그는 생각했다. 프랑스의 관료와 지식인 들 사이에서도 독일의 경제적 회복이 유럽의 경제재건의 전제라는 현실적인 인식이 확산되었다. 루즈벨트의 측근 참모들도 모겐소보다는 이성적이고 현실감각이 있었다. 그들은 모겐소가 유태인의 원한으로 위험하고 현실성 없고 환상적인 정책을 건의한다는 것을 쉽게 간파했다. 결국 모겐소 플랜은 종이 위의 구상으로 끝났다.

얄타회담에서 다시 소련은 독일에 대해 모겐소 플랜보다 훨씬 가혹한 징벌적 배상안을 냈다. 소련 대표 이반 마이스끼(Ivan Maisky)는 종전 후 2년간 독일에서 공장, 대형기계, 공작기계, 차량, 국외투자를 회수하고, 10년에 걸쳐 매년 가공품과 원자재로 전쟁 피해를 배상하라는 초안을 제시했다. 마이스끼 제안대로 하면 독일 중공업의 80프로를 해체하고, 전쟁에 동원된 모든 산업을 국제화하고, 전체 공업생산에 대한 엄중한 관리를 실시하고, 탄약과 합성석유의 모든 생산을 금지하게 될 것이었다. 또한 항공기 제조공장, 군사적인 성격을 가진 모든 기업이 해제되어야 했다. 마이스끼의 계산으로는 10년간 독일이 갚아야 할 배상은 100억 달러에 달했다. 그때의 화폐가치로는 천문학적인 액수였다. 상식적으로 독일이 갚을 수 있을 액수가 아니었다.

처칠과 루즈벨트는 마이스끼의 제안에 강력하게 반발했다. 처칠은 말했다. "1차대전의 부채문제를 상기하는 것이 현명한 일이다. 파산과 굶주림에 내몰리는 독일을 도대체 누가 돌볼 수 있단 말인가. 말이 마차를 끌게 하려면 말에게 먹이를 주어야 하지 않는가."[4]

요즘 유행어로 독일인들이 멘붕상태에 빠진 그때 등장한 것이 콘라트 아데나워라는 걸출한 정치가였던 것이다. 그는 어떤 배경과 경륜을 가진 정치가였기에 패전 독일의 폐허에서 라인강의 기적이라는 경제재건을 이루어내고, 경제력을 바탕으로 서방국가들과의 구원(舊怨)을 씻고 서독을 유럽의 빅 파워로 만들 기초를 세운 것일까.

라인란트의 아데나워

아데나워가 태어난 1876년은 프로이센-프랑스 전쟁에서 대승한 독일에 제2제국이 성립된 지 불과 5년 뒤다. 작가 슈테판 츠바이크(Stefan Zweig)가 안정된 황금시대라고 불렀던 시기다. 또한 아데나워가 나고 자란 라인란트(Rheinland) 지방은 오랫동안 독일-프랑스 간 국경분쟁의 중심이었다. 여기서 유추할 수 있듯 아데나워의 생애는 독일·프랑스 관계 발전의 발자취 그 자체이기 때문에 그의 배경을 간략하게라도 소개할 필요가 있겠다.

라인란트 지방은 로마제국 이래 가톨릭의 고장이었고 그 중심도시가 쾰른이다. 그러나 나폴레옹 전쟁의 결과를 수습하기 위해 열린 빈 회의

---

4) Arthur Conte, 山口俊章 譯, 『Yalta, ou le partage du monde』(サイマル出版会 1964) 301~02면.

(1814~15)의 일방적 결정으로 쾰른을 포함해 대부분의 라인란트 지방이 프로이센왕국에 편입되었고, 독일 제2제국 건설 후에는 비스마르크의 가톨릭 탄압정책으로 인해 이 지방에서는 반프로이센, 반베를린, 반개신교 정서가 충천했다. 개신교 신자였던 아데나워의 아버지는 아들에게 프로이센의 미덕과 프로이센적 규율을 익히도록 교육했으나, 어머니의 종교를 따라 가톨릭 신자였던 아데나워는 프로이센왕국과 제2제국의 국가주의, 군국주의를 비판적으로 바라보며 성장했다.

아데나워는 1차대전이 진행 중이던 1917년 9월 자유주의 세력의 지지를 업고 임기 12년의 쾰른 시장에 당선된다. 그의 나이 41세였다. 베를린 다음으로 인구가 많은 독일 제2도시의 수장이 된 것이다. 그리고 곧 종전을 맞는다. 1918년 11월 1차대전은 연합국의 승리, 독일 제2제국의 붕괴로 끝났다. 쾰른이 속한 라인강 좌안은 영국의 점령하에 들어갔고 영국군이 진주하여 1926년까지 군정을 실시하게 된다.

1870~71년 프로이센-프랑스 전쟁에서 136만명의 전사자를 내고 알자스-로렌 지방을 빼앗겼던 프랑스는 1차대전 승리로 알자스-로렌을 탈환하고 독일에 거액의 배상금을 물렸다. 그렇게 설욕하고도 안심이 안 된 프랑스는 항구적인 안전보장의 방책으로 라인란트 지역을 완충지역으로 독일에서 분리하는 구상을 제시했다. 이로써 라인란트 문제는 1918년부터 1923년까지 독일과 프랑스 정치의 최대현안이 되었고 라인란트의 중심도시 쾰른의 시장 아데나워도 이 문제에 직접 말려드는 것을 피할 수 없었다.

프랑스가 제안한 해결방안은 네가지였다.

첫째는 병합노선으로, 프랑스가 라인란트를 통째로 프랑스 영토로 접수한다.

둘째는 분리노선으로, 중립적이고 독립된 완충국으로 라인 공화국을 수립한다.

셋째는 자치노선으로, 라인란트를 공화국으로 출범하는 독일의 하나의 주(Land)로 만들어 프로이센에서 떼어낸다.

넷째는 전쟁 이전상태로의 복귀로, 라인란트를 프로이센의 일부로 잔류시킨다.

이 중 하나를 선택해야 하는 1차대전 패전국 독일은 치열한 찬반논쟁의 소용돌이에 빠져들었다. 아데나워는 제3의 방안을 지지하여 반대파들로부터 분리주의자라는 공격을 받았다. 찬반의견이 엇갈리기는 프랑스에서도 마찬가지였다. 라인란트 문제에 관한 최대의 발언권을 가진 나라는 미국과 영국이었다. 1919년 1월에 개막된 베르사유강화회의에서 미국과 영국 대표는 라인란트의 프랑스 병합과 라인란트 완충국 설립에 반대했고 드골(Charles De Gaulle)과 앵글로·색슨의 나라 미국과 영국의 감정의 골은 그때 더 깊어졌다.

1919년 6월 체결된 베르사유조약은 결국 연합국에 의한 라인란트 점령 15년 연장, 영구적인 라인란트 비무장화를 결정했다. 그러나 그로부터 4년 뒤 프랑스가 독일이 전쟁 배상을 이행하지 않는다는 이유로 독일의 루르 지방을 점령하면서 위기가 다시 라인란트를 덮쳤다. 루르 지방 점령은 독일에 전대미문의 인플레이션을 초래했고 바이마르공화국은 위기를 맞았다. 결국 유능한 정치가였던 독일 총리 구스타프 슈트레제만(Gustav Stresemann)의 활약, 1924년 1월 프랑스의 대독 강경파 레몽 뿌앙까레(Raymond Poincaré) 정부의 붕괴와 병합 반대론자 에두아르 에리오(Édouard Herriot) 정부 출범으로 루르 점령이라는 바이마르공과국의 최대 시련의 하나가 종료된다. 슈트레제만은 로카르노조약의 주인공으로 유럽에서 명성을 떨친 바로 그 슈트레제만이다.

슈트레제만과 프랑스 외무장관 아리스띠드 브리앙(Aristide Briand), 영국 외무장관 오스틴 체임벌린(Austen Chamberlain)의 인간적 친분관계 위에서 전후 바이마르공화국 기간의 아주 잠깐 동안 독일과 영국과 프랑스는 유럽 근·현대사에서 유례가 없는 밀월관계를 누렸다. 세 사람의 노력으로 1925년 10월 16일 이딸리아, 벨기에, 체코슬로바키아, 폴란드까지 참가한 로카르노조약이 체결되는데, 로카르노조약은 다섯개의 조약과 두개의 협정으로 구성되었으며 그중에서도 중요한 것은 영국· 프랑스·독일·이딸리아·벨기에의 집단안전보장조약이다. 그 안에 독일과 프랑스, 독일과 벨기에의 국경안전보장 및 라인란트의 영구 비무장화가 규정되었다. 조약의 발효와 함께 독일은 국제연맹에 가입하게 된다. 아데나워는 이러한 라인란트 위기를 통해서 프랑스의 안전을 보장하면서 두 나라의 화해와 협력으로 유럽대륙의 평화에 기여하는 방안의 기초지식을 학습했다.

아데나워가 바이마르공화국에서 총리 취임을 권유받은 것은 두번이었다. 1921년 전승국에 대한 배상문제로 정권이 위기를 만났을 때 그가 속한 중앙당 원내 대표단이 조각을 의뢰했지만 아데나워가 정당정치에 휘둘리지 않는 내각을 조건으로 내세워 무산되었다. 두번째로 1926년 사민당에서 인민당까지의 대연정을 만들어달라고 요청받았으나 그에게 과도기 내각의 총리 자리는 성에 차지 않았다. 그는 확실한 연립정권과 절대적인 인사권을 요구했다. 그러나 연립여당의 협의에 의한 조각이 바이마르공화국의 길지 않은 전통이었다. 아데나워는 총리 취임을 거부했다.

아데나워는 1929년 12월 임기 12년의 쾰른 시장에 재선되었다. 제2기

시장 아데나워의 가장 괄목할 만한 업적은 쾰른-본 간의 아우토반 건설이었다. 아우토반은 히틀러의 업적으로 널리 알려졌지만 그 지적 소유권은 아데나워의 것이다. 그러나 1929년 10월 시작된 뉴욕 월스트리트 발 대공황은 아데나워의 정치생애에 최대의 위기를 몰고 온다. 독일의 실업자가 600만명에 육박한 1932년 쾰른의 실업자도 10만이 넘었다. 많은 도시에서 나치가 배후 조종하거나 선도한 가두시위가 벌어졌다. 곳곳에 나치를 상징하는 문장 하켄크로이츠(Hakenkreuz)가 난무했다.

1933년 1월 히틀러가 바이마르공화국 최후의 총리에 임명되었다. 아데나워와 히틀러는 정면충돌 코스에 마주섰다. 그해 3월 의회 및 지방 선거 때 나치 지지자들이 쾰른 시청사에 하켄크로이츠 계양을 요구했으나 아데나워는 이를 거부했다. 2월에 히틀러가 쾰른을 방문할 때도 아데나워는 공항으로 그를 영접하러 나가지 않았다. 히틀러는 그것을 자신에 대한 모욕으로 받아들였다. 1933년 전국 의회 선거에서 나치는 의석 46석을 획득하여 쾰른의 제1당이 되는데 선거 기간 중 나치의 구호는 "아데나워 물러가라"였다. 선거 당일 저녁 아데나워는 자신에 대한 암살음모 소식을 듣고 사임을 결심했고, 선거 다음날 나치 돌격대의 감시를 피해 쾰른을 탈출하여 베를린으로 간다.

나치당 쾰른·아헨 지역 지도자 요제프 클로에는 쾰른 시청사를 점령하고 아데나워를 파면했다. 나치의 아데나워 공격은 격화되었고, 그의 쾰른 주택 압수, 은행계좌 동결, 정치활동 금지 조치가 잇달았다. 아데나워는 잠시 베를린에 머물다 신변의 위험을 느껴 1933년부터 1년간 독일 서부 아이펠 산악지대에 있는 베네딕트수도원으로 몸을 숨긴다. 수도원 원장이 아데나워의 고등학교 동급생이었다. 1934년 베를린 교외로와 지내던 아데나워는 6월 30일 나치비밀경찰인 게슈타포에 체포되었다가 한달 만에 석방되지만 그에 대한 감시는 풀리지 않았다. 아데나워는 라인 지방으로 돌아가 렌도르프에 살았지만 나치는 그에게 바로 쾰른 행정구역에서 추방명령을 내린다. 1936년 추방명령이 풀려 렌도르프로 돌아와 2차대전의 추이를 절망적인 심정으로 지켜보았다.

1944년 7월 히틀러 암살미수 사건이 일어났고 아데나워는 바이마르 시대에 활약한 다른 정치가들과 함께 다시 나치에 체포되어 쾰른의 수용소에 감금된다. 아데나워는 아내의 도움으로 탈출에 성공하지만, 아내가 딸의 안전을 위해 남편의 소재를 실토하면서 다시 체포된다. 나치군 사관인 아들의 도움으로 1944년 11월 석방된 그는 렌도르프로 돌아가 실의의 나날을 보내면서도 전후 독일의 진로를 구상하던 중 종전을 맞이한다.

돌이켜 보면 바이마르공화국과 2차대전 기간의 체험은 그를 패전 독일의 운명을 짊어질 불패의 지도자로 만드는 담금질이었다. 1949년 서독 초대 총리가 된 아데나워에게 이러한 나치에의 불복종과 저항의 기록은 절대적인 도덕적 권위를 보장했다. 아무도 도전할 수 없는 도덕적 권위의 힘으로 아데나워는 국내여론에 크게 신경을 쓰지 않고 양보가 불가피한 서방정책을 펼 수 있었다.

유럽통합의 비전으로

아데나워는 독일의 재기는 유럽통합의 틀 안에서만 가능하다는 비전을 제시했다. 그런 동기에서 아데나워는 1946년 주(Land)정부 대표들의 회의체인 의회평의회(Parlamentarische Rat)에서 연설하면서 서독을 포함한 유럽합중국(Vereinigten Staaten von Europa) 건설을 제창했다. 아데나워의 구상은 유럽공동체(EU)와 나중에 그것을 대체한 유럽연합(EU)의 원형이라 할 수 있다. 그로부터 반년 뒤 처칠도 취리히에서 유럽합중국 창설을 제안하게 된다.

아데나워는 전후 서독 외교는 독일에 대한 프랑스인들의 공포와 불안과 불신을 해소하는 데서 시작해야 한다고 생각했다. 구체적인 내용은 서독이 유럽의 여러 다자기구에 들어가 스스로 구속을 받고, 프랑스와의 관계에서도 전통적인 방식인 하나 주고 하나 받는 기계적 상호주의(Quid pro quo)를 버리고 양보할 것은 과감하게 양보한다는 것이었다.

그러나 아데나워는 발등의 불부터 꺼야 했다. 그것은 연합국에 의한 공장해체(데몽따쥬, demontage)를 막는 것이었다. 프랑스의 독일 점령 정책은 가혹했다. 프랑스 점령지역에 사는 독일인들은 점령지역 밖으로 여행하는 것도 허용되지 않았다. 그래서 미국과 영국의 점령지역에서 개최되는 행사에 참가하는 것도 사실상 불가능했다. 프랑스의 독일 점령정책의 기조는 프랑스보다 약한 독일을 만드는 것이었다.

아데나워의 두 어깨에는 그만큼 무거운 짐이 얹혔다. 그러나 그는 독일인 특유의 인내와 지구력으로 점령당국과 교섭에 교섭을 이어갔다. 그리하여 1949년 11월 페터스베르크(Petersberg)협정 체결에 성공하여 선박건조 제한이 철회되고, 다른 분야에서도 점령조건이 대폭 완화되었다. 데몽따쥬가 예정됐던 18개의 대기업이 구제되었다.

그 대신 치른 댓가는 만만치 않았다. 서독은 루르국제기구(International Authority for the Ruhr, 이하 IAR) 참가를 요구받았다. 서독의 최대 공업지대인 루르 지방을 국제관리 아래에 두겠다는 것이었다.[5] 데몽따쥬 중지와의 맞교환이었다. IAR은 1949년 4월 28일 미국, 영국, 프랑스, 베네룩스3국 합의하에 창설되었다.

　독일에 대한 프랑스인들의 불신을 해소하는 데 반드시 넘어야 할 산이 또 하나 있었다. 자를란트(Saarland) 문제였다. 자를란트는 프랑스혁명이 일어난 1789년 프랑스 영토로 편입되었다. 그뒤 1815년 빠리조약 체결을 통해 남동부는 바이에른, 북부는 프로이센에 분할되었다가 1871년 프랑스가 프랑스-프로이센 전쟁에서 패하고 독일이 통일되면서 자를란트 전체가 독일영토로 포함됐다. 그러나 1차대전에서 독일이 패전국이 되자 다시 자를란트는 국제연맹의 위임통치를 받아 일종의 유럽적 지위가 주어졌다.

　2차대전에서 거의 무임승차로 독일의 분할점령에 참가한 프랑스는 1946년 12월 점령지 자를란트에 다른 점령지역에는 없는 관세·경제·통화 동맹을 설립하여 프랑스 경제권에 편입시켜버렸다. 이듬해에는 자를란트 정부에 일정한 자치권을 부여하여 독일로부터 분리독립시킬 계획을 세웠다. 프랑스는 한걸음 더 나가 자를란트의 유럽평의회(Council of Europe) 가입은 성원하면서 서독의 가입에는 소극적인 태도로 일관했다. 그리하여 1950년 7월 서독은 체면을 무릅쓰고 일개 주에 불과한 자를란트와 동등한 자격의 '제휴국'으로 유럽평의회에 참가했고 정식 가입은 1951년 실현되었다.[6] 프랑스 점령 아래 들어간 독일의 1개주와 같은 자격으로 유럽평의회에 가입하는 것은 독일인들에게 큰 굴욕이었다. 그러나 아데나워는 그 쓴 약을 달게 마셨다.

　그때 프랑스 기획청장관 장 모네(Jean Monnet)는 프랑스의 독일정

---

5) 板橋拓己『アデナウアー』(中央公論新社 2014) 108~09면.
6) 같은 책 112~13면.

책이 과거로 회귀하기 시작한다고 걱정했다. 그는 외무장관 로베르 쉬망(Robert Schuman)에게 말했다. "1919년 우리가 실패한 것은 차별과 우월감을 극복하지 못했기 때문이다. 지금 우리는 같은 실수를 저지르기 시작했다." 모네가 의미한 것은 1919년 1차대전 전후처리에서 독일에 지나치게 가혹했던 베르사유조약 체제였다. 베르사유조약으로 독일은 알자스-로렌 지역을 프랑스에 양도하고 거액의 전쟁 배상금까지 떠안아야 했다.

자를란트가 완전한 독일 '시민권'을 회복한 것은 1955년이다. 주민투표에서 주민의 67.7프로가 유럽화를 거부하자 프랑스도 자를란트를 독일로 완전히 되돌려주지 않을 수 없었다. 그렇게 자를란트는 서독에 복귀했지만 석탄산업의 중심지 자를란트는 프랑스 외무장관 로베르 쉬망이 제안하여 1951년 4월 18일 창설된 유럽석탄철강공동체(ECSC) 아래 들어가 서독·프랑스·이딸리아·베네룩스3국이 생산과 판매를 공동으로 관리하게 되었다. 자국의 석탄과 철강의 생산과 판매를 이웃 프랑스·이딸리아·베네룩스3국과 공유하는 것을 저지할 힘이 서독에 없기도 했지만, 아데나워는 ECSC에 기꺼이 참가하여 독일의 석탄과 철강을 이웃국가들과 공동 관리하는 것이 독일의 국제사회 복귀에 필요한 조치라고 생각했다. 실제로 ECSC는 서독-프랑스 관계에 큰 이정표가 되었다. 베네룩스3국과 이딸리아와의 관계에서도 혁명적인 변화를 이루었다. ECSC의 출범으로 IAR은 1952년 해산되었다.

분단의 고착화

유럽의 안보정세는 1947년 3월 미국이 트루먼 독트린을 발표함으로써 공산주의 봉쇄정책을 쓰기 시작할 때부터 숨 가쁘게 돌아가고 있었다. 1948년 4월 서유럽에 마셜 플랜 시행 시작, 1948년 6월 서독의 통화개혁 단행, 1949년 4월 나토 발족이 이어졌다. 그리고 1955년 5월 서독의 재무장과 나토 가맹, 서독의 부분적인 주권회복이 줄줄이 뒤따랐다. 그에 이어 1957년에는 로마조약으로 유럽경제공동체(EEC)의 창설 회원국이 되었고, 같은 해 체결된 유럽원자력공동체(Euratom)에 가입했다. 로마조약은 유럽공동시장(Common market)와 관세동맹을 실현한 획기적인 조약이었다.

이 과정에서 1952년 스딸린은 두 독일정부와의 평화조약을 체결하자는 각서를 서방 3개 점령국에 보낸다. 스딸린 노트(Stalin note)의 핵심은 독일의 통일과 중립화였다. 아데나워는 독일의 중립화는 미군의 유럽 철수를 불가피하게 만들어, 유럽대륙이 강대한 소련제국의 군사적인 위협에 노출될 것이라고 내다봤다. 그러나 1984년에 실시한 여론조사 결과 응답자의 53프로가 스딸린이 제안한 방식의 중립화 통일을 지지하고 있었다.[7]

스딸린 노트는 서독에서 통일에 관한 치열한 논쟁을 촉발했다. 논쟁의 초점은 스딸린의 중립화 통일을 거부함으로써 통일의 절호의 기회를 놓쳤다는 것이었다. 통일지상주의자들은 프로이센을 혐오하는 가톨릭인 아데나워가 개신교 신도가 다수인 동독에는 전혀 관심이 없는 라

---

7) Timothy G. Ash, 앞의 책 6면.

인 분리주의자라고 공격했다. 그러나 아데나워는 통일 자체에 반대한 것이 아니다. 그는 스딸린의 중립화 통일의 함정을 간파했다. 아데나워의 통일전략은 힘에 의한 정책(Politik der Stärke)이었다. 아데나워는 독일을 경제적·정치적·군사적으로 확실하게 서방 측에 연결(link)하여 서독의 번영과 안정과 힘을 과시하면 동독은 언젠가는 서독에 흡수된다는 비전을 갖고 있었다. 서독의 경제성장은 1951년과 1955년에 10프로대를 기록하고, 1950년대 전체를 봐도 8프로로 눈부신 성장을 이루게 된다. '라인강의 기적'이었다.

일반적인 인식으로는 동방정책의 시발점은 1969년 브란트 정권 출범이다. 그러나 이론이 있다. 1955년 9월 9일 아데나워의 소련 방문으로부터 동방정책이 시작되었다는 것이다. 서독 총리의 소련 방문은 서독과 소련의 국교수립을 전제로 하는 것이었다. 그것은 동독을 승인하는 나라와는 수교하지 않는다는 할슈타인 원칙(Hallstein Doctrine)에 예외를 둔 것이다. 아데나워에게는 전후 10년째 소련에 억류 중인 독일군 전쟁포로와 민간인 억류자를 데려오는 것이 주권을 회복한 국가의 더 중요한 과제였다. 아데나워는 니꼴라이 불가닌(Nikolai Bulganin) 소련 총리와의 담판으로 9,600명의 전쟁 포로와 2만명의 민간 억류자를 귀국시키는 외교적 개가를 올렸다. 9월 13일 서독·소련은 국교를 수립했고, 이는 동유럽에서 서독의 위상을 크게 높였다. 이제 독일 분단은 돌이킬 수 없는 기정사실로 고착되었다.

드골의 등장과 엘리제조약

1958년 드골이 대통령으로 프랑스 정계에 복귀한 것 또한 아데나워에게는 큰 축복이었다. 드골은 2차대전 당시 친나치 비시(Vichy) 정부에서 육군차관을 지내다 사임하고 영국으로 건너가 프랑스 임시정부를 수립하고 주석에 취임했던 인물이다. 전후에 두번 총리를 지내기도 했다. 드골의 운명을 바꾼 것은 알제리 사태였다. 1954년 프랑스가 베트남의 디엔비엔푸 (Điên Biên Phu) 전투에서 '동양의 나폴레옹'이라는 보응우옌 지압(Võ Nguyên Giáp) 장군이 지휘하는 베트민(북베트남)군에 대패하여 70년간 식민지로 지배하던 베트남에서 완전히 철수한 것과 때를 같이하여 알제리가 민족해방전선(NLF)를 결성하여 독립전쟁을 선포했다. 알제리는 프랑스가 장장 130여년을 신민통치한 나라로, 프랑스 우파는 알제리를 알자스-로렌처럼 프랑스 본토로 간주하였기에 알제리에 독립을 허용하는 것은 상상도 할 수 없었다. 알제리전쟁은 프랑스 경제를 압박했고 정치는 극도로 불안해졌다.

1958년 5월 내각이 무너진 틈을 타서 알제리에 주둔해 있던 프랑스군이 반란을 일으켰다. 공안위원회를 구성하여 현지 권력을 장악하고 코르시카섬까지 점령했다. 프랑스 내에서 군사 쿠테타가 일어날 수도 있는 상황이었다. 사태수습이 어렵다고 판단한 르네 꼬띠(René Coty) 대통령은 드골에게 6개월간 비상 대권을 부여하는 조건으로 대통령 자리를 물려주었다. 드골로서는 1946년 총리 자리에서 물러난 지 12년 만의 권력 복귀다. 그가 내린 첫 조치는 알제리 독립 승인이었다. 배신감을 느낀 우파의 반발이 있었지만 망명정부 주석을 지낸 그의 도덕적 권위와 대다수 프랑스인들의 알제리전쟁 피로감이 드골의 강력한 뒷바람이 되어주었다.

아데나워는 드골을 기본적으로 불신했다. 드골의 반미·반영 독자노선이 유럽통합을 방해하고, 소련과 관계개선에 나설지도 모른다고 생각하여 처음에는 드골의 정상회담 제안을 받고 망설였다. 드골은 미덥지가 않지만 프랑스와 화해해야 하는 아데나워는 잠시 딜레마에 빠졌다. 그러나 아데나워의 드골 경계는 아데나워가 드골의 '유럽인의 유럽'을 실현하려는 야망에 무지했던 결과다. 드골은 대서양에서 우랄산맥까지를 유럽으로 규정하고, 앵글로색슨족의 나라인 미국과 영국을 배제한 유럽공동체를 세우고 싶었다. 드골은 처음부터 독일·프랑스 협력 없이는 유럽인의 유럽은 가능하지 않다고 생각했다.

1944년 말 나치독일의 친위대(SS) 총책으로 게슈타포를 지휘하여 유대인 학살을 계획하고 실행을 지휘하던 하인리히 힘러(Heinrich Him-mler)가 프랑스 임시정부 주석 드골에게 독일과 프랑스가 협력, 제휴하면 유럽의 외부세력인 미국과 소련을 상대할 수 있을 것이라고 제안한 바 있었다. 드골은 힘러의 정제되지 않은 제안을 일단 거부는 했지만 거기도 진실의 요소가 있다고 생각했다. 1949년 드골은 한창 진행 중이던 유럽통합의 콘텍스트 안에서 힘러의 구상을 채택했다. 드골은 "유럽이 있고 없고는 프랑스와 독일이 중재자 없이 합의에 이를 수 있는가의 여부에 달렸다"고 말했다. 이런 입장은 제5공화국 내내 바뀌지 않았다. 드골 재임기간 중 프랑스 외교의 목표는 미국·영국 관계 같은 프랑스·독일 관계를 성사시키는 것이었다. 드골은 유럽은 골족(프랑스)과 튜턴족(독일)의 협력으로만 운영할 수 있다는 확신을 갖고 있었다.[8]

---

8) Simon Serfaty, *France, De Gaulle and Europe: The Policy of the Fourth and Fifth Republics*

1958년 9월 14일 아데나워는 다소의 불안한 생각을 가진 채 프랑스 동북부 꼴롱베-레-되제글리즈에 있는 드골의 별장 라 봐세리(La Boisserie)를 방문했다. 드골은 아데나워와 가족적인 분위기에서 깊은 대화를 하고 싶어 엘리제궁 대신 이곳으로 초청한 것이었다. 아데나워는 앉자마자 말했다.

내가 여기 온 것은 귀하가 사태의 진전에 영향력을 행사할 위치에 있다는 것을 알기 때문입니다. 귀하의 성품, 귀하가 권력에 복귀한 전후 사정이 귀하에게 큰 영향력을 부여했습니다. 우리 두 국민은 처음으로 두 나라 관계를 전혀 새로운 우호적인 협력의 바탕에 올려놓을 수 있게 됐습니다. 그러나 지금까지 성취된 것은 역사의 시간을 기준으로 하면 일시적인(transitory) 것입니다. 독일의 패전과 프랑스의 국력소진이 그런 사례입니다. 이제 문제는 보다 지속 가능한 것을 이루는 것입니다. 귀하가 친히 원해서 결정한 바에 따르면 독일과 프랑스는 유럽에 이익이 되는 진정한 이해에 이르거나 아니면 상호 소원한 관계로 두 나라가 피해를 보는 사태를 맞는 둘 중의 하나입니다. 귀하의 목표는 독일과 프랑스의 화해(Rapprochement)입니다. 나도 그 목표를 위해 귀하와 협력할 결심이 섰습니다. …… 내가 히틀러를 힐책하고 멸시한 결과 나와 내 가족이 핍박받은 전력은 오늘의 나에게는 독일의 정책을 원하는 방향으로 추진하는 데 필요한 권위를 제공합니다.[9]

toward the Continent (Baltimore: The Johns Hopkins University Press 1968) 129~30면.

9) Charles de Gaulle, *Memoirs of Hope: Renewal and Endeavour* (New York: Simon&Schuster 1972) 174~75면.

드골은 프랑스가 독일에 대해 새로운 정책을 실행할 때가 왔다고 생각한다면서 다음과 같이 말했다.

튜턴족의 야망 때문에 1870, 1914, 1939년에 프랑스가 입은 끔찍한 시련 끝에 프랑스는 전쟁에 패하고, 해체되고, 국제적으로 가련한 처지에 놓인 독일을 대하고 있습니다. 독일의 국제관계는 완전히 달라졌습니다. 물론 프랑스인들은 독일에 당한 고통을 쉽게 잊지 못합니다. 나 자신도 독일에 영토적·물리적 예방조치를 취할 생각을 했습니다. …… 그러나 프랑스와 독일의 협력을 필요로 하는 유럽통합의 압도적인 중요성에 비추어 두 민족이 노력과 능력을 합쳐 역사의 방향을 돌려놓아야 한다고 생각했습니다.[10]

드골과 아데나워는 ECSC와 유럽원자력공동체, 유럽방위공동체(EDC) 추진자들이 생각한 것처럼 두 나라의 정책을 통합하지 않고 두 나라의 입장이 다르다는 데서 시작해야 한다는 데 의견의 일치를 보았다. 아데나워는 드골에게 세가지 협조를 요청했다. 첫째, 서독이 다른 나라들의 존경과 신뢰를 회복하여 국제적인 지위를 높일 수 있도록 도와달라. 둘째, 소련의 위협으로부터 서독과 서베를린의 안정보장을 도와달라. 셋째, 독일 통일의 권리를 인정하라. 드골은 두 나라 간의 합의(Entente)와 유럽의 세력균형과 유럽의 통합과 평화를 위해서 아데나워의 요청을 들어주겠다고 말했다. 대신 조건을 달았다. 첫째, 현존하는

---

10) 같은 책 175면.

국경선을 인정하라. 둘째, 동유럽국가들을 우호적으로 상대하라. 셋째, 원자무기를 완전히 통합하자. 넷째, 통일에 끈질긴 인내심을 가져라.[11]

두달 뒤 드골은 바트 크로이츠나흐(Bad Kreuznach)로 아데나워를 방문했다. 드골의 계산으로 1958년에서 1962년 중반까지 드골과 아데나워는 40통의 서신을 교환하고, 열다섯번을 만나고, 100시간 이상 대화를 했다. 드골과 아데나워의 이례적으로 빈번하고 많았던 회담과 서신 교환은 1963년 엘리제조약으로 결실을 맺었다. 어제의 적이던 프랑스를 오늘의 친구로 만드는 아데나워의 서방정책은 성공했다. 드골과 아데나워의 존재감이 너무 컸기 때문에 엘리제조약은 서독·프랑스 조약이라기보다는 아데나워·드골 조약이라는 평가를 많이 받는다. 미국의 평론가이자 칼럼니스트인 월터 리프먼(Walter Lippmann)은 "오늘의 프랑스·독일의 결합은 드골과 아데나워의 동맹(Alliance)"이라고 평했다.[12] 드골·아데나워 조약이든 프랑스·서독 조약이든 엘리제조약으로 아데나워는 서방정책의 대미를 화려하게, 그리고 성공적으로 장식했다.

독일 통일에 대한 드골의 비전은 아데나워와 브란트에게는 고무적인 것이었다. 드골은 처음부터 독일을 경쟁대상, 경계대상으로 보지 않고 유럽의 평화와 안정이라는 큰 시야로 보았기 때문에 다른 나라들처럼 통일독일을 경계하지 않았다. 드골은 1959년 이미 통일은 독일민족의 정상적인(Normal) 운명이라고 말했다. 드골은 독일 통일의 전제로 첫째, 동서남북 어느 방향으로도 현재의 국경을 문제 삼지 않을 것, 둘째, 통일독일이 언젠가는 협력과 자유와 평화를 위해 체결된 전유럽 조약의

---

11) 같은 책 176면.
12) Walter Lippmann, *Western Unity and the Common Market* (New York: Atlantic Monthly Press 1962) 22면, Simon Serfaty, 앞의 책 131면에서 재인용.

시스템에 통합될 것을 들었다. 드골은 독일문제의 해결은 유럽을 개입시키지 않고는 불가능하고 그것이 전유럽적인 기준이라고 말했다. 드골은 통일을 위해서 독일인들 스스로의 접근정책을 요청했다. 1959년 드골이 그린 동방정책의 기조는 에곤 바가 1957년에 주장하였고 1963년 유명한 투칭(Tutzing) 연설에서 밝혔던 구상과 같은 것이었다.

1959년 기자회견에서 드골은 통일을 지향하는 독일인들의 정책에 이렇게 언급했다.

> 이 이상을 달성하기 위해서는 분단된 두 독일의 민족이 모든 현실적 분야에서 결합과 관계를 증대시켜야 한다고 생각한다. 교통관계, 우편, 경제활동, 예술, 학문, 문학, 개인교류를 통해서 독일인들이 내면적으로 상호 접근하는 특수한 조치를 취하고 여러가지 일이 있어도, 체제와 많은 조건이 달라도 내가 독일문제라고 부르는 것에 대한 플러스가 되기를 바란다.

드골의 이런 요청은 브란트 정부의 동방정책과 거의 일치된다. 방법뿐 아니라 목표에서도 그렇다. 드골은 1966년 소련을 방문하여 레오니드 브레즈네프(Leonid Brezhnev)에게 자신이 추구하는 것은 유럽의 현상유지가 아니라 그 극복이라고 말했다. 그런 드골의 비전은 유럽의 현상을 장기적으로 극복한다는 에곤 바의 구상과 유사하다.[13]

서독 정계는 유럽주의를 지향하는 골리스트(Gaullist, 드골주의자)와 미국과의 긴밀한 관계를 중시하는 아틀란티커(Atlantiker)로 나뉘어 치

---

13) Andreas Vogtmeier, *Egon Bahr und die deutsche Frage* (Bonn: Dietz 1996) 342~43면.

열한 논쟁을 벌였다. 빌리 브란트는 회고록에서 그때의 사정을 이렇게 설명했다.

논쟁은 현실을 비켜 갔다. 골리스트들은 드골 장군이 그들이 꿈꾸는 유럽의 핵무장 정책을 결코 추진하지 않을 것이라는 사실을 보지 못했거나 보려고 하지 않았다. 그리고 그들은 드골이 유럽경제공동체에서 독일의 과도한 영향력을 원하지 않는다는 것을 간과했다. …… 미국은 서유럽 결속의 자가동력(Eigendynamik)이 엄청나다고 보았다. 미국은 유럽경제의 강력한 경쟁력과 점점 커지는 정치적인 자립을 걱정했다.[14]

독일의 아틀란티커들은 아무런 전제조건도 갖추어지지 않았음에도 미국과의 특별한 전략적 관계를 갖는다는 환상을 좇았다. 그들은 미국이 유럽통합에 립서비스만 한다는 사실을 몰랐다. 아데나워는 골리스트들의 편에서 서방정책을 강력히 추진했다. 아데나워 정부의 대외정책의 최우선 순위는 프랑스와의 화해였다. 아데나워와 드골은 미국과 영국 같은 동맹국들의 입장과 독일·프랑스 화해의 균형을 충분히 고려하지 않았다. 그래서 독일과 프랑스가 가까워짐에 따라 독일·프랑스-미국·영국 관계는 소원해졌다. 그때 아데나워가 서방 동맹국의 내부관계를 어떻게 인식했는가는 빌리 브란트의 회고록에 간략하게 정리되어 있다. 브란트는 1962년 봄 아데나워의 초대를 받고 간 자리에서 영국과 유럽 문제를 솔직하게 논의했다. 브란트는 유럽이 분단된 지금 세계경

---

14) Willy Brandt, *Erinnerungen* (Frankfurt am Main: Propyläen 1989) 247면.

영의 경험이 풍부한 영국이 유럽공동체를 위해 더 적극적인 역할을 할 필요가 있다고 말하면서, 아데나워에게 그의 권위를 이용하여 영국과 프랑스의 불화를 중재하라고 호소했다.

브란트의 제안에 대해 아데나워의 반응은 이랬다. "브란트 씨, 나는 그렇게 하지 않겠소. 유럽이 뭐요? 다른 것 다 제쳐두고 독일과 프랑스를 생각해봅시다. 영국이 제3자로 끼어들면 세 나라 관계가 순조롭게 돌아간다는 보장이 없어요. 아시겠소. 세 사람이 함께 있으면 두 사람이 작당을 한다는 것은 예상할 수 있어요. 나는 독일이 소외된 제3자가 될까 걱정이요." 브란트는 그런 생각을 하는 아데나워를 19세기의 인간이라고 생각했다. '이 고령의 총리는 무서운 애국주의에 사로잡혀 있다.'[15] 그러나 1870년 이후 세번이나 나라의 사활을 건 큰 전쟁을 치른 두 나라 관계가 1963년 엘리제조약으로 완전히 정상화되지 않았다면, 1960년대 말 브란트 정권의 동방정책도 서쪽에 발목이 잡혀 그런 빛나는 성과는 거두지 못했을지 모른다.

아래로부터의 데탕트

아데나워의 서방정책은 드골과의 정상회담 같은 큰 정책(High Policy)에만 한정되지 않았다. 아데나워는 두 나라 간의 풀뿌리 교류에도 많은 관심과 노력을 기울였다. 1949년 서독정부가 수립되기 전에 서방 연합국 점령지에는 주(Land) 단위의 지방행정기구가 발족되어 있었다.

---

15) Willy Brandt, *Begegnungen und Einsichten* (Hamburg: Hoffmann und Campe 1976) 54면.

지방정부들은 아데나워의 서방정책과 보조를 맞추어 프랑스 도시들과 청년·학생·문화·스포츠·언어 교류와 홈스테이 운동을 활발하게 전개했다. 스위스에 이미 설립되어 있는 유럽코뮨협의회(CCE)와 독일·프랑스 상호 이해를 위한 국제시장동맹(IBU)을 상위(Umbrella) 기구로 활용했다.

1952년 IBU의 회의에서 자매도시라는 용어가 처음으로 채택되었다. IBU는 공동체 간의 창조적인 힘을 동원하여 두 나라 간의 우호관계를 지속적으로 추진한다는 가이드라인을 채택했다. 10년 후 유럽지방정부 회의(CEPL, European Conference of Local Authorities) 회장은 자매도시의 역할을 유럽의 이상을 정상의 권력에서 주민들에게 확산하는 모세관(Capillization) 운동이라고 불렀다.[16] 모세관이 인체의 구석구석까지 피를 공급하는 것과 같은 이치로 두 나라의 주민들끼리도 널리, 깊이 교류하자는 이 모델은 한국이 대북정책과 한일관계와 한중관계에 적용할 만한 모델이다. 시민 간의 우호를 통한 하부구조가 탄탄하면 정부 간 관계가 흔들려도 두 나라 관계의 근간은 흔들리지 않는다. 1950년대 중반까지 독일·프랑스 간 자매도시는 500개 이상이었고, 1963년 엘리제 조약 체결 때는 자매도시의 숫자가 1,000개 이상이었다.

---

16) Edwina S. Campbell, *Germany's Past & Europe's Future* (Washington D.C.: Pergamon-Brassey's 1989) 86면.

제2장

/

브란트의 동방정책

열차 안에서 들은 비보

1961년 8월 13일은 일요일이었다. 연방의회 총선거를 5주 앞둔 그날, 사민당 총리후보 빌리 브란트 서베를린 시장은 야간열차의 침대칸에서 얕은 잠에 빠져 있었다. 그는 뉘른베르크에서 당대회를 마치고 킬에서 열리는 선거운동 출범식에 참석하러 가는 중이었다.

그때 열차 차장이 그의 침대칸 문을 요란스럽게 노크했다. 차장은 동서 베를린을 차단하는 철조망이 쳐지고 있다는 충격적인 소식을 전했다. "시장님, 빨리 베를린으로 돌아오셔야 한다고 합니다." 브란트는 수행원들과 함께 새벽 5시에 다음 역인 하노버에서 내려 첫 비행기로 서베를린으로 날아갔다. 그리고 템펠호프 공항에서 곧장 동서 베를린의 경계에 위치한 포츠담 광장과 브란덴부르크 문으로 향했다. 그곳에서는 동독 군인들의 지휘로 인부들이 땅에 콘크리트 말뚝을 박고 말뚝들을 철조망으로 연결하고 있었다. 철조망으로 동서 베를린을 차단하는 것은 1948년 베를린 봉쇄 이후 가장 심각한 도전이었다.[1]

브란트는 자신의 정책을 전환한 계기가 된 그날의 의미를 이렇게 정리했다. "8월 13일은 놀람과 불안과 혼란의 날이었다. 그 결정적인 날은 나에게 그 이후의 독일정책과 유럽정책을 좌우하게 될 여러가지 요소를 고려하도록 강요했다."[2]

동방정책의 설계/추진자로 '브란트의 키신저'로 불린 에곤 바는 그날을 이렇게 회상했다.

1961년 8월 13일에는 동서 베를린을 차단하는 철조망만 쳐졌을 뿐 장벽 자체가 세워진 것은 아니다. 소련은 사흘을 기다렸다. 서방 측에서는 아무 대응조치도 없었다. 철조망 제거를 요구하는 항의서한도 없었다! 17일에야 장벽이 서기 시작했다. 이제 장벽을 세우는 것은 소련과 동독에는 모험이 아니었다. 장벽이 선 뒤 서베를린 학생들이 장벽을 폭파하려고 했다. 학생들은 1954~62년 알제리 학생들이 알제리 독립을 위해 플라스틱 폭탄으로 프랑스에 저항한 방식으로 장벽을 무너뜨리려고 했다. 그러나 미국·영국·프랑스 서방 3개국은 서베를린 시정부에 경찰을 파견하여 장벽을 보호하라는 명령을 내렸다. 참으로 비통한 마음으로 우리는 이 지시에 따랐다! 이제 베를린 분단의 현상이 고착된다는 데는 의문의 여지가 없었다.[3]

---

1) Willy Brandt, *Begegnungen und Einsichten* (Hamburg: Hoffmann und Campe 1976) 9~10면.
2) 같은 책 9면.
3) Egon Bahr, *Ostwärts und nichts vergessen!: Kooperation statt Konfrontation* (Hamburg: VSA 2012) 29면.

바는 베를린장벽 건설의 의미에 대한 통찰을 이렇게 피력했다.

1961년에 붕괴된 것은 힘의 정책만이 아니다. 국내정치에 가졌던 환상도 우리가 주목하지 못하는 사이 사라졌다. 독일 전후사의 가장 큰 희망이 환멸로 끝났다는 게 확실해졌다. 그것은 사민당이 제공한 희망이 아니라 기민/기사당이 기대한 것으로 서방 편입과 재무장이 필연적으로 통일을 가져올 것이라는 희망이었다.[4]

브란트는 브란덴부르크 문 앞에서 분노와 무력감을 느꼈다. 그는 미국·영국·프랑스 연합군의 본부로 가서 아무 지시도 내리지 않고 앉아 있는 사령관에게 최소한 연합군의 지프 몇대라도 거리를 돌게 하여 서베를린 시민들의 고립감을 해소시켜달라고 요구하여 뜻을 관철시켰다. 시청으로 돌아온 브란트는 연합국에 욕설을 퍼부었다.[5]

서방 연합국의 수뇌들은 한가한 주말을 보냈다.

미국 대통령 존 F. 케네디(John F. Kennedy)는 "말로는 안 된다. 행동을 보여달라"는 브란트의 편지에 대한 응답으로 부통령 린든 존슨(Lyndon Johnson)과 함께 1,500명의 전투병을 서베를린으로 보냈다. 서베를린 시민들은 미군 병사들을 전쟁에서 이기고 돌아온 아들들같이 환영했다. 존슨의 방문과 미군 병사들의 존재는 서베를린 시민들에게 큰 위안과 용기를 주었다. 존슨은 브란트에게 케네디의 친서를 전달했다. 케네디는 이렇게 썼다. "잔인한 경계선의 폐쇄는 소련이 결정한 것이다.

---

4) 같은 책 28면.
5) 같은 책 29면.

그걸 바꾸는 방법은 전쟁뿐이다. 아무도 그걸 위해 전쟁을 하려고 하지 않는다. 귀하도 마찬가지일 것이다. 이데올로기로 제 국민을 가두는 것은 스스로의 약점을 폭로하는 것이다. 베를린장벽은 귀하에게는 목에 걸린 통나무 같을 것이다."[6]

통행증협정으로 숨통

존슨이 떠난 뒤 브란트와 그의 참모들은 논의를 거듭했다. 결론은 아무도 베를린장벽을 제거해줄 수 없다, 장벽에 통로를 열기 위해서는 베를린장벽을 통제할 권한을 가진 사람들과 대화를 해야 한다는 것이었다. 이렇게 해서 서베를린시의 전례 없는 지자체 외교가 시작되었다. 대화의 상대는 동독정권이었다. 그때만 해도 서독은 동독을 DDR(독일민주공화국)이라는 약칭으로도 불러주지 않았다. 그냥 점령지구(Die Zone)라고 부를 뿐이었다. 동독을 정권으로 인정하지 않고, 동독을 동독이라 부르지 않고 동독정부를 상대로 협상을 벌이는 것은 처음부터 간단한 일이 아니었다.

서베를린 시정부는 동독과의 협상의 목적을 확실히 정의했다. 제한된 숫자의 서베를린 시민이 동베를린을 방문하여 가족상봉을 하는 것이었다. 오늘날 남북한의 경우처럼 그때의 서베를린에서도 가족상봉을 성사시키는 협상에는 초인적인 인내심과 창의적인 협상전략이 필요했다. 에곤 바가 말한 대로 그것은 서독의 금기사항(Taboo)을 처음으

---

6) 같은 책 29~30면.

로 깨는 것이었다. 서베를린 시민이 동베를린을 방문할 수 있는 통행증 (Passierschein)을 발급하는 것은 미국도 소련도 본의 서독정부도 아니었다. 통행증 발급의 권한은 동독 당국이 쥐고 있었다. 그래서 브란트의 서베를린 시정부는 이른바 '존재하지 않는' 동독정권을 상대해야 했다. 통행증, 그것이 브란트 정부가 동방정책 수행 내내 강조하고 앞세운 '작은 조치'(Kleine Schritte)의 첫 케이스였다. 그것은 에곤 바의 구상이었다. 필자가 2014년 11월 에곤 바와 한 인터뷰에서 "항상 작은 조치를 강조하셨는데, 가령 어떤 것들을 말합니까?"라고 물었을 때 바는 한순간의 주저도 없이 파시어샤인이라고 대답했다.[7]

동독과 협상할 실무팀이 구성되어 주말마다 신문왕 악셀 슈프링어 (Axel Springer)의 집에서 회합을 갖고 논의를 거듭했다. 실무팀은 결코 해서는 안 되는 일 두가지에 합의했다. 첫째는 협상 과정에서 동독정권을 국제적으로 승인하지 않는 것, 둘째는 서독과 베를린에 대한 서방 3개국의 권한을 침해하지 않는 것이었다.

협상은 초장부터 난항에 부딪혔다. 동독과 서베를린의 명칭이 문제였다. 동독의 협상대표는 베를린은 동독의 수도이고 서베를린 시정부는 서베를린의 정부일 뿐이라고 주장했다. 그런 주장에 대해 서베를린 측은 "베를린은 동독의 수도가 아니며, 당신들은 베를린의 동부지역 (Ostsektor)일 뿐이고 우리는 서베를린 시정부가 아니라 베를린 시정부다"라고 맞섰다. 몇차례의 회의를 거듭한 끝에 서베를린 부시장 하인리히 알버트(Heinrich Albert)가 솔로몬의 지혜를 발휘하여 명칭문제에는 합의를 하지 말고 넘어가자고 제안했다. 동독 대표들도 알버트의 제안

---

7) 필자와의 인터뷰, 『중앙일보』 2014년 11월 28일. 이 책의 부록에 수록되어 있다.

을 슬그머니 받아들였다.

협상은 어려운 줄타기였다. 서베를린 시정부는 동독과의 합의를 일일이 미국·영국·프랑스·서독 정부에 보고하여 승인을 받아야 했다. 협상이 타결되어 통행증 발급에 합의하기까지는 2년 이상의 시간이 걸렸다. 1963년 크리스마스 날 마침내 통행증을 받은 서베를린 시민들이 새로 열린 세군데의 통로를 통해서 동베를린으로 넘어가 가족들을 얼싸안았다. 에곤 바는 통행증협정(Passierscheinabkommen)이라는 호두껍질 안에 훗날 동방정책으로 불리게 되는 오스트폴리티크(Ostpolitik)의 전체 철학이 들어 있었다고 훗날 밝힌 바 있다.[8]

에곤 바의 투칭 연설

1962년 10월 14일 터키에 기지를 둔 미국의 고공 정찰기 U2가 쿠바에 미사일 기지가 건설되는 장면을 촬영했다. 케네디 정부는 미사일을 싣고 쿠바로 가는 소련 선박을 해상에서 차단했다. 미국과 소련이 핵전쟁의 일보 직전에서 대치하는 상황이었다. 빌리 브란트는 핵전쟁이 일어날 경우 소련이 베를린에 대량보복을 감행할 수 있다고 보았다. 다행히 이 위기는 소련이 쿠바 미사일 기지를 포기하는 대신 미국은 터키에서 U2 기지를 철수하는 선에서 외교적으로 해결되었다. 쿠바 미사일 위기를 마음 졸이며 지켜보던 전세계인이 가슴을 쓸어내렸다. 미사일 위기에서 교훈을 얻은 케네디 정부가 대외 정책·전략의 기조를 평화전략으

---

8) Egon Bahr, 앞의 책 31면.

로 바꾼 것은 분명히 역경의 은총이다.

케네디는 1963년 6월 10일 워싱턴에 있는 아메리칸대학 졸업식 축사에서 '평화의 전략'을 선언했다. 케네디는 미국인과 소련인이 공유하는 많은 공통점 가운데 가장 대표적인 것이 전쟁 혐오라고 말하면서 상대를 섬멸하는 전략이 아니라 평화의 전략을 위해 노력하자고 역설했다. 케네디는 미국과 그의 동맹국들, 그리고 소련과 그의 동맹국들은 진정한 평화와 군비경쟁 중지에 깊은 관심을 갖고 있다고 말하고 미국은 지구력을 가지고 평화를 추구해야 한다고 강조했다. 지구 전체가 미국과 소련의 핵전쟁에 휘말려들 것인가가 지금 시대의 중요한 실존적 문제라고 본 케네디는 평화보다 긴급한 과제는 없다고 단언했다.

빌리 브란트는 케네디의 연설 속에 특별히 베를린 방위공약이 확고히 들어 있는 데 큰 감동을 받고 고무되었다. 브란트와 그의 대변인 겸 안보·전략 참모 에곤 바는 케네디의 평화의 전략에 사민당과 서베를린 시정부의 대외정책의 방향을 맞추었다. 특히 소련과 평화를 위한 대화를 하고 핫라인을 추가로 설치하겠다고 한 케네디의 선언은 브란트와 바의 동방정책 구상에 큰 영감을 주었다. 두 사람은 오래 기다리지 않았다.

다음 달인 1963년 7월 15일 에곤 바가 바이에른 주 투칭에 있는 크리스천 아카데미 정치클럽에 초청을 받아 강연을 했다. 투칭은 뮌헨에서 남서쪽으로 40킬로 떨어진, 슈타른베르거 호수를 끼고 알프스를 조망하는 아름다운 도시다. 1873년 여름 요하네스 브람스가 넉달을 머물면서 현악 4중주와 하이든 변주곡을 작곡한 곳이기도 하다. 투칭의 크리스천 아카데미 정치클럽은 수시로 국내외의 저명한 인사들을 초청하여 강연을 듣고 토론을 하는 행사를 하고 있었다.

이후 브란트의 강연이 예정되어 있었고 그 전에 미리 대강의 줄거리를 바를 통해 듣고자 한 것이 주최 측의 생각이었다. 브란트가 주연이고 바는 브란트 연설의 스케치만 슬쩍 선보여 청중들의 호기심과 기대를 자극해놓는 조연이었다. 그러나 바는 투칭 연설에서 6년 후 등장할 동방정책의 핵심 내용을 모두 쏟아내버린다. 동방정책의 핵심 개념인 '접촉을 통한 변화'(Wandel durch Annäherung)까지 밝혀 브란트가 할 말을 남겨두지 않았다. 그래서 브란트의 투칭 연설은 전혀 주목받지 못했고, 인터넷에 들어가서 브란트의 투칭 연설을 클릭해도 나오는 것은 오직 바의 연설뿐이다.

바가 투칭에서 연설을 한 것은 사민당이 1969년 집권하여 브란트가 총리가 되고 바 자신은 국무장관(Staatssekretär)으로서 동방정책을 실천에 옮기기 6년 전의 일이다. 바의 연설에는 한국이 배울 교훈이 가득하다. 좀 길지만 바 연설의 핵심 부분을 소개한다.

―통일을 위한 조건은 소련하고만 합의할 수 있다. 통일의 조건은 동독과는 준비할 수 없고 소련의 의사에 반해서, 소련을 빼고는 합의할 수 없다. 동독과 통일의 조건을 합의할 수 있다는 환상에 매달리는 사람들은 동독에 주둔하고 있는 소련군 20~22개 사단의 존재를 기억해야 할 것이다.

―통일은 외교적인 문제다.

―미국의 평화전략은 공산주의 통치를 제거하지 않고 변화시키는 것이다. 미국이 시도하는 동서관계의 변화는 현상(Status quo)을 인정하면서 현상을 극복하는 것이다.

―미국의 평화전략을 독일에 적용한다면 전부 아니면 전무(Alles oder

Nichts) 정책을 버리는 것이다.

—통일은 역사적인 어느 날, 단 한번의 역사적인 회의에서, 한번의 결정으로 실현되는 일회성 행동이 아니라 많은 조치와 단계를 거치는 과정이다.

—동독은 소련의 동의 아래 개혁(Transformieren)되어야 한다. 그렇게만 되면 우리는 통일을 향한 큰 걸음을 뗀 것이다.

—동독을 소련의 영향권에서 떼어낼 수 없는 것이 사실이라면 ── 그건 사실이다 ── 동독정권을 직접 전복하는 정책은 희망이 없다.

—한 정권이 경제적 어려움으로 붕괴된다는 기대는 환상이다.

—물질적인 조건을 개선하면 동독에 긴장완화의 효과를 낸다. 소비재 공급을 늘리는 것은 서독에도 이익이 된다.

—인간에 대한 배려가 나라에 대한 배려에 우선한다.

—우리는 베를린장벽이 동독정권의 약점을 드러내는 것이라고 말한다. 동독정권의 불안과 자기보존의 노력의 표현이라고도 말할 수 있다. 중요한 것은 동독의 이런 정당한 불안을 해소하여 동서 베를린 경계선과 장벽을 완화하는 것이다. 간단히 말해 이것이 '접촉을 통한 변화' 정책이다.[9]

동방정책의 뒷바람, 닉슨과 브레즈네프

1969년 미국과 유럽과 아시아에서 전후사에 굵은 획을 긋는 세개의

---

[9] 연설 전문은 앞의 책에 부록으로 실려 있다.

큰 변화와 사건이 일어났다. 미국과 서독에서 닉슨(Richard Nixon)이 대통령에, 브란트가 총리에 취임했으며, 극동의 중국·소련 국경선 지대에서는 우수리강의 작은 섬 전바오다오(珍寶島, 러시아 지명은 다만스키)에서 두 나라 국경수비대 사이에 백병전을 포함한 격렬한 무력충돌이 벌어진 것이다.

닉슨/키신저의 대외정책은 베트남전의 수렁에서 헤매던 린든 존슨 행정부를 건너뛰어 존 F. 케네디 행정부의 평화전략을 계승했다. 닉슨은 1969년 7월 괌에서 닉슨 독트린을 발표하여 베트남에서의 명예로운 철수, 아시아 분쟁의 아시아화를 선언한다. 1971년 4월 미국 핑퐁팀의 중국 방문으로 핑퐁외교, 같은 해 7월 닉슨의 안보 담당 보좌관 헨리 키신저의 베이징 비밀 방문, 그리고 마침내 1972년 2월 닉슨의 역사적인 중국 방문으로 마오 쩌둥(毛澤東)과 저우 언라이(周恩來)와의 회담이 뒤를 잇는다. 이러한 미·중 데탕트는 미국에 두개의 엄청난 외교적·전략적 효과를 안겼다. 하나는 소련과의 관계개선에 사용할 강력한 중국 카드를 얻게 된 것이고, 다른 하나는 베트남전쟁을 종결시킬 평화협상이 유리한 분위기를 타게 된 것이다.

중국과 소련이 국경지대에 각각 80만명과 60만명의 군대를 주둔시키고 있는 가운데 터진 전바오다오 충돌은 자칫 중소 간의 전면전으로 확대될 수도 있었다. 그런 가운데 전개된 미중 데탕트는 소련에 무거운 압력이 되어 브레즈네프로 하여금 서유럽국가들, 그중에서도 우선적으로 서독과의 관계개선을 서두르게 만들었다. 소련은 미국과의 데탕트에도 적극적인 자세로 나왔다. 브란트와 그의 안보 담당 특보 에곤 바에게 이것은 하늘이 내린 기회였다. 이런 분위기 속에서 브란트 정부의 임기가 시작된 것이다.[10]

1969년 10월 브란트를 총리로 하는 사민/자민당 연정 수립 후 본격적으로 추진된 동방정책은 에곤 바가 투칭 연설에서 제시한 큰 틀을 벗어나지 않았다. 에곤 바는 독일 통일은 동서독 간의 문제가 아니라 외교적인 문제라고 전제하고, 소련을 제외하거나 소련의 의사에 반해서는 통일이 성사될 수 없다고 강조했다.[11] 실제로 그가 브란트 정부 총리실의 국무장관으로서 가장 먼저 한 일은 소련과의 협상이었다. 소련과 협정이 맺어지기만 하면 다른 동유럽국가들과의 관계정상화를 위한 협정은 쉬운 일일 것이었다.

그러나 브란트는 소련과 협상을 하려면 미국의 양해가 필요하다고 생각했다. 참으로 현실적인 생각이었다. 사실상 키징어 정부 외무장관 시절부터 시작된 브란트의 동방정책에 대해서 미국의 전 국무장관 딘 애치슨(Dean Acheson), 전 서독 군정장관 루시우스 클레이(Lucius Clay), 전 고등판무관 존 맥클로이(John McCloy) 같은 '냉전의 십자군 전사'들은 회의적이었다. 특히 애치슨은 서방국가들이 유럽 분단을 기정사실로 받아들이고 소련과의 관계개선 경쟁을 벌이는 것을 '모스끄바를 향한 광적인 레이스'(Mad race to Moscow)라며 비판했다. 미국의 일부 외교 당국자들도 소련과의 관계개선에 신중론을 제기했다. 특히 닉슨은 사민당 출신 브란트에 대해 불신감을 갖고 있었다.[12]

브란트는 미국 조야의 동방정책에 대한 부정적인 시각을 걱정하여 자신의 정권이 출범도 하기 전에 에곤 바를 미국으로 보냈다. 키신저-바 회담은 키신저의 회고록에 생생하게 기록되어 있다. 흥미로운 스토

10) Andreas Vogtmeier, *Egon Bahr und die deutsche Frage* (Bonn: Dietz 1996) 122면.
11) 같은 책 37면.
12) 妹尾哲志『戰後西ドイツ外交の分水嶺』(晃洋書房 2011) 95~96면.

리여서 길게 인용한다.

베를린 문제는 2차대전 연합국의 법적인 책임하에 있었다. 베를린은 기술적으로는 군사적인 점령하에 있었기 때문에 서독은 협상을 할 법적 지위를 가지고 있지 않았다. …… 역설적이지만 베를린의 자유는 여전히 연합국의 점령을 받고 있는 그 지위를 유지하는 데 달려 있었다.

서독정부에는 국가 차원에서 동방정책을 수행할 협상 수단이 없었다. 미국의 다른 동맹국들도 미국의 안보 우산 없이는 아무것도 할 수 없었다. …… 서독은 동맹국들의 지지가 필요했다. 서독은 태생적으로 동맹국들에 연계(Link)되어 있었다. 동방정책이 성공하려면 동맹국들 전체의 다른 문제들과 관계되어야 한다. 그래야 소련이 양보할 동기가 생기는 것이다.

우리가 독일문제에 대해 이런 생각을 하고 있을 때, 브란트는 새 정부가 출범하기도 전인 1969년 10월 13일 에곤 바를 받아달라고 요청해 왔다. 나는 바가 브란트 베를린 시장의 대변인이던 시절부터 그를 알았다. 그리고 바가 브란트 외무장관 아래 정책기획국장이던 때 다시 만났다. 바는 높은 지성을 갖춘 사람이었다. 그는 외교적 난관을 해결하는 능력과 자신감을 갖고 있었다. 그는 서독과 동유럽국가들과의 관계를 개선하는 데 헌신적인 노력을 기울였다. 그는 소련과 동독에 갖고 있는 인맥이 도움이 될 것이라고 믿었다. 그는 그런 인맥을 은근히 과시했고 분명히 그 인맥들에 이용당하기도 했다.

바는 독일 민족주의자로 독일이 두 진영의 중간에 위치한 지위를 이용하여 동서진영 양쪽과 흥정을 하려고 했다. 바는 독일이 동유럽 국가들과 우호관계를 맺거나 적어도 적대관계를 피하는 방법으로 독일의 운명을 스스로 결정할 수 있다고 믿는 부류에 속하는 독일인이었다. 바는 앞선 정권의 사람들만큼은 독일 통일에 관심이 없었고 미국에 대해서도 특별한 애착을 가지고 있지 않아 보였다. 그에게 미국은 결정적인 시기에 독일에 힘이 되어주는 정도의 존재였다. 그는 동독과의 관계개선에 우선순위를 두고 있었다.

바가 워싱턴을 방문했을 때 그는 가장 먼저 국무장관 윌리엄 로저스(William Rogers)와 외교절차 문제로 부딪혔다. 로저스는 서독의 대화 상대는 국무성이어야 한다는 합당한 이유로 그의 방문에 반대했다. 나는 로저스와, 내가 바를 만나되 협상은 하지 않으며, 바와의 회담에 유럽 담당 국무차관보 마틴 힐렌브랜드(Martin Hillenbrand)를 배석시킨다는 데 합의를 하여 그를 무마했다. 그러나 그 약속은 지켜지지 않았다. 바는 힐렌브랜드가 배석한 자리에서 나와 회담을 한 뒤 백악관 정문으로 일단 나갔다가 나와의 단독회담을 위해서 지하통로를 통해 다시 내 사무실로 돌아왔다.

우리는 공식 루트를 배제한 비선라인(Back channel)을 구축하는 문제를 논의했다. 나는 소련대사 아나똘리 도브리닌(Anatoly Do-brynin)을 사이에 두고 모스끄바와, 파키스탄을 중계로 하여 베이징과, 그리고 때로는 이집트와 이스라엘과도 그런 백 채널을 운영하고 있었다. 닉슨은 나와 바의 백 채널을 이용해서 국무성을 우회해 직접 브란트 정부를 상대했다. 바는 브란트 정부의 동방정책 구상을 설명했다. 그는 미국과의 우호·협력 아래 그 정책을 추진하겠다고 말했다. 그러나 그는 그 정책을 우리와 협의할 것이라는 확신을 주지 않았다.

11월 11일 서독 외무장관 발터 셸(Walter Scheel)은 서독이 조만간 소련과 무력사용 포기 협상을 시작할 것이라고 발표했다.

미국의 요청으로 12월에 나토 회원국 외무장관들이 모여 '선택적 데탕트'를 저지하기 위한 일련의 연계장치를 마련했다. 우리는 유럽 안보회의를 베를린에 관한 4개국 회의와 서독과 소련 간 협상 성공에 연계하는 데 합의했다. 그렇게 브란트의 동방정책은 진행 중인 일련의 협상회로(Matrix)에 편입(Embedding)되었다. 그 결과 브란트의 협상 입장은 강화되었지만 서독의 동방정책은 동맹국들의 컨센서스 범위를 넘을 수가 없었다.[13]

바는 키신저에게 브란트 정부가 추진하려는 동방정책에 대한 미국의 이해를 구하면서도 미국에 대한 과도한 의존에서 탈피하겠다고 말했다. 바의 설명을 들은 키신저는 동방정책에 관한 사전보고에 감사하다면서 동서 긴장완화의 관점에서 브란트의 동방외교의 시동에 지지를

---

13) Henry Kissinger, *White House Years* (Boston: Little, Brown and Company 1979), "Berlin and Brandt's Ostpolitik"의 여러 곳에서 인용.

표명했다. 그러나 키신저는 동방정책을 사전에 미국과 상의하지 않고 독일 통일을 강조한 바를 전적으로 신뢰하지는 않았다.[14)]

에곤 바도 키신저와의 회담에 대한 기록을 회고록에 남겼다.

1969년 9월 28일 총선거가 끝나자마자 나는 키신저를 만나러 워싱턴으로 날아갔다. …… 우리는 총리가 첫 시정연설을 하기도 전에, 그리고 새 정부의 정책을 하원에 보고하기도 전에 우리의 계획을 솔직하게 알렸다. 키신저는 우리를 매우 불신하고 꼬치꼬치 캐물었다. 만약 이러이러한 일이 일어나면 어떻게 할 것이냐는 투의 가상적 질문을 쏟아냈다. 나는 더는 참을 수가 없어서 말했다. "헨리, 내가 여기 온 목적은 상의하기 위해서가 아니라 통보하기 위해서요." 나는 키신저를 납득시키지 못했고 그는 우리에 대한 불신을 가진 채 우리에게 동방정책을 추진하라고 했다. …… 그는 아마도 이렇게 생각했을 것이다. '힘은 미국에 있기 때문에 브란트 정부는 아무것도 하지 못할 것이다. 소련도 그걸 안다. 우리는 언제든지 제동을 걸 수 있다. 작은 독일이 강대국 소련에 무력을 행사하지 않겠다고 약속하는 것은 코미디다. 서독은 사용할 무력을 갖고 있지도 않다. 정신 나간 그 사람들이 그걸 천천히 시도해보게 내버려두자.'[15)]

역사학자 메리 자로트(Mary Sarotte)는 닉슨/키신저 팀과 브란트/바 팀의 유사점과 그 저변의 동상이몽에 주목했다. 두 세트, 네 사람 중 세

---

14) 같은 책 96면.
15) Egon Bahr, 앞의 책 39~40면.

사람은 반경 150마일 안에서 태어났다. 브란트는 뤼베크(Lübeck), 키신저는 퓌르트(Fürth), 바는 트레프루트(Treffurt)가 출생지다. 브란트와 닉슨은 1913년 같은 해에 태어난 동갑이다. 1922년생인 바와 1923년생인 키신저는 한살 차이다. 닉슨과 브란트는 같은 해 공산주의 세계에 대한 관계개선을 통해 냉전의 정의를 바꾸겠다는 선거공약으로 상대 정당 후보를 누르고 정권을 잡았다는 공통점도 가졌다.

두 팀은 현상유지를 받아들이기보다는 모험을 할 각오가 되어 있었다. 그런 정책으로 브란트와 키신저는 각각 1971년과 1973년 노벨평화상을 받았다. 닉슨 팀과 브란트 팀은 소련과의 대화를 통해서 상호 적대적인 자세를 완화하고 안전장치를 강화할 수 있다는 믿음을 가졌다. 두 팀 모두 정상회담과 조약 체결이 소련과의 데탕트의 열쇠라고 전제했다. 닉슨과 키신저에게는 데탕트가 소련과 중국과의 관계를 동시에 개선하는 것을 의미했으며 브란트와 바에게는 모스끄바와의 조약 체결이 최우선이었다. 브란트는 계획대로 1970년 8월 12일 모스끄바에서 브레즈네프와 모스끄바조약에 서명한다. 모스끄바조약으로 독일과 소련이 서로에 대한 무력사용 포기를 선언한 것은 피로 물든 두 나라 관계에 기념비적인 의미를 갖는 것이었다.[16]

그러나 닉슨/키신저와 브란트/바는 동유럽의 변화가 바람직한 것인가에 대한 인식에서 차이를 보였다. 닉슨과 키신저는 글로벌 세력균형을 재구축(Restructure)하여 그 파급효과가 지역 차원, 특히 미국이 베트남과 명예로운 평화를 달성하려는 동남아에 미치기를 바랐다. 닉슨

---

16) Mary Elise Sarotte, "The Frailties of Grand Strategies: A Comparison of Détente and Ostpolitik," ed. Fredrik Logevall and Andrew Preston, *Nixon in the World: American Foreign Relations, 1969-1977* (New York: Oxford University Press 2008) 149면.

과 키신저는 유럽 지도자들이 글로벌 세력균형 정책에 방해가 되는 정책을 취하지 않기를 기대했다. 특히 서독에 대한 그런 기대가 간절했다. 그래서 두 사람은 독일의 현상변경에 반대했다. 그들은 브란트와 바가 소련과의 협상에서 동독을 승인하는 것 같은 양보를 하는 데 반대했다. 그러나 브란트와 바는 그런 정도의 양보를 할 의사를 분명히 하여 미국의 비위를 건드렸다.

닉슨과 키신저는 공개적으로는 동방정책에 반대하지 않았다. 그러나 외국 지도자들과의 비공개 회담에서는 동방정책에 대해 요란하게 불평했다. 닉슨은 영국 총리 에드워드 히스(Edward Heath)에게 서독의 동방정책은 위험하므로 미국은 그 정책을 고무하는 조치는 아무것도 취하지 않을 것이라고 말해 영국 외교관들을 아연실색케 했다. 키신저도 프랑스 외교관과 함께하는 자리에서 모스끄바조약은 서방국가들의 힘의 상황(Situation of powers)을 크게 악화시켰다고 비판했다. 키신저는 사적인 자리에서 바를 비열(reptilian)하다는 험담까지 서슴지 않았다.

브란트와 바는 닉슨과 키신저의 이런 겉 다르고 속 다른 태도에도 불구하고 모스끄바조약이라는 역사적인 일을 해냈다. 브란트와 바는 모스끄바와의 협상 내용을 미국에 통보만 하고 상의는 하지 않는다는 배짱으로 밀고 나갔다.[17]

---

17) 같은 글 150~52면.

동방정책의 전사(前史)

소련과의 본격적인 협상을 설명하기 전에 브란트/바가 추진한 동방
정책이 어떤 정책을 계승한 것인지를 잠시 살펴보겠다.

1966년 12월 사민당에 바이마르공화국 이후 처음으로 정권에 참여할
기회가 왔다. 여러가지 정치적 요인이 작용하여 기민/기사당과 자민당
의 연립정부는 지탱할 힘이 남아 있지 않았다. 경기후퇴, 재정적자, 높
은 실업률 같은 국내문제 말고도 드골의 반앵글로색슨 노선에 동조하
는 골리스트들과 미국과의 관계를 중시하는 아틀란티커들 사이에 외교
정책 노선상의 갈등도 깊었다. 라인강의 기적을 낳은 사람으로 알려진
루트비히 에르하르트 총리는 지도력 부족이라는 비판을 받았다. 그렇
게 해서 1966년 10월 27일 에르하르트 정권이 무너지게 된다.

사민당은 잠시 갈등했다. 사민당과 자민당의 하원 의석을 합치면 의
석 과반수보다 7석이 많다. 이론적으로는 자민당과의 연정도 고려해볼
만했다. 그러나 사민당 원내 대표 헤르베르트 베너(Herbert Wehner)는
대연정을 주장했고 브란트의 측근들인 '베를린 그룹'은 대연정에 반대
했다. 베를린 그룹은 서베를린에서 기민/기사당과의 연정 때 동방정책
과 동독에 대한 정책에서 자주 충돌한 경험이 있었다. 기민당에 대해서
심리적인 앙금도 남아 있었다. 1961년과 1966년 총선 때 아데나워를 포
함한 기민/기사당 지도부가 선거유세 내내 브란트가 혼외자라는 사실,
2차대전 중에는 스칸디나비아로 망명하여 노르웨이 여권을 가지고 베
를린을 자주 방문한 사실을 신상털기식으로 '폭로'하는 네거티브 선거
전을 벌인 것을 그들은 잊을 수가 없었다.[18] 그러나 결국 기민/기사당
과 사민당의 대연정은 출범하게 된다.

바덴 뷔르템베르크(Baden-Württemberg) 총리 쿠르트 키징어가 연방 대연정 총리에 선출되고 브란트는 외무장관에 취임했다. 서독의 연정체제에서는 마이너 파트너의 당수가 외무장관이 되는 것이 관례다. 그리고 외무장관은 대외정책 수행에서, 총리와 협의한다는 전제 아래 상당한 재량이 허용된다. 베를린장벽의 충격 이후 구상해오던 브란트의 동방정책이 햇빛을 볼 날이 온 것이다.

브란트는 에곤 바를 외무성으로 데리고 갔다. 바는 처음 몇달 동안은 특별한 직책 없이 지냈다. 그때의 바에 대해 언론인·역사학자 테오 좀머는 1967년 3월『디 차이트』지에, 바는 외무성의 집행업무에 시달리지 않고 기획팀과 경쟁도 하지 않고 그때그때 닥치는 서독 외교정책의 중요한 부분에 대해 자유로운 사고를 하면서 지냈다고 말한 바 있다. 브란트는 1967년 7월 에곤 바에게 특임대사의 타이틀을 주었다가 정책기획국장에 임명했다. 바는 동방정책과 동독정책, 그리고 유럽안전보장 문제에 집중했다. 그는 일곱명의 정책기획국 실무자들에게 "생각할 수 없는 것을 생각하라"(das Undenkbare zu denken)고 독촉했다. 바는 그때 이미 1969년 사민당과 자민당의 소연정 출범 후 추진할 동방정책의 도상훈련을 충분히 할 수 있었다.[19]

에곤 바는 "정책기획국을 인수해보니 동방에 관한 서랍은 텅 비어 있었다"고 말했다. 실제로 수행할 수 있는 동방정책과 동독정책이 없었다는 뜻이다. 그의 전임자 귄터 딜(Günther Dill)은 브란트의 지시로 동방정책을 연구했고 키징어 총리는 딜의 연구결과를 1966년 12월 13일 하

---

18) Andreas Vogtmeier, 앞의 책 96~97면.
19) 같은 책 137면.

원 시정연설에 활용했다. "우리가 바라는 것은 경직상태를 풀고, 사태를 경직시키지 않고, 도랑(Gräben)을 더 깊이 파는 대신 도랑을 극복하는 것이다. …… 우리는 분단된 독일 사람들을 행복하게 만들어줄 일들을 하고 필요한 것을 가능하게 하려고 한다."[20] 딜의 정책 건의서에는 동독에 어느정도의 제한된 실무적인 관계를 인정하고, 동독이 다양한 기술적 국제조직이나 조약에 가입하여 활동하도록 지원하고, 통상도 촉진해주자는 내용도 들어 있었다. 그는 실제적으로도 개념적으로도 단독대표권(Alleinvertretung)과 단독존재(Alleinpräsenz)를 구분해서 생각하자고도 건의했다. 그것은 동·서독 간의 접근 가능성을 시사한 것이다. 그러나 동독을 승인하는 나라와는 외교관계를 맺지 않는다는 할슈타인 원칙을 견지한다는 딜의 견해는 그의 동방정책의 한계를 드러내는 것이었다. 딜의 건의서는 대연정의 동방정책의 실체를 잘 시사하고 있었다. 아르눌프 바링(Arnulf Baring)은『권력교체』라는 책에서 "대연정은 우리나라 동방정책의 정체와 마비를 극복할 능력이 없음을 분명히 했다. 에곤 바는 대연정의 '사고의 정체'를 타파하고 금기에 구속받지 않고 정치적 선택지를 생각하고, 사고 모델을 충분히 탁상연습하기로 했다"고 논한 바 있다.[21]

흔히 동방정책은 1969년에 출범한 브란트 정권의 전유물로 생각된다. 그러나 브란트는 동방정책에 대한 독점적인 지적 소유권을 사양한다. "동방정책이라고 부르는 정책은 〔대연정이 출범한〕 1966년에 처음으로 고안된 것이 아니다. 아데나워와 에르하르트 정권도 그들의 방식

---

20) 같은 책 138면.
21) 같은 책 103면.

으로 소련과 동유럽국가들과의 관계개선을 시도했다."[22] 브란트는 대연정 동방정책의 주목표가 동방국가들과의 관계를 개선하고 가능한 한 정상화하는 것이었음을 간과해서는 안 된다고 말한다. 브란트는 외국의 저항과 반대세력이 강력했지만 1967~68년에, 그후 자신이 총리가 되어 추진할 새로운 정책이 만들어졌다고 말했다.[23]

브란트는 키징어와의 대연정 협상 때 이미 자신의 동방정책을 대연정 참여의 조건으로 제안하여 키징어의 동의를 받아냈다. 동방정책의 3대 과제는 무력사용을 포기하는 협정을 소련과 체결하고, 폴란드와 체코슬로바키아와의 현안문제를 해결하는 것이었다. 폴란드와 해결해야할 국경선 문제가 그중에서도 가장 까다로웠다. 체코슬로바키아와는 1938년 히틀러가 뮌헨조약을 강압적으로 체결하여 강탈한 주데텐란트(Sudetenland) 반환이라는 큰 난제가 있었다. 동독정권을 국제법적으로 승인하지 않고 동서독 간 긴장을 완화하는 것 또한 동방정책의 중요하고도 어려운 과제였다.

키징어와 브란트는 대연정의 정책이 동서관계의 군사적 대결 극복에 기여하는 방향이어야 한다는 데 의견을 같이했다. 미국과 소련이 1962년 쿠바 미사일 위기의 교훈을 살려 새로운 관계를 설정하려는 움직임을 보인 것은 서독 대연정의 동방정책을 위해서 고무적이었다. 1967년 4월 키징어는 하원 연설에서 서독정부는 동서독 간 긴장완화를 바란다고 선언했다. 키징어는 동서독 대립관계를 완화하기 위해 취할 수 있는 조치가 많다고 말했다. "동독 주민들의 일상생활의 부담을 줄

---

22) Willy Brandt, 앞의 책 219면.
23) 같은 곳.

여주는 것, 경제와 통행 정책에서 협력하는 것, 경제·기술·문화 교류를 위한 기본적인 합의를 보는 것들이다."[24]

그러나 처음에는 어려움이 있었다. 1967년 4월 동독 공산당인 사회주의통일당(SED, 이하 사통당) 서기장 발터 울브리히트(Walter Ulbricht)가 동서독 총리회담을 제의해 왔다. 키징어는 두달 뒤에 보낸 회답에서 동서독정부가 지명한 특사회담부터 먼저 하자고 역제안했다. 동독은 키징어의 제안을 거부하고 베를린에 대한 압박을 강화했다. "그래서 독·독회담은 청각장애자들의 대화로 남았다."[25]

브란트는 동방정책을 서독이 자신의 문제를 더 적극적으로 다루고, 다른 나라들에 독일문제를 통째로 맡기지 않는다는 원칙 위에 세웠다. 브란트의 그런 정책은 한국의 대북정책에 벤치마킹의 대상이 된다. 북한에 대한 미국과 중국의 영향력 행사, 압박에만 기대지 않고 남북 간 긴장완화를 위한 현실적인 조치들을 적극적으로 취하라는 통일 선배나라의 교훈이다.

브란트는 독·독 관계에서 처음부터 현실적·경제적인 이해를 시야에 두었다. 외무장관 브란트는 하원 연설에서 이렇게 말했다. "그건 직접적인 의미에서 실존적인 문제로 일자리를 만들고 우리 경제에 새로운 활동영역을 여는 것이다."[26] 한국에서는 이명박 정부 시절부터 남북관계를 실존적 문제로 파악하는 경향이 부쩍 늘었는데 그 원조가 브란트의 통찰인 것은 우리에게 시사적이다.

24) 같은 책 221면.
25) 같은 책 222면.
26) 같은 책 223면.

소련과의 대화가 시작되다

소련을 상대로 한 동방정책도 처음에는 순조롭게 진행되지 못했다. 서독·소련 협상이 초기에는 진전을 보지 못한 이유는 서독정부가 소련을 우회하여 동유럽국가들과의 관계를 개선하려고 했기 때문이다. 엘베강 동쪽, 동유럽의 정치질서는 부채살(Hub and spoke) 체제다. 당연히 허브는 모스끄바다. 모스끄바(허브)와 관계를 개선하거나 협력하지 않는다면 동유럽 위성국가들(부채살들)과 관계개선 협상에 진전이 없는 것은 당연하다. 그것은 에곤 바가 일찍이 통찰한 대로다. 모스끄바조약 체결 직후에 그 어려운 바르샤바조약이 체결될 수 있었던 것도 그런 이유에서다. 그리고 체코슬로바키아, 헝가리와의 관계격상이 뒤따랐다.

통일을 시야에 두고 말하자면 독일과 한국의 결정적인 차이는 한국의 경우에는 소련처럼 절대적인 영향력을 가진 나라가 없다는 사실이다. 소련은 동독에 최고로 무장된 20~22개 사단의 병력을 주둔시키고 있었다. 그때 서독은 한번도 소련의 등 뒤에서 동방정책을 수행하려고 시도하지 않았다.[27] 한반도에 대한 영향력은 미국과 중국이 나누어 갖고 있다. 한국에 미군 2만 8,500명이 주둔하고 있지만 대북 억제력 행사 이상의 역할은 못한다. 서해 건너와 압록강과 두만강 너머에 중국이 있기 때문에 남북문제에서 미국의 독점적 영향력 행사는 용납되지 않는다. 그리고 북한은 독일의 경우와 다르게 핵을 보유하고 있어 한미 연합군의 북한에 대한 물리적인 힘의 행사도 제한된다. 러시아와 일본까

---

27) 같은 곳.

지 일정 수준의 발언권의 지분을 넘보고 있어 한반도 문제는 더욱 복잡하다.

소련이 서독과의 대화에 관심을 보인 것은 1966년 12월 대연정이 성립되고 동방정책의 윤곽이 드러난 몇주 뒤의 일이다. 소련의 지도자들 사이에서는 동독에 대한 배려가 설득력을 얻은 것으로 알려졌다. 원래 서독의 사민당을 적대시하고 대연정을 경계한 동독 지도부는 1966년 7월 서독과 바르샤바조약기구 회원국들 간의 협상의 대전제로 오데르-나이세 독일·폴란드 국경선 인정, 동독의 국제법적 승인, 체코슬로바키아와의 뮌헨조약 무효화, 서베를린의 독립된 정치단위 인정을 제시했다. 동독은 또 동독-폴란드-체코슬로바키아와 함께 '철의 삼각' 협력 체제를 구축하여 서독의 동방 진출에 맞섰다. 그러나 소련도 동독도 동구권의 바람을 막을 수는 없었다. 1967년 1월 서독은 루마니아와 외교관계를 수립했다. 루마니아는 1964년 이미 소련권에서 자신의 사회주의를 실천한다는 독자노선을 선언한 바 있었다.

1967년 여름에는 서독이 체코슬로바키아와 통상대표부 설치에 합의했다. 프랑크푸르트와 프라하에 두 나라의 통상대표부가 개설되어 영사업무까지 수행하게 되었다. 그것은 그해 가을에 세상을 진감시킨 '프라하의 봄' 사태 직전의 일이다.

1967년 말 유고슬라비아와도 1957년 단절한 외교관계를 다시 수립했다. 1957년의 외교관계 단절은 유고슬라비아가 동독을 승인했기 때문에 서독이 할슈타인 원칙을 적용한 결과였다. 1968년 6월 베오그라드를 방문한 빌리 브란트는 그때의 사정을 이렇게 전한다. "서로 다른 사회질서와 관계없이, 그리고 두 나라의 안보정책상의 위치에도 불구하고 이해를 같이하는 분야가 많았다. 중요한 유럽정책에 의견의 일치를 보았다. 나는 유고슬라비아의 적극적인 평화공존 노선에 공감하고 나도 그 노선을 따르기로 마음먹었다."[28] 서독은 유고슬라비아에 두번에 걸쳐 3억 마르크와 7억 마르크의 차관을 제공했다.

서독은 폴란드와도 역사를 직시하고 현실을 인정하는 자세로 대화를 시작했다. 폴란드의 서부국경선 문제는 서독의 동방정책의 절대적인 병목(Bottle neck)이었다. 오데르-나이세를 독일과 폴란드의 항구적인 국경선으로 인정하는 조약이 체결되지 않는 한 소련은 말할 것도 없고 영국·프랑스 같은 동맹국들도 서독의 동방정책과 독일 통일을 지지하지 않을 것이었다.

1967년 가을 서독 주재 소련대사 쎄몬 짜랍낀(Semyon Tsarapkin)이 에곤 바에게 두개의 각서를 건넸다. 각서에는 상호 무력사용 포기에 관한 조약 체결에 관심을 보이면서도 서독에 대한 불신, 서독의 정책이 지나치게 공격적이고 보복주의적(revanchistisch)이라는 부정적인 내용이 가득했다. 그러나 에곤 바는 대화의 끈을 놓치고 싶지 않았다. 그는 1967년 12월 하원 연설에서 호의와 인내심을 갖고 비공개로 소련과 의견교환을 계속하겠다고 말했다. 그래도 소련은 서독이 군국주의와 신나치주의의 정책을 편다는 비판을 멈추지 않았다.

1968년 10월 뉴욕에서, 서독 대연정의 외무장관 빌리 브란트는 소련 외무장관 안드레이 그로미꼬(Andrei Gromyko)를 만났다. 두 사람의 회담에서는 상호 무력사용 포기가 가장 중요한 의제로 집중적으로 논의되었다. 구체적인 진전을 보지는 못했지만 이후 꾸준히 의견을 교환해 나갈 것으로 기대되었다.

---

28) 같은 책 231면.

그런데 대연정에 문제가 있었다. 연정 파트너인 기민/기사당과 사민당의 동방정책에 관한 인식에 깊은 갭이 있었던 것이다. 사민당 지도부는 소련과 동독, 그리고 다른 동유럽국가들과의 화해의 필요성을 강조한 반면 키징어 총리를 포함한 기민/기사당 지도부는 베를린 문제로 동서진영이 대립하고 있기 때문에 동방정책을 수정해야 한다는 입장을 굽히지 않았다. 하원의장 오이겐 게르슈텐마이어(Eugen Gerstenmaier)는 1968년 12월, 1969년 3월로 예정된 의회의 연방대통령 선출을 서베를린에서 실시하겠다고 발표했다. 동독은 서베를린을 서독의 일부가 아니라 독립된 정치체제로 간주했다. 동독과 소련은 게르슈텐마이어의 발표가 무력사용 포기에 관한 의견교환을 하자는 브란트와 그로미꼬의 합의로 조성된 대화 분위기에 찬물을 끼얹었다고 비판했다.

그러나 서독과 관계를 개선하고 싶은 소련의 열망은 분명했다. 그로미꼬는 외교안보보좌관 발렌찐 팔린(Valentin Falin)에게 무력사용 포기 문제를 검토하고 라인강변의 바람이 어떤 방향으로 부는지 가급적 빨리 알아내라고 지시했다.[29] 소련의 지도자 알렉세이 꼬시긴(Aleksei Kosygin)에게 팔린은 닉슨의 키신저, 브란트의 에곤 바, 헬무트 콜의 호르스트 텔칙(Horst Teltschik) 같은 존재였다.

소련 지도부는 팔린의 연구·검토를 놓고 정책방향을 논의했다. 소련은 1969년 총선이 대연정에 종말을 가져오고, 서독에는 소련·동독·동유럽국가들에 대한 정책을 전환할 의사와 능력을 가진 정권이 들어설 가능성이 크다는 결론을 내렸다. 크렘린(Kreml', 끄레믈)은 사민당과 자민당의 소연정을 예상했다.[30] 그러나 소련 공산당 정치국의 결정이

29) Valentin Falin, *Politische Erinnerungen* (München: Droemer Knaur 1993) 52면.

순탄하게 내려진 것은 아니었다. 정치국 안에서 중앙위원회 서기 보리스 뽀노마료프(Boris Ponomaryov)가 그로미꼬의 대화노선에 정면으로 맞섰다. 그의 배후에는 스딸린 사후 사실상 크렘린의 제2인자로 통하던 보수 반개혁론자 미하일 쑤슬로프(Mikhail Suslov)가 있었다.

그로미꼬는 정치국에서 서독과의 대화를 통한 관계개선의 중요성을 설명하면서, 현실에 눈을 감으면 소련과 동독에 해가 된다고 강조했다. 그는 동서독 관계의 교착을 방치하고 소련과 서독 관계의 정상화를 인위적으로 저지하면 전유럽 긴장완화 정책은 '속이 빈 호두'가 되고 말 것이라고 주장했다. 1982년 브레즈네프의 사망으로 공산당 서기장이 되는 KGB 장관 유리 안드로뽀프(Yuri Andropov)가 그로미꼬의 대화노선을 강력히 지지했다. 그리하여 서독과의 새로운 관계설정을 둘러싼 크렘린의 노선투쟁은 그로미꼬의 승리, 쑤슬로프의 패배로 끝나고 서독–소련 대화에 파란불이 켜졌다.[31]

팔린은 1993년에 낸 회고록에서 그로미꼬가 서독과의 관계개선을 얼마나 절실히 희망했는가를 보여주는 리얼한 장면을 소개한다.

그로미꼬가 탄 캐딜락이 뉴욕의 글렌카우에 있는 소련대사관저를 떠났다. 그날, 1969년 9월 28일 저녁 그로미꼬는 소련대표부에서 미국 국무장관 윌리엄 로저스와 만날 약속이 잡혀 있었다. 그로미꼬는 그리니치 표준시간으로 몇시냐고 수행원에게 물었다. 시차는 다섯시간이다.

---

30) 같은 책 53면.
31) 같은 책 53~54면.

"그렇다면 저긴 아직 저녁이겠군. 서독 총선은 끝났을 거야. 라디오를 틀어봐. 미국 방송도 틀림없이 서독 총선결과를 보도하고 논평할 걸세." 미끈한 리무진에 장치된 라디오의 상태는 좋지 않았다. UKW 라디오 방송의 서독 총선 보도 첫머리만 제대로 들렸다. 누군가와 인터뷰를 하는데 질문에 대답하는 사람의 목소리가 흥분되었다. 놀라운 일이 일어난 거야. 그게 뭘까?

그로미꼬는 초조해했다. 그는 운전수와 보좌관과 나를 상대로 불평을 늘어놓았다. "제대로 된 라디오 수신장치 하나 갖추어놓지 않는 자네들은 뭘 하는 사람들인가!" 그는 펄펄 뛰었다. 우리를 모두 차에서 밀어내거나 그 자신이 뒤따르는 대사관 차로 옮겨 타기라도 할 기세였다. 그때 갑자기 아나운서의 목소리가 뚜렷이 들렸다. 기민당이 패하고 사민당이 이겼다. 자민당은 득표 5프로 조항을 넘길 것이다.

그로미꼬가 내게 이게 무슨 뜻이냐고 물었다. 나는 우리 예상이 맞은 것 같다고 대꾸했다. …… 자민당은 의석을 많이 잃었지만 하원에 의석을 갖는 한, 자민당을 의회에서 축출하려고 한 기민/기사당과의 연정을 수락할 가능성은 적다. 국내외 사정 탓에 대연정이 들어설 가능성도 적다. 결국 남은 선택은 사민당과 자민당의 소연정뿐이다. 그로미꼬는 라디오를 끄라고 했다. 그는 생각을 가다듬고 싶었다.[32]

그로미꼬가 기민/기사당의 총선 승리를 경계하고 걱정한 이유는 1968년의 핵확산금지조약(NPT)과 직접 관계가 있었다. 기민/기사당은 서베를린의 지위와 통행 문제에 관한 서독의 요구가 충족되지 않으

---

32) 같은 책 58~59면.

면 핵확산금지조약에 참가하지 않는다는 입장이었다. 서독이 핵확산금지조약에 불참하면 무력사용 포기에 관한 합의도 불가능해지고, 무력사용 포기에 합의하지 않으면 동방정책의 핵심 부분이 진전을 보지 못할 것이었다.

동방정책 높이 날다

1969년 9월 28일 실시된 서독 하원 총선은 독일과 유럽의 전후사를 바꿀 결과를 가져왔다. 개표 결과 기민/기사당이 46.1프로 득표로 여전히 제1당, 사민당이 42.7프로 득표로 제2당으로 대연정 때와 다름이 없었다. 자민당은 5.8프로 득표로 간신히 하원 진출의 하한선인 5프로의 벽을 통과했다. 의석수로는 기민/기사당 242석, 사민당 224석, 자민당 30석이었다. 사민당과 자민당의 의석을 합치면 254석으로 기민/기사당보다 12석 많았다.

상식적으로는 제1당이 연정상대를 고른다. 그러나 대연정 말기에 기민/기사당과 사민당의 사이가 너무 많이 벌어져 다시 대연정을 구성하기는 어려울 것으로 보여 기민/기사당과 자민당의 연립정부가 구성될 것으로 예상되었다. 서독의 연립정부 시스템에 무지했던 미국 대통령 닉슨은 선거 개표가 끝나자마자 서독 총리 키징어에게 총리 연임의 축하전화를 하여 두고두고 세상의 웃음거리가 되었다.

키징어는 승리감에 도취되었다. 그는 자민당과의 연정을 구상했다. 그러나 선수를 친 것은 빌리 브란트였다. 그는 밤 10시 30분에 자민당 총재 발터 셸에게 전화를 걸어 사민당과 자민당의 소연정 구성을 선언하겠다고 말했다. 셸은 브란트를 말리지 않고 오히려 브란트의 구상을 수용하는 반응을 보였다. 다음날부터 사민당과 자민당의 협상이 벌어졌다. 기습을 당한 기민당은 자민당에 기민/기사당과 자민당 내각이 성립되면 각료 자리의 절반을 자민당에 주겠다고 회유했다.

그러나 자민당은 1968년 셸이 당수에 취임한 뒤 보수노선을 진보노선으로 바꾸고 있었다. 선거기간 중의 텔레비전 토론에서도 외교정책 노선에서는 브란트와 셸이 키징어를 상대로 공동전선을 폈다. 그런 이유로 브란트와 셸은 선거 전부터 소연정을 하나의 가능성으로 논의하고 있었다. 결국 브란트와 셸의 제2당과 제3당끼리의 소연정 협상은 성공했고 빌리 브란트는 10월 21일 하원에서 찬성 251표, 반대 235표로 총리에 선출되었다. 찬성 251표는 당선에 필요한 절대 과반수보다 불과 세 표 많은 것이었다.[33]

사민당은 헤르만 뮐러(Hermann Müller)가 1930년 3월 바이마르공화국 총리 자리에서 물러난 뒤 40년 만에 처음으로 집권당이 되었다. 브란트는 독일 사민당이 걸어온 험로를 회상하면서 감회에 젖었다. 그는 헤르만 뮐러를 존경하면서도 초기 독일 사회주의운동의 지도자 아우구스트 베벨(August Bebel)에 자신을 일치시켰다. 베벨은 1860년대 독일노동자연맹 의장으로 1869년 사회민주노동당을 창당하여 1875년 다른 조직과 통합하고 1890년 오늘의 사민당을 만들었다. 1913년 그가 죽었을 때 레닌(Vladimir Lenin)은 노동자 출신인 그를 '노동운동 지도자의 모델', 평범한 노동자로 시작하여 '보다 낳은 사회제도'를 만들기 위한 투쟁의 정치적인 리더가 되는 길을 스스로 개척한 사람이라고 찬양했다.

---

33) Willy Brandt, 앞의 책 293~95면.

브란트는 그런 베벨과 자신을 견주고 싶었던 것이다.[34]

브란트 정부의 동방정책은, 독일 통일은 유럽을 비켜 갈 수 없고 유럽통합은 독일을 비켜 갈 수 없다는 에곤 바의 말에 함축된다. 전유럽의 안전보장체제 안에서만 독일 통일이 가능하다는 말이다. 이것은 한국에 시사하는 바가 크다. 한반도 통일이 동북아 평화와 안보체제를 비켜 갈 수 없고 동북아 평화와 안보는 한반도를 비켜 갈 수 없다. 이러한 원칙은 신임 총리 빌리 브란트의 1969년 10월 28일 첫 시정연설에서 밝혀졌다. 핵확산금지조약에 서명할 것이라고 선언한 것이다. 이는 서독정부의 중요한 정책전환이다. 대연정 때 키징어 총리는 소련에 대항하기 위해서 서독이 서방 측의 핵전력에 편입되어야 한다는 입장을 고수했었다.

브란트는 또한 동독의 고통스러운 현실은 오로지 동독정권의 승인을 통해서만 해결될 수 있으며 소련, 폴란드, 체코슬로바키아와의 관계도 2차대전 후 설정된 국경선 변경불가의 원칙을 인정해야 정상화될 것이라고 밝혔다. 브란트의 연설은 기민/기사당은 물론이고 서독의 보수진영 전체에 폭탄선언이었다. 사실 이 연설의 초고를 쓴 참모들은 의도적으로 동방정책 부분을 명암의 중간지대(Halbton)에 두고 대외정책 변화의 윤곽만 우선 밝혀놓았다. 상대방이 호응하지 않으면 큰 체면 손상 없이 기존 정책을 계속한다는 계산에서였다. 그런데 브란트의 시정연설에 소련이 긍정적이고도 적극적인 반응을 보였고, 그리하여 협상의 문이 열린 것이다.

1969년부터 본격적으로 추진된 빌리 브란트의 동방정책에서 한국과

---

34) 같은 책 296면.

관련된 특기할 사항이 있다. 그것은 브란트가 사민당 정권 출범과 동시에 그때까지 존재하던 전독문제성(全獨問題省, Bundesministerium für gesamtdeutsche Fragen)을 폐지하고 대신 내독관계성(內獨關係省, Bundesministerium für innerdeutsche Beziehungen)을 신설한 것이다. 전독문제성은 서독이 대외적으로 동서독 전체를 대표한다는 단독대표권을 전제로 한 것이다. 다시 말하면 동독의 존재를 부인하는 것이다. 전독문제성을 내독관계성으로 바꾼 것은 동독의 존재를 사실상 승인하는 조치였다. 이 정책은 분단의 인정을 통해서 분단을 극복한다는 에곤 바의 발상에 따른 것이었다.

대조적으로 같은 1969년 한국의 박정희 정부는 국토통일부라는 것을 신설했다. 오늘의 통일부 전신인 국토통일부를 만든 것은 분단의 인정이 아니라 통일의 의지를 반영한 것이었다. 1969년이라는 같은 출발선에 서서 분단을 인정한 독일은 통일을 달성했다. 분단을 인정하지 않고 국토통일부 신설로 통일의 의지를 밝힌 한국의 시야에는 아직도 통일의 모습이 들어오지 않는 것은 역사의 아이러니라 하겠다.

아데나워의 서방정책이 동방정책의 토대가 되고, 동방정책이 통일의 기반이 되었다는 사실이 한국에 주는 메시지는 한반도 주변 4강과의 우호협력적인 관계가 중요한 통일의 조건이라는 점이다. 서독의 동방정책이 "통일은 외교다"라는 인식으로 출발했듯이 우리도 동북아시아의 콘텍스트 안에서 통일을 모색해야 할 것이다. 다만 아쉬운 것은 아직은 닉슨의 키신저, 브란트의 바, 헬무트 콜의 호르스트 텔칙 같은 탁월한 전략가가 한국에는 없다는 것이다. 2015년 11월 9일 중앙일보사가 영국의 싱크탱크 채텀하우스(Chatham House)와 공동으로 주최한 J-글로벌 포럼에서 기조연설을 한 전 인도네시아 외무장관 마르티 나타

레가와(Marty Natalegawa) 수준의 '문화적 상식'(Cultural intelligence)을 가진, 국제무대에서 비전과 통찰력이 풍부한 연설을 할 수 있는 외무장관이 건국 이래 한명도 없었다는 데 비애를 느낀다.

앞에서 언급한 대로 에곤 바는 선거 직후, 소연정이 출범하기도 전에 워싱턴으로 날아가 헨리 키신저에게 브란트 정부가 추진하려는 동방정책의 대강과 함께 소련과의 협상계획을 설명하여 키신저를 놀라게 했다. 뒤이어 1969년 11월 8일, 무력사용 포기와 동독정권 승인, 폴란드의 서부국경선 인정을 주요 내용으로 하는 서독과 소련의 예비회담이 시작되었다. 서독 측 수석대표는 모스끄바 주재 대사 헬무트 알라르트(Helmut Allardt), 소련 측 수석대표는 외무장관 안드레이 그로미꼬였다. 양측 대표의 격이 맞지 않을 뿐 아니라 알라르트의 경우에는 새 정부의 동방정책에 거의 무지했고 전권을 위임받은 처지도 아니었다. 그래서 먼저 서로 간의 입장을 분명히 밝히는 예비회담에서 알라르트는 그로미꼬의 강공에 속수무책이었다. 알라르트는 그로미꼬의 상대가 되지 못했고, 브란트 정부의 신동방정책에도 회의적인 기민/기사당에 가까운 사람이었다. "우리 것은 우리 것, 당신들 것은 교섭으로 결정한다"는 그로미꼬의 협상태도에 알라르트는 심한 좌절감을 느꼈다. 그는 퇴임 후 펴낸 『모스끄바 일기』에서 25년간 답이 나오지 않은 문제를 몇주 사이에 결정할 필요도 없었고 그렇게 해서도 안 된다고 썼다.[35]

브란트는 후일 알라르트와 그로미꼬의 세번의 협상을 회고하면서 그들의 회담을 가지고는 앞으로 협상을 어떻게 진행할지의 방향이 서지 않았다고 말했다. 외무장관 셸도 알라르트의 교섭방식으로는 아무것도

---

35) Andreas Vogtmeier, 앞의 책 124면.

시작할 수 없다고 브란트를 거들었다. 브란트는 알라르트에 대한 불쾌감을 표명했다. 당연히 알라르트를 교체할 수석대표 물색이 시작되었다.

정부 지도자들의 시선이 '홀로 제 길을 가는' 에곤 바에게 쏠렸다. 이르눌프 바링은 이렇게 썼다. "본에서 주위를 둘러봤을 때 수석대표에 적임자라고 생각되는 사람은 한 사람뿐이었다. 에곤 바다. …… 재통일이라는 역사적 기회를 어떻게 해서든지 남겨두겠다는 생각과 의지가 바의 머리를 떠난 적이 없다. 그런 의미에서 그는 중대한 시기의 중요한 인물이었다. 그 당시 본에 소련인을 잘 상대할 사람이 있다고 한다면, 지성과 관여의 정신, 이성적 계산과 정서적 동기를 가진 사람은 바 말고는 없었다."[36]

브란트 정부가 바를 소련과의 협상 수석대표로 임명한다고 발표한 1970년 1월의 어느날, 소련 기자라는 사람이 예고도 없이 바를 불쑥 찾아와 인터뷰를 요청했다. 바는 자신이 모스끄바에 가보기도 전에 소련 기자와의 인터뷰에서 동방정책의 구상을 밝히고 싶지 않아서 비서에게 다른 날을 잡으라고 지시했다. 그때 총리실 대변인이 전화를 걸어 소련 기자를 꼭 만나라고 종용했다. 바는 엉거주춤한 자세로 소련 기자를 만났다. 소련 기자는 몇가지 질문을 하는 척하다가 갑자기 브란트가 소련 총리 꼬시긴에게 보낸 서한을 인용했다. 그제서야 바는 그 기자가 크렘린의 메신저임을 알아차렸다. 소련 기자는 구두로 꼬시긴의 메시지를 전달했다. 브란트의 제안대로 대화를 하자는 내용이었다. 두 나라 대사관에는 알리지 말고 비밀협상을 하자고 했다. 그렇게 소련과 서독 사이

---

36) Arnulf Baring, *Machtwechsel: die Ära Brandt-Scheel* (Stuttgart: Deutsche Verlags-Anstalt DVA 1982) 439면.

에 백 채널이 열리게 되었다.

에곤 바가 난생 처음으로 모스끄바를 방문한 것은 1970년 1월이었다. 바는 조금 불안했다. 과연 진지한 대화가 가능할까. 그때 모스끄바에서 일어난 일을 그의 회고록에서 직접 들어보자.

그들은 우리를 스딸린 시대에 지은 고층건물의 하나인 우크라이나 호텔에 투숙시켰다. 방에 들어서자마자 전화벨이 울렸다. 전화를 건 사람은 문예지 『리뗴라뚜르나야 가제따』의 부편집장 발레리 레드네프(Valerie Lednew)였다. 그가 바로 인터뷰를 구실로 내 사무실에 나타났던 장본인이었다.

우리는 지하에 있는 레스토랑에서 만났다. 그가 구석자리는 도청을 당하니 홀 중앙 테이블에 앉자고 하여 놀랐다. 그걸 보면 그는 KGB 요원은 아니었다. 우리는 홀 중앙에 있는 테이블에 앉아 대화를 시작했다. 다음날에는 슬라바라는 동료를 데리고 오겠다고 말했다. 나는 슬라바가 진짜 이름인지 가명인지 묻지 않았다. 그로부터 한참 뒤에 알게 된 사실은 슬라바가 소련군 대령 출신으로 KGB 장관 유리 안드로뽀프의 최측근 인사라는 것이었다. 슬라바의 독일어는 유창했다. 안드로뽀프는 1976~82년 KGB 장관을 지내고 1983년 사망할 때까지 브레즈네프의 후임으로 소련 공산당 서기장을 지냈다.

슬라바는 KGB로 와서 일하라는 안드로뽀프의 요청을 거절하다가 준장 진급을 보장받고 안드로뽀프의 휘하로 들어갔다. 결국 나는 나도 모르는 사이에 KGB 간부와 대화를 나누고 우정을 쌓게 되었다. …… 슬라바와는 오늘날까지 친구로 지낸다. …… 소련과의 협상은 두개의 수준에서 진행된다. 첫째는 외무장관과의 공식적인 회담이고, 둘째는 차석대표 발렌찐 팔린과의 협상이거나 당 서기장까지 올라간 초고위 수준의 협상이었다. 두 차원의 협상은 상호 보완적이었다. 그로미꼬와의 협상은 1970년 1월 30일 시작되어 5월 22일까지 진행되었다. 아홉 차례에 걸친 50시간의 힘든 협상이었다.

하루는 슬라바가 나에게 총리 꼬시긴을 만나고 싶으냐고 물었다. 나는 그렇다고 대답했다. 꼬시긴과의 만남은 나에게는 가장 불편하고 힘든 기억으로 남는다. 통역도 서독대사관 직원도 동반하지 않았다. 긴 복도, 완벽한 고요는 바티칸의 분위기와 닮았다. 나는 두개의 문을 통과하여 대기실로 안내되었다. 방 안에는 지멘스 전화기가 예닐곱대 있었다. 그중 하나는 교환을 통하지 않고 바로 다른 정치국원들과 통화할 수 있는 라인이라는 사실을 안 것은 한참 뒤의 일이다.

나는 잠시 기다린 뒤 다시 두개의 문을 통과하여 꼬시긴의 집무실로 들어갔다. 왕년에 스딸린의 집무실이라고 들었다. 꼬시긴은 책상 뒤에서 걸어나왔다. 그의 책상 앞에는 정치국원들이 회의를 하는 T자 모양의 긴 테이블이 있었다. 그는 나와 악수를 하고 자리에 앉았다. 나는 그를 마주보고 앉았다. 불빛이 온통 그의 얼굴 위에 쏟아졌다. 꼬시긴은 종이와 펜을 들고 무표정한 얼굴로 "말하시오"라고 말했다.

내가 서독과 소련 협상의 대체적인 그림을 설명해도 꼬시긴은 꿈쩍하지 않았다. 나는 도발적인 어투로 다시 한번 서독의 입장을 설명했다. 그제야 꼬시긴은 상냥해지려고 애쓰면서 몇가지 질문을 했다. 면담은 한시간 반 만에 끝났다. 면담을 끝내면서 꼬시긴이 뭐 원하는 게 있느냐고 물었다. 나는 얼른 그렇다고 대답하고, 출국신청을 한 독일계 소련인들의 출국을 허용해달라고 청했다. 그런 사람들이 몇명이냐고 그가 되물었다. 나는 즉흥적으로 116명이라는 숫자를 댔다. 면담을 마치고 서독대사관으로 달려가 빨리 출국 신청자 116명의 명단을 만들라고 요청했다. 대사관 측은 그건 가망 없는 일이라는 반응을 보였다. 그러나 2주 뒤 협상을 재개하러 모스끄바에 갔을 때, 서독 대사관 정원에는 116명의 출국 희망자들이 줄서 있었다. 나는 희망이 없던 사람들이 다시 새로운 삶을 시작하게 된 사실에 기쁨을 감출 수가 없었다. 그건 내가 모스끄바에서 거둔 의미 있는 성과였다.[37]

바의 도박 같은 협상전략으로 이룬 모스끄바조약

모스끄바 예비협상의 서독 측 수석대표가 된 에곤 바의 상대는 소련 외무장관 그로미꼬였다. 협상의 핵심 쟁점은 무력사용 포기, 베를린의 지위, 오데르–나이세 국경선 승인, 1938년 히틀러가 체코슬로바키아와 체결한 뮌헨협정의 무효화 등이었다. 하나같이 소련 이외의 동유럽국가들과의 관계에 직접 영향을 미칠 문제들이었다. 이런 문제들은 전후 유럽의 현상승인과 독일의 전후처리에 관한 동서대립과 관련된 것들이어서 소련과의 합의 없이는 해결될 수 없었다. 브란트와 바는 독일 통일 문제는 당분간 동결시켜놓고, 분단이 극복될 때까지의 잠정협정(Modus vivendi, 모두스 비벤디)으로서 서독과 소련 간의 조약 체결을 당면 목표로 설정했다.

소련이 동독의 국제법적 승인문제에 일찍부터 유연한 자세를 취했다

---

37) Egon Bahr, 앞의 책 43~45면.

는 사실이 통일 후 소련 측 자료로 밝혀진 바 있다. KGB 장관 유리 안드로뽀프, 서기장 브레즈네프와 가까운 비선라인의 발레리 레드네프가 1969년 12월 22일 에곤 바를 극비로 만나 소련은 동독의 국제법적 승인문제를 일시 유보하고 경제협력의 주요 파트너인 서독과의 교섭에는 현실적으로 대응하겠다고 말했다. 그것은 서독과의 협상에 대한 소련의 높은 관심을 나타내는 것이었다.[38] 소련의 그런 입장은 그로미꼬가 협상 실무진들에게 협상이 중단되지 않게 하라고 지시하고, 브레즈네프가 지속적으로 협상 진행 과정을 보고받고 때로는 그로미꼬에게 너무 강경하게 서독 측을 밀어붙이지 말라고 지시한 사실에서도 드러난다. 그때 이미 브란트와 브레즈네프 사이에는 바와 발레리 레드네프가 구축한 백 채널이 가동되고 있었다.[39]

사실 소련의 사정은 급했다. 동부전선에서는 중국의 압박을 받고 서부전선에서는 1968년 프라하의 봄을 무력진압하여 세계여론의 지탄을 받는 어려운 처지였다. 경제사정도 악화되고 있었다. 서독과의 관계 정상화는 반소련적인 세계여론을 무마하면서 동시에 서독의 경제지원을 받아내는 일석이조의 효과를 노린 것이었다. 그래서 그로미꼬는 뉴욕 출장 중에도 서독 총선 결과에 그렇게 민감했고 브레즈네프도 그로미꼬와 바의 협상에서 눈을 떼지 않은 것이다. 이런 배경으로 에곤 바는 초강대국을 상대하면서도 유리한 고지에서 협상을 하는 여유를 누렸다.

바가 실현하려는 서독의 목표는 전유럽의 현실에서 출발하여 동유럽 국가들과 평화적 공존을 가능하게 하는 협조적 생존방식 "모두스 비벤

---

38) 妹尾哲志, 앞의 책 57면.
39) 같은 책 57면.

디"였다. 서독 외무장관 발터 셸도 1970년 7월 그런 정치적인 목표설정을 강조하면서, 소련과의 모스끄바조약은 지금의 지리적 상황에서 출발하여 지금의 국경선의 존재를 전제로 하는 모두스 비벤디를 실현할 것이라고 말했다. 에곤 바도 1970년 6월의 어느 인터뷰에서 이렇게 말했다.

> 무력사용 금지는 다른 게 아니라 오늘의 유럽의 현상을 변경하기 위해 무력을 사용하지 않는다는 것이다. 법률적인 최종 결정을 하는 것도 아니고, 시기를 정하는 것도 아니고, 서독이 사용하지 않을 권리를 미리 확보하지도 않는 잠정협정이다.[40]

유럽의 현존하는 상황을 기초로 한 정치적 모두스 비벤디를 추구하는 것은 유럽의 현상승인을 의미하는 것이지만 그것 자체가 동독을 국제법적으로 승인한다는 의미는 아니라는 점을 브란트 정부는 분명히 했다. 이 말은 동독의 국제법적 승인을 위해서는 별도의 협상이 필요하다는 의미다. 이것은 동서독 관계의 앞으로의 전개를 시야에 둔 긴 포석인 동시에 바가 1963년 투칭 연설에서 강조한 "현상을 당분간 변경하지 않는 정책으로 현상을 극복한다"는 말과 같은 의미로 해석된다.

바가 구상하는 동방정책의 패러독스는 구체적으로 1968년 10월 그가 브란트에게 제출한 외교정책 건의서에 나와 있다.

> 소련의 유럽정책의 주요 목표는 현상의 유지와 법적인 확인이다.

---

40) Andreas Vogtmeier, 앞의 책 129면.

반대로 서독의 정책은 현상의 변경이다. 이 둘의 이해는 심각하게 대립된다. 소련의 입장이 유리한 것은 현상변경을 지지하는 나라가 없다는 사실이다. 서독의 동맹국들과 중립국들도 현상변경에 힘을 실어주려고 하지 않는다. 확실히 현상변경을 의도하는 정책은 자동적으로 소련 블록의 연대를 강화하여 서독을 고립시킬 것이다.

현상의 변경이라는 우리의 요구는 우리의 의도와는 반대로 현상고정이라는 선택지를 낳고 만다. 거기서 나오는 결론은, 현상을 극복하겠다는 우리의 이해를 관철하기 위해서는 현상의 일부 요소를 받아들이는 것이 훨씬 효과적이라는 것이다.[41]

바와 그로미꼬의 협상에서 최대 난제는 미래에 올 통일의 문호를 독소조약 안에 어떻게 열어둘 것인가였다. 소련이 요구하는 대로 유럽의 현상을 승인하면 소련의 동유럽 지배를 수용하는 동시에 독일 영구분단을 용인하는 의미가 된다.[42] 그로미꼬는 1970년 2월 17일 다섯번째 협상에서 소련은 독일 통일에 관한 언급은 결코 받아들이지 않을 것이며 국경의 변경은 있을 수 없다고 선언했다. 그로미꼬가 말한 국경선은 동서독 간의 경계선과 동독과 폴란드 간의 국경선인 오데르-나이세를 의미하는 것이었다. 그로미꼬의 강경한 입장에 맞서 바는 서독은 독일인의 자기결정권을 포기하는 일은 없을 것이라고 응수했다. 통일의 가능성을 열어두려는 서독과 현상을 승인하라는 소련의 요구가 팽팽하게 대립했다. 그런 배경에서 바가 본국으로 돌아가겠다면서 서독 특별

---

41) 같은 책 129~30면.
42) 같은 책 134면.

기의 모스끄바 공항 착륙허가를 신청하고는 어디론가 잠적하는 소동까지 일어났다. 그로미꼬는 차석대표 발렌찐 팔린에게 바를 찾아내어 그가 귀국하는 것을 막으라는 지시를 내렸다. 소련 외무성과 KGB에 비상이 걸렸다. 그로미꼬는 팔린에게 "바의 귀국을 막아라. 내게 다른 건 관심 없다"고까지 말했다.[43] 에곤 바의 배짱 좋은 도박 앞에 브레즈네프는 그로미꼬에게 양보를 종용하고 결국 그로미꼬도 굴복하고 말았다.

그로미꼬가 독일 통일의 여지를 남겨둘 수 없다고 말한 바로 그날, 에곤 바는 처음으로 두 나라 간의 조약이 자결권을 확보하려는 서독의 노력과 모순되지 않고 분단을 고착시키는 것도 아니라는 내용의 '독일 통일에 관한 서한', 이른바 '바 서한'을 모스끄바조약의 부속문서로 해달라고 소련 측에 제시했다. 바는 이렇게 통일의 가능성을 열어두는 서한을 제시하면서 그로미꼬에게 동독의 국제법적 승인도 포기하라고 압박했다. 바 서한은 절묘한 타협안이었다.

독일 통일의 가능성을 둘러싼 첨예한 대립은 그 이후 이루어진 두 차례의 동서독 총리 회담을 거쳐서 바 서한의 완성이 발표되는 5월 22일까지 계속되었다. 그로미꼬는 5월 12일 국경의 현상승인 요구를 확실히 하기 위해서, 독일인의 자결권에 관한 바의 서한을 수락하는 조건으로 바 서한에 현상승인이라는 말을 넣자고 역제안했다. 그러나 바는 교섭 결렬을 암시하는 단호한 서한을 그로미꼬에게 보냈다. 브란트 정부는 동서독 국경선의 고착화는 결코 수락할 수 없었다.[44] 그러는 동안에도 양자 간에는 비밀접촉이 진행되었다. 백 채널을 통해서 서독의 입장이

---

43) Valentin Falin, 앞의 책 96~97면.

44) Timothy G. Ash, *In Europe's Name: Germany and the Divided Continent* (New York: Random House 1993) 74면.

강경하다는 사실을 알게 된 브레즈네프가 다시 개입하여 그로미꼬에게 바 서한의 수락을 지시했다. 그렇게 바의 벼랑 끝 협상전략은 그로미꼬를 설득하는 데 성공을 거두게 된다.[45]

그로미꼬는 국경선의 평화적·자발적 변경에 관해 이렇게 말했다.

두 나라가 그들의 자유의지로, 우리가 노르웨이, 폴란드, 아프가니스탄과 했던 것처럼 국경을 통합 또는 변경하는 것을 우리는 비난할 수 없다. 그것은 그 나라들의 주권과 그 나라 국민들의 양보할 수 없는 권리이기 때문이다.[46]

이런 우여곡절을 거쳐 1970년 8월 12일 브란트와 브레즈네프가 지켜보는 가운데 서독 외무장관 발터 셸과 소련 외무장관 안드레이 그로미꼬가 역사적인 모스끄바조약(The Moscow Treaty)에 서명하기에 이른다. 서독과 소련은 조약에 서명하기 직전에 미국·영국·프랑스 정부에 각서를 보내 독일 전체와 베를린에 관한 4개 연합국의 권리와 책임에 대한 서독의 이해를 밝히고, 셸과 그로미꼬의 명의로 이 조약은 4개국의 권리와는 무관하다는 구두성명을 냈다. 모스끄바조약에는 다음과 같은 주요 내용이 들어 있다.

—소련과 서독은 유엔 헌장 제2조에 따라 무력사용을 포기할 의무를 진다.

---

45) 妹尾哲志, 앞의 책 63면.
46) Timothy Ash, 앞의 책 74면.

-두 나라는 유럽의 평화가 현재의 국경을 침범하지 않는 경우에만 유지된다는 데 의견일치를 보았다.

-전체 유럽의 현존 국경 안에서의 영토보존을 무조건 존중한다.

-이 조약을 서명하는 날 현재의 폴란드 서부국경선인 오데르-나이세 선과 동서독 경계선을 포함한 유럽의 모든 국경선은 침범할 수 없는 것으로 간주한다.

독일 통일 후에 되돌아보면 바 서한이라는 절묘한 구상으로 통일의 가능성을 확보해둔 것이 분단의 고착화를 방지하고 1990년 통일을 성취하는 데 결정적인 기여를 했다.[47]

1970년 3월, 분단 후 최초의 동서독 수뇌회담

동독 공산당 서기장 발터 울브리히트는 1961년 베를린장벽 구축으로 동독인들이 대거 서독으로 탈출하는 것을 막아 상대적인 안정을 누리면서도 서독과 서유럽으로부터의 영향력을 차단(Abgrenzung)하는 정책을 썼다. 서독 키징어 정권이 들어선 이후 동독 접근정책을 시도하자 울브리히트 정권은 차단화 정책을 발동하여, 1963년 체결한 이후 매년 갱신해오던 베를린 통행증협정 교섭을 중단하고 동서독 간의 문화와 인적 교류를 엄격하게 제한했다.[48]

---

47) 같은 책 64면.
48) 妹尾哲志, 앞의 책 67면.

그러나 브란트의 사민/자민 소연정이 들어선 뒤 1969년 12월 17일 울브리히트가 서독 대통령 구스타프 하이네만에게 서한을 보낸 것을 계기로 키징어 시대에 중단되었던 동서독정부 간 교섭이 재개되었다. 그것은 브란트가 동독을 사실상 국가로 승인한 데 대한 울브리히트의 호의적인 반응이었다. 울브리히트는 서한과 함께 '동서독의 평등한 관계의 수립에 관한 조약'의 초안을 보내고 그 초안을 바탕으로 교섭을 시작하자고 제안했다. 울브리히트는 12월 초만 해도 바르샤바조약기구 정상회의에서, 브란트가 주장하는 독일민족의 일체성은 비현실적인 것이며 독일민족은 '사회주의적 민족'과 '부르주아적 민족'으로 갈린 '2민족 2국가'라는 새로운 논리를 편 바 있었다.[49] 울브리히트가 그런 주장을 하면서도 교섭재개를 요구한 노림수는 서독과 소련, 서독과 폴란드의 관계개선을 방해하는 것이었다. 특히 울브리히트가 신경을 곤두세운 것은 모스끄바에서 진행 중인 서독과 소련의 협상이었다.[50] 울브리히트는 소련과 서독의 모스크바 협상에 극도로 불안을 느끼고 있었다.

울브리히트의 제안을 받은 브란트 정부 외무성은 동서독 간의 '평등한 협력에 관한 조약' 초안을 준비했다. 전문 23조로 된 초안에서 서독정부는 동서독 의회 의원 각각 40명이 참가하는 평의회 창설과 '독일투자은행'의 설립을 제안했다. 그외에도 거주의 자유, 우편, 정보교환, 문화·스포츠 교류 등 구체적인 내용들이 들어 있었다. 그것은 '접근을 통한 변화'라는 에곤 바의 기본구상을 구체화한 것들이었다.[51]

브란트는 1970년 1월 12일 무력사용 포기와 분열된 두개의 독일에 사

---

49) 같은 책 67면.
50) Andreas Vogtmeier, 앞의 책 124면.
51) 같은 책 68면.

는 주민들의 생활상의 고통을 덜어주는 실제적인 문제에 관해서 교섭하자는 서한을 동독 총리 빌리 슈토프(Willi Stoph)에게 보냈다.[52] 동서독 간 직접 교섭의 분위기가 무르익어가는 것을 본 그로미꼬는 2월 24일 동베를린을 직접 방문하여 동서독 협상이 그 내용에 있어서 모스끄바에서 진행 중인 서독과 소련의 협상에서 크게 벗어나서는 안 된다고 못을 박았다. 또한 그로미꼬는 울브리히트에게 동독의 국제법적 승인은 관철하기 어렵다는 입장을 설명했다. 거기 대해 울브리히트는 서독에 의한 현존 국경의 승인만으로는 부족하다면서도 동서독의 국경을 명시할 것을 요구하여 국제법적 승인문제에서 양보할 뜻을 비쳤다.[53]

3월 19일 분단 후 최초의 동서독 수뇌회담이 동독의 에르푸르트에서 열렸다. 브란트와 슈토프의 입씨름에 가까운 대화를 소개한다.

슈토프 유럽의 중앙에 위치하는 독일에서 다시는 전쟁이 일어나서는 안 된다. 서독은 제국주의와 군국주의의 길을 걷고 있다. 동서독의 평화공존과 긴장완화가 중요하다. 서독정부가 주장해온 독일 단독대표권과 할슈타인 원칙 같은 대립정책을 포기하라. 국제법에 기초한 평등한 관계를 수립하는 조약을 체결하자. 유엔을 포함한 국제기구에 동시 가입하자. 서독이 동독의 국제법적 승인을 거부하는 것 자체가 주민들의 고통을 줄이는 것을 어렵게 만들고 있다.

브란트 분단에 의한 시민의 불안정한 생활을 개선하고 이산가족 문제를 해결하자. 두 독일은 '민족의 일체성'을 공유한다. 그 근거는

---

52) Willy Brandt, 앞의 책 488면.
53) 妹尾哲志, 앞의 책 69면.

'독일 전체와 베를린에 관한 승전 4개국의 권리와 책임'을 규정한 포츠담협정이다. 4개국의 사정으로 독일이 분단된 현실에서는 두 독일 관계는 '특수한 종류'다. 포츠담협정에는 승전 4개국이 독일과 강화조약을 체결할 때까지 독일 전체에 대한 책임과 권리를 가진다고 명시되어 있다. 서독이 사실상 주권을 회복하여 나토에 가입한 1954년 빠리조약에 따라 수정된 독일조약과 1964년 소련과 동독 간에 체결된 조약에도 독일 통일의 가능성이 언급되어 있지 않은가.

슈토프 서독이 공개적으로 긴장완화와 동서독 병존(Nebeneinander)을 말하면서 동시에 동독과 다른 사회주의국가들에 위험한 군사적인 계획을 가지고 있는 데 대해 우리는 무관심할 수가 없다.

브란트 긴장 대신 긴장완화, 군사적 대결 대신 평화의 보장이 우리 정부의 목표다. 우리의 국방정책은 침략정책이 아니다. 동독과 마찬가지로 우리도 우리 동맹국들의 성실한 파트너다.

슈토프 독일을 분단한 것은 우리가 아니다. 그 책임은 서독과 서방국가들에 있다. 그래서 민족의 통일을 말하고 민족의 통일을 지키기를 바라는 것은 근거 없는 말이다. 민족의 통일은 서독의 지도자들이 이기적인 동기로 포기했다.

브란트 1945년 이후의 우리의 독일정책은 승전국가들의 정책의 함수다. 동서 권력대결이 독일 정세를 좌우하고 유럽을 분단했다. 우리는 이 분단을 해소할 수가 없다. 그러나 분단의 부작용을 완화하고 동서독을 갈라놓은 도랑을 메우는 데 기여할 수는 있다.

슈토프 1961년 우리의 국경선 확보(베를린장벽)는 인간적인 행동(Akt von Menschlichkeit)이었다. 우리 정부로서는 중부유럽의 정상화와 긴장완화는 베를린 사태의 정상화와 긴장완화와 분리해서 생각

할 수가 없다.[54]

동서독 최초의 수뇌회담은 브란트가 요구한 "최저목표"로 회담을 다시 열기로 합의한 것 말고는 동서독 관계에서 실무적인 관계개선을 요구하는 브란트와, 국제법을 기초로 한 평등한 관계를 교섭의 전제로 주장한 슈토프의 입장이 맞서 실질적인 진전을 보지 못하고 끝났다.

그러나 서독 총리가 동독을 방문했다는 사실 자체가 동독의 대외적인 입지를 높여주는 결과를 가져왔다. 그런가 하면 동독정부의 약점을 온 천하에 드러내는 해프닝도 벌어졌다. 에르푸르트 시민들이 브란트가 묵는 호텔에 몰려들어 "빌리! 빌리!"를 연호한 것이다. 브란트는 동독 당국이 시민들을 탄압할 것을 걱정하여 호텔 로비에 잠깐 나와 자제하라는 제스처까지 취해야 했다. 동독정부는 시민들이 외친 "빌리!"는 동독 총리 빌리 슈토프를 향한 것이라고 강변하는 코미디를 연출하기도 했다. 그래도 슈토프는 동독 인민의회(Volkskammer) 보고에서 에르푸르트 회담은 유익했다고 보고했다.

1970년 5월, 두번째 동서독 수뇌회담

에르푸르트 회담에서 합의한 대로 브란트와 슈토프는 그해 5월 21일 서독의 심장부에 해당되는 헤센주 북부에 있는 풀다강변 도시 카셀에서 다시 만났다. 5월 21일 카셀의 공기는 긴장되어 있었다. 네오나치 정

---

54) Willy Brandt, 앞의 책 493~95면.

당인 독일국가민주당(NPD)을 포함한 극우단체들과 공산주의 신봉자들이 회의장 주변을 둘러싸고 있었던 것이다. 그러나 별다른 소요 없이 회의는 순조롭게 진행되었다.

서독 측은 동서독 관계에 관한 20개 항목의 구체적인 방안을 제안했다. 서독의 제안은 키징어 시대와 달라진 브란트 정부의 정책을 반영하는 것이었다. 말하자면 브란트표 동독정책이다. 제6항에서 서독은 "두 개의 독일 어느 한쪽도 다른 한쪽을 대표해서 행동하지 않는다"고 명시하여 그때까지 서독이 형식적으로라도 주장해온 단독대표권 포기를 밝혔다. 동독이 국가의 위신을 위해서 갈망하는 국제기구 가입도 긍정적으로 언급했다. 그리고 브란트가 시정연설에서 밝힌 대로 '독일의 두개의 국가 간(zwischenstaatlich)'이라는 표현으로 동독을 사실상 국가로 승인한다는 입장도 밝혔다.

서독의 제안은 전체적으로는 기능적 관계개선에 역점을 두었다. 여행·교통·거주의 자유(제14항), 에르푸르트 회담에서 제기된 이산가족 문제(제15항), 우편, 통신, 정보교환, 과학, 교육, 문화, 환경, 스포츠 분야의 관계강화(제17항)가 제안되었다. 이것들도 1961년 베를린장벽에서 시작된 에곤 바의 '접근을 통한 변화'의 구상을 계승하는 것이었다.[55]

그러나 에르푸르트 회담 때 시민들이 브란트를 열렬히 환영하는 데 놀란 소련이 다시 개입했다. 소련 지도부는 5월 15일 동독 지도부와 만나 서독이 동독의 입장을 이해하기 위해서는 '사고의 휴지'(休止, Denk-pause)가 필요하다면서 회담 중단을 지시했고, 5월 21일 카셀 회담 다음 날 모스끄바에서는 그로미꼬와 바 협상이 잠정적으로 종결되었다. 동

---

55) 같은 책 502~05면.

독 지도부가 5월 19일에야 완성한 준비문서에서 국제법적 승인을 교섭의 전제로 한다는 강경한 입장을 굽히지 않은 것도, 동서독의 직접교섭을 중단하라고 요구한 소련의 입장을 반영한 것이었다.[56)

카셀 회담 모두발언에서 슈토프는 서독 법제도의 적용범위가 동독에까지 미치는 것, 자신의 서독 방문에 대한 우익들의 비방언동에 서독정부가 대책을 세우지 않은 데 대한 불평을 쏟아냈다. 이어 에르푸르트 회담에서 확인된 대립되는 이해를 둘러싼 양측의 주장이 반복되었다. 브란트는 동독이 희망하는 국제기구 가입문제는 독일 전체에 대한 권리와 의무를 가진 승전 4개국은 물론이고 다른 나라들에도 중대한 관심사라고 지적하고, 그런 문제보다는 실질적인 문제들을 진전시키자고 제안했다. 여기서도 서독의 실무 위주의 입장과 동독의 국제적 지위향상의 요구가 대립했다. 이 대목에서 슈토프는 소련 지도부의 지시대로, 서독이 사태를 현실적으로 이해할 시간을 주기 위한 '사고의 중지'를 제안하여 브란트와 다시 만날 약속을 잡지 않았다. 동독은 실질적인 관계개선 위주로 작성된 서독의 20개항 제안을 진지하게 검토할 의사도 없어보였다. 그럼에도 불구하고 울브리히트는 3차 회담을 희망했다.[57)

1970년 7월 28일 브레즈네프는 에리히 호네커(Erich Honecker)와 만나 에르푸르트 회담과 카셀 회담을 신랄하게 비난하고, "터놓고 말해서 에르푸르트와 카셀에서는 어떤 합의도 이루어지지 않았다, 브란트는 동독에 우리와는 다른 목표를 갖고 있다"고 압박했다.[58) 또한 동독

56) 妹尾哲志, 앞의 책 72~73면.
57) Mary Elise Sarotte, *Dealing with the Devil: East Germany, Détente, and Ostpolitik, 1969-1973* (Chapel Hill, N.C.: The University of North Carolina Press 2001) 63~64면.
58) Peter Przybylski, *Tatort Politbüro: Die Akte Honecker* (Reinbek: Rowohlt 1991), Willy

이 서독과의 접근으로 '사회민주주의화'되는 것을 경계하고, 사회주의의 맹주 소련의 지지 없이는 동독이라는 국가가 존재할 수 없다는 말로 소련의 영향력을 다시금 확인하려고 했다. 그래서 동서독 교섭의 재개는 모스끄바에서 진행되는 그로미꼬와 바 협상의 진전을 기다릴 수밖에 없었다.[59]

1971년 9월, 베를린에 관한 4개국협정

그러나 며칠 후인 1970년 8월 12일, 소련과 서독의 모스끄바조약이 체결되었다. 병행 추진되던 서독과 폴란드 간의 바르샤바조약도 같은 해 12월에 체결된다. 독일문제는 소련을 피해 갈 수 없다는 말, 독일 통일은 모스끄바에서 시작된다는 에곤 바의 통찰이 가감 없이 실증되었다. 소련이 뚫리자 동유럽이 뚫리기 시작한 것이다.

이제 1971년 9월 3일 조인된 베를린의 지위에 관한 '4개국협정'을 살펴볼 차례다. 브란트와 바에게 베를린은 정치적 고향이다. 그들의 동방정책도 베를린에서 구상되었다. 디텔름 프로베(Diethelm Prowe)는 「브란트 동방정책의 시작, 1961~63년 베를린」이라는 글에서 이렇게 썼다.

동방정책의 특징도 브란트와 바를 포함한 그의 측근 참모들의 체험과 전후 서베를린의 이상한 정치적 공생관계(Symbiose)에 기인한

Brandt, 앞의 책 160면에서 재인용.
59) 妹尾哲志, 앞의 책 74면.

다. …… 베를린에 있어서는 국제정치가 항상 정도의 차이는 있어도 분명히 개개의 시민 모두의 생활에 상당히 결정적인 역할을 하고 있었다. …… 이런 사연으로 외교의 우위가 서베를린 사람들의 정치적 실천의 피해갈 수 없는 공리(公理) 같은 것이 되어 있고 브란트와 그 측근들의 사고방법을 결정지었다.[60]

브란트도 베를린장벽이 세워지기 몇달 전이던 1961년 5월, 분단된 독일에 있어서 베를린의 의미에 대해 이렇게 말했다.

베를린은 독일인들에게는 서쪽에 살든 동쪽에 살든 한결같이 '기다리는 상태에 있는 수도' 또는 '세계사의 대합실' 이상의 존재다. …… 독일인이 조국을 생각할 때 그 생각은 베를린에 관련된 것이다. 베를린은 독일인들의 정치적 중심점, 정신적 중심점이다. …… 베를린은 분단의 상징일 뿐 아니라 독일 통일의 상징이기도 하다.[61]

그래서 베를린은 동방정책의 시발점이요 대상이며 목표였다.

바는 모스끄바조약 협상을 시작할 때 이미 베를린을 위해서 달성하려는 목적, 베를린 출입 보장뿐 아니라 서베를린이 서독의 일부라는 사실의 승인, 서베를린 시민에 대한 서독정부의 신분증 발급 권한 등에 관

60) Diethelm Prowe, "Die Anfänge der Brandtschen Ostpolitik in Berlin 1961-1963. Eine Untersuchung zur Endphase des Kalten Krieges." eds. Wolfgang Benz and Hermann Graml, *Aspekte Deutscher Aussenpolitik im 20. Jahrhundert*. Stuttgart: Deutsche Verlags-Anstalt 1976, Andreas Vogtmeier, 앞의 책 142면에서 재인용.
61) 같은 책 189면.

한 명확한 구상을 가지고 있었다. 이런 맥락에서 외무장관 발터 셸도 회담 진행 과정에서 베를린 관리규정과 모스끄바조약 비준은 분리될 수 없다고 누누이 강조했다.[62]

이런 베를린이기에 바는 이런 말을 남겼다. "서독의 목표는 중부유럽의 긴장완화에 기여하는 것이다. 이 목표에 따른 필연적인 논리로 베를린이 매일 압력에 시달리는 상황에서 벗어나지 않으면 안 된다. 중부유럽의 긴장완화에 찬성하는 사람은 베를린과 그 주변상황의 개선에도 찬성하지 않으면 안 된다."[63] 베를린 문제의 해결 없이는 모스끄바조약이 비준, 발효될 수 없다는 단호한 메시지다. 베를린 끼워 팔기인 셈이다.

서독정부는 1970년 6월 발표한 성명을 통해서 베를린에 관한 4개국협정에 의한 안전보장 없이는 모스끄바조약은 발효될 수 없다고 선언했다. 바도 키신저에게 보낸 서한에서 "만족스러운 베를린 문제 해결 없이는 모스끄바조약의 비준절차를 밟을 수 없다고 못을 박고, 지금까지 이루어진 성과는 하나의 미완성의 작품(Torso)로 끝날 것"이라고 말했다.

베를린 문제가 동방정책의 중심에 섰다. 브란트와 바는 서독과 서베를린의 법적 연계(Junktim)보다는 실질적인 정치적 조치를 요구했다.[64] 서독의 요구는 소련과의 핵확산금지조약 체결을 포함한 긴장완화 정책을 추구하는 미국에는 무거운 압력으로 작용했다. 그러나 서독의 요구는 소련의 역습을 불렀다. 서독이 모스끄바조약 비준의 조건으로 베를린에 관한 4개국협정을 요구한 반면 소련은 거꾸로 4개국협정의

---

62) 같은 책 144면.
63) 같은 책 191면.
64) 같은 책 146면.

조건으로 모스끄바조약의 비준을 요구하고 나섰다. 베를린 문제에 걸려 어렵사리 성사된 모스끄바조약이 위험에 빠진 것이다. 모스끄바조약의 비준·발효에는 동서독 기본조약, 서독과 폴란드 간의 바르샤바조약, 주데텐에 관한 뮌헨조약을 무효화시키는 서독·체코슬로바키아 간의 조약이 줄줄이 엮여 있었다. 그것은 동방정책의 위기였다.

도대체 브란트와 바가 동방정책의 운명까지 걸고 그렇게 집착하는 베를린 문제란 무엇인가? 서베를린 시장 클라우스 쉬츠는 베를린 문제를 '3Z'로 요약했다. 서베를린에의 귀속관계, 구체적으로는 서베를린에 연방정부의 기관을 설치할 권리와 연방기관에 서베를린 대표를 파견할 권리(Zustand), 서베를린과 서독 간의 통행의 보장(Zugang), 서베를린 시민들에게 동베를린을 포함한 동독 지역 전체에 출입을 보장할 것(Zutritt)의 3Z였다.[65]

두 사람의 '데탕트의 메테르니히'로 불린 키신저와 바가 적극 참여한 4개국 간의 복잡하고도 섬세한 협상이 치열하게 전개되었다. 그리고 결국 브란트와 바의 도박은 성공했다. 브란트와 바의 희망대로 1971년 9월 3일 4개국협정이 체결되고 별도로 동서독 간에 부속문서가 교환되었다. 4개국협정은 베를린에 새로운 법적 지위를 부여한 것이 아니라, 법률적인 견해에 차이가 있음에도 불구하고 방해받지 않는 베를린 통행을 보장하고, 방문의 기회를 확대하고, 해외에서의 서베를린의 이해를 서독이 대표한다는 내용이었다. 서베를린과 서독 간의 연계를 유지, 발전시킨다는 내용의 부속문서 2는 베를린이라는 외딴섬을 유럽대륙의 일부로 편입한 중요한 의미를 갖는다. 도박이 성공한 이유는 4개국 모

---

65) 같은 책 147면.

두가 활발히 진행되는 데탕트를 저지하고 싶지 않다는 이해가 일치했고, 그것보다 더 크게는 소련이 미국과의 전략무기제한회담(SALT)과 브레즈네프의 미국 방문에 걸림돌을 제거하고 싶어했기 때문이었다.[66]

베를린의 지위에 관한 4개국협정은 1949년 5월 미국 대표 필립 제섭(Philip Jessup)과 소련 대표 야콥 말리끄(Jacob Malik)가 서명한 4개국협정 이래 두번째의 의미 있는 4개국협정이었다. 키신저는 4개국협정의 의미를 "여러가지 외교적 욕구가 연결된 전형적인 케이스요 여러가지 긴장완화 구상의 교차점"이라고 평가했다. 서독의 동방정책, 미국의 데탕트 정책, 소련의 긴장완화 정책 간에 존재하던 부분적인 이해차가 1971년 9월 3일 베를린에서 수렴된 것이다. 세 나라 모두의 동기는 달라도 관심은 일치한 결과다.[67] 베를린에 관한 4개국협정은 미국·영국·프랑스·동독의 정식 국호를 사용했다. 4개국협정은 1970년 3월 에르푸르트에서 시작된 동서독 대화에 뒷바람 역할을 했다.

베를린 문제가 풀림으로써 모스끄바조약과 함께 4대 동방조약에 드는 동서독 기본조약, 바르샤바조약, 프라하조약이 탄력을 받고, 빌리 브란트의 국내정치적 입지는 비약적으로 강화되었다. 브란트는 1971년 9월 크림반도의 오레안다에서 브레즈네프와 만나 베를린과 동독문제를 집중적으로 논의했다. 브란트는 브레즈네프에게 동독과의 모두스비벤디의 실현이 동방정책의 주요 과제라고 설명했다. 1972년 12월에는 에곤 바를 모스끄바에 보내 그해 11월 서독 하원 총선거 전에 동서독 기본조약이 체결되도록 동독 지도부에 영향력을 행사해달라고 간곡히

---

66) 같은 책 75면.
67) 같은 책 145~48면.

호소했다. 그 대신 서독은 동독의 유엔 가입, 헬싱키 프로세스의 진전, 소련과 유럽경제공동체 관계의 개선, 그리고 서독과 소련의 경제협력을 약속했다. 바는 이런 조건을 가지고 브레즈네프와 네시간에 걸친 긴 협상을 벌였다. 브레즈네프가 동독 공산당 서기장 에리히 호네커에게 전화를 걸어 압력을 행사했는지는 확인되지 않는다.

그러나 한가지 확인된 것이 있다. 그것은 발터 셸이 모스끄바에서 모스끄바조약의 막바지 협상을 벌이고 있던 1970년 7월 28일 브레즈네프가 동독 공산당 중앙위원 호네커에게 한 발언이다. "울브리히트의 오만과 고집불통은 참을 수 없다." 그 자리에서 브레즈네프는 울브리히트를 호네커로 교체할 뜻을 암시하기까지 했다. 브레즈네프는 호네커에게 이렇게 말했다. "솔직히 터놓고 말하겠소. 울브리히트는 소련을 제쳐놓고는 동독을 통치할 수 없어요. …… 우리는 귀국에 군대를 주둔시키고 있단 말이요." 브레즈네프는 셸이 모스끄바에 와 있다는 것, 모스끄바조약이 곧 체결된다는 것도 호네커에게 말했다.[68] 이후 1971년 5월, 울브리히트는 동독 공산당 서기장 자리를 소련에 고분고분한 호네커에게 넘겨주게 된다.

1972년 12월, 동서독 기본조약

동서독 기본조약과 그외의 동서독 조약은 조약에 의한 관계정상화를 의미했다. 두개의 독일이 건국된 지 23년 만에 서독은, 동독을 국제법적

---

68) Timothy Ash, 앞의 책 77면.

으로는 승인함이 없이 조약의 형식을 빌려 사실상 승인하고, 동독을 승인하는 나라와는 수교를 하지 않는다는 할슈타인 원칙을 최종적으로 폐기하게 된다. 그 결과 동서독의 국제적인 활동무대가 넓어졌다. 1973년 9월 18일 유엔 동시가입이 좋은 사례다. 이제 독일문제는 본격적인 협상의 궤도에 오른 헬싱키 프로세스의 장애물이 아니게 되었다.[69]

　동방정책이 통일정책이냐 데탕트 정책이냐의 논란과 관련해서 분명히 지적할 것이 있다. 서독은 동독과의 관계정상화의 기본틀을 세우고 동독 주민의 삶을 개선하기 위한 노력을 하면서도 장기적인 통일의 가능성만은 시야에서 놓치지 않았다는 사실이다. 이것은 한국에도 북한 주민의 삶을 개선하기 위한 인도적 지원과 남북한 경제협력의 정책이 장기적으로는 통일의 포석이라는 교훈이기도 하다. 대북 지원이 김일성-정일-정은의 세습왕조의 수명을 연장시킬 뿐이라는 주장은 단견이다.

　1972년 7월 11일 에곤 바는 서독 언론인들과 만난 자리에서 이렇게 말했다. "동독은 안정의 기반이 약하여 극소량의 약물치료(Homöopathische Dosis)로만 인도주의와 정상을 회복할 수 있다. 우리는 동독이 하나의 조치, 두개의 조치, 세개의 조치, 네개의 조치, 다섯개의 조치를 취하도록 이끌어야 한다. 장기적인 개념에서 이것은 동독을 서서히 변화시키고, 사람들이 동서독과 동서 베를린의 경계선을 넘나들게 하여, 우리가 어느날 유럽 차원의 가능성 안에서 독일문제를 전적으로 새롭게 생각할 수 있게 현실적인 변화를 가져오는 것을 의미한다."[70]

69) Andreas Vogmeier, 앞의 책 158면.
70) 같은 책 159면.

동서독 기본조약에 이르는 긴 여정은 모스끄바조약 체결 3개월 후인 1970년 11월에 첫발을 뗐다. 회담은 무려 75회나 열렸다. 그렇게 길고 힘든 협상에 필요한 인내와 구상력과 협상술은 북한을 상대하는 한국에 시사하는 바가 크다. 1972년 5월 26일에는 통행협정(Verkehrsvertrag)이 먼저 체결된다. 이 협정은 베를린에 관한 4개국협정을 보완하는 성격의 것이었다. 통행협정이 체결된 뒤에 비로소 기본조약을 위한 공식적인 협상이 시작되었다.

그때까지 동서독 간에 존재한 관계라는 것은 적대의식뿐이었다. 그래서 건설적인 회담의 분위기부터 만드는 것이 중요했다. 이것도 남북한 관계와 닮은 부분이다. 바는 동독 수석대표 미하엘 콜과의 길고 긴 협상을 이렇게 회상했다. "콜을 상대로 사무적인 것 이상의 대화가 가능해지기까지는 정말, 정말 긴 시간이 걸렸다." 동독과의 교섭은 동방조약 중에서도 내용상으로 가장 논쟁적이고 분위기상으로 가장 힘든 것이었다.

동독과의 회담이야말로 동방정책과 독일정책의 핵심이었다. 에곤 바는 외무성 정책기획실장 시절에 이미 동서독 간 큰 틀의 조약이라는 자신의 구상을 동방정책의 '중핵'(Kernstück)으로 규정하고 있었다. 그이유는 동서독 간에 쌓인 긴장을 풀지 않고는 동방정책 전체의 구상이실현 불가능했기 때문이다. 소련·폴란드·체코슬로바키아·동독과의 조약은 하나로 통합된 구상이었기 때문에 그중 하나만 빠져도 전체 건물에 금이 가게 되어 있었다.[71] 이 조약들은 해당 국가들을 상대로 동시병행적으로 진행되었지만 최우선 순위가 주어진 것은 동서독 기본조약이

---

71) 같은 책 153면.

었다. 동서독 기본조약은 에곤 바가 1966년 독일문제 해결의 첫 단계로 구상한 것이었다. 통일을 시야에 두고 동서독 병존(Nebeneinander)을 공존(Miteinander)로 전환시키려는 시도는 1963년 투칭 연설에서 바가 제안한, 접촉을 통한 변화의 실천이었다.

바의 전략기획팀은 1969년 9월 18일 '장래의 서독정부의 외교정책에 관한 연구'와 함께 '동독과의 큰 틀의 조약'에 관한 제안을 내놓았다. 거기에는 정상적인 동서독 관계를 만들고 유지하는 것에 관한 조약의 구체적 구상들이 들어 있었다. 동독과 서독이 목표로 하는 긴장완화의 노력을 기피해서는 안 된다는 분석하에서, 기본조약은 당연한 귀결이었다. 바는 1967년 9월 텔레비전 토론에서 이전의 서독정부의 동방정책·독일정책과의 큰 차이는 한가지뿐이라고 설명한 바 있었다. "서독정부는 이제는 독일의 또 하나의 부분을 고립시키려 하지 않고 그들을 긴장완화의 전개 속으로 끌어들이려고 하는 것이다."

에곤 바는 서독정부가 먼저 협상안을 제안하여 선수를 쳐야 한다고 생각했다. 그러나 동독이 먼저였다. 울브리히트는 1969년 12월 서독 대통령 하이네만에게 동독이 만든 조약 초안을 보냈다. 울브리히트는 동서독 간의 동등한 권리에 기초한 관계수립을 제안하고, 총리 슈토프와 외무장관 오토 빈처(Otto Winzer)를 협상대표로 통보했다. 그건 서독이 받아들일 수 없는 제안이었다. 서독은 동서독이 상호 간에 외국이 아니라는 입장이었기 때문이다.

서독도 동독이 수락할 수 없는 교섭대표를 임명했다. 내독관계장관 에곤 프랑케(Egon Franke)였다. 동독은 독일 내의 특수관계를 인정하지 않았기 때문에 내독관계성의 존재를 받아들일 수 없었다. 동독은 동서독 간의 정상적인 외교관계를 요구했다. 동서독은 다른 두개의 국가라는 전제에서다. 1970년 8월 모스끄바조약이 체결된 뒤에야 비로소 동독은 완강한 자세를 풀고 차관급 대화에 응했다.

11월 27일 동베를린에서 첫 비공개 회담이 열렸다. 서독 대표는 총리실 국무장관 에곤 바, 동독 대표는 외무차관 미하엘 콜이었다. 이 회담에서는 실질적인 통행문제가 먼저 논의된 뒤 바로 독일의 통합(Einheit) 문제에 관한 의견교환이 의제에 올랐다. 바는 동서독 간에 일반적인 성격의 조약이 체결되어도 서독은 통일을 추구하는 정책을 포기하지 않을 것이라는 입장을 분명히 밝혔다.

이 회담에서 바는 서독의 정책이 동독을 해체하는 데 방향을 맞추고 있다는 비난에 대해서 그건 사실이라고 응수했다. 바는 동독헌법 제8장 제2항에 명시된 것처럼 궁극적으로는 서독뿐 아니라 동독도 동시에 해체하는 정책을 추진할 것이라고 확인했다. 콜이 민족통일은 과거에 속하는 것이라는 단호한 선언으로 독일민족의 통일이 독일정책의 목표라는 바의 주장을 반박한 것은 이듬해 1971년 2월 17일의 회담에서다.[72]

독일민족의 통일의 역사는 일천하다. 오토 폰 비스마르크의 신기에 가까운 세력균형 정책과 1870~71년 프로이센-프랑스 전쟁에서의 승리로 독일민족은 처음으로 통일되었다. 그러나 통일독일은 1945년까지만 지속되었고 그사이에 독일민족의 나라 오스트리아가 독립국으로 분리되었다. 콜의 반박은 이런 역사적인 사실을 염두에 두고 한 말이다. 실제로 동독은 오스트리아처럼 서독과는 별개의 국가를 유지하는 정책을 고수해왔던 것이다. 그러나 바에게는 민족통일이 동서독 협상의 궁극적인 목표였다.

---

72) 같은 책 160면.

바는 동서독 기본조약이 다음과 같은 네가지 조건에 따라야 한다는 원칙을 가지고 회담에 임했다.

1. 기본조약은 최종 결정이 아니다.
2. 기본조약은 분단을 위한 조약이 아니다.
3. 기본조약은 평화조약을 대신하지 않는다.
4. 기본조약은 어느 한쪽에도 국가적 문제 해결을 위한 정책수행을 금지하지 않는다.[73]

그러나 동독은 통일 반대를 협상의 핵심 개념으로 강화하고 서독으로부터의 이념적 분리라는 종래의 주장도 계속했다. 1970년 1월 그때의 당 서기장 울브리히트는 동독은 사회주의적 독일민족의 국가이고 서독은 제한된 주권을 가진 자본주의적 나토 국가라고 말했다. 그는 같은 해 12월에도 동독 분리 주장을 반복했다.

동독은 노동자·농민의 권력과 사회주의 건설의 과정에서 사회주의적 독일민족의 국가로 정착되었다. 봉건주의에서 자본주의로의 이행과 1871년 독일민족의 통일 과정에서 탄생한 부르주아적인 독일민족의 통일국가는 더이상 존재하지 않는다.[74]

후임 서기장 호네커는 동서독 분단의 노선을 더 분명히 밝혔다. 그는

---

73) 같은 책 161면
74) 같은 책 163면.

1972년 1월 6일 동독 인민군 부대에서 이렇게 선언했다. "사회주의국가 동독과 자본주의국가 서독 간에는 어떤 통합도 없을 것이다. 그런 사실은 비가 땅 위에 떨어져 구름으로 다시 올라가지 않는다는 사실과 같다. 독일의 일체성을 아무리 논의해도 달라지는 것은 없다."[75] 콜도 6월 22일 재통일은 하나의 환상이라고 못 박았다. 7월 9일에는 호네커가 바에게 독일의 일체성(Einheit)이라는 표현이 들어간 기본조약에는 결코 서명하지 않을 것이라고 단언했다. 남북관계로 시선을 돌리면 민족통일이라는 공식적인 수사와는 달리 흡수통일에 반대한다는 북한의 입장도 사실은 동독의 그것처럼 민족통일이 아니라 영구분단 노선의 바탕 위에 있다. 그런 북한을 설득할 논리와 협상 전략·전술 개발이 통일 준비의 주요한 부분이다.

동독은 호네커가 바에게 확실히 선언한 대로 독일의 일체성을 조약에 넣을 생각이 없었다. 바의 협상전술이 위기를 맞았다. 동독 측은 기본조약에 이르는 잠정규정(Vorschaltgesetz)을 제안했지만 바가 거부했다. 결국 독일 통일의 열쇠는 소련이 쥐고 있다는 지론의 소유자 바는 소련에 SOS를 칠 수밖에 없었다.

바는 브레즈네프를 만났다. 그리고 같은 날, 평소 유지해온 백 채널을 통해 키신저에게 연락해 자신의 노력의 결과가 확실치 않다고 전했다. "브레즈네프와의 회담에서 확실해진 것은 그가 동서독 조약 체결을 촉진하고 싶어한다는 것입니다. 브레즈네프는 여론용의 발언을 몇마디 하고는 소련과 동독은 정보교환만 할 뿐이니 실질적인 결단은 동서독 협상에서 내리라고 강조했습니다."

---

75) 같은 책 165면.

브레즈네프와 바의 회담이 동서독 협상에 어느 정도의 영향력을 행사했는지는 확실하지 않다. 그러나 바가 모스끄바에서 돌아온 뒤 동독의 자세가 타협적으로 바뀌어 협상에 속도가 붙게 된다. 그리하여 1972년 11월 6일 협상은 종결되었다. 서독 각의의 동의를 거쳐 11월 8일 기본조약이 가조인되어 공포되었고, 12월 21일 동베를린에서 에곤 바와 미하엘 콜이 기본조약에 서명했다.

동서독 기본조약(Grundlagenvertrag) 10개조는 다음과 같다.

1. 동서독은 동등한 권리를 바탕으로 선린관계를 발전시킨다.

2. 동서독은 두 나라의 독립, 자치, 영토보존, 자결권, 인권보호, 비차별을 존중한다.

3. 동서독은 유엔 헌장에 따라 모든 분쟁을 평화적인 수단으로 해결하며 무력을 사용하거나 무력으로 위협하지 않는다. 동서독은 현존 국경선과 영토를 지금은 물론이고 앞으로도 침범하지 않을 것을 확인한다.

4. 동서독의 어느 한쪽도 다른 한쪽을 대표하지 않는다는 원칙을 준수한다.

5. 동서독은 효율적인 국제관리 아래서 전반적이고 완전한 비무장을 지지하고, 군비감축과 비무장, 특히 핵무기의 감축을 위한 노력을 지지한다.

6. 동서독은 두 나라의 주권이 각각 자기 나라 영토에만 국한된다는 원칙을 지키고, 국내외 문제에서 상대방의 독립성과 자주성을 존중한다.

7. 동서독은 관계정상화 과정에서 실질적이고 인도적인 문제를 다룰 것을 선언한다. 동서독은 경제, 과학기술, 교통, 사법, 우편과 통신, 건강, 문화, 스포츠, 환경보호 증진과 발전에 관한 협정을 체결한다.

8. 동서독은 상대방 수도에 상주 대표를 교환, 설치한다.

9조와 10조는 절차상의 문제라 생략한다.

동서독 기본조약 자체는 독일 분단을 고착시키는 문서다. 그러나 이번에도 바는 모스끄바조약에서와 같은 방식으로, 서명 전에 동독 측에 '독일 통일에 관한 서한'을 건넸다. 서독정부의 정치적인 목표는 독일 국민이 자유로운 결정으로 통일을 요구할 수 있는 유럽의 평화체제에 참여하는 것이며, 기본조약이 이 목표에 배치되지 않는다는 것을 확인하는 내용이었다. 기본조약을 체결하면서 부속문서 형식으로 통일의 문을 열어둔 것이다.

기본조약은 법적·정치적인 논란을 일으켰다. 기민/기사당은 기본조약에 본질적인 문제가 포함되지 않았다면서 유보적인 태도를 취했다. 기민/기사당은 평화조약에 관한 규정이 없고, 베를린 관리 부분이 빠졌으며, 4개국의 권리와 책임에 관한 언급이 없고, 동독 주민들의 생활개선에 관한 보장이 부족하고, 국민의 일체성·자유·인권 같은 개념이 전혀 또는 충분히 다루어지지 않았다고 주장했다.

기본조약은 하원에서 268 대 217표로 비준되었고, 주(Land) 총리들의 회의체인 상원(Bundesrat)에서는 기민/기사당이 다수를 장악하고 있었기 때문에 부결되었다. 그러나 그런 경우의 절차에 따라 상·하원의 조정위원회가 상원의 부결을 오버라이드(Überweisung)하여, 기본조약은 최종적으로 비준되어 1973년 6월 21일 발효되었다.

상원에서 조약 비준을 위한 토론이 시작되기 3일 전에 기사당의 바이에른 주정부는 연방헌법재판소에 기본조약 위헌소송을 냈다. 기사당이 내세운 소송 근거는 기본조약이 통일에 관한 헌법의 명령을 위반했다는 것이었다. 그러나 헌법재판소는 1973년 7월 31일 기본조약 합헌판결을 내려 기본조약을 둘러싼 법적 논쟁에 종지부를 찍었다.

기본조약은 당초에는 불가능해 보였지만 여러번 어려운 고비를 넘겨 성사되었다. 분명히 에곤 바는 외무성 정책기획실장 시절 부하직원들에게 독려한 대로 "생각할 수 없는 것을 생각"(Das Undenkbare zu denken)한 사람이다. 동서독 기본조약은 브란트와 바의 집념과 바의 지칠 줄도 포기할 줄도 모르는 집요한 협상전술의 산물이다. 동독은 바의 서한을 기본조약 전체에 포함된다는 전제하에 수락했다.

정리하면 동서독 기본조약은 독일 통일 요구의 실체화(Aktualisier-ung)를 긴장완화와 유럽의 평화질서 창출이라는 목표 아래 종속시켜, 긴장완화와 평화질서를 먼저 실현한 뒤에 통일문제를 해결한다는 구도였다. 독일과 유럽의 현실은 선통일, 후평화를 용납하지 않았다. 남북한 통일이 시야에 들어왔을 때 한반도 주변, 동북아의 현실은 어떨 것인가를 깊이 생각하게 하는 대목이다.

기본조약의 전문에는 '독일의 여러가지 문제'가 언급되어 있다. 기본조약은 1972년 12월 현재의 상황을 전제로 한 큰 틀의 합의다. 1989년 11월 베를린장벽이 갑자기 무너지고 1990년 10월 공식 통일이 이루어질 때까지 기본조약의 정신과 틀 안에서 동서독, 특히 동독 주민들의 생활의 개선을 돕는 '독일의 여러가지 문제'들이 해결되었다. 동서독 기본조약은 서로의 견해차를 인정하고 다투지 않는다(Agree to disagree)는 방식으로 체결된 것이다. 그것은 1963년 베를린 통행증협정 때 사용한 모델이다.

동독은 기본조약으로 동서독 국가 간의 관계에 가로놓인 국민적 요소를 거의 수용했다. 그러나 동독은 그것과 병행해서 격절분리(隔絕分

110

離, Abgrenzung) 노선을 계속 걸었다. 동독은 1974년 10월 헌법을 개정하여 '독일국민'이나 통일을 시사하는 문구를 모조리 삭제했다. 1968년 개정된 헌법과는 달리 새 헌법의 제1조는 "독일민주공화국은 노동자와 농민의 사회주의적 국가다"라고 되어 있다. 1968년 헌법에서는 "독일국민 전체에 대한 책임"이 강조되었지만 새 헌법에서는 "독일민주공화국 인민의 '국민적 자기결정'"만 언급되어 있다. 동독의 그런 격절분리 노선에 대해 에곤 바는 마하엘 콜에게 훈계조의 말을 했다. "만약 동독 정부가 국민을 피해 갈 수 있다고 믿는다면 나중에 후회할 것이다. ……동독이 독자적인 결의나 무조건적으로 국민을 말살할 수 있는 것처럼 행동해도 아무런 성과를 거두지 못할 것이다."[76]

기본조약과 조약 전체의 틀에서 '독일의 일체성'이라는 문제에 관해 지적해둘 것이 있다. 그것은 서독의 희망대로 통일의 일정표를 만든 것도 아니고 동독의 희망대로 분단을 확정한 것도 아니라 모두스 비벤디를 실현했다는 점이다. 그것은 현상 또는 조약상의 표현으로는 역사적 기정사실에서 출발하여 독일문제 해결의 전망을 시야에서 놓치지 않고 오히려 열어놓는 것이었다.

바는 기본조약의 의미를 이렇게 정리했다.

어떤 사람들은 통일이 사장(死藏)되어야 했던 것인가라고 묻고, 또 어떤 사람들, 특히 외국의 친구들은 걱정은 하면서도 기본조약이 통일의 시작이냐고 묻는다. 어느 쪽도 아니다. 독일어 표현으로 'Koex-istenz'(공존)이라는 것이 나의 답이다. 접근을 통한 변화는 유럽적인

---

76) 같은 책 167면.

개념이다.

긴 눈으로 봐서 동독은 공산화를 원하고 우리는 독일 전체의 민주화를 원한다. 동독의 목표는 서독을 소멸로 모는 것이고 우리의 목표는 동독을 소멸시키는 것이다. 결정적인 요소는 이 두 나라가 기본적인 견해차가 있음에도 불구하고 다른 나라들과 마찬가지로 모두스 비벤디를 실현하는 것, 동시에 존재하는 것, 가능하다면 공존이 가능한 길을 찾는 것, 그리고 무력사용 포기의 규정에 따르는 것이다. 이 점에서 동서독은 이해의 일치를 본 것이다.[77]

아르눌프 바링이 "기본조약은 사민/자민 연립정부 동방정책의 승리"라고 평했듯이,[78] 동서독 기본조약은 동방 4대조약 중에서도 역사적인 중요성에서 수위를 차지한다. 기본조약은 에곤 바가 1963년 투칭 연설에서 처음 밝힌 '접근을 통한 변화'를 처음으로 조약으로 실현한 성과다. 바는 현상의 인정으로 현상을 극복한다는 구상으로 소련, 동독, 폴란드, 체코슬로바키아와의 현상인정과 공존을 위한 조약 체결을 해냈다. 바의 접근방법은 한국과 독일의 현저한 차이에도 불구하고 우리에게 많은 교훈을 준다.

브란트 정부가 성공적으로 체결한 동방조약을 한눈에 알아보게 정리하면 이렇다.

---

77) 같은 책 168면.
78) 같은 책 154면.

1970년 8월 12일 모스끄바조약

1970년 12월 7일 바르샤바조약

1971년 9월 3일 베를린에 관한 4개국협정

1972년 12월 21일 동서독 기본조약

1973년 12월 11일 프라하조약

제3장

/

폴란드 서부국경선 인정

폴란드의 비극

빌리 브란트/에곤 바의 동방정책에서 1970년 8월 모스끄바조약 체결
은 가장 가파른 장벽 하나를 넘은 것과 같았다. 특히 '에곤 바 서한'으로
언젠가는 기회가 올 독일 통일의 문호를 열어둔 것은 동방정책의 큰 성
과로 평가된다. 그러나 동방정책의 궁극적인 성공과 독일 통일의 여정
에 결코 피해 갈 수 없는 큰 장애물 하나가 더 있었으니, 그것은 폴란드
문제였다.

폴란드는 나치독일의 침략전쟁으로 가장 큰 희생을 치른 나라다. 히
틀러는 저서 『나의 투쟁』에서, 첫째는 동쪽에 생활공간(Lebensraum)을
개척하고, 둘째는 독일 땅이었던 폴란드 회랑(Polish corridor)[1]과 포젠

---

1) 베르사유조약이 폴란드에 넘겨준 폭이 좁고(20~70km) 기다란 땅. 폴란드는 이 회랑의 획
득으로 발트해에 접하게 되었다. 나치독일은 1939년 3월 폴란드 회랑을 가로지르는 치외
법권적인 독일 회랑을 건설하는 데 동의하라고 폴란드를 압박했지만 폴란드는 반대입장
을 굽히지 않았다.

(폴란드의 포즈난Poznań)을 폴란드에 넘겨준 베르사유조약을 뒤집어엎고, 셋째는 소련 공격의 길목으로 폴란드를 먼저 손에 넣기 위해 폴란드를 침공해야 한다고 밝혀놓은 바 있다.[2]

히틀러가 1933년 집권한 이후 가장 먼저 취한 대외정책의 이니셔티브는 1934년 폴란드와 불가침조약을 체결한 것이었다. 폴란드는 베르사유강화조약에서 1차대전 전까지 독일영토였던 서프로이센, 포즈난, 위버슐레지엔(Überschlesien)를 차지했기 때문에 독일-폴란드 불가침조약은 독일 국내에서 인기 있는 정책은 아니었다. 이 조약의 의도는 바로 눈속임이었다.

히틀러의 집권 과정을 지켜보면서도 영국과 프랑스는 1930년대 중·후반 내내 독일에 대한 유화정책으로 일관했다. 영국과 프랑스는 1935~37년에 독일의 재무장, 1936년 라인란트 회복, 1938년 오스트리아 합병을 승인하여 히틀러에게 외교적 승리를 선사했다. 그리고 1939년, 히틀러와 스딸린은 1939년 8월 히틀러의 폴란드 침략에 동의하는 독일·소련 조약을 체결한다. 조약에는 두 나라가 폴란드를 양분하여 차지한다는 비밀조항이 들어 있었다. 히틀러는 동부전선에 관한 한 폴란드 침략·점령의 프리핸드를 확보한 것이다. 서부전선에 대해서 히틀러는 독일에 대한 유화정책에 매달린 영국과 프랑스가 독일을 공격하지 않을 것으로 확신했다.

히틀러는 폴란드를 침공하기 전 폴란드에 동프로이센과 독일을 연결하는 도로와 철도 건설에 동의하라고 요구했다. 폴란드는 1795년 제정

---

2) Martin Collier and Philip Pedley, Germany 1919-45 (Portsmouth, NH: Heinemann 2000) 141~48면.

러시아와 프로이센이 분할점령함으로서 독립국가의 지위를 상실했었다. 그리고 1919년 베르사유조약이 독일-소련 국경선을 새로 획정하면서 폴란드는 독립국가로 회생했고, 동프로이센은 폴란드를 사이에 두고 독일과 분리된 상태였다. 폴란드는 자국 땅을 통과하는 독일의 철도와 도로 건설에 당연히 반대했다.

그리하여 1939년 9월 1일 새벽, 나치독일의 전함 슐레스비크-홀슈타인호가 그단스크 해안가 베스터플라테 요새의 수비군에 함포사격을 시작했다. 그것이 2차대전의 신호탄이었다. 이 공격과 동시에 나치군 22개 사단이 1,300대의 공군기와 함께 폴란드를 침공했다. 공격 첫날부터 나치독일의 공군기들은 바르샤바를 공격했다. 육군은 북쪽의 프로이센과 남쪽의 슬로바키아에서 양면공격을 했다. 독일 공군기들은 폴란드군 기지와 철도뿐 아니라 민간인이 사는 마을까지 폭격하여 공포에 질린 피난민들이 도로를 가득 메워 폴란드 군대의 이동이 불가능하게 만드는 작전을 썼다. 폴란드는 영국과 프랑스에 지원을 요청했다. 그러나 영국과 프랑스가 독일에 선전포고를 한 것은 사흘이 지난 9월 3일이었다. 프랑스는 영국군이 총동원될 때를 기다려 마지노선을 지키는 데만 주력했다. 그러는 사이 소련군이 나치독일과의 비밀합의에 따라 폴란드 국경을 넘었다. 나치의 독일군에 포위된 바르샤바는 9월 27일까지, 18일간 계속된 공습에 버티다 항복했다.

유태인을 제외하고는 폴란드인들만큼 나치 점령하에서 피해를 입은 국민은 없다. 3백만명의 유태인과 함께 3백만명의 폴란드인이 학살당했고, 백만명 이상이 독일로 끌려가 강제노동을 했으며, 수십만명의 폴란드인이 동쪽에서 이주해 온 독일인에게 생활의 터전을 내어주고 다른 지역으로 강제 이주되었다.[3] 아직도 많은 폴란드인의 기억에 생생한 이런 기구한 역사적인 배경 때문에 관계개선을 위한 바르샤바조약 협상은 처음부터 많은 난관을 만났다. 독일에 대한 폴란드의 불신, 통일된 독일이 지금은 폴란드 땅이 된, 잃어버린 영토를 회복하려 무력을 행사할지도 모른다는 불안은 폴란드인이 아니면 실감할 수 없는 정당한 실존적 우려다.

폴란드는 나치 점령 중에 런던에 임시정부를 두고 연합국의 편에서 나치독일과 싸웠다. 그럼에도 불구하고 폴란드는 전후처리 과정에서 17만 9천 제곱킬로미터의 영토를 소련에 뺏겼다. 그것은 전쟁 이전 폴란드 영토의 46.1프로나 되는 면적이었다. 소련-폴란드 국경선은 1919년 베르사유강화회의에서 영국 외무장관 조지 커즌(George Curzon)의 제안으로 채택된, 북쪽의 리투아니아에서 남쪽의 체코슬로바키아까지 길게 그어진 이른바 커즌라인(Curzon line)이다. 미국의 루즈벨트, 영국의 처칠, 소련의 스딸린은 2차대전의 전후처리 과정에서 1943년 11~12월 테헤란회의와 1945년 2월 얄타회담에서 스딸린의 주장을 받아들여 커즌라인을 폴란드의 동부국경선으로 수락했다. 그 대신 폴란드는 소련에 빼앗긴 영토에 대한 보상으로 서쪽에서 오데르-나이세 이동의 독일 땅 1만 2,800제곱킬로미터를 얻었다. 전전(戰前) 폴란드 영토의 20프로에 해당하는 땅이다. 그런데 1945년 8월에 열린 포츠담회의에서 폴란드의 서부국경은 동부국경에 관한 결정의 불가역성(Irreversibility)과는 달리 앞으로 체결될 강화조약으로 최종 결정한다는 단서가 붙었다. 그것이 폴란드의 끝없는 근심거리였고, 그래서 브란

---

3) Timothy G. Ash, *In Europe's Name: Germany and the divided Continent* (New York: Random House 1993) 219면.

120

트의 동방정책에서도 그 문제가 가장 첨예한 의제였다. 유럽 평화는 중부유럽의 강국 독일과 동유럽국가들과의 관계정상화를 피해 갈 수 없는 것이었다.

폴란드는 1965년부터는 갑자기 오데르-나이세 국경선뿐 아니라 동독의 승인까지 요구하고 나섰다. 폴란드의 속셈은 짐작하기 어렵지 않았다. 동독 승인은 폴란드가 희망하는 독일의 항구적인 분단을 의미한다. 그것은 강력한 통일독일의 등장에 관한 폴란드의 정당한 우려를 반영하는 것이었다. 그것은 또한 동독의 영향력 증대를 의미하는 것이기도 했다.

서독은 오데르-나이세 국경선을 인정하지 않았으나 1968년 3월 기민/기사당과 사민당의 대연정 외무장관 빌리 브란트가 사민당 당수 자격으로, 평화조약 체결 전에는 오데르-나이세를 폴란드의 서부국경선으로 인정하자는 제안을 하게 된다. 폴란드 공산당인 통일노동당(PZPR) 서기장 브와디스와프 고무우카(Władysław Gomułka)도 이에 반응해 1969년 5월 국경선에 관한 협상을 제안해 온다. 그리고 그해 가을 브란트가 서독 총리에 선출되면서 독일-폴란드 관계의 정상화 프로세스는 큰 탄력을 받게 된다.

브란트는 1970년 초부터 왜 나치독일의 최대 피해국인 폴란드와 관계정상화 조약을 체결하지 않느냐는 질문을 많이 받았다. 그런 질문을 받을 때마다 브란트의 대답은 같았다. "폴란드와의 관계정상화의 열쇠는 모스끄바가 쥐고 있다. 그건 선택의 문제가 아니다."[4] 그러나 폴란드 국민들과 지도부는 오데르-나이세 국경선의 인정을 소련의 선물로 받

---

4) Willy Brandt, *Erinnerungen* (Frankfurt am Main: Propyläen 1989) 211면.

기보다는 서독과의 조약으로 보장받기를 원했다. 브란트는 1969년 하원 총선거 기간에, 자신의 집권이 확실하지도 않은 상황에서 오데르-나이세를 폴란드의 서부국경선 인정이 포함된 폴란드와 불가침조약을 체결하겠다는 신호를 거듭 발신했다.

브란트의 노력

1966년에 출범한 기민/기사당과 사민당 대연정의 대외정책의 주요 목표의 하나는 소련권과 관계를 정상화하는 것이었다. 그러나 대연정의 그 목표는 제한적으로만 실현되었다. 국내외의 반대와 저항이 생각보다 강했던 것이다. 그럼에도 불구하고 1967년과 68년에는 브란트가 집권한 뒤 부분적으로 실행하고, 서독을 넘어 유럽과 전세계 정치에 영향을 미치게 될 새로운 정책의 틀이 잡혔다.

키징어 총리는 1966년 12월 시정연설에서 폴란드 서부국경을 직접 언급하지는 않았다. 그러나 그는 폴란드 국민들이 국경이 확실히 보장된 국가에서 살고 싶다는 욕구에 대한 이해를 표명했다. 브란트는 현실을 인정하는 용기가 동방정책, 특히 폴란드 정책의 알파요 오메가라고 생각했다. 브란트는 그 이유를 이렇게 설명한다.

히틀러의 전쟁과 그의 전체주의적 국가·당·군사 체제가 드러낸 '섬멸본능'의 피해를 폴란드만큼 입은 나라는 없다. 이스라엘을 제외하면 우리의 외국과의 관계가 그렇게 고통스러운 기억과 감정적인 유보의 짐을 진 나라는 없다. 우리가 1970년 12월 바르샤바조약 체결을 준비할 때 나는 이런 중압감과 잔인성을 분명히 의식했다. 그러나 대연정 아래에서는 조약 체결까지 갈 길이 멀었다. 그때 주저주저 시작한 것은 겨우 의견교환 수준이었다. 먼저 아주 조심스럽게 협상의 토대를 마련하는 것이 중요했다.[5]

폴란드 정책의 분위기를 먼저 띄운 것은 독일복음교회(EKD, Evangelische Kirche in Deutschland)였다. 독일 내에서 정치적·사회적으로 전국적인 영향력을 가진 독일복음교회 홍보실은 1965년 10월 폴란드의 서부국경과 서독과 폴란드 관계에 관한 의견서를 발표했다. 브란트에 의하면 이 의견서야말로 서독과 폴란드 간에 존재하던 심리적인 긴장을 해소하는 시발점이었다. 그해 11월 폴란드 가톨릭교회 주교들은 바티칸에서 열린 주교회의에 참석한 서독 주교들에게 보내는 편지형식으로 간접적인 답변을 독일복음교회에 보냈다.

1968년 3월 서독 가톨릭교회는 폴란드에 대한 독일의 배상의무(Haftungspflicht)를 강조하는 각서를 발표했다. 가톨릭교회의 각서는 1945년 이후에 오데르-나이세 이동의 폴란드 지역에서 출생한 폴란드인의 숫자가 늘어나 그들이 고향에 살 권리를 주장할 수도 있다고 지적했다. 물론 이 지역에는 옛 프로이센의 영토, 그래서 아직도 독일계 폴란드인이 많이 사는 슐레지엔 지방이 포함된다. 서독과 폴란드 사이에서는 교회끼리의 대화가 정부 간의 대화를 앞서서 선도했다. 한국의 경우는 북한에 진정한 의미에서의 교회가 없어 교회 간 접촉은 바라기 어렵다. 그래도 남한 교회들은 북한에 대한 선교보다는 인도적 지원에 우

---

5) 같은 책 240면.

선순위를 두고 지금보다는 훨씬 더 많은 기여를 할 수 있을 것이다.

이런 분위기 속에서 폴란드 총리 아담 라파키(Adam Rapacki)가 유럽의 긴장완화와 동서 양 진영의 블록을 해체하자고 제안했다. 브란트는 그의 제안을 공개적으로 지지했다. 그러나 라파키의 제안을 서방 동맹국들은 거부했고, 크렘린도 라파키 제안을 신랄하게 비판했다. 이런 현실을 보고 브란트는 말했다.

동서 양 진영이 강경한 태도를 완화하기까지는 끝없는 인내가 필요하다. 서독은 1956~57년 고무우카를 권좌에 앉힌 '폴란드의 봄' 때, 국경문제에 관한 전제조건 없이 폴란드와 외교관계를 수립할 수도 있었다. 그러나 서독은 할슈타인 원칙을 포기할 용기가 없어 통상대표부를 설치하는 데 그쳤다. 그때 폴란드의 언론인이 나를 방문하여 말했다. "100킬로의 국경선이 무슨 역할을 합니까? 우리가 알고 싶은 것은 어떤 방식으로 서독과의 관계를 개선할 수 있느냐는 것입니다."[6]

브란트는 1961년 총리후보 자격으로 만든 최초의 정책프로그램에서 미래의 사민당 정권은 평화조약을 앞서갈 수는 없어도 동유럽의 모든 국민들, 그중에서도 폴란드와 우호적인 협력의 길을 걸을 수 있다고 말한 바 있다. "우리가 명심해야 하는 것은 유럽이 엘베강에서 끝나지 않는다는 사실이다."[7] 엘베강은 폴란드, 체코의 국경지대에 있는 슈테티

---

6) Willy Brandt, *Begegnungen und Einsichten* (Hamburg: Hoffmann und Campe 1976) 242면.
7) 같은 곳.

산지에서 발원하여 체코 북부, 독일 동부를 흘러 함부르크 부근에서 북해로 흘러드는 강이다.

브란트는 외무장관이 되기 전부터 오랫동안 폴란드와의 화해는 프랑스와의 화해와 같은 비중으로 다루어야 한다고 확신했다. 그는 말했다.

우리는 폴란드가 〔이리저리 움직일 수 있는〕 차량이 아니라는 점, 그래서 국경이 확실히 보장된 영토를 가져야 한다는 점을 이해해야 한다. 그래서 폴란드와의 화해는 우리의 도덕적·정치적 의무다. …… 1968년 3월 뉘른베르크 당대회에서 나는 폴란드 국민의 40프로가 옛 독일 땅에서 태어났음을 지적하고 언제 독일민족이 평화조약의 체결을 통해서 하나가 될 것인가를 알 수가 없는 상태에서도 폴란드와 화해해야 한다고 설명했다. 그것은 평화조약이 체결되기 전에 우리가 오데르-나이세 국경선을 인정해야 한다는 것을 의미한다. 그것이 결정적인 원칙이었다. 당대회는 나의 이 통찰을 대회가 채택한 결의안에 포함시켰다.[8]

리처드 닉슨의 미국과 레오니드 브레즈네프의 소련 사이는 데탕트 무드였다. 서유럽은 통합의 길을 착실히 걷고 있었다. 동독을 제외한 동유럽 대부분의 나라들이 서독과 외교관계를 수립하거나 무역대표부를 설치했다. 그래도 브란트는 조약 하나로 폴란드인의 마음을 얻을 수 없고, 폴란드인들이 서독을 향해 마음을 열지 않으면 진정한 국교정상화는 어렵다고 인식했다. 고무우카는 서독과 프랑스가 그렇게 했던 것처

---

8) 같은 곳.

럼 서독과 공동으로 역사교과서를 만들자는 제안도 거절했다. 서독 국내에서는 폴란드에서 추방된 사람들의 단체가 고향으로 돌아갈 권리를 주장했다. 기민/기사당이 피추방인들의 요구를 지지하여 브란트를 폴란드와 피추방인들 사이에 낀 샌드위치 신세로 만드는 데 힘을 보탰다.

좌절된 고무우카의 희망

인터넷에 올라 있는 더글러스 쎌비지(Douglas Selvage)의 짧은 논문("The Treaty of Warsaw: The Warsaw Pact Context")이 서독과 폴란드 간의 바르샤바조약 협상에 관한 한 가장 통찰력 깊은 실증적인 글이다. 그는 독일-폴란드 관계 연구로 예일대학에서 박사학위를 받은 학자다. 여기 그의 글을 요약해서 소개하는 것이 독자들의 이해를 돕는 최선의 방법일 것 같다.

바르샤바조약의 기원에 관한 일반적인 이해와는 달리 폴란드는 1967년에서 69년 사이에 동독보다도 더 적극적으로 서독과 동유럽국가들 간의 관계개선을 저지하려 노력했다. 고무우카가 마침내 서독과 협상하기로 결단을 내렸을 때는 어느 나라의 이해가 우선하는가의 문제를 놓고 소련 및 동독과 갈등을 빚었다. 고무우카가 서독에 대한 강경한 입장을 버리고 협상을 하기로 결정한 동기는 브란트의 제안이 아니라 바르샤바조약기구 내부의 변화, 구체적인 사례로는 소련과 동독이 서독과 협상을 시작한 것이다. 동독이 독일 통일을 저지하는 완충지대 역할을 하려고 하지 않은 것, 소련이 동독에 그런 역할을 압박하지 않은 것이 고무우카로 하여금 서독과 협상할 결단을 내리게 한 것이다. 고무우카가 가장 불안해한 것은 폴란드의 서부국경선 오데르-나이세의 안전이었다. 그는 폴란드의 서부국경선을 위협하고 독일 통일을 촉진하는 성격의 세력균형 변화에 반대했다. 특히 그는 소련이 폴란드를 제물로 서독과 거래를 하는 것을 경계했다. 고무우카는 '라팔로 콤플렉스'[9]에 걸려 있었다.

소련의 태도가 변화되기 시작한 것은 소련 공산당 서기장 니끼따 흐루쇼프(Nikita Khrushchov)의 말년(1963~64)부터다. 중국과 소련 간의 긴장이 고조되자 흐루쇼프는 서방과의 관계개선으로 '서부전선'을 안정시켜두고 '동부전선'에서 중국과 대결하는 데 필요한 프리핸드를 갖고 싶었다. 그는 '새 라팔로'를 자주 언급했다. 1964년 여름 흐루쇼프의 사위이자 정부 기관지 『이즈베스챠』 편집인 알렉세이 아주베이가 서독을 방문하여 서독 관리들에게 소련은 서독의 핵보유에 반대하지 않고, 동독에 불이익이 되더라도 서독에 양보할 용의가 있으며, 미래의 어떤 시기에 폴란드의 국경선을 변경할 수도 있다고 말했다. 폴란드 정보기관이 아주베이의 말을 녹음하여 녹취록을 크렘린의 흐루쇼프 반대파들에게 넘겼다. 이 녹취록은 1964년 흐루쇼프의 실각을 정당화하는 데 일조를 하게 된다.

고무우카는 서독이 유럽경제공동체에 묶인 것처럼 동독도 동유럽국가들과 경제적으로 묶이기를 바랐다. 그렇게 되면 동독의 신기술 도입

---

9) 1922년 4월 1차대전 패전국인 독일과, 볼셰비키혁명으로 국제사회에서 고립된 소련이 이딸리아 제노바 교외 라팔로에서 체결한 우호조약이 라팔로조약이다. 소련은 제노바회의에서 제정 러시아가 진 외채를 계승하는 문제로 불만이 많았고, 바이마르공화국은 재군비를 위해 소련과의 협력이 필요했다. 독·소 제휴는 서방 열강에 큰 충격이었다. 라팔로조약 체결로 국제무대에서 두 나라의 발언권은 강화되고 독·소 제휴는 서방 열강들의 트라우마로 남았다.

으로 폴란드의 생산성과 생활수준이 오를 것이라고 기대했다. 그러나 동독 서기장 발터 울브리히트는 동독이 동유럽국가들의 경제공동체에 들어가지 않고 독자적으로 '신경제시스템'을 추진하여 동독을 경제강국으로 만들 계획을 추진했다.

1966~67년 서독에서는 기민/기사당과 사민당의 대연정이 출범하여 동독을 제외한 모든 동유럽국가들과 불가침조약 체결을 제안하고 할슈타인 원칙을 수정하겠다는 '신동방정책'을 선언했다. 그러나 동독과 오데르-나이세 국경선의 승인만은 거부했다. 동유럽국가들이 서독과의 관계정상화를 위해 본으로 우르르 몰려들자 폴란드와 동독은 동유럽 동맹국가들 사이에서 고립될 위기를 맞았다. 고무우카의 불안을 더욱 자극한 것은 소련의 태도였다. 소련은 서독과 불가침조약을 위한 협상을 하겠다는 입장을 밝히고, 다른 동유럽국가들이 서독과 관계를 개선하는 데 반대하지도 않겠다고 공개적으로 말한 것이다.

고무우카는 브레즈네프를 압박하여 바르샤바조약기구 회원국들이 서독과 외교관계를 수립하면서 다음 세가지 조건을 서독에 관철시키도록 하는 데 성공했다. 동독을 승인할 것, 오데르-나이세를 폴란드의 서부국경선으로 인정할 것, 서독은 핵무기를 보유하지 말 것. 울브리히트는 그제야 고무우카에 대한 고마운 마음으로 폴란드와의 경제관계 강화에 동의했다. 1967년 봄 동독, 폴란드, 체코슬로바키아는 서독에 대한 강경노선을 확인하는 일련의 우호조약을 체결했다. '철의 삼각'이라고 불리던 체제다. 1967년은 동유럽에서 고무우카의 영향력이 최고조에 이른 해다. 소련이 다시 강경노선으로 복귀한 것처럼 보였다. 무엇보다 중요했던 것은 동독이 서독으로부터 더욱 멀리 떨어지고 폴란드를 포함한 동유럽국가들과 경제협력 관계를 맺는 데 동의한 것이다. 동독이 서독과 격리(abgrenzen)되고, 동유럽 동맹국들과 밀접한 경제관계로 얽힌다는 것은 독일 통일이 그만큼 멀어진다는 의미였다.

그러나 고무우카의 희망과 노력은 좌절된다. 동독이 경제협력의 약속을 지키지 않은 것이다. 동독 '신경제시스템'의 설계자인 귄터 미타크가 폴란드와의 경협이 동독에 이로울 것이 없다고 울브리히트를 설득했고, 울브리히트는 결국 폴란드와의 약속에 거부권을 행사했다. 1967년 11월 모스끄바에서 열린 10월혁명 50주년 기념식에서 고무우카는 울브리히트를 신랄하게 공격했다. 고무우카는 울브리히트에게 고함을 질렀다. "왜 우리 물건을 안 사는 거요? 당신은 우리를 식민지(Hinterland)로 취급하고 있어요!" 울브리히트도 맞고함을 질렀다. "그건 당신들이 쓰레기 같은 물건들만 만들기 때문이오!" 1970년 고무우카가 실각할 때까지 두 사람의 관계와 동독과 폴란드 관계는 회복되지 않았다.

동독과 폴란드 관계가 악화되는 사이 소련은 1967~68년 서독과 무력사용 포기에 관한 협상을 계속했다. 서독의 대연정 시절이고, 브란트의 총리 임기 전이다. 소련은 폴란드의 희생 위에서 서독과 타협할 준비를 했다. 소련이 작성한 서독과 소련의 조약 초안을 본 고무우카는 경악했다. 고무우카는 소련 블록과 서독 사이에 폴란드의 서부국경과 동독 승인에 관한 '쟁점'이 존재한다는 것을 서독이 인정하게 만들고자 많은 노력을 기울여왔다. 그런데 소련의 조약 초안에는 "쟁점의 평화적인 관리"라는 구절이 들어 있었다. 고무우카의 항의를 받은 소련은 문제의 구절을 빼고 협상을 계속했다.[10]

---

10) Douglas Selvage, "THE TREATY OF WARSAW: THE WARSAW PACT CONTEXT" (http://www.ghi-dc.org/files/publications/bu_supp/supp1/supp-01_067.pdf).

이런 와중에 1968년 4월 시작된 '프라하의 봄'이 폴란드로 파급되어 고무우카의 지위를 위협할 기세였다. 고무우카와 울브히리트는 한목소리로 체코슬로바키아 공산당 서기장 알렉산데르 둡체크(Alexander Dubček)가 서독과의 관계정상화를 시도하는 것을 신랄하게 공격하면서 소련에 프라하의 봄을 무력으로 진압하자고 요구했다. 브레즈네프는 망설였다. 그는 체코슬로바키아가 서독과의 관계를 정상화하는 데 반대할 의사가 없어 보였다. 브레즈네프는 프라하의 봄을 무력으로 진압하기 몇주 전에야 비로소 체코슬로바키아의 서독 접근을 비난했다. 그러는 상황에서도 소련 외무장관 안드레이 그로미꼬는 브란트를 포함한 서독 사민당 간부들과의 회담을 계속할 뜻을 분명히 밝혔다.

1968년 8월 20일, 바르샤바조약기구의 대규모 군대가 프라하의 봄을 짓밟았다. 고무우카와 울브리히트는 이제 소련과 서독의 데탕트 무드가 식을 것으로 기대했다. 그러나 소련은 체코슬로바키아 군사개입을 데탕트로 가는 길목의 '교통사고' 정도로 간주했을 뿐이다. 소련은 서둘러 빌리 브란트와 접촉을 재개했다.

결국 고무우카는 1968년 말과 69년 초에 일어난 다음의 세가지 사태로 서독에 대한 강경노선을 버리고 대화노선으로 정책을 바꾸게 된다.

(1) 소련은 서독과 불가침조약에 관한 협상을 계속한다는 입장을 분명히 했다. 소련은 틀림없이 서독과 폴란드의 이해가 걸린 오데르-나이세 국경선 문제까지 논의할 것이기 때문에 고무우카는 폴란드가 서독과 협상을 해야겠다고 판단했다.

(2) 결정적인 요소는 소련이 아니라 동독이었다. 1968년 12월 서독과 동독은 장기적인 통상협정을 체결했다. 동독을 동유럽권의 경제협력체

제에 끌어들이려는 고무우카의 꿈이 영원히 증발되었다. 동서독 통상협정으로 6년 안에 서독의 동독에 대한 수출은 두배, 동독의 서독에 대한 수출은 세배로 증가할 것으로 추산되었다. 서독은 동독에 3억 5천만마르크의 차관도 제공했다. 고무우카는 브레즈네프에게 동서독 경제'통합'이 그런 속도로 진행되면 결국은 독일 통일에 이를 것이라고 경고했다.

(3) 고무우카는 1969년 3월 3일 브레즈네프와 만나 오데르-나이세국경선보다 동독의 미래가 더 걱정이라고 호소했다. 고무우카는 브레즈네프에게 동유럽국가들의 경제협력체인 코메콘(Communist Economic Conference)을 개혁하여 동독을 이 기구에 묶어놓자고 제안했다. 그러나 그의 모스끄바 로비는 실패로 끝났다. 같은 해 4월에 열린 소련 블록 국가들의 정상회의에서 울브리히트는 루마니아 대통령 차우세스쿠(Nicolae Ceausescu)의 지지를 받아 고무우카의 제안을 비토(veto)했다.

고무우카가 빌리 브란트에게 국경선 협상을 제안한 것은 한달 뒤다. 고무우카는 당 정치국 회의에서 서독과의 협상이 불가피한 근거들을 설명했다. 1967년 바르샤바조약기구가 서독에 대해 행동을 통일하기로 합의했음에도 소련이 단독으로 서독과의 관계개선을 위한 협상을 하기로 결정해버렸으며, 동독은 서독을 중개로 유럽경제공동체(EEC)에 가입하려 하고 있기 때문에 폴란드 홀로 뒤쳐질 수는 없다는 것이 이유였다. 광범위한 경제협력은 정치관계로 이어지고 그뒤에는 통합의 과정이 온다는 것이 고무우카의 통찰이요 고민이었다.

소련이 서독과 협상을 하지 않고, 동독이 동유럽경제공동체 구상에 동의했다면 고무우카는 서독에 대한 강경노선을 완화할 이유가 없었고, 따라서 서독과의 대화는 시작되지 않았을 것이다. 이런 의미에서 보면 고무우카의 좌절과 불행은 브란트의 동방정책에는 큰 축복이었다. 1969년 4월에 열린 코메콘 정상회의는 소련 블록의 경제적인 미래는 경제통합이 아니라 서방으로의 개방에 달렸다고 선언했다. 고무우카에게 이 선언은 독일의 경제적 통일과 소련 블록의 붕괴를 의미하는 것이었다.

고무우카는 독일 통일의 잠재적 가능성과 소련이 폴란드의 안전을 희생시킬 수도 있다는 인식으로 서독과의 협상을 서둘렀다.

1970년 12월, 바르샤바조약

1970년 12월 7일 브란트와 고무우카는 경직된 분위기에서 첫 회담을 가졌다. 1956년 니끼따 흐루쇼프의 스딸린 격하 연설, 헝가리 폭동으로 동유럽 전체가 혼란에 빠진 분위기 속에서 통일노동당 서기장에 오른 고무우카. 그는 브란트를 공식적으로 대했다. 그러나 그때 이미 고무우카와 울브리히트의 사이가 크게 벌어져 있던 것은 브란트에게 큰 행운이었다.

고무우카와의 회담에 이어 대통령궁에서 열린 총리 유제프 치란키에비치(Józef Cyrankiewicz)와의 회담에서 두 나라 협상대표들이 합의한 사항들이 승인되었다. 이것이 1970년 12월 7일의 서독과 폴란드 간의 바르샤바조약(Treaty of Warsaw)이다. 4개 조항으로 된 바르샤바조약 서문에서 서독과 폴란드는 포츠담협정에서 획정된, 발트해에서 시비뉴시치에(Świnoujście, 독일명 Swinemünde)의 서쪽에 바짝 붙어 오데르 강을 따라 흐르다 나이세강과 합류하여 체코슬로바키아 국경까지 흐르는 오데르-나이세를 폴란드의 서부국경선으로 한다고 선언했다. 이로써 독일 옛 영토의 4분의 1이 소련과 폴란드에 넘어간 현실이 추인되었다. 그래서 뱌르샤바조약은 브란트에게도 가슴 아픈 것이었다. 그 고통은 그 땅에 살다 서독으로 추방된 독일인들이 지는 것이었다. 브란트 정권 출범 전까지만 해도 그들은 언젠가는 고향으로 돌아갈 수 있을지도 모른다는 실낱같은 희망에 매달려 살았다. 그들의 고향상실은 1945년 2월 얄타회담의 산물이다. 스탈린은 미국의 루즈벨트, 영국의 처칠을 상대로 폴란드 동부지역의 영토를 소련이 차지하고 폴란드에게는 독일의 동쪽 영토의 일부로 보상하는 전후 처리방식을 관철시켰던 것이다. 독일을 희생의 제물로 한 스탈린의 대승이었다.

폴란드는 평화조약 체결이라는 단서가 실현되기 전에 오데르-나이세 국경선을 인정받겠다는 목적을 달성했다. 바르샤바조약에 서명한 뒤 고무우카는 이렇게 말했다. "현실을 간과하지 마십시오. 폴란드를 바르샤바조약기구에서 탈퇴시키거나 폴란드와 소련 사이를 이간시키려는 시도는 반드시 실패합니다. 모스끄바조약이 먼저 체결되긴 했지만 비준은 동시에 하거나 큰 시차를 두지 말고 하기를 바랍니다." 고무우카는 서독이 모스끄바조약을 먼저 체결하지 않으면 안 되는 현실을 인정하면서도 폴란드의 긍지와 위신을 강조한 것이다.

폴란드는 강대국 소련의 부속물로 취급당하는 것이 싫었다. 고무우카는 소련과 서독이 폴란드의 실존적인 문제를 다루는 조약을 폴란드의 참여 없이 체결한 데 불쾌감을 드러냈다. 그리고 폴란드가 소련에 가지는 원한을 숨기지 않았다. 2차대전 중 스탈린은 폴란드군 장교들을 학살했고,[11] 1944년에는 나치독일군이 바르샤바를 폐허로 만드는 동안 비스와(Wisła)강 건너편에서 지켜만 보고 있었고, 전쟁의 혼란을 틈타 폴란드 영토의 동부를 점령한 것이 바로 소련이었다.[12]

바르샤바조약으로 폴란드와 관계정상화의 기반은 만들어졌다. 그러나 서독과 폴란드 관계는 아직은 살얼음 위를 걷는 것처럼 불안했다. 폴란드인의 독일인에 대한 일반적인 불신, 중부유럽의 빅 파워로 부상한 독일에 느끼는 위협, 한마디로 폴란드인이 나치독일에 당한 고통의 트라우마 때문에 협상은 쉬운 것이 아니었다. 고무우카와의 회담에서 브란트는, 잔인하게 찢긴 두 나라 간의 깊은 간격이 하나의 조약으로 메워질 수는 없을 것이며 진정한 이해와 화해는 정부 간 관계보다는 두 나라 국민들의 가슴으로 실현되는 것이라고 강조했다.[13]

바르샤바조약 체결 2주 뒤인 12월 20일 고무우카는 물가인상에 항의하는 국민들의 항의와 노동자들의 파업을 만나 당 서기장직에서 물러나야 했다. 폴란드 국민들에게는 땅보다는 당장 먹을 빵이 중요했다.

브란트, 무릎 꿇다

1970년 12월 7일 아침 7시 폴란드 바르샤바 자멘호프 거리의 유태인

---

11) 소련 비밀경찰이 독일군이 점령한 소련 영토 내의 카틴숲(Katyn Forest)에서 4,500명의 폴란드 군인을 학살했다. 이 사실이 처음 알려진 것은 1943년 4월 독일군이 카틴숲에서 대규모의 시체 매장지를 발견하면서다.

12) Willy Brandt, *Erinnerungen* (Frankfurt am Main: Propyläen 1989) 212면.

13) 같은 책 213면.

위령탑. 초겨울 비가 눈물처럼 위령탑을 적셨다. 서독 총리 빌리 브란트가 그 앞에 섰다. 1943년 바르샤바 게토의 유태인들이 나치에 맞서 28일간 봉기했다가 5만 6천여명이 참살당한 일을 기리는 탑이다. 잠시 고개를 숙인 브란트가 뒤로 물러섰다. 의례적 참배가 끝났다고 여긴 일부 기자들도 몸을 뺐다. 그때 브란트가 털썩 무릎을 꿇었다. 카메라 플래시가 미친 듯 터졌다. 브란트는 아무 말도 하지 않았다. 서독이 폴란드와 관계정상화를 위한 바르샤바조약을 맺은 날 아침, 브란트는 나치독일의 잘못을 온몸으로 사죄한 것이다. 나치 강제수용소 생존자인 유제프 치란키에비치 폴란드 총리는 다음 행선지로 이동하던 차 안에서 브란트를 끌어안고 통곡했다. 그는 말했다. "용서한다, 그러나 잊지는 않겠다" (Forgivable, but Unforgettable). 그뒤 폴란드인들은 그 자리에 브란트 광장을 만들어 브란트의 모습을 담은 기념비를 세웠다.[14]

서독 국내에서는 보수·우익 세력들의 비난의 소리가 쏟아졌다. 그건 브란트가 각오한 반응이었다. 현장에 함께 갔던 에곤 바는 그날 밤 브란트에게 그건 만용(Toll)이었다고 말했다. 브란트는 이렇게 대꾸했다. "갑자기 나는 머리만 숙이는 것으로는 부족하다는 생각을 했어." 바는 회고록에 이렇게 썼다. "만행을 저지르지 않은 한 사람의 머리에 떠오른 한순간의 영감으로 우리는 역사적인 죄과를 고백할 수 있었다."[15]

---

14) 이제훈 『한겨레』 2015년 12월 30일.

15) Egon Bahr, *Ostwärts und nichts vergessen!: Kooperation statt Konfrontation* (Hamburg: VSA 2012) 52면.

제4장

/

동유럽의 시민혁명

1970년 12월, 그단스크

폴란드, 특히 그 중심부는 산지가 전혀 없는 평평한 대평원이어서 동쪽에서는 제정 러시아/소련, 서쪽에서는 독일 제2/제3제국의 만만한 침략의 회랑이었다. 폴란드의 역사는 이 두 나라와 오스트로-헝가리 제국의 말발굽과 탱크에 잡초처럼 짓밟히는 굴욕과 고통의 역사였다. 그런 역사적인 악조건 속에서 폴란드인들의 민족적 자존심과 독립에의 갈망은 더욱 강인해졌다.

전후의 폴란드인들은 불요불굴의 강인한 정신으로 소련군의 개입 가능성을 항상 시야에 두고 소련의 지배로부터 자유와 자기결정권을 쟁취하기 위한 자기제한적(Self-limiting) 투쟁을 한번도 멈추지 않았다. 1956년 소련군 2개 사단이 주둔하고 있음에도 포즈난의 노동자들이 봉기를 일으켰고, 1970년 노동자들이 물가인상에 항의하는 파업을 벌였다. 1956년과 70년 사태는 유혈이 낭자한 무력진압으로 일단 막을 내렸다. 그러나 폴란드의 노동자들은 1980년 8월 그단스크 레닌조선소의 파업을 시작으로 다시 전국적인 파업에 들어가 10월 대법원의 판결로 자유노조 쏠리다르노시치(Solidarność)를 쟁취하게 된다. 1980년 8월혁명은 '노동자의 천국'이라는 소련·동유럽권에서 노동자들이 일으킨 최초의 노동자혁명이다. 1917년 소련 볼셰비키혁명은 노동자의 이름을 빌린 한줌의 엘리트 지식인들의 혁명일 뿐이었다. 볼셰비키 혁명에서 노동자 계급은 시종일관 엘리트 집단인 혁명지도부의 수단으로 이용되었다.

폴란드 노동자의 8월혁명을 서독 브란트 정부 동방정책의 나비효과로 보는 견해가 있다. 그러나 전후 폴란드인들의 투쟁의 발자취, 인구의 90프로를 차지하고 공산당원의 두배나 되는 가톨릭·노동자·반체제 지식인 들의 삼각동맹의 활동을 보면 동방정책의 나비효과를 너무 강조하는 것은 사태의 본질을 놓치는 과장된 견해다. 오히려 폴란드 노동자혁명이 서독 브란트 정부의 동방정책 및 헬싱키 프로세스와 연결되어 이웃 체코슬로바키아, 헝가리를 포함한 동유럽의 소련 세력권에서 나비효과를 냈다고 보는 것이 사실에 더 가깝다. 브란트/바의 동방정책의 부채질과 폴란드 노동자들의 실천적 혁명은 강력한 토네이도의 동풍(東風)이 되어 동독의 시민혁명을 촉발했고 급기야 두개의 독일을 하나로 통일하는 역사적인 위업을 달성했다. 그 여세는 난공불락일 것 같던 소련·동유럽 사회주의체제라는 강고한 건물 자체를 무너뜨렸다. 동방정책과 폴란드의 자유노조는 1945년 2월 얄타에서 영국의 처칠과 미국의 루즈벨트가 스딸린에게 '헌납'한 유럽대륙의 절반을 마침내 '얄타의 족쇄'에서 해방시킨 것이다.

동유럽 문제의 권위자인 옥스퍼드대학의 티머시 애시(Timothy Ash) 교수는 1970년 12월이 자유노조 결성 이전의 폴란드의 운명을 방향 지은 가장 결정적인 날이라고 본다. "1970년 12월, 사회주의정권이 스스로 만들어 낸 거인(Giant)인 신노동계급이 처음으로 노동자들의 이익을 위해서 노력한다는 지도자들의 목덜미를 잡아 흔들었다."[1]

1970년 폴란드는 최악의 식료품 부족에 신음하고 있었다. 집단농장화가 가속되어 개인 농업이 피폐한 결과 육류와 낙농제품이 턱없이 부족했다. 오랜 물가의 동결로 식료품 가격은 낮았지만 돈을 주고도 살 식료품이 없었다. 식료품이 넘치는 암시장이 도처에 있었지만 노동계급의 주부들은 국영 푸줏간에서 살보다는 뼈가 더 많은 고기를 살 수밖에 없었다. 1956년 포즈난에서 노동자들의 폭동 때 동결된 물가는 국가경제를 심각하게 왜곡했다. 포즈난의 노동자 봉기 덕에 폴란드 공산당인 통일노동당 서기장에 올랐던 고무우카는 1970년 12월 13일, 크리스마스 2주 전에 주요 식품값을 36프로 인상한다고 전격 발표했다. 참으로 정치적 센스가 결여된 조치였다.

당연히 노동자들이 봉기했다. 발트해 연안도시 그단스크의 레닌조선소 노동자 수천명이 통일노동당 지부로 행진하여 물가인상 철회를 요구했다. 며칠 사이에 전국의 노동자들이 파업에 가세했고 노동자들은 바르샤바의 대기업들을 점거했다. 고무우카는 그단스크의 파업 노동자들을 반혁명분자들로 규정하고 군과 경찰에 발포명령을 내려 파업 노동자 44명이 사살되었다. 세계여론이 들끓고 크렘린도 고무우카의 매끄럽지 못한 사태처리를 비판하며 1971년 2월 그를 해임하고 에드바르트 기에레크(Edward Gierek)를 당 서기장 자리에 앉혔다.

---

1) Timothy G. Ash, *The Polish Revolution: Solidarity* 3rd ed. (New Haven: Yale University Press 2002) 14면.

기에레크는 당 간부들에게 소시지로 노동자들의 입을 틀어막을 방도를 마련하라고 닦달했다. 그러나 소시지를 만들 돼지고기를 사려면 서방국가 은행의 돈을 빌려야 했다. 1976년 6월 폴란드는 심각한 외환위기를 맞았다. 기에레크가 취할 조치는 물가인상밖에 없었다. 그는 빵과 우유 값을 60프로, 소고기와 돼지고기 값을 9프로, 설탕 값을 100프로 인상했다. 예상대로 발트해 연안도시와 바르샤바와 다른 대부분의 도시에서 노동자들이 파업을 일으켰다. 기에레크는 전임자 고무우카의 피할 수 없는 실책을 반복한 것이다. 이번에는 레흐 바웬사(Lech Wałesa)가 파업을 총지휘했다. 바웬사는 초등학교와 직업학교만 졸업한 '가방끈이 짧은 사람'이었지만 열정적이고 강력한 호소력을 가진 즉석연설의 달인이었다. 폴란드 비밀경찰이 그에게 노동자들을 선동하지 말라고 경고했으나 바웬사는 그들의 경고를 묵살했다. 레닌조선소 경비원들이 바웬사를 끌어냈고 한달 뒤 바웬사는 레닌조선소에서 해고통지를 받았다.

바르샤바 교외에 있는 폴란드 최대의 공장의 하나인 우르수스(URSUS) 트랙터 공장 노동자들은 대륙횡단 철길에서 빠리-모스끄바 간 급행열차의 운행을 막았다. 폴란드 남부 도시 라돔에서는 병기공장의 노동자들이 파업했다. 라돔의 노동자들이 6월 25일 시내로 진출하여 회사측과 협상을 요구하는 시위에 나서자 경찰이 발포하여 17명의 노동자가 죽고 2천명 이상이 체포되었다. 분노한 노동자들이 공산당 당사에 불을 질렀다. 총리 피오트르 야로셰비치(Piotr Jaroszewicz)가 텔레비전에 등장하여 물가인상을 취소한다고 발표함으로써 사태는 마무리되었다.[2]

---

2) 같은 책 37~38면.

애시는 1980년 8월 그단스크 조선소 파업으로 시작되는 노동자혁명을 1970년과 76년 사태의 연장선상에서 일어난 것이라고 본다. 레닌조선소는 폴란드를 방문하는 외국 국가원수들에게 보여주는 쇼윈도 기업이었다. 1만 5천명이 넘는 종업원은 농촌 출신 젊은이들과, 얄타회담 결과로 소련에 편입된 동부 지역에서 이주해 온 나이 많은 노동자들이 뒤섞인 집단이었으나 1970년 12월 사태로 두 집단은 공동의 목표를 가진 결속력 강한 공동체로 발전했다. 12월 16일 그들은 동료 노동자들이 조선소 게이트 앞에서 총탄에 쓰러지는 것을 목격했다. 군과 경찰이 노동자를 사살한 것은 "폴란드인은 폴란드인을 죽이지 않는다"는 폴란드인들의 종교적인 불문율 위반이었다. 폴란드인들이 지닌 민족적 양심의 비옥한 토양에서 순교자 신화가 자랐다. 애국심 강한 농민적 신앙심과 사회주의가 길러낸 노동자의 자존심이 가슴 속에 공존하는 레닌조선소의 노동자들에게는 폴란드인에 피살된 폴란드인, '노동자국가'에 피살된 노동자의 이미지가 겹쳐져 원한의 상징이 되었다. 특히 농민의 아들이요 1970년 파업위원회 멤버인 어느 노동자에게는 순교자들의 기억을 소중히 하는 것이 생존의 원동력, 거의 강박관념이 되었다. 그가 레흐 바웬사다.[3]

발트해 북동부의 슈체친 항의 30개 이상의 조선소 노동자들은 1971년 1월 크리스마스 휴가에서 돌아와 점거파업을 했다. 그들은 각 공장의 파업위원회 연락망을 만들어 점거파업을 하는 한편 슈체친 시민들의 일상생활을 통제하고, 물가인상을 철회하고 파업위원회를 노동자들의 항구적인 대표기관으로 인정하고 궁극적으로는 자유·독립 노조를

---

3) 같은 책 14면.

인정하라고 요구했다. 이것은 1980년 8월 사태의 원형이다.[4] 1970년과 1980년의 인과관계는 이를 두고 하는 말이다. 그러나 1976년의 사태가 미친 영향력도 과소평가할 수 없다.

특히 1976에 결성된 '노동자방어위원회'(KOR)를 빼놓고는 폴란드 노동자혁명의 성공을 말할 수 없다. 일단의 대표적 지식인들은 라돔과 우르수스에서 반사회적인 활동의 혐의로 재판을 받는 파업 노동자들이 자신들을 방어할 수단이 전혀 없는 것을 보고 우선은 그들을 보호할 목 적으로 KOR을 결성했다. 1970년 사태 때 대부분의 지식인들은 침묵을 지켜 노동자들로부터 체제 편에 선 기회주의자, 출세주의자라는 비난 을 받았다. 그래서 KOR 결성은 노동자와 지식인이 처음으로 공동전선 을 펴는 중대한 전환점이 되었다.

지식인들은 그들대로 노동자들에 대해 불편한 심기를 가지고 있었다. 1968년 3월 미국과 서유럽을 회오리바람처럼 휩쓴 학생들의 반체제운 동에 폴란드 학생들이 가담했을 때, 노동자들은 학생들의 시위를 지지 하지 않았을 뿐 아니라 정부의 무자비한 탄압을 방관했다. 폴란드 정부 는 학생시위를 진압하는 김에 반유태인 분위기를 선동하여 '문화적 유 태인 학살'을 자행했다. 그것을 보고도 노동자들은 성명 한 줄 내지 않 았던 것이다. KOR은 그런 노동자와 지식인의 공동전선 형성을 의미하 는 것이었다. KOR에는 탁월한 철학자 야체크 쿠론(Jacek Kuron), 역사 를 멀리 보는 날카로운 통찰력의 소유자인 역사학자·언론인 아담 미흐 니크(Adam Michnik)도 참여했다. 그들은 공산주의자였다가 이상주의 적 좌파의 시각으로 공산주의를 비판하여 투옥된 '전과'가 있는 사람들

---

4) 같은 책 15면.

이었다. 특히 쿠론은 소련제국을 장악한 소수의 신관료계급이 자신들의 이익만 추구한다고 비난했다. 그는 '기생충 같은 관료'(Parasitic apparatchiks)를 청산하고 진정한 노동자의 나라를 건설할 혁명이 필요하다고 주장했다.[5]

1973년 11월, 프라하

브란트 정부 동방정책의 막차를 탄 나라는 체코슬로바키아였다. 1968년에 이미, 히틀러가 주데텐란트를 강압적으로 독일에 합병한 1938년의 뮌헨조약을 무효화하려는 주요 이슈가 있었음에도 불구하고 서독과 체코슬로바키아의 협상과 관계정상화가 늦었던 것은 1968년 프라하의 봄이 바르샤바조약기구 군대의 탱크에 무참히 짓밟히는 사건이 벌어졌기 때문이었다.

뮌헨조약으로 이어진 주데텐란트 문제에는 서독과 체코슬로바키아의 역사적인 악연이 있다. 독일과 체코슬로바키아 사이의 분쟁의 씨앗은 체코슬로바키아 건국 시기에 뿌려졌다. 6세기에 멸망한 로마제국을 떠나 정착지를 찾아 북상한 체코족은 오늘날 체코공화국의 상당부분을 차지하는 보헤미아와 모라비아에 정착했고 그들의 뒤를 이어 게르만족이 이 지역으로 이주해 왔다. 이 지역에서 게르만족은 소수민족이었지만 두 민족 간의 관계는 우호적이었다. 이후 체코족은 여러 왕국의 지배를 거쳐 1620년 최종적으로 합스부르크 왕가에 편입되었다. 그래서 독

---

5) 같은 책 38면.

일어가 체코의 공용어가 되었다. 프란츠 카프카의 작품들이 독일문학으로 다루어지는 것도 이런 배경에서다.

체코가 3백년 만에 독립된 국가로 부활된 것은 1차대전의 산물, 더 정확히는 선물이었다. 1918년 새로 건국된 체코슬로바키아는 옛 보헤미아왕국 영토의 대부분을 차지하여 독일민족은 인구의 30프로를 구성하는 소수민족이 되었다. 독일계 주민의 다수는 독일과 인접한 보헤미아 산지에 살았다. 17세기 중반에서 1860년까지만 해도 프라하는 독일어를 사용하는 인구가 다수를 차지했다. 1910년 이후 독일어 사용인구는 6.7프로로 줄었다.

주데텐란트는 체코슬로바키아의 동부, 남서부, 그리고 서부의 보헤미아와 모라비아와 일부 슐레지엔을 통틀어 지칭한다. 1938년 히틀러는 이곳을 영국과 프랑스의 동의를 얻어 독일로 합병해버린다. 이것으로 유럽의 평화를 지켰다고 당당히 선언했던 사람이 바로 영국 총리 네빌 체임벌린(Neville Chamberlain)이었다. 6개월 뒤 1939년 3월 독일군이 완전히 체코슬로바키아를 점령하면서, 유럽 열강들의 평화에 대한 믿음은 끝이 나게 된다. 주데텐란트의 유태인들이 대량학살 당하고 유태인 교회가 불타고 많은 유태인들이 가스실에서의 죽음이 기다리는 유태인 수용소로 끌려갔다.

1945년 7월 26일 포츠담회담은 체코슬로바키아에 사는 독일주민들이 독일로 돌아가야 한다고 결정했다. 체코슬로바키아 전역에 독일에 대한 적대감이 팽배한 가운데 1945년 봄과 여름에만 50만명의 독일인이 독일로 추방되고 1946년부터 나머지 독일인의 대부분이 추방되었다. 체코슬로바키아에 잔류가 허용된 16만명 정도의 독일인들은 반나치 투쟁의 경력이 증명된 사람들이었다. 그러나 그들 중 10만명 이상이 나중에 서독으로 이주한다.

프라하조약 협상은 모스끄바조약과 바르샤바조약에 비하면 훨씬 단순했다. 협상의 주대상은 히틀러가 주데텐란트를 탈취한 뮌헨조약을 법적으로 무효처리하는 것이었다. 동서 양 진영의 국가들은 물론이고 서독 내에서도 피추방인 단체와 기민/기사당의 완고한 보수주의자들 말고는 뮌헨조약의 무효화에 시비를 거는 사람은 없었다. 주데텐란트는 이미 체코슬로바키아에 반환되어 있었기 때문에 기정사실의 승인만 남았던 것이다.

협상은 외무성의 특임대사 타이틀을 가진 에곤 바가 맡았다. 바는 본 주재 체코슬로바키아 관영통신인 CTK 특파원으로부터 프라하 당국이 서독과 뮌헨조약을 포함한 현안문제를 해결하기 위한 의견교환을 할 용의가 있다는 말을 들었다. 그 당시 공산권의 관영통신 특파원의 말은 정부의 의사를 반영하는 것이었다.

1967년 6월 12일 바는 프라하에서 협상 카운터파트 요제프 셰디비(Josef Šedivý)와 만났다. 그는 공산당 중앙위원이었다. 당이 정부 위에 있는 나라에서 당 중앙위원이 바의 협상파트너라는 사실은 체코슬로바키아의 왕성한 협상의욕을 대변하는 것이어서 바는 은근히 기뻤다. 협상은 어렵지 않았다. 양측 모두 장기적인 통상협정 체결과 대표부 설치를 바랐다. 바에게 가장 중요한 문제는 통상협정과 대표부 설치 합의문에 서베를린을 서독의 일부로 반영하는 것이었다. 약간의 논란 끝에 서독의 입장은 관철되었다.[6]

바와 셰디비는 관계정상화를 위한 포괄적인 틀에도 합의했다. 바가

---

6) Egon Bahr, *Zu meiner Zeit* (München: Karl Blessing Verlag 1996) 222면.

귀국한 지 4주째 되는 날 대규모 체코슬로바키아 대표단이 본에 도착했다. 수석대표는 통상부차관. 통상대표부는 경제뿐 아니라 문화 분야에서도 활동이 허용되었다. 그러나 서독 외무성과 직접 접촉하는 것은 체코슬로바키아가 스스로 자제했다. 동유럽국가들과의 연대를 깨고 싶지 않았기 때문이다.

1968년 4월 바와 셰디비가 다시 만났다. '프라하의 봄'이 4개월째 진행되던 시기다. 셰디비는 프라하의 봄의 외교적 의미를 설명했다. 그는 개혁정책이 방해받지 않는 사회주의 진영 내의 상황으로 보아 체코슬로바키아는 서유럽과의 협력을 강화하는 정책이 가능할 것이고, 그중에서도 서독과의 협력에 최우선권이 주어질 것이라고 말했다.

1968년 1월 공산당 서기장에 선출된 알렉산데르 둡체크는 정치적인 수완을 발휘하여 국민들의 열렬한 지지를 받고 있었다. 둡체크는 공산주의체제의 트레이드마크인 중앙집권체제를 부분적으로 지방분권화하고, 보도·표현·이동의 자유의 제한을 풀어 시민이 누릴 수 있는 자유의 폭을 확대했다. 이런 국내의 분위기를 탄 셰디비는 앞으로 몇달 안에 비공개로 불가침조약, 국경조약, 뮌헨조약의 무효화를 논의하자고 제안했다. 서독으로서는 두 손을 들어 환영할 제안이었다. 목표로 정한 시한은 뮌헨조약 체결 30주년이 되는 가을까지였다.

둘째날 셰디비는 마음을 바꾸어 서독이 소련과 먼저 불가침조약을 체결하는 것이 좋겠다고 말했다. 그의 말이 아니라도 서독은 그럴 계획을 갖고 있었다. 회담이 처음 시작된 작년과 다른 점은 두 나라 간에 뮌헨조약의 무효화에 의견의 일치를 보면 외교관계 수립도 가능할 것으로 보인 것이다. 바와 셰디비는 외교관계 수립 문제를 깊이 있게 논의했다. 바는 불가침조약으로 국경선을 항구적으로 보장함과 동시에 뮌헨조약을 무효화하는 조약을 체결하자고 제안했다. 셰디비는 바의 제안을 검토하겠다는 반응을 보였다.

히틀러의 강압과 영국·프랑스의 순진하기 짝이 없는 유화정책으로 맺어진 뮌헨조약은 당초부터 부당한 것이었기 때문에 바와 셰디비의 협상에서도 큰 논란의 대상은 되지 않았다. 그러나 주데텐란트에서 추방된 독일인들의 재산권 문제와 체코슬로바키아에 남아 있는 독일인들의 국적 문제에서는 두 사람 간에 의견과 줄다리기, 그래서 슬기로운 조정이 필요했다. 바의 입장은 미해결 상태의 법적 문제들을 해결하지 않고는 주데텐란트 문제의 해결도 불가능하다는 것이었다. 셰디비도 거기에는 동감이었다.

8월 중순에 소규모의 체코슬로바키아 대표단이 협상을 계속하러 본에 도착했다. 바는 대화를 시작하기에 앞서 둡체크가 사태를 정확하게 평가하고 있는지, 그가 너무 나가는 것은 아닌지 우려를 표명했다. 체코슬로바키아 대표단은 서독은 안심해도 된다, 서독인들보다는 체코인들이 소련을 더 잘 안다고 낙관적으로 대답했다. 그들은 말했다. "우리는 자신 있습니다. 내일은 뮌헨조약에 관한 돌파구를 찾을 수 있을 것입니다." 다음날 아침 체코슬로바키아 대표단은 눈물을 글썽이면서 서독 대표단에 작별인사를 하고 본을 떠났다.

체코슬로바키아 대표단이 협상 돌파구 찾기에 자신감을 드러낸 다음날인 1968년 8월 21일 소련 탱크를 선두로 바르샤바조약기구 군대가 프라하로 진입하여 '인간의 얼굴을 한 사회주의'라는 둡체크의 개혁정치를 좌절시켰던 것이다. 둡체크와 그의 개혁파 동지들은 모두 체포되어 국외로 압송되었다. 그로부터 5년째가 되는 1973년 12월 11일에야 비로소 서독 총리 빌리 브란트와 체코슬로바키아 총리 루보미르 스트루갈

(Lubomír Štrougal)이 프라하의 유서 깊은 체르니궁에서 우호조약에 서명함으로써 뮌헨조약을 최종 폐기하게 된다. 체코슬로바키아는 소련, 폴란드, 동독, 루마니아에 이어 서독과 국교를 정상화한 다섯번째의 동유럽국가가 되었다.

1975년 8월, 헬싱키 프로세스

1975년 8월 1일, 알바니아를 제외한 전유럽 국가와 미국·캐나다 등 35개국의 대통령, 공산당 서기장, 총리, 외무장관 들이 핀란드 수도 헬싱키의 핀란디아홀에서 헬싱키 프로세스(Helsinki Process)의 최종의정서(Final Act)에 서명했다. 1973년 7월 3일 예비회담이 시작된 뒤 2년 만에 유럽안보협력회의(CSCE, Commission on Security and Cooperation in Europe)가 완전한 체제를 갖춘 것이다. 통칭 헬싱키 프로세스다.

미국의 제럴드 포드 대통령, 소련의 레오니드 브레즈네프 공산당 서기장, 요시프 티토(Josip Broz Tito) 유고슬라비아 대통령, 헬무트 슈미트(Helmut Schmidt) 서독 총리, 에리히 호네커 동독 공산당 서기장, 지스까르 데스땡(Valéry Giscard d'Estaing) 프랑스 대통령, 해럴드 윌슨(Harold Wilson) 영국 총리 같은 국제정치의 거물들은 카메라 기자들과 기록영화 촬영기사들이 쉴새 없이 터뜨리는 플래시에 눈을 제대로 뜰 수가 없었다.[7] 서명할 수뇌들이 단상에 자리 잡고, 서명 테이블 위

---

7) John Maresca, *To Helsinki: The Conference on Security and Cooperation in Europe, 1973-1975* (Durham: Duke University Press 1985) 197면.

에 35개의 펜이 놓인 것을 확인한 핀란드 대통령 우르호 케코넨(Urho Kekkonen)이 마이크를 잡았다. "제3단계 회의에서 합의한 프로그램에 따라 지금부터 최종의정서 서명을 시작하겠습니다."

프랑스어로 독일은 알르마뉴(Allemagne)이고 영어로는 저머니(Germany)다. 서독 총리 슈미트는 호네커와 나란히 앉고 싶어 영어 대신 프랑스어 알파벳순으로 서명을 하자고 주장하여 뜻을 관철했다. 그리하여 슈미트가 가장 먼저 서명하고 동독의 호네커가 두번째로 서명했다. 유고슬라비아의 티토가 마지막으로 서명을 마치자 긴 박수가 터져나왔다.[8]

헬싱키 프로세스는 독일 통일의 긴 여정에서 일어난 세계사적인 기적이었다. 헬싱키 프로세스가 없었다면 독일 통일은 상당기간 늦어졌을 수도 있다. 3개 바스켓(Basket)으로 된 헬싱키 프로세스의 내용이 그것을 증명한다.

바스켓 I 신뢰구축과 안보와 군축에 관한 선언이다. 여기에는 무력사용 포기, 국경선의 불침범, 각국 영토의 보존, 분쟁의 평화적 해결, 내정 간섭 금지, 인권과 기본적인 자유의 인정이 포함되었다.

바스켓 II 경제, 과학·기술, 환경에 관한 선언이다. 상업교류, 공업 분야의 협력, 공동의 이익이 되는 프로젝트 추진, 환경 분야의 협력이 여기에 들어갔다.

바스켓 III 인도주의 문제와 기타 분야의 협력에 관한 선언으로 인적 접촉(Human contacts), 정보·문화·교육의 교류에 관한 합의다. 특히 중

---

8) 같은 책 196~97면.

요한 것은 '인도주의 문제'가 다루게 될 구체적인 인권이었다.

여기에서는 국가 간 관계개선과 인권의 개선이 확고하게 연계되었다. 이는 헬싱키 프로세스가 지향하는 데탕트가 바스켓 III이 규정한, 보다 자유로운 이동, 정보, 사상의 증진에 달렸다는 강력한 메시지다.[9]

독일이 통일되고 유럽통합이 이루어진 뒤에 돌아보면 헬싱키 프로세스는 참으로 아이러니컬하다. 소련의 요구에서 시작된 것이었기 때문이다. 소련의 목적은 모든 유럽국가가 참가하는 회의에서, (1) 2차대전의 결과로 생긴 지정학적 변화와 소련과 동유럽 공산국가들의 존재와 동서국경선을 승인받고, (2) 소련권에 대한 서유럽국가들의 태도를 완화시키고, (3) 소련이 우위를 차지하는 범유럽 안보기구를 만들어 유럽과 미국의 유대관계를 점차 약화시키는 것이었다.[10]

한마디로 브레즈네프는 현상유지를 미국과 캐나다와 모든 유럽국가의 합의로 인정받고 싶었다. 그런 전망을 시야에 두고 바르샤바조약기구는 1969년 3월 유럽의 안보와 평화적인 협력을 논의하기 위한 '일반적인 유럽회의'를 열자는 내용의 「모든 유럽국가에의 호소문」(Apeal to All European Countries)을 발표했었다. 그것이 헬싱키 프로세스의 시발점이다.

헬싱키 프로세스에 가장 열정적인 관심을 쏟은 사람도 브레즈네프였다. 미국의 닉슨 정부는 그때 소련과의 데탕트 노선을 걷고 있는 시기여서 브레즈네프의 제의에 긍정적인 반응을 보일 수밖에 없었다.[11] 데탕

---

9) 같은 책 27면.
10) 같은 책 5면.
11) 같은 책 10면.

트 노선의 중요성에 대한 미국과 서유럽의 의견이 일치하여 1972년 5월 열린 나토 외무장관회의는 헬싱키 프로세스의 다자간 예비접촉을 하는 데 동의한다고 발표했다. 그해 12월 체결된 동서독 기본조약은 브레즈네프의 희망대로 독일 분단을 공식적으로 인정했다.

헬싱키 프로세스의 미국 차석대표로 처음부터 끝까지 협상에 참여한 존 마레스카(John Maresca)는 '최종의정서'로 마무리된 헬싱키 프로세스를 2차대전의 대체평화조약(Surrogate WW2 Peace Treaty)이라고 규정했다. "주요 참전국 독일이 분단되어 독일이라는 국가는 없고 동독과 서독만 존재하는 상황에서는 전통적인 방식의 평화조약 체결은 불가능했다. 동·서독을 대규모의 회의에 포함시킴으로서 전후처리가 가능해지고 2차대전을 역사에 넘긴다는(Consign) 데에 모든 참전국이 동의하는 결론을 내릴 수 있었다."[12] 헬싱키 프로세스의 최종의정서는 사실상 2차대전을 정리하는 독일과의 평화협정이기도 하다는 의미. 최종의정서는 2차대전의 결과를 받아들임으로써 전쟁의 종결을 암묵적으로 의미한 것이라고 평가되었다.[13]

헬싱키 프로세스가 몰고 온 것들

1972년 모스끄바에서 열린 미소 정상회담에서 닉슨이 소련의 수출품에 관세를 인하하는 최혜국(MNF) 대우를 제공하는 데 동의하자 상

---

12) 같은 책 xii.
13) 같은 책 80면.

원의원 헨리 잭슨(Henry Jackson)은 최혜국 대우의 조건으로 소련인들, 특히 유태인들의 해외이주 제한 철폐를 요구하는 잭슨-배닉 수정안(Jackson-Vanik Amendment)을 제출했다. 닉슨과 키신저는 잭슨-배닉 수정안을 선동주의(Demogoguery)요 정치적 기회주의라고 반격했다. 그러나 사회주의국가에 대한 최혜국 대우 부여를 그 나라 인권상황과 연계시킨 이 수정안은 1974년 통과된다.

헬싱키 프로세스 협상이 무르익어가던 1974년 2월 소련정부는 1970년 노벨문학상을 받은 반체제 작가 알렉산드르 쏠제니찐(Aleksandr Sol-zhenitsyn)을 구속했다. 소련은 깊은 갈등에 빠졌다. 미국과의 광폭의 데탕트 틀 안에서 국내에 어느 정도의 자유를 허용하여 서방세계로부터 동유럽 지배를 인정받고 헬싱키 프로세스에서 경제적인 혜택을 받을 것인가. 헬싱키 프로세스 참가국들은 숨을 죽이고 소련의 쏠제니찐 처리를 지켜보고 있었다. 소련은 결국 쏠제니찐을 해외로 추방하는 선에서 헬싱키 프로세스를 파탄낼 뻔한 사태를 종결지었다.

헬싱키 프로세스 최종의정서에 서명한 미국 대통령 제럴드 포드(Gerald Ford)는 1976년 재선에 출마한 대통령 선거에서 가혹한 댓가를 치러야 했다. 보수진영과 자유진영이 한목소리로 포드와 키신저의 헬싱키 프로세스 참가를 비판하고 있었다. 항상 논조를 달리해온 『뉴욕타임즈』와 『월스트리트저널』도 헬싱키 프로세스 비판에는 공통의 논조를 폈다. 민주당 후보 지미 카터(Jimmy Carter)와의 텔레비전 토론에서 『뉴욕타임즈』의 베테랑 기자 막스 프랭클(Max Frankel)은 포드에게, 포드 정부가 헬싱키 프로세스 최종의정서에 조인함으로써 소련의 동유럽 지배를 받아들이고, 동독을 승인하여 공산주의의 위상을 높인 것이 아니냐고 물었다. 포드는 자신의 정부가 힘의 입장에서 소련과 협상해왔고, 핵무기협상과 미국 밀을 대량으로 소련에 수출한 것은 미국에 큰 혜택을 주었다는 방어논리를 폈다. 포드는 헬싱키 프로세스 최종의정서에 서명한 로마 교황청까지 끌어와 "바티칸이 동유럽 수백만의 인민을 전제정치에 내맡길 리가 없다"고 주장했다.

그런데 수세에 몰리던 포드는 대선 패배의 원인이 될 치명적인 실언을 하고 말았다. "소련은 동유럽을 지배하고 있지 않다. 앞으로도 지배하지 않을 것이다." 카터가 촌각의 틈도 주지 않고 포드를 몰아붙였다. "나는 포드 씨가 폴란드계 미국인, 헝가리계 미국인, 체코계 미국인 들에게 그들의 모국이 철의 장막 뒤에서 소련의 지배를 받고 있지 않다고 어떻게 설득하는지 지켜보겠습니다. …… 소련은 벌써 소련국민들에게 해외이주와 가족상봉과 언론자유를 허용하겠다고 한 약속을 위반하고 있어요."[14]

미국에 정착한 쏠제니쯴도 포드와 키신저 비판의 대열에 합류했다. 그는 헬싱키의 최종의정서 조인은 "외교적인 부삽(Shovels)으로 살아 숨쉬는 시체를 한 구덩이의 묘에 매장하는 행위"라고 비난했다.[15] 그러나 국무장관 키신저는 제네바의 헬싱키 프로세스 예비회담에서 서방국가들이 인권개선을 위해 힘든 협상을 하는 것을 '어리석은'(foolish) 짓이라고 폄하했다.[16]

이렇듯, 헬싱키 프로세스를 통해서든 의회의 압력을 통해서든 소련

---

14) Michael Cotey Morgan, "The United States and the Making of the Helsinki Final Act," ed. Fredrik Logevall and Andrew Preston, *Nixon in the World: American Foreign Relations, 1969-1977* (New York: Oxford University Press 2008) 164면.
15) 같은 글 175면.
16) 같은 글 172면.

시민들의 이동의 자유와 인도주의적 원칙을 진전시킨다는 생각은 키신저의 데탕트 비전에 포함되어 있지 않았다. 키신저는 소련의 국내문제로 소련과 충돌해봐야 소련은 국민을 다루는 방식을 바꾸지 않을 것이며 오히려 크렘린의 분노만 살 뿐이라고 불평했다. 그는 국무성 관리들에게 말했다. "그들의 통치방식이 왜 우리에게 문제가 되는가?"[17]

세계사의 흐름에 정통한 정치학자 겸 역사학자인 키신저가 왜 헬싱키 프로세스가 역사의 물줄기를 서방진영에 유리한 방향으로 바꿀 것임을 내다보지 못한 것일까. 그는 왜 바스켓 I에서 소련에 양보하고 바스켓 III에서 소련과 동유럽 시민들의 기본적인 자유를 얻어내는 거래의 이점을 보지 못한 것일까. 이 물음에 대한 답은 키신저가 빠진 강대국 이기주의(Ego) 때문이라고 생각된다. 그는 세계질서는 초강대국 미국과 소련이 만들어내는 틀로 짜여야 한다고 생각하는 파워폴리틱스(Power politics)의 맹신자였다. 그는 비도덕주의자(Amoralist)라는 비판을 받을 정도로, 소련과 동유럽의 자유와 인권 신장보다는 미·소 세력균형 위에서만 가능한 데탕트를 중시했다. 그것이 키신저의 한계였고, 그가 역사적 안목과 비전에서 오토 폰 비스마르크와는 견줄 정치가(Statesman)가 못되는 이유일 것이다.

닉슨과 포드와 키신저의 어정쩡한 자세에도 불구하고 헬싱키 프로세스 협상은 자체의 추진력으로 굴러갔다. 1973년 아랍-이스라엘의 욤 키푸르전쟁, 쏠제니찐의 국외추방, 미국과 영국과 프랑스의 지도자 교체에도 불구하고 회의는 앞으로 전진했다. 키신저는 회의가 빨리 끝나기를 희망했다. 그때까지도 서유럽국가들이 헬싱키 프로세스로 달성하

---

17) 같은 글 170면.

려는 분명한 목표도 정하지 못하고 있는 것은 키신저를 짜증나게 만들었다. 서유럽국가들은 소련에서 어떤 양보를 받아내면 만족스러울지를 결정하지 못한 것이다.

키신저는 구체적인 목표(Target)을 내라고 서유럽 우방국들에게 요구했다. 키신저는 구체적인 목표를 가지고 회의를 조기에 종결시킨 뒤에는 새로운 요구로 소련과 동유럽국가들을 놀라게 하지 말자고 주장했다. 키신저의 그런 태도에 서유럽 동맹국들은 분노했다. 그들이 보기에 키신저의 제안은 회의 결과를 미국과 소련에 유리하게 돌리려는 농간이었다. 서유럽국가들은 그들이 소련에서 얻어낼 수 있는 것을 제한하는 것은 말도 안 되는 것이고, 소련으로부터 더이상은 받아낼 양보가 없을 때까지 소련을 밀어붙이는 것이 최선의 전략이라고 생각했다.[18]

예비회담 초기에는 미국 대표들에게 낮고 소극적인 자세를 취하라고 지시했던 키신저는 서유럽 동맹국들의 반발을 산 뒤에야 소련에 대한 입장을 강경으로 바꾸고 대표단에도 적극적으로 논의에 참가하여 서방 측의 최대한의 요구를 관철하라고 다시 지시했다. 키신저는 직접 소련에 양보를 압박하면서 "우리는 소련 측이 더 유연해질 것을 바란다"고 말했다.[19]

브레즈네프도 당연히 그 나름의 목표가 있었다. 그가 노린 첫번째 목표는 헬싱키 프로세스 최종의정서의 첫 바구니(Baket I)에 들어 있는 불가침 선언, 현존 국경선의 인정, 영토보존 조항으로 충족되었다. 2차대전의 결과물인 동서분단과 동유럽권에 대한 소련의 독점적인 지배권

---

18) 같은 글 172~73면.
19) 같은 글 173면.

을 미국과 캐나다를 포함해 모든 유럽국가가 승인한 것이다. 그리고 둘째 바구니에서는 서방국가들과의 경제협력의 확대를 얻어냈다. 그러나 소련이 이들 성과에 치른 댓가는 아주 비싼 것이었다. 세번째 바구니가 그것이다. 첫째 바구니에 들어간 인권과 기본적인 자유 조항은 일반적인 합의였다. 그러나 셋째 바구니 '인도주의와 기타 분야의 협력'의 인적 접촉(Human contacts), 정보·문화 교류, 이동의 자유, 사상의 자유 보장은 1980년대에 들어서면서 폴란드를 선두로 동유럽 일대에서 반체제 개혁운동이 처음에는 산발적으로, 급기야는 들불처럼 일어났을 때 소련의 손발을 묶었다.

헬싱키 프로세스에 힘입어 동유럽의 개혁운동의 바람은 동독으로 불어 시민혁명을 일으켜 독일이 통일되고, 마침내는 소련 고르바초프의 개혁·개방 정책과 합류하여 소련·동유럽 사회주의체제의 붕괴를 불러왔다. 헬싱키 프로세스는 유럽의 역사뿐 아니라 세계사에 대전환점을 가져왔다. 이런 현상을 보고 프랜시스 후쿠야마(Francis Fukuyama)는 사회주의체제의 붕괴와 자유민주주의체제의 승리로 역사는 종말을 고했다고까지 환호하고 서방국가의 지식인들은 후쿠야마의 통찰에 아낌없는 갈채를 보냈다.

미래를 멀리 보는 비전을 가진 것으로 알려졌던 키신저는 패배의 쓴잔을 삼켜야 했다. 헬싱키 프로세스 최종의정서에 대한 서유럽국가들의 낙관론에 동조하지 않은 그는 헬싱키 프로세스의 마지막 정상회의에서 어느 국무성 관리에게 자신이 처음에 헬싱키 프로세스를 과소평가한 것은 실책이었다고 고백했다. 협상은 그가 예상한 것 이상으로 값진 것이었다.[20] 독일인들이 최대 수혜자인 것은 통일을 포함한 그뒤에 전개된 일련의 사태들이 증명한다. 그다음의 수혜자들은 폴란드, 헝가

158

리, 체코슬로바키아 등 동유럽국가들이었다.

1970년대 가혹한 탄압으로 숨을 죽이고 있던 소련의 반체제 인사들은 1976년 초부터 인권신장을 위한 활동을 재개했다. 노벨평화상 수상자 안드레이 사하로프(Andrei Sakharov)를 중심으로 다시 모인 소련의 지식인들은 '헬싱키 합의 이행을 돕는 그룹'을 조직했다. 우크라이나와 리투아니아, 그루지아, 아르메니아에서도 헬싱키 감시그룹이 생겼다.

크렘린 지도자들은 헬싱키 감시그룹의 활동에 관용적인 태도를 취할 수밖에 없었다. 소련경찰도 시위군중에 관대했다. 소련의 그런 관용의 동기는 경제적인 것이었다. 1975~76년 기간에 소련경제는 1973년의 경제개혁의 실패를 반영하여 위험수위에 접근하고 있었다. 소련 지도자들은 헬싱키 프로세스의 두번째 바구니의 규정에 따라 서방세계로부터 더 많은 차관과 기술을 도입할 것을 기대했다. 헬싱키 감시그룹을 탄압하면 서방 선진국의 지원은 기대할 수 없게 될 것이었다.[21]

최종의정서 조인 다음 해 초부터 폴란드의 에드바르트 기에레크(Edward Gierek) 정권이 쏠리다르노시치-가톨릭교회-지식인의 삼각동맹을 간과한 것도 헬싱키 프로세스의 두번째 바구니와 세번째 바구니의 연계 때문이었다. 헬싱키에서 이미 서독 총리 슈미트와 기에레크는 폴란드가 독일계 폴란드 시민 12만 5천명의 출국을 허가하는 대신 서독이 23억 마르크의 차관을 제공하는 협정에 서명했다. 1976년 폴란드에서 '노동자방어위원회'(KOR)가 만들어지고 1977년에는 '인권과 시민권 보호를 위한 운동'(ROPCiO)이 결성된 것도 시기적으로 우연이 아니

---

20) 같은 글 178면.
21) 같은 글 165~66면.

다. 크라쿠프의 대학생들이 KOR를 모델로 한 토론회를 조직한 것도 마찬가지다.

1977년 12월 미국의 인권 대통령 지미 카터가 폴란드를 방문한 것도 의미심장한 사건이다. 그는 바르샤바에 머무는 동안 KOR 창립멤버의 한 사람인 보이체크 지엠빈스키(Wojciech Ziembiński)의 서면질문에 대한 답변에서 헬싱키 프로세스 감시단의 활동에 지지를 표명하고 "데탕트는 정부끼리만 하는 것이 아니라 비정부 개인과 단체 들의 지지를 받아야 한다"고 말했다.[22] 폴란드와 다른 동유럽국가에서는 이념적 스펙트럼의 전체에 걸쳐서, 인권보호와 정치적 변화의 연계와 관련된 금기(Taboo)들을 개인들이 스스로 하나둘 깨나갔다.

동유럽 전역에 인권의 봄기운이 완연하던 1976년 9월 체코슬로바키아 정부는 어리석게도 지하 록밴드 '우주의 플라스틱 피플'(Plastic people of the Universe) 멤버들을 불법단체 구성 혐의로 구속했다. 나중에 대통령이 되는 바츨라프 하벨(Václav Havel)을 중심으로 한 지식인들은 정권의 노골적인 인권유린에 항의하면서 1977년 1월에 '77헌장'(Charter 77)을 발표했다. 77헌장의 개념과 정체성과 전략은 헬싱키 프로세스와 국제인권규범을 따랐다. 소련의 탱크에 짓밟히지 않는 진정하고 지속 가능한 '프라하의 봄'을 주도한 것이 이 77헌장임을 생각하면 헬싱키 프로세스의 위력과 브레즈네프의 오산을 실감하지 않을 수가 없다.

브레즈네프의 희망과는 달리 소련은 헬싱키에서 많은 것을 잃었다. 동독을 포함한 동유럽에서 들불처럼 일어난 시민혁명과 개혁운동

---

22) Fredrik Logevall and Andrew Preston ed., *Nixon in the World: American Foreign Relations, 1969-1977* (New York: Oxford University Press 2008) 201면.

으로 천년왕국 같던 소비에트제국이 눈 깜박할 사이에 맥없이 무너져 1917년 볼셰비키혁명 이래 70년 이상 유지된 사회주의체제 자체가 해체되어버린 것이다. 철통같던 소련제국은 15개의 공화국으로 뿔뿔이 흩어져 구소련 독립국가연합(CIS)이라는, 상호 구속력 없는 느슨한 연합체로 쪼그라들었다. 그나마 우크라이나는 러시아와 적대관계에 있고, CIS에 전혀 애착이 없는 발트3국은 유럽공동체 쪽으로 방향을 돌렸다. 개혁과 개방 정책을 쓰다 제국의 해체를 허용한 미하일 고르바초프는 세계적으로는 독일 통일과 동유럽 해방의 영웅으로 추앙받고, 국내에서는 소비에트제국을 붕괴시킨 희대의 '역적'으로 몰렸다.

1978년 10월, 바티칸

동구권 해빙의 물결이 진행되는 여정에서 소련과 폴란드 지도부를 경악케 하고, 폴란드의 자유노조 결성과, 궁극적으로 사회주의체제 붕괴에 큰 역할을 하는 대사건이 일어났다.

소련 KGB 장관 유리 안드로뽀프가 새 교황이 선출되었다는 보고를 받은 것은 1978년 10월 16일 늦은 오후였다. 시스티나 성당의 굴뚝에서 카롤 보이티야(Karol Wojtyła) 주교가 새 교황에 선출되었음을 알리는 하얀 연기가 솟아오른 것이다. 그가 폴란드 출신 요한 바오로 2세다. 안드로뽀프는 문제가 심각하다고 판단하고 크렘린의 정치국원들에게 일일이 전화를 걸어 "보이티야는 소련의 안보에 위협이 되는 인물"이라고 자기실현적 예언을 했다. 그날 저녁 그는 화가 잔뜩 난 목소리로 바르샤바 주재 소련대사 보리스 아리스또프(Boris Aristov)에게 전화를 걸어 해명을 요구했다. "도대체 어떻게 이런 일이 일어났단 말이요? 대사는 어떻게 사회주의국가의 시민이 교황이 되는 것을 보고 있었소? 그는 우리에게 위험인물이요." 아리스또프 대사는 바티칸의 내부정치 때문이라고 둘러댔지만 안드로뽀프의 흥분은 가라앉지 않았다. 안드로뽀프는 '소련의 재앙'에 관한 충분한 보고서를 즉각 보내라고 지시했다.[23]

헬싱키 프로세스가 독일 통일의 여정에서 일어난 하나의 기적이라면 폴란드 출신 교황의 탄생은 폴란드가 민주화 과정에서 만난 기적 같은 일이었다. 그 기적은 1978년 교황에 선출된 요한 바오로 1세가 즉위 33일 뒤에 서거하면서 일어났다.

추기경 카롤 보이티야는 새 교황후보로 거론된 유일한 비이딸리아인이었다. 주로 이딸리아 출신 추기경이 교황에 선출되는 전통에 따라 보이티야의 선출 가능성은 제로에 가까워 보였다. 오스트리아 추기경 프란츠 쾨니히(Franz König)가 보이티야를 교황후보로 추천하자 다른 사람도 아닌 폴란드의 대주교인 추기경 스테판 비스진스키(Stefan Wyszyński)가 "아니요. 그는 너무 젊고, 너무 알려지지 않은 인물이라 교황이 될 수가 없소"라고 가장 먼저 반대했다.

그러나 가톨릭교회가 잘못된 길을 가고 있다고 생각하는 온건파 추기경들에게는 보이티야의 독특한 성품과 활동경력이 마음에 들었다. 공산주의의 위협에 새롭게 주목한 서유럽인들에게 공산주의의 허를 찌르는 보이티야의 수완은 지혜롭게 보였다. 그의 교리상의 전통주의는 숫자가 많은 아시아와 아프리카 출신 추기경들의 마음을 끌었다. 그가

---

23) Victor Sebestyen, *Revolution 1989: The Fall of the Soviet Empire* (New York: Vintage 2009) 23면.

보여주었던 폴란드 크라쿠프 대주교로서의 활동은 모든 추기경들의 호감을 샀다. 몇차례의 투표에서도 새 교황이 선출되지 않는 것을 본 보이티야는 자신이 교황에 선출될 가능성이 있다고 생각했다. 그는 울면서 비스진스키에게 호소했다. "나를 받아주십시오. 폴란드를 위해서." 1978년 10월 16일 크라쿠프 대주교 카롤 보이티야 추기경이 여덟번째의 투표에서 새 교황으로 선출되었다. 그는 추기경들의 갈채 속에 요한 바오로 2세로 교황에 즉위하는 자리에서 바티칸의 오랜 전통을 깼다. 새 교황이 앉아서 추기경들의 축하를 받는 관례 대신 "나는 서서 형제들을 맞을 것이요"라고 선언했던 것이다.

폴란드의 신문과 방송은 폴란드인 교황 탄생의 복음 같은 희소식을 바로 전하지 않았다. 그러나 폴란드 전국의 교회들이 울린 기쁨의 종소리와 가톨릭 신자들과 폴란드 애국자들의 환성으로, 보이티야의 교황 선출을 모르는 폴란드인은 없었다. 1976년 사태로 물러난 기에레크의 후임으로 당 서기장이 된 스타니스와프 카니아(Stanisław Kania)도 엉겁결에 비공산주의적인 환성을 질렀다. "성스러운 하나님의 어머니시여."[24]

안드로뽀프는 왜 교황 요한 바오로 2세를 경계한 것일까? 크렘린은 보이티야가 널리 알려진 인물이 아니라는 이유 하나로 그를 의혹의 논으로 보지 않았다. 요한 바오로 2세는 로마에 잠시 머문 것 말고는 평생을 폴란드에 살면서 나치독일의 폴란드 침공과 점령, 소련의 폴란드 영토 점령과 소련 하수인들에 의한 폴란드 통치를 몸으로 체험했다. 그

---

24) John O'Sullivan, *The President, the Pope, and the Prime Minister* (Washington, D.C.: Regnery History 2005) 54~55면.

의 지적 관심사는 정치적인 것이 아니라 문화적·철학적인 것이었다. 그래서 공산주의정권은 그를 무해한 인간, 유연한 인간으로 간주했다. 그의 겸손한 태도도 그의 실체를 가리는 데 한몫을 했다.

그는 1958년 크라쿠프의 보좌주교, 1964년 대주교, 1967년 추기경이 되었을 때도 대주교 스테판 비스진스키 앞에 몸을 낮추었다. 그의 교구와 외국인들에게 그는 어떤 신비에 싸인 인물로 보였다. 공산주의정권이 지배하는 폴란드의 주교로서 그의 관심은 서유럽과 미국과 그외 나라들이 잘 모르는 동유럽 문제에 집중되었다. 1970년대에 대부분의 정치와 종교 지도자들은 세련된 인간들의 편협한 함정에 빠져 '유폐된 국가'의 핍박받는 교회에는 관심을 두지 않았다.

폴란드 공산당정권이 교회건축이 빠진 주택개발 청사진을 발표하자 크라쿠프 대주교 보이티야가 가톨릭 신자들인 노동자들이 가까운 교회에 다닐 수 있도록 주택개발계획에 교회를 포함시키려고 노력하고 있을 때도 동유럽 밖 종교인과 교회 들은 전혀 다른 문제에 신경질적으로 매달렸다. 그들의 관심은 교회를 통한 바티칸 개혁, 바티칸의 외교에서 맑시즘에 대한 반대의 완화, 중남미에서 유행한 해방신학에 대한 이해 등에만 있었다.[25]

정부는 교회건축 요청을 거부했다. 당과 정부는 언론을 동원하여 종교를 약화시켜 애국적 향수의 표현으로 만들기 위한 맹렬한 캠페인을 전개했다. 신부들에게 과도한 세금을 부과하고, 신도들을 미행하며 구타까지 하고, 가톨릭의 휴일을 폐지하고 대체휴일을 제정했다. 보이티야는 교회 신부들에게 '교회 없는 교구'를 구성하여 방문선교를 하라고

---

25) 같은 책 5면.

독려했다. 그리고 교회 없는 교구를 기정사실로 인정하여 교회건축을 허가하라고 정부를 압박했다. 무거운 세금을 부과받은 신부에게는 탈세를 자백하고 형무소로 들어가라고 지시했다. 신부가 형무소에 가고 없는 교회는 보이티야 자신이 맡았다. 정부는 복역 중인 신부를 즉각 석방할 수밖에 없었다. 복종을 가장한 보이티야의 저항 수법은 폴란드의 당과 정부가 다루기가 참으로 힘든 것이었다. 무자비한 탄압이 유일한 방법이었지만 그렇게 하면 당과 정부는 교회와의 선전전에서 패배하는 꼴이 된다.

결국, 보이티야의 전략은 주효했다. 노바후타의 교외에 노동자들을 위한 교회 '아르카 파나'(Arka Pana)가 세워졌다. 전유럽에서 순례자들이 이곳을 찾았다. 교회 내부에 있는 독특한 형태의 강철 예수상은 노바후타의 레닌철강회사 노동자들의 작품이다. 아르카 파나의 건설은 공산주의정권의 도덕적 패배를 상징한다.

노동자방어위원회(KOR)가 결성된 뒤 보이티야는 KOR 지도부와 연대를 맺었다. 보이티야는 종종 평복을 입고 바르샤바의 작가 보단 시빈스키의 아파트에서 열리는 KOR 회원들의 모임에 참석했다. 전통적으로 보수적인 교회의 성직자와 유태계가 포함된 좌파 지식인들이 함께 어울리는 것은 진기한 광경이었다. 1978년 5월 크라쿠프의 학생 KOR 회원이 비밀경찰에 끌려간 뒤 사망했을 때는 보이티야 스스로 2만명이 넘는 신도들 앞에서 영결미사를 집전하기도 했다. KOR는 자유노조 쏠리다르노시치의 대부(Godfather)였다.[26] 폴란드의 당과 정부는 가톨릭교회와 KOR과 자유노조의 삼각연대에 효과적으로 대처할

---

26) 같은 책 15면; Victor Sebestyen, 앞의 책 39면.

방도를 찾지 못한 채 매일 새로 쓰이는 폴란드와 동유럽 공산권 역사의 도도한 흐름에 떠밀려 내려갔다.

이만하면 안드로뽀프의 걱정과 불안은 과장도 아니고 기우도 아니라는 게 확인된다. 크라쿠프의 젊은 신부 시절부터 교황 요한 바오로 2세는 반체제 지식인들의 지하신문에 기고를 하고, 가톨릭교회를 노동자들의 보다 나은 삶, 인간으로서의 권위, 전체주의 지배로부터의 해방전선에 동참시켰다. 한마디로 그는 소련의 폴란드 지배, 폴란드의 일당독재체제를 받아들일 수 없는 분명한 반체제 인사였다. 로마 교황은 폴란드 인구의 90프로뿐 아니라 전세계 12억의 가톨릭(전체 인구의 17.5프로) 위에 군림하는 존재다. 교황의 노선에 좌우되는 바티칸의 동방정책은 소련에 위협이 되고도 남았다. 1980년대 중반에서 90년대 초반까지 전개된 역사가 그것을 증명한다.

안드로뽀프가 KGB에 지시한 심층조사를 토대로 내린 결론은 미국과 서독의 음모로 폴란드인이 교황에 선출되었다는 것이었다. 음모를 꾸민 구체적인 인물로는 폴란드계 미국인으로 지미 카터의 안보보좌관을 지낸 즈비그뉴 브레진스키(Zbigniew Brzezinski)와, 역시 폴란드계 미국인인 필라델피아의 추기경 존 크롤(John Krol)이 지목되었다. 삼류극장에서도 공연을 거부할 이 저질코미디 같은 교황선출 음모론은, 폴란드 출신 교황이 폴란드의 안전을 해치고 소련의 동유럽 지배의 토대를 흔들 것이라는 정확한 분석을 하는 데는 일조를 했다. 소련경제연구소 소장도 이 결론에 찬성하면서 이렇게 말했다. "새 교황은 아마도 소련권에서 인권과 종교의 자유를 위한 캠페인을 벌일 것이다. 이건 매우 심각한 위협이다. 대응책으로는 우크라이나와 리투아니아의 가톨릭교회와 화해를 하고 교황에게는 바티칸이 말썽을 부리면 소련은 동유

166

럽권의 교회를 더 심하게 탄압할 것이라는 암시를 보낼 필요가 있다."[27]

안드로뽀프의 반응과는 달리 폴란드 공산당 서기장 기에레크는 보이티야 주교가 교황이 되어 로마로 떠난 것이 앓던 이 빠진 것처럼 기뻤다. 그는 교황 요한 바오로 2세는 폴란드에 위험이 되지 않을 뿐 아니라 잘하면 활용가치도 있을 것이라고 낙관했다. 그의 생각이 착각으로 밝혀지는 데는 많은 시간이 걸리지 않았다.[28]

KGB에는 1950년대 카롤 보이티야가 야기엘론스키대학에서 윤리학을 강의하고 가톨릭계 신문에 짧은 글을 기고하던 시절부터 쌓인 두꺼운 정보철이 있었다. 보이티야는 1963년 크라쿠프의 대주교로 임명된 뒤로는 더욱 철저한 감시를 받았다. 폴란드 비밀경찰은 보이티야의 설교가 폴란드에 '파괴적'(subversive)이라는 보고를 남겼다. 폴란드 검찰총장은 보이티야를 직접 수사하고 기소할 생각까지 했다.

안드로뽀프의 마음을 산란하게 한 것은 보고서에서 보이티야의 성격에 관한 부분이었다. 폴란드와 소련의 정보원들은 한결같이 보이티야의 비범한 카리스마, 메시아적인 열정, 강력한 지성을 지적했다. 바르샤바 주재 KGB 지부장의 보고에도 고무적인 내용은 없었다. "보이티야의 견해는 극단적인 반공이다. 공개적으로 사회주의를 반대하지는 않지만 보이티야는 폴란드인민공화국 정부기관들의 기능을 비판해왔다."

2차대전 전에는 가톨릭교회와 사회주의가 상호 적대적이었다. 그들은 두개의 폴란드를 대표하는 대척점에 서 있었다. 이 두 적대세력이 제휴한 것은 양쪽이 다 폴란드 지배체제 개혁에 의견을 같이했기 때문이

---

27) John O'Sullivan, 앞의 책 92~93면.
28) 같은 책 93면.

다. 가톨릭교회 안에서는 일단의 철학자와 작가 들이 지하신문『티고 드니크 포브제츠니』(*Tygodnik Powszechny*)를 중심으로 문화활동을 하면서 바르샤바에서 발행되는 주간지『비즈』(*Wiez*) 편집인 타데우시 마조비에츠키(Tadeusz Mazowiecki) 주위에 모이는 가톨릭 지식인 그룹과 함께 20~21세기에 맞는 새로운 가톨릭 사회철학을 정립하는 작업을 진행했다. 마조비에츠키는 뒤에 바웬사의 고문과 총리를 지내게 되는 인물이다. 폴란드의 두 추기경 보이티야와 비스진스키는 하느님이 내린 인권과 민권, 생명의 존엄과 자유를 누릴 권리, 공적인 일에 참가할 권리의 리스트를 만들어 정부에 존중을 촉구했다. 당 서기장 기에레크가 가톨릭교회에 화해를 청하자 보이티야와 그의 동조자들은 정부에 더 많은 교회와 신학교 설립을 허가하고 신자와 비신자의 구별 없이 모든 폴란드인의 인권을 보장하라고 요구했다. 1976년 9월의 설교에서 보이티야는 이렇게 말했다. "정부가 성급하게 수립한 잘못된 정책으로부터 노동자를 보호하는 것이 성직자의 의무다. 노동자가 노동자의 정부를 상대로 자신의 권리를 위해 투쟁한다는 것은 고통스러운 일이다." 교단에서 발신되는 그런 메시지는 노동자들에게 직접적인 위력을 발휘했다. 좌파 지식인들이 먼저 가톨릭에 화해의 손을 내밀었다. 젊은 역사학자·언론인 아담 미흐니크는 지식인들의 화해요청은 얄타회담 이후 가톨릭교회가 폴란드의 전체주의 지배에 대항해서 인권과 민권을 위해 투쟁한 유일한 조직이라는 사실의 역사적인 발견에서 발단된 것이라고 분석했다.[29]

사회주의체제에 대한 교황의 위협에 스딸린이 남긴 유명한 말이 있

---

29) 같은 책 22~23면.

다. "교황의 군대는 몇 개 사단이나 된다던가?" 그러나 안드로뽀프는 교황의 권위와 힘은 총구에서 나오는 것이 아님을 알고 있었다. 안드로뽀프는 스딸린과는 달리 "만약 교황이 사회주의를 상대로 이념투쟁을 벌인다면 어떻게 할 것인가"를 심각하게 고민했다. 그래서 그는 교황의 언행에 경계를 늦출 수가 없었다. KGB는 교황의 말을 도청하기 시작했다. 바티칸 경호대장은 교황이 가장 자주 사용하는 개인 사무실과, 도서실이라고 불리면서 거의 모든 회의를 하는 공식 사무실과 침실에서 두 번이나 첨단 도청장치를 발견했다. 그 도청장치들이 소련의 작품이라는 것을 경호실이 확인한 것은 한참 뒤의 일이다.

1940년대와 50년대에 걸쳐 소련권의 교회들은 대부분 탄압에도 별다른 저항을 하지 않았다. 독재정권에 쉼없이 항거한 헝가리의 민첸티(József Mindszenty) 주교 같은 인물도 있었지만 동유럽의 거의 모든 교회들은 정부의 잔인한 탄압과 강제와 파괴행위를 피해 지하로 잠복했다. 전후에 바티칸은 대체로 공산주의자들과 타협했다. 요한 바오로 2세의 실질적 전임자였던 바오로 6세는 자신은 소련과의 관계에서 영광의 정책이 아니라 실용주의 노선을 걸었노라고 자랑스럽게 고백하기도 했다. 바오로 6세는 공산주의는 오래 존재할 것이기 때문에 소련제국에 사는 불행한 가톨릭 신도들은 이 사실을 받아들일 수밖에 없다고도 말했다.[30]

폴란드는 특이한 경우라 할 만했다. 폴란드 인구의 90프로는 가톨릭 신자다. 그래서 당과 교회 사이에 일종의 타협이 성립되어 교회는 상당한 수준의 독립성을 누렸다. 교회는 학교까지 운영할 수 있었다. 1975년

---

30) 같은 책 23면.

폴란드 가톨릭교회에는 두명의 추기경, 45개의 신학교, 73명의 주교, 1만 3,392개의 성당, 1만 8,267명의 신부, 3만 5,341명의 수사, 매주 2천만명의 성체전달자가 있었다. 루블린(Lublin)의 가톨릭대학은 2천명의 학생을 가진 세계적인 명문대학이다. 또한 폴란드 공산당원의 절반이 정규적으로 성당의 미사에 참가했다. 폴란드는 이런 역설이 넘치는 나라다. 공산주의에 동조한 장뽈 싸르트르(Jean-Paul Sartre)는 1970년대 초 방문한 폴란드를 "사회주의적 초현실주의(Surrealism)의 나라" "완벽한 부조리의 세계"라고 묘사했다.[31] 가톨릭교회와 공산주의가 공존하면서 사회에 대한 영향력을 두고 경쟁하는 폴란드는 분명히 사르트르 같은 철학자에게는 부조리와 초현실주의의 나라로 보였을 것이다.

1978년 11월 초, 교황 요한 바오로 2세는 교황청 외교 담당 관리들에게 자신의 폴란드 방문이 가능한 한 빠른 시일 안에 성사되도록 폴란드 정부와 교섭하라고 지시했다. 폴란드 지도부는 교황의 모국 방문을 거부하고 싶었지만 정치적으로 불가능한 일이었다. 폴란드 지도부는 교황의 방문요청을 수락하되 일정을 치밀하게 컨트롤하는, 상대적으로 작아 보이는 리스크를 선택했다. 그들은 폴란드 국민들에게 국민적 영웅을 보는 기회를 제공함으로서 인기를 얻을 수도 있다고 생각했다. 지도부의 일부는 교황 방문의 부정적인 결과를 경고했지만 그들의 의견은 다수에 의해 비토되었다.

먼저 소련의 동의를 구하는 것이 중요했다. 브레즈네프는 기에레크에게 이렇게 충고했다. "내 말 잘 들어요. 교황을 환대하지 마시오. 그렇게 하면 골치 아픈 일이 생길 거요." 기에레크는 폴란드 국내에서 자신

---

31) 같은 책 24면.

이 받는 압력이 워낙 강해서 교황의 순례행각을 거부할 수 없다고 설명했다. 브레즈네프는 마지못해 동의하면서 말했다. "좋도록 하시오. 그러나 나중에 후회할 일은 없도록 주의하시오."[32]

풀이 잔뜩 죽은 폴란드 지도자들은 교황 요한 바오로 2세가 탄 이딸리아 보잉 제트기가 1979년 6월 2일 오전 11시 바르샤바 공항에 상륙하자마자 자신들이 내린 결정을 후회했다. 교황은 무릎을 꿇고 고국땅에 키스를 했다. 그 제스처는 교황의 이후 해외여행의 심벌마크가 되었다. 수많은 관중들이 열광적인 갈채로 교황을 환영했다.

섭씨 30도의 더위 속에 교황은 한주일 동안 폴란드 전국을 누볐다. 4천만 폴란드 인구의 3분의 1이 그를 보려고 그가 지나가는 거리로 쏟아져 나왔고 그가 집전하는 미사에 참석했다. 폴란드인들은 그를 잠시라도 보기 위해 무더위를 무릅쓰고 몇시간씩을 기다렸다. 교황이 집전한 어떤 미사에는 2백만명이 참석했다. 6월 10일 크라쿠프에서 열린 마지막 미사에 가장 많은 인파가 몰렸다.

교황의 설교는 신중하게 쓰였다. 바티칸 측은 교황이 선동적이거나 반공십자군적인 슬로건으로 해석될 발언은 하지 않겠다고 사전에 소련과 폴란드에 약속했다. 그러나 교황의 연설은 듣는 사람의 공감을 사는 힘 있는 연설이었다. "나는 인간의 존엄성, 인간과 인간의 권리에 대한 위협에 관해서 말하러 왔습니다. 인간에 의해서 쉽게 유린될 수 있는 인간의 불가침의 권리에 관해서 말입니다." 그는 소련과 폴란드 당국과의 약속을 지켰지만 누구나 그가 뜻하는 바를 이해할 수 있었다. 교황은 폴란드 국민들에게 영감을 주고 활기를 불어넣었다. 그리고 그는 공산주

---

32) 같은 책 26면.

의에 치명적인 상처를 입혔다. 직접화법으로 그렇게 말하지는 않았지만 교황은 탄압을 받으면 타협하지 말고 저항하라고 분명히 촉구했다. 다음 해인 1980년 8월 시작된 폴란드 노동자들의 파업투쟁은 교황의 메시지에 대한 답이었을 것이다.

1981년 5월, 성 베드로 광장의 흉탄

1981년 5월 13일 오후 5시 13분 교황 요한 바오로 2세가 바티칸의 성 베드로 광장에서 흉탄을 맞는 충격적인 사건이 일어났다. 교황은 지프를 타고 1만 5천명의 순례자들 앞을 천천히 움직이고 있었다. 저격범은 순례자들의 두번째 줄에서 기다리다 교황이 20피트 거리까지 다가왔을 때 구경 9밀리미터의 브라우닝 반자동 권총 두발을 쏘았다. 그는 청부살인을 직업으로 하는 터키 출신인 메흐메트 알리 아자(Mehmet Ali Ağca)였다. 불과 두달 전 미국 대통령 로널드 레이건(Ronald Reagan)이 워싱턴의 힐튼 호텔을 나오다 정신질환을 앓는 존 힝클리(John Hinckley Jr.)에게 저격을 당한 기억이 생생할 때였다.

교황은 복부에 두발의 총탄을 맞고 그 자리에서 뒤로 넘어졌다. 경호원이 그를 안았다. 저격범은 현장에서 순례자들에 제압되어 경찰에 넘겨졌다. 교황은 앰뷸런스로 병원으로 이송되어 5시간 25분에 걸친 복부 수술을 받았다. 총탄은 교황의 소장에 손상을 입혀 장 일부를 제거해야 했다. 그러나 복부 동맥과 척추, 신경조직을 피해 간 것은 기적이었다. 교황은 위기를 넘겼다. 그로부터 몇년 뒤 교황은 "한 손은 총을 쏘고 다른 한 손은 총탄의 길을 안내했다"고 그날의 사건을 회고했다.[33)]

172

세계의 관심은 배후가 누구냐에 쏠렸다. 이딸리아 통신 ANSA는 아자가 "미국과 소련 제국주의, 그리고 그들 두 나라가 엘살바도르와 아프가니스탄에서 저지르는 대량학살에 항의하기 위해 교황을 암살하려고 했다"고 말한 것으로 보도했다. 그러나 교황 요한 바오로 2세가 폴란드를 소련제국의 지배에서 해방시키기 위해 젊은 신부 시절부터 쏟아온 노력 앞에서 그런 주장은 전혀 설득력이 없었다.

1981년 당시의 소련권의 정치상황으로 보면 아자의 배후는 크렘린이었다. 그때 이미 교황 요한 바오로 2세는 폴란드 자유노조 지원을 통해 동유럽에 반공산주의의 희망을 일깨우고 있었다. 소련 붕괴 후 해외로 밀반출된 소련 공산당 정치국 회의록을 보면, KGB 장관 안드로뽀프는 요한 바오로 2세의 선출이 소련을 무너뜨리려는 서방 정보기관의 음모였다는 엉뚱하고 순진한 생각을 했다. 그래서 크렘린 정치국에는 요한 바오로 2세를 제거할 충분한 동기가 있었다.

그러나 동기는 범죄 해결에 하나의 길잡이일 뿐이다. 저질러진 범죄에서 누가 가장 큰 수혜자인가라는 질문으로 접근하는 것은 위험한 방법이다. 만약 소련이 배후라면 소련이 교황 암살계획을 어떻게 실행에 옮겼는가에 대한 답이 나와야 한다. 1980년대에 불가리아 정부기관이 소련을 대신해서 저격범을 고용했다는 이론을 뒷받침할 정황증거가 나왔다. 1986년 불가리아 항공사 종업원이고 정보기관 요원이라는 의심을 받은 쎄르게이 안또노프(Sergei Antonov)가 교황 암살 관련 혐의로 기소되었다. 그러나 이딸리아 법정은 그가 교황이 저격을 받은 시간에 집에 있었다는 알리바이를 받아들여 그에게 무죄판결을 내렸다.

---

33) 같은 책 67면.

교황 자신이 사건을 더 문제 삼고 싶지 않았다. 그는 고르바초프와 소련 방문을 협의하고 있었기 때문에 고르바초프의 전임자 브레즈네프를 사건의 배후로 지목하여 소련 방문을 무산시키고 싶지 않았다. 교황은 고르바초프에게 종교의 자유와 인권을 존중하라는 조건만 제시했다. 서방국가들도 소련과의 데탕트 협상을 어렵게 만들 가능성 때문에 교황 저격사건에 소련을 얽어넣으려고 하지 않았다. 그중에서도 이딸리아 총리 줄리오 안드레오띠(Giulio Andreotti)가 가장 적극적으로, 그리고 단정적으로 소련이 사건의 배후가 아니라고 주장했다. 안드레오띠는 교황에게도 불가리아가 소련을 대신해서 저격범을 고용하지 않았다고 설득한 것으로 보인다. 교황은 불가리아 방문 때 불가리아의 혐의를 벗겨주었다.

세인의 관심에서 사라졌나 싶던 사건을 다시 살려낸 것은 아자 자신이었다. 그는 형무소에서 한 인터뷰에서 팔레스타인 테러리스트가 소련의 지시를 받고 자신을 도왔다고 해석될 만한 말을 했다. 소련의 무관함을 너무 일찍, 너무 단정적으로 주장한 안드레오띠는 몸이 달았다. 그는 소련이 사건의 배후일 것이라고 생각하기 시작했다. 그는 모스끄바 방문 때 고르바초프에게 교황 저격에 관해서 아는 게 없는가 묻고 새 정보가 입수되면 바로 알려달라고 부탁했다. 그는 고르바초프로부터 소련은 교황 저격사건과 전혀 무관하다는 말을 듣고 싶었다. 고르바초프는 그 사건에 대해서는 보고를 받은 게 없다고 대답했다. 그로부터 3년 뒤 고르바초프는 소련의 사건 관여를 부인했다.[34]

1992년 KGB 요원으로 활동한 바실리 미뜨로낀(Vasili Mitrokhin)이 이딸리아로 망명했다. 이딸리아 의회가 '미뜨로낀위원회'를 구성해

---

34) 같은 책 78~79면.

KGB의 이딸리아 침투를 조사하는 과정에서 가장 먼저 착수한 것은 교황 저격사건의 배후가 소련인가를 밝히는 것이었다. 위원회는 1970년대 신출귀몰하는 전문 테러리스트 카를로스 자칼(Carlos the Jackal)을 재판한 프랑스 판사의 증언을 들었다. 그는 소련의 테러 조직망과 관련된 테러리스트들에 따르면 소련의 군 정보기관 GRU가 브레즈네프의 지시를 받고 교황 암살의 음모를 꾸민 것으로 보인다고 증언했다. 위원회는 옛 동독의 정보기관 슈타지의 기록도 검토했다. 기록에 따르면 슈타지는 소련과 불가리아는 사건과 무관하다는 대대적인 캠페인을 벌였다. 슈타지의 캠페인이 사건 직후 시작되었다는 것은 슈타지가 사건을 음모단계에서부터 알았다는 것을 의미한다.

다음으로 미뜨로낀위원회는 첨단 컴퓨터 사진식별 기법을 이용하여, 이딸리아 법정이 알리바이를 인정하여 무죄 방면했던 쎄르게이 안또노프가 그의 주장과는 달리 사건이 일어난 시각에 성 베드로 광장에 있었음을 확인했다. 아자는 1981년에 이미 자신과 안또노프는 성 베드로 광장에 함께 갔다고 증언한 바 있다. 미뜨로낀위원회는 '모든 합리적인 의심을 넘어서' 소련이 교황 저격의 배후라는 결론을 내렸다. KGB와 슈타지의 보호를 받은 아자와 자칼이 같은 기간에 불가리아 수도 소피아의 고급호텔에 투숙했다는 사실도 확인되었다.

교황 요한 바오로 2세는 마지막 저서 『기억과 정체성』에서 자신의 목숨을 노린 저격사건을 이렇게 마무리했다. "브레즈네프와 안드로뽀프와 다른 소련 정치국원들의 기소를 가능하게 할 명백한 증거(Smoking gun)는 없을 것이다."[35] 저격범의 배후가 누구든, 그의 교황 암살 미수

---

35) 같은 책 79~81면.

로 바티칸의 동방정책은 더 큰 탄력을 받아 소련·동유럽권의 붕괴에 결정적인 힘이 되었다.

1980년 8월, 그단스크

티머시 애시는 1976년 여름에서 1980년 여름까지 4년 기간의 당 서기장 기에레크와 그의 동료들을 급강하하는 여객기 승무원에 비유했다.

> 그들은 1976년 이른바 '경제책략'이라는 걸 시작으로 자신들이 아는 모든 트릭을 다 써보았지만 여객기는 그들의 통제를 듣지 않았다. 급강하에는 점점 가속이 붙었다. 외화보유고를 나타내는 계기판은 1976년 100억 달러이던 외채가 1979년에는 170억 달러로, 4년 만에 70억 달러가 늘어났음을 나타냈다. 이런 불안한 상황에서 여객기 안에서는 놀라운 일이 일어났다. 승무원들의 제지로 처음에는 주저하던 승객들이 점점 자신감을 얻어 하나로 뭉쳐 조직을 만들었다. 승객들은 승무원에게 항로를 바꾸라고 요구했다. …… 1960년대 말 이래의 노동자들과 지식인들 사이의 골이 메워졌다.[36]

1970년대 후반 미소관계와 유럽은 데탕트 무드였고 헬싱키 프로세스가 활발하게 진행되었다. 미국 대통령 지미 카터는 1977년 헬싱키 프로세스 최종의정서 세번째 바구니(Basket III)의 인도주의 조항을 원용

---

36) Timothy G. Ash, 앞의 책 20면.

176

하여 동유럽국가들에 경제지원과 인권개선의 연계(Linkage)를 촉구했다. 카터는 1977년 12월 30일 기자회견에서 폴란드 인권상황의 개선과 종교적인 관용을 잔뜩 치켜세우고는 2억 달러의 차관을 제공하겠다고 발표했다. 카터의 안보보좌관이던 브레진스키는 폴란드에서 출생한 탁월한 정치학자로, 폴란드 자유노조 쏠리다르노시치의 열렬한 지지자였다. 그는 상당액수의 기금을 개인적으로 마련하여 자유노조에 제공했다. 쏠리다르노시치가 후원하는 잡지 『쿨투라』(Kultura)에도 미국 달러가 흘러갔다. 그러나 브레진스키는 미국이 자유노조를 지원한다는 사실이 알려질 경우의 위험성을 경계했다.

　카터 정부 다음의 레이건 정부는 폴란드에 계엄령이 선포된 1981년 12월 이후에도 자유노조 지원에 신중하여 미미한 액수의 지원만 하는데 그쳤다. 그러나 카터 정부에서는 CIA가 상당액의 달러, 인쇄와 방송장비, 수백대의 복사기로 자유노조를 도왔다. 뒷날 아들 부시(George W. Bush) 정부의 국방장관이 되는 CIA 부국장 로버트 게이츠(Robert Gates)는 노조 지원의 목적은 지하의 정치투쟁을 지원하기 위한 것이라고 설명했다. CIA의 지원금은 미국 노동총연맹(AFL-CIO)이 교황청 은행에 입금하고, 바하마와 파나마에 개설된 페이퍼컴퍼니를 거쳐 브뤼셀에 있는 폴란드 자유노조의 '망명지부'에 전달됐다. 이런 복잡한 과정을 거친 것은 미국의 자금이 자유노조에 흘러들어간다는 사실이 세상에 알려질 경우 미국이 직면하게 될 여러가지 부담에 대한 브레진스키의 경고에 따른 것이었다. CIA의 폴란드 자유노조 지원은 레이건 정부 막바지인 1988년 말까지 계속됐다.[37]

37) John O'Sullivan, 앞의 책 100면.

그런 분위기는 당연히 폴란드 지식인들에게도 감지되어 반체제운동에 가담하는 지식인의 숫자가 늘어났다. 보이티야와 비스진스키의 노동자 지원, 인권과 시민권 존중 요구 등은 앞에서 살펴본 바다. 다시 애시의 비유를 빌리면 가톨릭 성직자들은 점점 목소리를 높이는 반체제운동에 보호망토(Protective mantle)를 씌워줬다.[38]

KOR의 지식인들이 창간한 신문『로보트니크』(Robotnik, 노동자)의 제의로 1978년 5월 폴란드 최초의 비공식적인 자유노조 세포인 '발트연안 자유노조 창립위원회'가 그단스크에서 결성되었다. 창립위원회 멤버들이 1980년 8월의 파업을 주도하게 되는데 그 가운데는 1976년 관제노조 집회에서 선동적인 연설을 하여 해고된 레닌조선소 용접공 레흐 바웬사도 포함되어 있었다. 자유노조 창립위원회는『연안 로보트니크』라는 신문을 발행하면서 비밀경찰의 눈을 피해 공장 정문에서는 노동자들에게, 미사가 끝난 성당의 문 앞에서는 가톨릭 신도들에게 뿌렸다.『연안 로보트니크』는 1979년 9월 '노동자 권리헌장'을 싣고, 임금 인상, 근무시간 단축, 안전조치 개선, 실적에 따른 승진, 경찰에 주는 특권 폐지, 그리고 무엇보다도 새 독립노조 결성 승인을 요구했다. 또한 1979년까지 노동자·지식인·교회의 삼각동맹이 형성되었다. 그것은 폴란드 역사에 전례가 없는 것이고, 공산권에서는 독특한 것이고, 서방세계에서도 유례가 없는 것으로 이는 자유노조 쏠리다르노시치로 발전하게 된다.[39]

1989년 동유럽 혁명의 직접적인 발단은 1980년으로 거슬러 올라간

---

38) Timothy G. Ash, 앞의 책 23면.
39) 같은 책 27면.

다. 8월혁명으로 발전하는 노동자 파업의 불씨를 당긴 것은 정부와 레닌조선소 경영진이었다. 조선소의 크레인 기사 안나 발렌티노비치(Anna Walentynowicz)가 1970년 사태 때 피살된 노동자 44명을 추모하는 집회에서 켤 촛불을 준비하려고 며칠 밤 공동묘지를 돌면서 타다 남은 초를 수집했다. 그런데 회사 경영진이 그녀에게 절도혐의를 씌워 해고하고 경찰에 고발했다. 안나 발렌티노비치는 1978년 자유노조 창립위원회에 가담하여 이미 당국의 표적이 되어 있었다.

안나 발렌티노비치의 해고에 동료 노동자들이 즉각 들고 일어났다. 일곱명의 노동자가 서명한, 안나를 구하자는 호소문이 발표되었다. 폴란드 공산주의체제를 무너뜨리고 사회주의체제 전체를 해체하게 될 폴란드 최후의 위기는 정년을 눈앞에 둔 작은 몸집의 여성 크레인 기사에 대한 가혹한 불의(不義)에서 시작된 것이었다.[40]

1980년 8월 14일은 폴란드의 운명의 날이었다. 새벽 6시 100명의 레닌조선소 노동자들이 시위를 시작했다. 반시간 뒤에 500명이 가담했다. 조선소 사장 클레멘스 그니에츠(Klemens Gniech)가 크레인에 올라가 노동자들을 회유했다. 노동자들이 파업을 중단하면 안나 발렌티노비치를 복직시키고 노동자들의 요구를 검토하겠다고 약속했다. 노동자들이 동요했다. 그때 땅딸막한 키에 콧수염을 기른 사나이가 크레인으로 올라가 그니에츠의 옆에 섰다. 4년 전 해고된 용접공 레흐 바웬사였다. 그는 노동자들에게 '점거파업'(Occupation strike)을 하자고 요구했다. 점거파업을 하면 노동자들이 거리에서 경찰에 체포될 걱정이 없고 공장의 값비싼 기계들을 볼모로 잡는 이중의 효과를 낸다. 노동자들은 갈채

---

40) Victor Sebestyen, 앞의 책 29~30면.

와 환호로 호응했다. 파업은 발트해 연안도시 그단스크에서 폴란드 전국의 공장으로 확산되었다.

　폴란드 정부는 개별회사의 노동자들과 타협하여 노동자들을 분리지배(Divide and rule)하는 전술을 썼다. 파업 사흘째 되던 날 바웬사의 파업위원회는 그니에츠의 타협안을 수락했다. 안나 발렌티노비치 복직, 임금 2천 즐로티(7프로) 인상, 경찰과 같은 수준의 가족수당 지급, 파업 노동자들의 불기소가 타협안의 중요한 내용이었다. 정부는 1970년에 희생된 노동자들의 기념비 건립도 받아들였다. 그니에츠는 확성기로 파업은 끝났다고 선언했다. 바웬사는 주먹을 높이 치켜들고 "우리가 이겼다"고 소리쳤다. 그러나 그니에츠와 바웬사의 악수가 끝나자마자 이상한 분위기가 감돌았다. 수십명의 노동자들이 공장을 떠나고, 남아 있던 노동자들 일부가 바웬사를 향해 '배신자'라고 야유했다. 파업 중인 다른 공장의 노동자들이 레닌조선소의 노동자들을 선동했다. 그단스크 전차 운전자들의 지도자 헨리카 크르지보노스(Henryka Krzywonos)가 조선소 노동자들에게 자신들을 너무 싸게 팔아 다른 공장의 파업 노동자들을 궁지에 몰지 말라고 호소했다. 그녀는 정부가 공장들을 하나씩 골라 협상하는 계략을 쓴다면서 "당신들이 우리를 버리면 우리는 패배한다. 전차는 탱크를 당할 수 없다"고 설득했다. 박수가 터졌다.

　분위기가 반전되었다. 회사 측과의 합의는 공중으로 증발되었다. 마침내 바웬사가 말했다. "좋습니다. 다수가 그렇게 결정한다면 파업을 계속합시다. 우리의 파업은 결속된(Solidarity) 파업입니다." 결속된 파업은 모든 회사 모든 노동자들의 결속을 뜻했다. 이것이 쏠리다리티 개념의 등장이다. 그리하여 바웬사는 역사상 최초의 진정한 노동자 파업을 주도했다. 1917년 러시아의 볼셰비키들은 프롤레타리아의 이름으로 권력을 장악했을 뿐이다. 바웬사는 그때 진정한 노동자의 힘이 볼셰비키의 후예들에 대항해서 어떻게 사용될 수 있는가를 배웠다. 바웬사는 정치이론, 경제, 역사, 법률을 경멸해왔다. 그러나 이제 배움에 대한 그의 믿음은 강했다. 그는 배우기 위해 KOR의 모임에 자주 참석했다. KOR의 지도적 인물들인 철학자 야체크 쿠론과 역사학자이자 언론인인 아담 미흐니크가 기꺼이 바웬사의 '개인교수' 역할을 해주었다.

바웬사는 소련의 군사적 개입을 염려하여, 폴란드 정부에 충분한 상처를 입히되 체제 붕괴까지 가게 하지는 않는다는 전략을 세웠다. 바웬사와 그의 고문들은 자신들이 반란을 일으키는 것이 아니라는 것, 1970년과 76년같이 순교자가 나와서는 안 된다는 점을 거듭 강조했다. 그래서 그들은 정부에 과도한 요구를 하지 않기로 했다. 전국적인 파업으로 폴란드 전체가 기능마비 상태에 빠졌다. 기차와 화물차의 운행이 중단되어 바르샤바를 포함한 도시들에서 식료품을 공급받을 수가 없었다. 이번에는 노동자들이 결속하였기에, 정부의 분리지배 방식도 통하지 않았다.

초조해진 공산당 서기장 기에레크는 바웬사와 협상할 대표단을 그단스크로 급파했다. 그것은 바웬사에게 노동자 대표의 지위를 공식으로 인정하는 것이었다. 바웬사는 뜻밖에도 노회하고 교활하기까지 한 협상가였다. 그는 바르샤바에서 서양 중세사의 권위자 브로니스와프 게레메크(Bronisław Geremek)와 가톨릭 잡지 『비에즈』(Wiez) 편집인 타데우스 마조비에츠키를 협상고문으로 초빙하여 깨알같이 작은 글씨로 쓴 합의문 검토를 의뢰했다. 1980년 8월 31일 바웬사와 정부 대표는 마침내 역사적인 '그단스크 합의'에 서명했다. 소련권에서는 처음으로 노조가 스스로의 대표 선출권, 자유로운 결사의 권리, 파업할 권리를 인정받았다. 한달 뒤 폴란드 정부는 쏠리다르노시치라고 불리는 새 자유노조의 합법화 조치를 취했다. 압도적인 승리를 거둔 바웬사의 이름은 폴란드 전국에 널리 알려졌다.

1980년대 쏠리다르노시치 운동

크렘린은 경악했다. 폴란드 노동자들이 소련제국을 떠받치는 가장 성스러운 신화를 무너뜨린 것이다. 크렘린 지도부는 맑스의 "만국의 노동자여, 단결하라"를 패러디한 자유노조의 "모든 기업의 노동자여, 단결하라"는 슬로건에 경악했다. 그리고 소련의 대리인으로 간주하는 폴란드 지도부에 격분했다. 인구 4천만의 폴란드는 동유럽에서는 소련 다음의 대국이다. 소련과 국경도 맞대고 있다. 군사적으로 폴란드는 동독에 주둔하는 20~22개 사단의 소련군대에 보내는 보급품의 수송 루트에 위치한다. 소련 지도부는 '역병'이 라트비아와 리투아니아로 전파되고 소련 내부에도 침투할 것을 걱정했다. 소련의 그런 걱정은 1989~91년 현실이 된다.

그러나 크렘린 지도자들은 늙고 지쳐 자신들에게 닥친 위기에 대처할 에너지와 상상력이 부족했다. 대부분이 60대 말에서 70대로 건강이 좋지 않았다. 당 서기장 브레즈네프는 76세로 하루에 한시간 이상 직무를 수행할 수 없었다. 그는 1974년부터 뇌 동맥경화를 앓아왔다. 걸음은 휘청거리고 말은 어눌했다. 수면제와 아편이 들어간 진정제 과다복용으로 자주 혼수상태에 빠지기도 했다. 그런데도 그의 재가 없이는 중요한 결정을 내릴 수가 없었다.[41]

크렘린은 그단스크 합의의 잉크가 마르기도 전에 그 합의를 깨트릴

방법을 궁리했다. 그단스크 합의 서명 사흘 뒤 크렘린은 기에레크에게 극비의 지시를 내렸다. 브레즈네프와 KGB 장관 안드로뽀프와 외무장관 그로미꼬가 승인한 지시였다. 소련은 기에레크에게 어떤 수단을 써서라도 자유노조를 해산시키라고 지시했다. 소련의 질책과 지령은 준엄했다. "폴란드 정부는 노조에 너무 많은 정치적·경제적 댓가를 지불했다. 이는 반사회주의적 반대운동의 합법화를 의미한다. 역공을 준비하여 노동자 계급과 인민들 사이에 잃어버린 지위를 탈환하라. 이른바 자치노조의 활동과 영향력을 제한하라. 충성분자를 노조에 침투시키라."[42]

그러나 기에레크는 패배가 뻔한 노조와의 대결을 망설였다. 10월 29일 크렘린에서는 지도부 회의가 열려 폴란드 사태를 뒤집어야 할 반혁명으로 규정했다. 소련은 군사개입설까지 흘려 기에레크를 공포로 몰아넣었다. 동독은 폴란드에 군사개입을 하자고 주장하면서 3개 사단을 보내겠다고 약속했다. 그러나 소련은 서방과의 관계악화를 우려하여 군사개입은 하지 않기로 최종 결정했다. 폴란드의 기에레크는 계엄령 선포계획을 세우고 쏠리다르노시치 활동가 4천명의 명단을 검거대상으로 작성했다. 물론 명단은 바웬사의 이름으로 시작되었다. 그러나 기에레크는 계획만 세우고 실천은 하지 않았다. 소련은 기에레크를 해임하고 후임 서기장에 스타니스와프 카니아를 임명했다. 총리도 보이체크 야루젤스키(Wojciech Jaruzelski)로 교체했다.

폴란드는 변화를 시작했다. 표면은 인민민주주의지만 폴란드인들의

---

41) 같은 책 41~42면.
42) 같은 책 43~44면.

의식에 자유주의적인 혁명이 일어나고 있었다. 폴란드인들은 그들의 최신 역사의 진실을 배우기 시작했다. 거의 반세기 만에 처음으로 자유로운 집회와 자유로운 연설회가 곳곳에서 열렸다. 1981년 1월 바웬사는 교황 요한 바오로 2세를 알현하여 자유노조에 대한 교황의 확고한 지지를 받았다. KOR 창설 멤버요 바웬사의 고문 야체크 쿠론은 감옥에서 나와 다른 지식인들과 함께 비폭력 투쟁을 촉구했다. 그것은 현실적인 투쟁방법이었다. 소련이 바르샤바조약기구의 군사적인 개입을 단념했지만 그럴 가능성은 열려 있었다. 아담 미흐니크도 비폭력 투쟁을 지지했다. "바스티유 감옥을 불태우면서 시작된 혁명은 언젠가는 그것 자체의 새 바스티유를 지을 것이다."[43] 10월에 소련은 KGB 도청으로 소련을 비판하는 발언이 발각된 카니아를 해임하고 총리 야루젤스키를 서기장에 임명했다.

1981년 11월 야루젤스키는 당 서기장 취임 2주 뒤에 바웬사와 가톨릭 대주교 유제프 글렘프(Józef Glemp)를 만나 자유노조와 가톨릭이 소수(Junior)로 참가하는 일종의 연립정부인 '국민통일전선'을 구성하자고 제안했다. 바웬사는 야루젤스키의 제안에 흥미를 보였다. 그는 정부는 나라를 다스리고 우리는 공장에서 우리 자신을 다스리겠다고 말했다. 그러나 그로부터 2주 뒤 다시 만난 야루젤스키와 바웬사 회담은 결렬됐다. 야루젤스키는 계엄령을 선포하여 파업과 공중집회를 금지하고 민간인 법 위반자들을 군사재판에 회부하겠다고 위협했고, 바웬사는 정부가 그런 조치를 취하면 무기한 총파업을 벌이겠다고 반발했다.

야루젤스키는 극비로 '스프링'이라는 암호명의 계엄령 선포계획을

---

43) 같은 책 47면.

세웠다. 그는 조모(ZOMO)로 알려진 1만 5천명의 조폭 같은 특수경찰을 조직하여 다른 경찰들보다 몇배 많은 월급을 주고, 최신식 플라스틱 방패와 곤봉으로 무장시켰다. 야루젤스키는 9월 15일 참모회의를 열어 자유노조를 탄압할 구실을 조작하라고 지시했다. 10월 초 정부는 폭력으로 정부를 전복할 음모가 발각되었다고 발표했다. 정부는 증거로 쏠리다르노시치 지도자들이 라돔에서 비밀회합을 갖고 정부 전복을 논의한 녹음테이프라는 것을 공개했다. 물론 그것은 엉성하게 조작된 테이프로 밝혀졌다.

1981년 12월 12일에서 13일로 넘어가는 시각에 계엄령이 선포되었다. 자유노조는 속수무책으로 기습을 당했다. 헬싱키 감시그룹의 폴란드위원회에 따르면 야루젤스키의 기습 쿠데타로 적어도 여덟명의 노동자가 피살되었다. 가장 충격적인 사건은 1984년 예르지 포피에우스코(Jerzy Popiełuszko) 신부가 납치된 뒤 살해당한 것이다. 수천명이 검거, 투옥되고 구타당하고 괴롭힘을 당했다. 야루젤스키의 쿠데타는 폴란드판 보나파르트적 반동 테르미도르에 완전히 성공한 것처럼 보였다.[44] 쏠리다르노시치 활동가들은 5년 동안이나 변장을 하고 위조된 신분증을 소지하고 지하로 숨거나 해외 도피생활을 했다. 그들의 일부는 여전

---

44) 테르미도르 반동(Termidor reaction)은 프랑스가 그레고리안력 대신 사용한 혁명력(또는 공화력) 테르미도르(熱月, 1794년 7월 20일~8월 17일) 9일 일어난 쿠데타로, 로베르 피에르의 극단적 공포정치에 종지부를 찍음으로써 시작한 보수주의 부활을 의미한다. 자유주의혁명의 업적을 말살하는 다른 역사적인 비유로는 나폴레옹에 향수를 느껴 워털루 패전을 받아들이지 않고 그의 아들과 조카(루이 보나파르트, 나폴레옹 3세)를 옹위하는 보나파르티즘이 있다. 맑스는 나폴레옹 3세가 쿠데타로 황제 자리에 올라 공화정을 폐지한 1851년 11월 9일(공화력 브뤼메르 18일)을 반동의 의미로 루이 보나파르트의 '브뤼메르 18일'이라고 불렀다.

히 지하에서 신문을 발간하고 저술활동을 했다. 그들은 송신장치로 텔레비전과 라디오 방송을 잠시잠시 중단시키기도 했다.

쏠리다르노시치는 어찌하여 야루젤스키의 치밀한 계엄령 선포계획을 사전에 몰랐을까. 티머시 애시는 쏠리다르노시치 지도부가 야루젤스키의 권력과 군대의 힘을 과소평가했다고 본다. 바웬사는 적대진영의 힘을 과소평가하지 말라고 여러차례 경고했지만 다른 쏠리다르노시치 지도자들은, 야루젤스키에게는 전쟁상태를 선포할 힘도 없고 "폴란드인은 폴란드인을 쏘지 않는다"는 전통을 깨지 않는다는 안이한 생각을 버리지 않았다.

미국은 이중간첩의 제보로 계엄령이 선포된다는 것을 사전에 알았다. 서유럽국가들도 알았다. 그러나 아무도 폴란드 자유노조에는 임박한 위험을 경고해주지 않았다. 야루젤스키는 자유노조 간부들이 연례대회에 참석하러 바르샤바에 모인 기회를 이용하여 그들을 일망타진할 수 있었다.[45]

야루젤스키는 소련군의 개입을 막기 위해서는 계엄령 선포가 최선의 방법이었다고 주장했다. 그러나 사실은 야루젤스키 스스로 소련에 군사개입을 해달라고 간청했다가 거절당했다. 계엄령을 선포하던 날 아침, 야루젤스키는 크렘린의 보수 강경파로 1968년 프라하의 봄 때 군사개입을 가장 먼저 가장 강력히 주장한 미하일 쑤슬로프에게 전화를 걸어 군대를 보내달라고 간청했다. 그러나 쑤슬로프는 어떤 일이 있어도 소련군이 바르샤바로 진입하는 일은 없을 것이라고 거절했다.[46] 저명한 철학자

---

45) Victor Sebestyen, 앞의 책 52~53면.
46) 같은 책 56면.

레스제크 코와코프스키(Leszek Kołakowski)는, 계엄령 선포는 폴란드 공산주의자들이 전쟁을 선포한 것이라고 정의했다. 빅토르 쎄베스티엔(Victor Sebestyen)은 맑스·레닌이라면 야루젤스키의 계엄령 선포를 보나파르티즘(Bonapartism)의 고전이라고 불렀을 것이라고 썼다.[47]

계엄령 선포로 시작된 고난의 시대가 5년 계속된 뒤 1985년 3월에 고무적인 변화가 일어났다. 미하일 고르바초프가 소련 공산당 서기장에 선출된 것이다. 그는 동유럽에 관련된 첫 공식발언에서 변화보다는 지속(Continuity)을 강조하여 브레즈네프 독트린을 포기할 생각이 없음을 암시했다. 그러나 고르바초프는 취임 초부터 뻬레스뜨로이까와 글라스노스뜨라는 두 기둥의 개혁을 염두에 두고 있었기에, 대외적으로는 신사고 외교를 기조로 삼았다. 크렘린의 지도자 교체가 폴란드 사태의 개선, 자유노조의 부활에 어느 정도의 영향을 미쳤는지 정확히 계산할 수는 없다. 그러나 1985년 취임에서 1989년 베를린장벽 붕괴까지의 고르바초프의 대외정책은 사실상 야루젤스키의 쿠데타 권력의 밑동을 흔드는 효과를 냈다.

야루젤스키는 1986년 9월 쏠리다르노시치 지도부를 포함한 반체제 인사들에게 사면령을 내렸다. 정치범들이 석방되고 노조 지도자들이 은신처에서 밝은 세상으로 나왔다. 이런 조치가 고르바초프의 등장과 무관할까. 1987년 쏠리다르노시치는 체제를 재정비하여 바웬사를 의장으로 하는 '독립·자주 노조 쏠리다르노시치 임시평의회'를 결성했다. 그러나 여전히 법적인 인정을 받지 못한 불법단체였다. 이 조직은 지하조직인 '임시조정위원회'(TKK)와 합병하여 '전국집행위원회'(KKW)

---

47) 같은 책 57면.

를 발족시켰다. 바웬사는 자주 경찰에 불려가 '대화'를 나누었지만 폴란드를 방문하는 외국 지도자들을 만나는 것이 그의 중요한 일과가 되었다. 바웬사의 그런 활동은 여전히 계엄령하에 있는 폴란드의 주목할 만한 변화를 의미했다. 야루젤스키의 테르미도르가 지워버린 것 같던, 그단스크 합의가 성사된 1981년까지 자유노조가 거둔 업적이 되살아나기 시작했다.

1987년 야루젤스키의 계엄정부 중앙위원회 서기 요셉 스지레크는 '가톨릭 인텔리겐차 클럽' 대표들을 만났다. 쏠리다르노시치 지도자들과 가까운 가톨릭 지식인들은 스지레크에게 노조의 다원화를 요구했다. 계엄정권의 포용(Inclusion) 정치와 쏠리다르노시치와의 대화 재개가 거리를 좁혀갔다. 야루젤스키 정권은 고강도의 긴축을 요구하는 경제개혁을 위해 국민투표를 통한 대중적 지지가 필요했다. 국민투표의 설문은 '예스'를 유도하는 쪽으로 작성되어 투표 참가자의 3분의 2의 지지를 얻었다.

국민투표 결과를 본 자유노조의 지식인 고문들이 쏠리다르노시치와 정부 간의 '위기해결협정'(Anti-crisis Pact)을 제안했다. 정부 쪽에서는 쏠리다르노시치를 제외한 원탁회의를 역제안했다. 정부와 자유노조의 거리는 아직도 멀었다. 1988년 봄 노동자들로부터 돌파구가 나왔다. 노동자들은 물가인상에 저항하는 파업을 일으켰다. 그해 8월에 들어와서 파업은 전국의 대기업으로 확산되었다. 노동자들은 "쏠리다르노시치 없이 자유는 없다"는 구호를 외쳤다. 신세대 쏠리다르노시치 지도자들이 등장했다. 경제적 어려움이 가중되고, 정권 측의 태도가 유연해지고, 고르바초프의 관용적인 태도가 큰 작용을 했지만 권력을 쥔 사람들을 협상 테이블로 불러낸 것은 이번에도 노동자들이었다.[48]

188

1988년 8월 31일, 그단스크 합의 8주년의 날 정부대표와 바웬사가 만나 쏠리다르노시치가 참가하는 원탁회의의 진행방식과 의제를 논의했다. 논의를 마치고 나온 바웬사는 쏠리다르노시치를 다시 합법적인 노조로 인정받을 테니 파업을 중단하라고 노동자들에게 호소했다. 1989년 2월에서 4월까지 원탁회의 협상이 계속되었고 드디어 4월, 쏠리다르노시치는 합법화된다. 이어서 6월에 실시된 소련권 최초의 자유총선거에서 쏠리다르노시치가 승리했다. 야루젤스키 세력과 자유노조의 대연립 정부가 수립되고 가톨릭을 대표하여 자유노조 활동에 적극 지원한 타데우시 마조비에츠키가 40여년 만에 처음으로 소련권의 비공산주의자 총리에 취임했다. 마조비에츠키는 의회에 대연정 각료 명단을 제출하면서 이렇게 말했다. "나는 8월의 유산에 충성하는 쏠리다르노시치 사람으로 여기 왔습니다." 1988년 8월의 파업으로 재확인된 1980년 8월의 유산이 그를 그 자리에 서게 만들었다는 것에는 의문의 여지가 없다.[49]

마조비에츠키 정부는 강도 높은 긴축이 요구되는 경제개혁을 단행했지만 노동자들은 파업을 하지 않고 개혁을 받아들였다. 쏠리다르노시치가 참가한 정부를 상대로 파업을 하는 것은 자신들을 상대로 하는 파업이나 다름없었기 때문이다. 그러나 일단 동유럽 전지역에서 공산주의의 수명이 얼마 남지 않았음이 분명해지자 폴란드의 노동자와 일반 국민 들은 더딘 정치개혁, 야루젤스키와 다른 당 간부들의 정권 잔류, 경제가 자본주의로 이행하는 과정에서 엄청난 부를 끌어모으는 전 공산당 간부들의 행태에 불만을 나타내기 시작했다. 대선 출마에 뜻을 둔

48) Timothy G. Ash, 앞의 책 369~71면.
49) 같은 책 371면.

바웬사도 1990년 봄부터 개혁이 너무 더디다고 불평을 쏟아내기 시작했다. 1990년 4월 그단스크에서 열린 독립자주노조 쏠리다르노시치 제2차 전국대회에서 바웬사는 77.5프로의 지지로 의장에 재선되었다. 그는 수락연설에서 그를 지원하던 지식인들과 정부 요직에 앉은 쏠리다르노시치 출신 고위 관리들을 공격했다. 그는 자신에게는 어떤 자리도 돌아오지 않은 데도 불만이었다.

1990년 11월에 치러진 대통령 선거에서 마조비에츠키가 바웬사의 대항마로 출마하면서 대선은 바르샤바의 지식인 대 그단스크의 노동자의 대결구도가 되어버렸다. 당연히 권력과의 투쟁에서 바웬사의 고문으로 활동한 지식인들은 마조비에츠키를 지지했다. 대선은 바웬사의 승리로 끝났다. 이러한 과정을 거치며 쏠리다르노시치의 연대는 파괴되었고 내부분열이 지속됐다. 결과적으로 야루젤스키가 해체하지 못한 자유노조 쏠리다르노시치를 바웬사와 그의 지식인 동료들이 해체한셈이었다. 공동의 적이 없는 쏠리다르노시치는 살아남지 못했다. 지식인 그룹의 아담 미흐니크가 편집인인 일간지『가제타 비보르차』(Gazeta Wyborcza)의 발행인란에는 "자유가 있으면 연대는 없다"는 문구가 달려 있다. 정곡을 찌른 표현이다. 쏠리다르노시치의 힘과 활력은 탄압하는 권력이 있고 소련의 위협이 있을 때 활활 불타올랐다. 자유 속에 연대가 없다는 말은 폴란드에만 해당되는 것은 아닌 듯하다.[50)]

계엄사태 8년의 상처 또한 깊었다. 1989년 가을의 쏠리다르노시치는 1980년 가을의 쏠리다르노시치와는 달랐다. 800만명이던 회원은 200만명으로 줄어들었다. 마리안 크자크레프스키(Marian Krzaklewski)가 바

50) 같은 책 376면.

웬사의 후임으로 위원장에 선출되어 노조활동을 이어갔으나, 1991년 10월 총선에서 5.1프로 득표, 1993년 9월 총선에서는 4.6프로 득표라는 초라한 성적을 거뒀다. 쏠리다르노시치의 시대는 역사 속으로 사라졌다는 의미다. 1995년 11월 대선에서 바웬사는 포스트 공산당의 민주좌파연합 알렉산데르 크바시니에프스키(Alexsander Kwaśniewski)에게 패했다. 가톨릭교회와 포스트 쏠리다르노시치 진영은 바웬사와 크바시니에프스키의 결선에 가서야 바웬사 지지를 선언했지만 때가 늦었다. 크바시니에프스키의 당선은 자유노조 쏠리다르노시치에 가해진 확인사살과 같은 것이었다.

그러나 폴란드 자유노조 쏠리다르노시치는 소련과 동유럽 지역 전체의 역사의 물길을 불가역적으로 돌려놓았다. 쏠리다르노시치의 파괴력을 빼고 동독의 시민혁명과 동서독 통일, 소련·동유럽 사회주의체제의 붕괴를 상상하기란 어렵다. 다니엘 토마스(Daniel Thomas)는 폴란드 노동자들의 쏠리다르노시치 운동이 소련·동유럽권에 미친 영향을 이렇게 평가했다. "쏠리다르노시치는 공산 블록 전체에 충격파를 일으켜 공산당의 권력 독점을 불법화하고, 풀뿌리 시민들의 선도적인 행동(Initiative)을 합법화하고, 소련·동유럽의 엘리트들로 하여금 정치적·경제적 현상유지를 의심하게 만들었다."[51]

아담 미흐니크가 "인간의 얼굴을 가진 사회주의가 아니라 …… 이빨이 몇 개 빠진 공산주의"라고 평했던, 1983년 계엄령 해제에서 1989년 혁명까지의 엄혹한 시기에 폴란드 최종 혁명의 광범위한 문화운동이

---

51) Daniel C. Thomas, The Helsinki Effect (Princeton and Oxford: PrincetonUniversity Press 2001).

확산되었다.[52] 비폭력 쏠리다르노시치 운동을 유지하고 확산하기 위한 교육적·문화적 노력은 교황 요한 바오로 2세의 두번째와 세번째 모국 방문으로 큰 힘을 얻었다. 교황은 1983년 5월 계엄령 해제 직전에 폴란드를 방문하여 8일 동안 전국을 순회하면서 사기 저하를 경계하는 설교를 했다. 그는 "야스나 고라(Jasna Góra)의 성모여, 저희들에게 희망을 잃지 않게 도와주소서"라고 기도했다. 1979년 교황의 첫 폴란드 방문이 전체주의국가의 탄압정치를 가능하게 한 국민들의 공포를 일소했다면, 1983년의 두번째 방문은 비상사태 선포가 가져온 절망을 날려버렸다. 1987년 교황의 세번째 모국 방문은 쏠리다르노시치의 진정한 기독교적 의미에 관한 설교를 통해서 쏠리다르노시치 부활을 위한 확고한 신학적·전략적 토대를 깔았다.[53]

소련 공산당이 재가한 극비문서에는 '바람직하지 않은 자료들'이 폴란드에서 끊임없이 소련으로 유입되어 소련 전역에서 태업과 그외의 부정적인 사건들이 일어나고 발트3국과 우크라이나에서는 쏠리다르노시치를 지지하는 공개적인 항의가 잇따라 일어났다고 보고되어 있다."[54]

1989년 11월, 벨벳혁명

폴란드 혁명의 주체가 노동자들이었다면 체코슬로바키아 혁명의 주체는 극작가 바츨라프 하벨을 중심으로 한 지식인들이었다. 폴란드에

---

52) George Weigel, *The Final Revolution* (New York: Oxford University Press 1992) 152면.
53) 같은 책 153면.
54) 같은 책 172면.

192

서는 자유노조운동에 가톨릭 성직자와 지식인 들이 합류하여 혁명을 완수했다면, 체코슬로바키아의 경우는 지식인들의 지하운동에 가톨릭 성직자들이 참여하여 혁명을 성공으로 이끌었다.

중동부유럽에서 동독과 함께 가장 높은 의식수준을 가졌다고 이야기되는 체코슬로바키아에서 민주화운동이 한걸음 늦게 시작된 것은 첫째, 1968년 '프라하의 봄'이 남긴 트라우마가 상상 이상으로 컸고, 둘째, 교황 바오로 6세의 동방정책이 동방교회 생존을 주요 목표로 삼은 것에 체코슬로바키아의 가톨릭 성직자들이 순종했기 때문이다. 교황 바오로 6세는 체코슬로바키아 공산당정권과 사실상 교회 생존을 위한 잠정협정(Modus non moriendi)를 맺었다. 1965년 바오로 6세가 공산당정권과의 협력 거부의 상징적 인물인 요세프 베란(Josef Beran) 대주교를 추기경으로 높여 로마로 망명시킨 것도, 체코슬로바키아 공산당정권이 가톨릭교회를 말살할 수도 있다는 교황청의 우려를 반영한 조치였다. 1966년부터 시작된 교황청과 체코슬로바키아 공산당정권 간의 협상 결과 1973년 대주교 아고스띠노 까사롤리(Agostino Casaroli)와 주교 조반니 쉘리(Gionanni Chelli)의 심사를 거쳐 네명의 주교를 임명했는데, 그들 중 두명이 정부의 조종을 받는 '파쳄 인 테리스'(Pacem in Terris) 회원으로 밝혀져 평신도회가 그들의 주교 임명을 비토하는 사태가 일어나기도 했다.[55]

40년이라는 긴 세월의 철권통치 동안 지속된 체코슬로바키아의 정치적·사회적·문화적 모델을 만든 사람은 이름난 호색가요 주정뱅이인 클레멘트 고트발트(Klement Gottwald)였다. 그는 1948년 냉전의 파도를

---

55) 같은 책 68~69면.

타고, 전후에 수립된 민주주의정권을 소련이 지원한 쿠데타로 무너뜨리고 집권한 골수 스딸린주의자였다. 고트발트의 역사철학은 그의 사람됨만큼 불합리했다. 고트발트는 공산당정권이 왜 프라하의 베들레헴 교회를 수리하는 데 재정지원을 하느냐는 질문을 받고, "500년 전 이미 프라하 시민들은 공산주의를 위해 투쟁했다"는 엉뚱한 대답을 했다. 베들레헴 교회는 종교개혁 이전 보헤미아 지방을 혼란의 소용돌이에 밀어넣은 종교분쟁 때 얀 후스(Jan Hus)가 본부로 쓰던 곳이다.[56] 고트발트의 개인숭배와 저속한 스딸린주의적 거인 취향(Vulgar gigantism)은 1953년 그가 사망한 뒤에도 사라지지 않고 후사크 정권까지 계속되었다.[57]

1969년에 집권한 네오스딸린주의자 구스타프 후사크(Gustáv Husák)는 1968년 '프라하의 봄'을 무력으로 진압한 소련 공산당 서기장 레오니드 브레즈네프의 '브레즈네프 독트린'에 호응하여, '정상화'(Normalization)라는 그럴싸한 이름의 정책으로 공산당정권에 인민들을 순종시키고 반체제운동을 강력하게 탄압했다. 그는 스딸린 이상으로 스딸린주의적인 폭압통치를 한 고트발트의 충실한 추종자였다. 그런 분위기와 교황 바오로 6세의 동방정책이 연합하여 가톨릭교회는 몸을 웅크렸고 지식인들의 지하활동은 소극적이었으며 노동자들은 반체제운동 참가나 파업 따위는 엄두도 내지 못했다.

---

56) 얀 후스(1369~1415)는 마르틴 루터(Martin Luther)와 장 칼뱅(Jean Calvin), 울리히 츠빙글리(Ulrich Zwingli)에 앞선 최초의 종교개혁가이다. 프로테스탄티즘(개신교)의 선구자로, 그의 가르침은 서유럽 전체 국가에 큰 영향을 미쳤다. 그는 1415년 이단으로 몰려 화형에 처해졌다.
57) George Weigel, 앞의 책 161~62면.

194

그러나 지각의 결빙이 아무리 두껍고 단단해도 땅속에서는 생명이 살아 숨쉬고 봄의 소리가 들린다. 1976년 242명의 지식인들이 지하 아지트에 모여 '77헌장'(Charter 77)에 서명했다. 하벨과 동료 두 사람이 77헌장 전문을 연방의회와 정부에 전달하러 가다 검거되었으나 헌장의 복사본이 지하신문을 통해 유포되고 프랑스의 『르몽드』, 서독의 『프랑크푸르트 알게마이네 차이퉁』, 미국의 『뉴욕타임즈』와 〈미국의 소리〉(Voice of America) 방송, 서독 뮌헨에서 방송되는 〈자유유럽 라디오〉(Radio Free Europe)가 77헌장의 내용을 체코슬로바키아를 포함한 전세계에 전파했다. 프라하에서는 1977년 1월 6일 77헌장이 정식으로 선포되었다. 그것은 완성까지 10년 이상이 걸릴 시민혁명의 신호탄이었다.

77헌장은 정부가 헬싱키 프로세스 최종합의서 세번째 바구니(Basket III)의 인권조항과 1966년 체결된 유엔 협약에 따른 정치적·시민적·경제적·문화적 권리를 존중하지 않는 것을 비난했다. 77헌장은 자신들을 헌장 서명자들의 느슨하고, 비공식적이고, 개방된 협의체라고 규정하고, 헌장은 조직체가 아니고 정관(定款)이나 상설기구를 갖지도 않으며 정치적인 반대활동을 위한 기반을 구성하는 것도 아니라고 밝혔다. 정치적인 활동을 하지 않는다는 마지막 성격 규정에서 체코슬로바키아의 지식인들조차도 1968년 프라하의 봄의 트라우마를 벗어나지 못하고 있었다는 것을 읽을 수 있다.

체코슬로바키아의 관영 언론매체들은 77헌장을 반국가적·반사회적·선동주의적이며 부패한 문서라고 일제히 매도했다. 헌장에 서명한 지식인들에게는 반역자, 배교자(공산주의라는 신앙에 대한), 제국주의의 충실한 심부름꾼, 파산한 정치인, 국제적인 모험주의자라는 비난을 퍼부었다. 정부는 정부에 협조적인 예술가와 작가 들을 동원하여 반헌장운동을 벌이게 했다. 그들 중에는 이 나라 최고의 가수 카렐 고트와 인기 코미디 작가 얀 베리츠가 포함되었다. 헌장 서명자들은 직장에서 쫓겨나고 자녀들은 학교에서 제적당했으며, 운전면허를 회수당하고 해외 망명을 강요받고 시민권이 박탈되고 구금·재판·투옥의 보복을 당했다.

그러나 세상은 1968년과는 달랐다. 1978년 4월 77헌장을 지지하는 단체 '부당하게 기소된 사람들을 변호하는 위원회'(VONS)가 조직되어 헌장에 서명하여 박해를 받는 지식인들의 실상을 국내외에 널리 알리는 활동을 시작했다. 1979년 10월 VONS 지도자 여섯명이 기소되어 국가 전복혐의로 최고 5년의 징역형을 받았다. 하벨도 그 여섯명에 포함되었다. 77헌장과 VONS에 대한 탄압은 1980년대까지 계속되었지만 두 단체는 정부의 인권유린 사례를 계속 발표했다. 1989년 '벨벳혁명'이 일어날 때까지 77헌장에 서명한 사람은 1,900명으로 늘었다. 1980년대 후반으로 가면서 중동부유럽 공산당정권들이 눈에 띄게 약세를 보이자 77헌장 멤버들은 반정부 활동을 강화하는 한편 정부를 상대로 공산당 일당독재를 민주주의로 순조롭게 전환하기 위한 협상을 시작했다.

체코슬로바키아의 민주화운동이 결정적인 전기를 맞은 사건은 1985년 11월 1,100명의 성직자들이 모라비아의 성지 벨레흐라트(Velehrad)에서 연 대규모 미사였다. 이 미사에서 86세의 추기경 프란티셰크 토마셰크(František Tomášek)는 교황 요한 바오로 2세가 체코슬로바키아의 성직자들에게 보내는 서한을 낭독했다. 교황은 성직자들에게 성 메토디우스[58]

---

58) 성 키릴, 메토디우스(St. Cyril & Methodius) 형제(826~869, 815~885)는 비잔틴제국의 신학자, 선교사로 슬라브 민족의 문화발전에 막대한 영향을 미쳐 '슬라브의 사도'라는 칭호를 받고, 구교회에서 사용하던 슬라브어를 기록하기 위한 최초의 알파벳인 글라골리틱

의 정신으로 현재의 상황이 힘들고 비참하더라도 용감하게 포교와 간증의 길을 걸으라고 촉구했다. 그로부터 불과 두달 뒤 15만~20만명의 순례자들이 벨레흐라트에서 열린 성 메토디우스 사망 1,100주년을 기리는 미사에 참석함으로서 체코슬로바키아의 교회는 불사조처럼 잿더미에서 부활했다. 공산당정권은 이 행사를 정부가 주관하는 '평화축제'로 변질시키려 했다. 그러나 성직자와 신도 들은 "이건 순례행사다! 우리는 교황을 원한다! 우리는 미사를 원한다"고 외쳐 공산당정권의 기도를 좌절시켰다.[59]

교황청이 체코슬로바키아에서 지하 반체제운동을 주도하던 얀 크리노스톰 코레츠 주교에게 활동 금지령을 내린 1976년과 1985년의 체코슬로바키아는 불과 9년의 시차를 두고 딴 세상으로 바뀌었다. 벨레흐라트 미사에서 교황의 서신을 낭독한 추기경 토마셰크도 1970년대에는 지하 반체제운동을 비판한 인물이다. 이 큰 변화를 가져온 것은 바로 1978년 10월 새 교황 요한 바오로 2세의 선출이었다. 폴란드의 반체제운동을 몸으로 실천하고 체험한 요한 바오로 2세는 교황 취임 설교에서 말했다. "두려워하지 말라! 공산주의자들은 우리가 두려워하기를 바란다." 역사학자 바츨라프 바스코(Václav Vaško)는 요한 바오로 2세의 취임 설교의 영향을 이렇게 평가했다. "새 교황이 취임 초부터 인권을 집요하게 강조한 것은 체코슬로바키아 교회 지도자들에게는 더이상 침묵해서는 안 된다, 정부의 혜택을 받기 위해서가 아니라 신도들의 인격을 위해 발언하라는 메시지였다. 새 교황은 가톨릭 교의(Catechesis)와

(Glagolithic) 알파벳을 창제했다. 1980년 교황 요한 바오로 2세는 이들을 유럽의 성인으로 선포했다. 글라골리틱 알파벳은 슬라브어 알파벳 키릴문자로 발전했다.

59) George Weigel, 앞의 책 176면.

77헌장을 하나로 묶어주었다."[60]

요한 바오로 2세는 교회의 지하 불법 활동의 베일을 벗기고 지상으로 끌어내어 77헌장 회원들을 포함한 지식인들과 학생들과 일반시민들과 연대를 맺게 했다. 벨벳혁명은 여기에서부터 시작된 것이다. 요한 바오로 2세를 빼고는 중동부유럽의 혁명을 말할 수 없다. 그런 점에서 추기경 카롤 보이티야가 이딸리아 출신이 아닌 최초의 교황에 선출된 것은 고통받는 중동부유럽 시민들에게 내린 하늘의 선물로 생각된다.

후사크 정권의 '정상화' 정책으로 힘줄(Sinews and tendons)이 다 잘려버린 체코슬로바키아 시민사회에서, 공산주의정권의 거짓말 문화에 대한 저항의 첫걸음은 정치적인 것이 아니라 문화적인 것이어야 했다. 시민사회의 재건이 가장 효과적인 저항이었다. 시민사회 재생의 과정은 개인들이 진리 속에 살고 마치 자신들이 자유로운 인간인 것처럼 사는 데서 시작되는 것이었다.[61]

바츨라프 하벨은 공산주의체제에 대한 저항을 반정치(Antipolitik) 노선으로 주도했다. 전 체코슬로바키아 주재 미국대사 윌리엄 루어스(William Luers)는 자신이 관찰한 하벨의 반정치 저항운동을 섬세한(subtle), 반정당적, 반이데올로기적, 윤리적인 매우 강력한 새로운 형태의 저항의 공동체라고 표현했다. 정권은 거짓을 말하고 저항의 공동체는 진실 속에 살았다. 정권은 정치를 타락시키고 저항세력은 반정치를 실천했다. 정권은 나라를 소유하고 저항세력은 시민사회를 재건했다. 정권은 이데올로기적 정통성을 강요하고 저항세력은 다양한 견해의 합

---

60) 같은 책 175면.
61) 같은 책 176면.

의체(Coalition)였다. 결과는 하벨이 말한 대로 "사랑, 관용, 비폭력, 인간정신, 용서의 재생이었다. 이건 1989년 12월 마침내 군대와 경찰과 비밀경찰을 굴복시킨 박테리아 무기와 같은 것이었다."[62]

공산당정권의 마지막 숨통을 끊은 것은 베를린장벽 붕괴 8일 뒤인 1989년 11월 17일 5천명의 학생들의 나로드니(Narodni) 대로 행진이었다. 나로드니 대로는 블타바강을 따라 뻗은 프라하의 세종로다. '젊은 사회주의 동맹'이 주관하고 정부가 허가한 학생들의 행진 목적은 프라하 구도시의 벤세슬라스 광장까지 가서 나치독일군의 첫 희생자였던 학생 얀 오플레탈 추모행사를 여는 것이었다. 학생들의 행진이 중간 지점에 이르렀을 때 갑자기 경찰과 반테러 진압 특수부대원들이 학생들의 앞을 가로막았다. 일부 학생들은 붉은 베레모를 쓴 군인들에게 꽃을 나누어 주고, 다른 학생들은 땅바닥에 촛불을 켜고 두 손을 치켜들어 "우리는 맨손!"이라고 외쳤다. 그러나 군인과 경찰은 사전 경고도 없이 학생들을 무자비하게 공격했다. 남자와 여자, 10대의 구별 없이 의식을 잃을 정도로 구타를 당했다. 수백명이 병원으로 실려 갔다. 다행히 사망자는 없었다.

다음날 나로드니 거리의 촛불은 비폭력 벨벳혁명의 불을 댕겼다. 11월 19일 하벨은 '시민포럼'(Civic Forum)을 긴급히 소집했다. 시민포럼은 다양한 시민단체들을 산하에 둔 우산 조직이었다. 그날부터 6주 동안 대규모 시위와 파업과 동시에 정권 측과의 협상이 진행되었다. 고트발트의 후계자들은 소련의 지원이 끊긴 상태에서는 "하벨을 성으로!"라고 외치는 시민들의 소리를 수용하지 않을 수 없었다. 하벨이 가

---

62) 같은 책 178면.

는 성은 대통령궁 벤세슬라스성을 말한다. 시민포럼의 대표 바츨라프 하벨은 12월 29일 대통령에 취임했다. 1948년 고트발트가 쿠데타로 권력을 잡은 공산주의자들은 천하대세를 잘못 읽은 댓가를 비싸게 치르고 역사의 뒤안길로 사라졌다.

탁월한 극작가이며 역사에 대한 깊고 넓은 통찰력의 소유자였던 대통령 하벨은 1991년 신년사에서 벨벳혁명의 결과를 이런 말로 환호했다. "시간과 역사가 우리 생활 속으로 돌아왔다. 권태로움의 우울한 하늘과 무의미한 나태(Inaction)는 사라졌다. 우리는 진실로 자유로운 정치환경이 허용하는 광범위한 가능성을 경이로워하고, 진정으로 자유로운 정치환경이, 그 말의 좋은 의미와 나쁜 의미에서 우리를 계속 놀라게 하는 데 감탄한다."[63]

---

63) 같은 책 190면.

제5장

/

고르바초프의 뻬레스뜨로이까

독일 통일＝동방정책＋뻬레스뜨로이까＋동유럽 혁명

이것이 독일 통일의 수학적 등식이다. 고르바초프가 국내적으로는 뻬레스뜨로이까로 경제·사회·문화 개혁을 단행하면서 대외적으로 신사고 데탕트 외교를 펴지 않았다면 1989년 동유럽 시민혁명은 1953년의 동베를린 폭동, 1956년의 헝가리 폭동, 1968년의 '프라하의 봄'같이 소련의 군사개입으로 동유럽판 톈안먼(天安門) 사건으로 끝났을 수도 있었다. 동유럽 시민혁명이 좌절되었더라면 그것이 동독시민들을 총궐기시키는 도화선이 되지 않았을 것이고, 따라서 서독 브란트 정부가 성공적으로 체결한 여러 동방조약에도 불구하고 1989년이라는 해에 베를린장벽 붕괴, 1990년의 완전한 동서독 통일은 실현되지 않았을지도 모른다.

결과를 놓고 보면 고르바초프는 수퍼 파워 소련제국 해체라는 상상을 초월한 댓가를 치르고 독일 통일에 결정적인 기여를 한 것이다. 그래서 고르바초프는 소련/러시아 밖에서는 노벨평화상까지 받은 평화의 사도로 추앙받고, 국내에서는 지금까지도 나라를 팔아먹은 '소련/러시아판 이완용'으로 매도당하고 있다. 역사가 그를 어떻게 평가할지는 아직 알 수 없다. 그러나 고르바초프는 큰 전쟁 한번 치르지 않고, 1917년 레닌과 그의 동지들이 맑스의 역사관에 바탕을 두고 세운 인류역사상 최초의 사회주의국가를 해체하는 역사적인 일을 해냈다. 1945년 2월 스딸린이 얄타회담에서 미국 대통령 프랭클린 루즈벨트와 영국 총리 윈스턴 처칠의 팔을 비틀어 소련의 배타적 세력권으로 편입시킨 동유럽국가들 거의 모두가 지금은 러시아의 반대편인 나토(NATO)와 유럽연합(EU) 품으로 들어갔다. 특히 소비에트연방공화국(USSR)에 속했던 발트3국까지 서유럽의 공동체에 편입된 것은 러시아의 국제적인 위신을 가장 치명적으로 훼손했다.

앞에서 브란트/바의 동방정책과 1989년 동유럽 시민혁명과 정치체제의 변화를 비교적 상세히 살펴봤다. 여기서는 '독일 통일=동방정책+1989년 동유럽 혁명' 등식의 나머지 항인 소련 공산당 서기장 겸 대통령 고르바초프가 1985~91년 수행한 뻬레스뜨로이까(개혁)와 글라스노스뜨(개방)의 전말을 소개할 차례다. 필자는 1989년~91년 소련을 10여 차례 방문하면서 그때까지 나타난 뻬레스뜨로이까의 실제적인 결과를 몸으로 체험하는 행운을 가졌었다. 그래서 필자가 체험한, 또는 혜택을 누린 두개의 상반되는 현상을 먼저 소개한 뒤에 고르바초프 등장의 배경, 그의 대내적인 정치·경제·사회·문화 분야의 개혁과 신사고 외교의 순서로 설명하려고 한다.

고르바초프의 등장, 판도라의 상자를 열다

고르바초프의 고향 땅 캅카스(Kavkaz)는 평행선으로 달리는 두개의 산지에 둘러싸여 있다. 남쪽의 산지는 높고 북쪽의 산지는 낮다. 캅카스는 로마인들이 각각 코커시아 관문(Caucasian gates)와 카스피아 관문(Caspian gates)라고 부른 두개의 통로를 통해서 바깥세계로 열려 있었다. 알렉산더 대왕도 캅카스에서 페르시아 왕 다리우스와 큰 전투를 치렀다. 캅카스는 똘스또이(Lev Nikolayevich Tolstoy), 뿌슈낀(Aleksandr Seraggvitch Pushkin), 레르몬또프(Mikhail Yurevich Lermontov) 같은 문호들의 작품의 무대이기도 했다. 캅카스 북부의 중심지인 스따브로뽈(Stavropol) 지역의 남쪽 외곽에 읍 정도 크기의 마을인 쁘리볼노예(Privolnoye)가 있다. 고르바초프는 1931년 캅카스 곡창지대의 심장부 쁘리볼노예에서 태어났다. 곡창지대 출신이라는 것은 훗날 그의 출세가도에 심상치 않은 의미를 갖는다.

고르바초프는 1955년 모스끄바대학을 졸업하고 캅카스의 고향으로 돌아가 콤소몰(청년공산주의자연맹) 스따브로뽈 지역위원회 선전국 부국장이 되었다. 흐루쇼프의 스딸린 격하가 시작되는 1956년 그는 콤소몰 서기, 1958년에는 제1서기로 승진했다. 고르바초프가 콤소몰을 떠나 공산당으로 자리를 옮긴 것은 그의 나이 31세 때인 1962년이다. 그는 스따브로뽈 지역 집단농장과 국영농장의 생산관리 책임자가 되었다. 그는 스따브로뽈 농업대학 야간부에서 농업문제에 관한 이론을 공부하여 농업전문가의 반열에 올랐다. 그때 그는 관개(灌漑) 전문가인 고려인 교수 알렉산드르 엄의 강의를 들었다. 필자는 우즈베키스탄의 타슈켄트에서 연금생활로 여생을 보내는 엄 교수를 만나 학생 고르바초프에 대해서 물어볼 기회가 있었다. 알렉산드르 엄은 고르바초프의 부인 라이사도 학생으로 가르쳤다면서 두 사람 다 드물게 보는 성실하고 열심히 공부하는 학생이었다고 회상했다.

그해 12월 고르바초프는 지방당위원회의 인사 담당 조직부장에 임명되었다. 공산당 중견간부의 인사를 담당하는 요직이다. 고르바초프의 출세에 결정적인 역할을 한 스따브로뽈 지역의 공산당 제1서기 표도르 꿀라꼬프(Fyodor Kulakov)가 고르바초프를 발탁한 것이다. 꿀라꼬프는 농업개혁의 실험에 관심이 많은 사람이었다. 꿀라꼬프는 1964년 당 중앙위원회 농업 담당 서기로 승진하여 소련 농업정책의 최고책임자가 되었다. 고르바초프는 꿀라꼬프의 중앙위원회 진출을 보고 곡창지대인 스따브로뽈이 출세의 도약대가 될 수 있다는 확신을 가졌다.

1966년 고르바초프는 스따브로뽈시 공산당 제1서기로 승진하고 이듬해 농업대학에서 '과학적 농업경제학자'의 자격을 받았다. 꿀라꼬프의 후원으로 고르바초프의 승진에 가속이 붙었다. 고르바초프는 1968년 스따브로뽈 지방당 제2서기로 승진했다. 제3서기의 자리를 건너뛴 파격적인 인사였다. 1970년에는 소련최고회의 대의원에 선출되어 환경보호위원회에 소속되었다. 관개와 치수(治水)가 이 위원회의 주요 업무여서 지방의 대의원에게는 알맞은 자리였다.

1970년 4월 고르바초프는 약관 39세에 지방당의 제1서기가 되었다. 그에 대한 당 중앙의 신임은 이미 두터웠다. 제1서기를 선출하는 자리에 당 중앙을 대표하는 사람이 참석하지 않은 것이 그 증거다. 그의 승진이 당연한 것으로 생각되었다는 뜻이다. 지방당 제1서기가 된 고르바초프는 스따브로뽈 지역에 활기를 불어넣었다. 그러나 그는 저자세를 유지하면서 그의 전임자와 마찬가지로 제정 러시아 시대에 지은 낡은

단층집에서 살았다. 그는 검은 리무진을 타지 않고 걸어서 출퇴근을 하고 언제나 현장을 둘러보고 당의 결정이 제대로 실천되고 있는지를 직접 점검했다. 그가 제1서기가 된 후에 그의 관할지역은 눈에 띄게 달라졌다. 스따브로뽈 운하의 건설공사도 진척이 빨라졌다. 그는 농업개혁에 힘을 쏟아 '용기 있는 실험가'라는 평을 들었다.

1970년 초 고르바초프는 농업개혁의 첫 단계에 등장한 임대차농업의 원형이라고 할 수 있는 새로운 제도를 도입했다. 그것은 종래의 책임생산량(Quota 또는 Norm)을 폐지하고 8~10명의 작업팀 또는 가족단위로 계약을 맺어 수확량과 경비에 따라서 보수를 지급하는 제도다. 1970년대 중반까지 스따브로뽈 지역에는 1,500개의 기계화된 작업팀이 생겼고, 1976년에는 이 제도를 스따브로뽈의 모든 지역에서 실시하기로 결정되었다. 이 방식에 의한 영농으로 수확은 평균 30~50퍼센트 늘었다.

그러나 1977년 고르바초프는 돌연히 이빠또보(Ipatovo)라는 더욱 진보적인 방식을 도입한다. 이빠또보는 이 실험이 처음 실시된 지역의 이름을 딴 것이다. 이빠또보 방식은 개별 농장이 아니라 지역 전체를 대상으로 기동수확 군단을 만들어 수확과 수송을 담당케 하는 새로운 제도다. 1977년 스따브로뽈 지역의 수확은 특히 실적이 좋았는데 그것은 이빠또보 방식을 채택한 결과라고 생각되었다. 소련 공산당 서기장 브레즈네프가 이빠또보 방식의 성공을 축하하는 메시지를 보낼 정도였다.

그런데 이 방식도 오래가지 않았다. 고르바초프는 갑자기 이파토보 방식을 중지했다. 그 이유에 대해서는 추측이 분분했지만 가장 유력한 것은 중앙의 반대에 직면했다는 해석이다. 야심가인 고르바초프는 재빨리 대세에 순응하여 실험을 일단 중단하고 기회가 오기를 기다리기로 했다. 그 기회는 예상보다 빨리 왔다.

1978년 7월 고르바초프의 후견인 꿀라꼬프가 사망했다. 꿀라꼬프는 당 중앙위원회 서기와 정치국원으로 승진해 있었다. 심지어 서기장 후보로도 거론되던 때였기에 그의 죽음은 갑작스러웠고 특히 고르바초프에게는 큰 충격이었다. 사인은 농업정책을 둘러싼 격렬한 논쟁에 따른 자살로 알려졌다. 붉은 광장에서 열린 꿀라꼬프 장례식에는 서기장 브레즈네프, 총리 꼬시긴, 이데올로기 담당 서기 쑤슬로프가 참석하지 않았다. 이상한 장례식이었다. 대신 장례위원 명단에는 그 당시에 아직 이름이 알려지지 않은 당 중앙위원이 한 사람 들어 있었다. 고르바초프였다. 그는 이 장례식에서 생애 최초의 붉은 광장 연설을 하게 된다.

그해 11월 고르바초프는 꿀라꼬프의 후임으로 당 중앙위원회 농업담당 서기에 임명되었다. 그의 나이 겨우 47세로 정치국원의 평균연령보다 무려 14세나 아래였다. 그의 등장은 세대교체의 전주곡이었다. 고르바초프를 꿀라꼬프의 후임에 발탁한 것은 크렘린의 제2인자 미하일 쑤슬로프와 KGB 의장 유리 안드로뽀프였다는 것이 중론이다. 안드로뽀프는 고르바초프와 동향이고 쑤슬로프는 2차대전 당시 스따브로뽈 지방당의 제1서기였다.

쑤슬로프는 러시아 민족주의자다. 그에게 러시아 이상으로 중요한 것은 없었다. 청교도적인 결벽증이 있는 쑤슬로프의 눈에는 캅카스에 올 때마다 만나는 고르바초프의 스따브로뽈이 브레즈네프 시대에 만연한 부패에 물들지 않은, 브레즈네프 마피아에 대항세력이 될 만하다고 판단했던 것 같다. 그러나 장차 고르바초프는 브레즈네프의 정책과 함께 쑤슬로프의 러시아 민족주의에 일대 타격을 주는 개혁에 착수하게 된다.

신장병을 앓고 있던 안드로뽀프는 광천수로 유명한 캅카스 지방 요양지에 갈 때마다 고르바초프의 영접을 받았고 점차 마음속으로 고르바초프를 자신의 후계자로 생각하고 있었다. 고르바초프의 부인 라이사에게서도 깊은 인상을 받았다. 고르바초프에게는 소련 농업에서 스따브로뽈이 차지하는 비중 못지않게 중요했던 것이 캅카스 지방의 광천수였다고도 할 수 있겠다.

1978년 9월 19일 저녁 브레즈네프는 자신의 후계자로 밀고 있는 체르넨꼬(Konstantin Chernenko)와 함께 아제르바이잔의 수도 바쿠로 가는 길에 스따브로뽈 지방의 미네랄니예보디에 기착했다. 때마침 거기서 휴양 중이던 안드로뽀프는 고르바초프를 대동하고 브레즈네프 일행을 영접했다. 브레즈네프, 안드로뽀프, 체르넨꼬, 그리고 고르바초프는 현재와 미래의 공산당 서기장들이었다. 이 자리에서 고르바초프의 운명이 결정되었다. 첫번째 화제는 꿀라꼬프의 후임문제였고 안드로뽀프는 고르바초프를 추천했다.

고르바초프는 1978년 9월 19일, 그 운명의 날에 브레즈네프의 '면접시험'에 합격하여 11월에 당 중앙위원회에서 농업 담당 서기에 선출된 것이다. 농업 담당 서기라는 자리는 농업생산이 부진하면 책임을 지고 물러나기 일쑤인 영광과 고뇌가 교차하는 자리다. 1978년을 정점으로 소련의 농업은 계속 부진했다. 그러나 고르바초프는 책임을 추궁당하지 않았고 오히려 1979년 당 중앙위원회 총회에서 정치국원 후보가 되고 1980년 10월에는 정치국 정회원이 된다. 그는 그때까지의 최연소 정치국원 로마노프보다도 8세나 아래였다.

브레즈네프의 건강은 회복할 가망이 없을 만큼 악화되어갔고, 그럴수록 후계자의 자리를 노리는 안드로뽀프와 체르넨꼬의 권력투쟁은 치열해졌다. 브레즈네프는 체르넨꼬를 후계자로 결정해놓고 있었고 안드로뽀프의 개혁에 불안을 느낀 보수파는 체르넨꼬를 지지했다. 그러자 1981년 말 안드로뽀프는 공격대상을 브레즈네프로 바꾸었다. 레닌그라드 작가동맹 기관지 『아브로라』는 브레즈네프 가족과 측근들의 부패상을 공격하는 글을 실었다. 브레즈네프는 이제 그의 부패한 측근들의 꼭두각시일 뿐, 안드로뽀프를 견제할 힘도 없었다.

브레즈네프가 1982년 11월 11일 사망하고 다음날 68세의 안드로뽀프가 공산당 서기장에 선출되었다. 그러나 그도 1년 3개월 뒤인 1984년 2월 9일 사망한다. 후임 서기장에 체르넨꼬가 선출되었으나 그도 서기장 취임 불과 1년 후인 1985년 3월 10일 사망한다. 이제 마침내 고르바초프가 후임 서기장 자리에 오를 차례였다. 당 지도부 안에서는 고르바초프의 개혁 성향을 경계하는 목소리가 있었지만 외무장관 안드레이 그로미꼬가 적극적으로 고르바초프를 밀었다. 그로미꼬는 고르바초프가 다정한 미소와 함께 강철 같은 이빨을 가진 사람이라며 지지를 표했다. 역사는 아이러니 투성이다. 이후 고르바초프는 그로미꼬의 냉전주의 사고와 반데탕트 자세와 반대되는 신사고 외교를 펼쳤다. 뿐만 아니라 신사고 외교에 걸림돌이 되는 그로미꼬를 상징적인 국가원수의 자리로 밀어내고 외교 경험이 전혀 없는 그루지아공화국 공산장 서기장 에두아르드 셰바르드나제(Eduard Shevardnadze)를 후임 외무장관에 임명하게 된다. 크렘린 '장로'(Old guard)들의 입장에서 보면 고르바초프는 '판도라의 상자'였다.[1]

---

1) 김영희 『뻬레스뜨로이까 소련기행』(나남신서 1990) 322~30면.

소련의 과거, 러시아의 미래

흑해안의 휴양도시 얄타는 1954년 2월 미국의 프랭클린 루즈벨트, 영국의 윈스턴 처칠, 소련의 이오시프 스딸린이 리바디아궁에 모여 전후 질서를 재단(裁斷)한 빼어난 경관의 역사적인 도시다. 얄타 호텔은 흑해의 아름다운 해변이 내려다보이는 고지에 위치한, 객실 1,234개를 가진 17층 건물의 특급 호텔이다. 호텔의 레스토랑 또한 전망이 좋고 실내장식이 호화롭다. 아무리 소련이라고 해도 음식 값이 상당히 나올 것 같은 고급 레스토랑이다.

1989년 6월, 필자는 얄타를 방문할 기회를 어렵사리 얻었다. 필자와 황동성 문화사업국장, 최홍모 사진부 기자는 각각 안심 스테이크, 샐러드, 맥주와 얼음물 큰 것 한병과 커피를 주문했다. 고급 휴양지의 고급 호텔의 고급스러운 레스토랑이라서 그런지 음식의 수준은 모스끄바의 고급 식당보다 오히려 높아 보였다. 그런데 식사를 끝낸 우리는 계산서를 보고 놀랐다. 세 사람의 점심 값이 8루블 36코페이카. 공정 환율로는 13달러 38센트밖에 안 되고, 암시세로는 1달러의 절반이 될까 말까였다. 아무리 작은 지방도시라고 해도 세 사람이 먹은 '진수성찬'이 우리 돈으로 만원 ─ 암시세로는 천원 ─ 밖에 안 된다니, 적어도 식사비용에 관한 한 우리 같은 여행자들에게 사회주의경제는 비판보다는 찬양의 대상이 되어야 할 것 같다는 생각까지 들었다. 같은 얄타라도 개인들의 협동조합 식당에서 그 정도 식사를 하면 적어도 50달러는 된다는 것을 우리는 알고 있었다.

어떻게 이런 횡재 ─ 외국 여행자의 입장에서 ─ 가 가능했을까. 답은 간단하다. 소련에서는 많은 공산품과 마찬가지로 식료품도 생산가격보다 싸게 판매됐기 때문이다. 정부가 생산자에게 보조금을 주어 생산가격과 판매가격의 차액을 보상해준 것이다.

더 구체적으로 들여다보자. 개혁파 경제학자 아벨 아간베갼(Abel Aganbegyan)에 따르면 1989년 기준 국영상점에서 고기 1킬로의 가격이 1루블 80코페이카인데 그 1킬로의 고기 값에 나가는 정부 보조는 3루블 50코페이카다. 배보다 배꼽이 크다. 그 결과 한 해에 정부가 식료품 보조금으로 지급하는 돈이 600억 루블로 소련정부 예산 4,800억 루블의 12.5프로에 해당된다.[2] 『뉴스위크』가 달러로 계산한 것을 보면 고기 1킬로의 생산원가는 8달러인데 국영상점의 소매가격은 그 절반인 4달러다.[3] 이런 저물가 정책에 따라서 빵 값은 1954년의 수준 그대로, 육류와 우유 제품은 1962년에 정한 가격 그대로다. 농장에서 빵을 사료로 쓰는 것이 더 경제적이라는 기현상까지 나타난다. 그러니 정부의 재정적자는 불가피했다. 아간베갼은 1989년도의 재정적자를 100억 루블이라고 밝혔지만 미국의 소련 경제전문가 주디 셀튼은 250억 루블로 추정했다.

그런데 빵을 포함한 식료품들이 생산비용에도 훨씬 못 미치는 싼값으로 판매되는 제도의 모순이 단순히 재정적자에만 국한되는 것이 아니라는 데 문제가 있었다. 생산자 가격이 정부에 의해서 억제되는 필연적인 결과로 농업생산이 부진했으며 집단농장과 국영농장의 생산성은 낮을 수밖에 없고 경영은 방만했다. 협동조합 방식과 임대차 농업이 보급된 결과 지금까지는 그러려니 하며 보고 넘긴 적자영농이 주목을 끌게 되었고 그 해결책을 찾게 되었다. 소련경제 이대로는 안 된다, 혁

---

2) Abel Aganbegyan, *Inside Perestroika: The Future of the Soviet Economy* (New York: Harper-Collins 1989) 5면.

3) *Newsweek* 1989년 3월 13일, 10면.

명적인 개혁이 필요하다는 것은 소련 구석구석에서 경제문외한의 눈에도 훤히 보였다.[4]

1988년 서울 올림픽에 앞서 문화올림픽이 열렸다. 가장 주목을 끈 것은 동아일보사가 1988년 9월 서울, 부산, 대구에서 개최한 '볼쇼이발레단 내한 공연'이었다. 〈백조의 호수〉 중의 2막, 〈베니스 카니발〉의 2인무, 〈돈키호테〉 중 집시의 춤, 〈해적〉의 2인무를 추는 고전 발레의 하이라이트 공연이었다. 그때만 해도 소련은 미지의 나라, 베일에 싸인 신비의 나라여서 볼쇼이의 전막공연이 아닌데도 이 공연은 공전의 성공을 거뒀다. 필자는 문화올림픽 직전에 미국 연수를 마치고 돌아와서 문화사업 담당으로 발령을 받았다. 문화사업을 맡은 뒤 사정을 알아보니 중앙일보사는 소련의 공연을 하나도 따내지 못했다. 그래서 필자는 부랴부랴 반체제 시인으로 널리 알려진 예브게니 옙뚜셴꼬(Yevgeny Yev-tushenco)를 초빙하여 호암아트홀에서 시 낭송회를 가졌다. 통역으로 듣는 러시아어 시 낭송은 청중들에게 감동을 주지 못했다. 한마디로 중앙일보는 88문화올림픽에서 동아일보와 조선일보와의 경쟁에서 참패를 당했다.

그래서 목표로 정한 것이 볼쇼이발레단의 전속 오케스트라까지 포함한 풀 멤버 초청공연이었다. 그러나 볼쇼이발레단과 접촉할 마땅한 채널이 없어 난감해하던 중, 소련 방문이 잦고 소련의 요로에 친구가 많은 독일인 컨설턴트를 우연히 만났다. 필자는 그에게 볼쇼이발레단을 불러올 방도가 없겠느냐고 물었다. 그는 자신이 다리를 놓을 테니 볼쇼이 극장과 직접 교섭을 하라고 말했다. 필자가 물었다. "소련의 모든 해외

---

4) 김영희, 앞의 책 256면.

공연은 문화성 산하기구 고스콘서트(Gosconcert)가 주관하는데 어떻게 볼쇼이극장과?" 그가 대답했다. "뻬레스뜨로이까요. 크고 작은 기업들이 지금 막 독립채산제로 이행하고 있는 걸 이용하면 돼요. 문화성을 거치지 않고 볼쇼이극장과 직접 계약을 맺는 거요. 볼쇼이 측도 두 손들어 환영할 거요." 또 물었다. "문화성이 볼쇼이의 단독 플레이를 허용할까요?" 누가 계약주체가 되는가는 돈과 직접적으로 관계되는 일이었다. 지금까지 고스콘서트를 통한 해외공연으로 받는 공연료의 85프로는 국고로 들어가고 극장 측에 돌아가는 액수는 나머지 15프로인데 그나마 루블화로 주었다. 그래서 극장 측은 필요한 악기나 장비 하나 제대로 구입할 수가 없는 실정이었다. 듣고 보니 그럴 듯했다. 고르바초프의 뻬레스뜨로이까 개혁으로 계획경제는 사방에서 균열이 나고 시장경제는 아직 모양을 갖추지 못하고 있다. 정부는 기업별 독립채산제를 장려하면서 임대경영(Arienda)를 병행 실시했다. 개인이 국영기업을 임대경영하여 이윤을 나누는 방식이었다.

지체 없이 모스끄바로 날아갔다. 독일인의 말이 맞았다. 메즈두나로드나야 호텔 안에 있는 일식당 '후지'에서 마주 앉은 볼쇼이극장장 블라디미르 코코닌과 전설적인 안무가 유리 그리고로비치(Yury Grigorovich)는 오케스트라를 포함한 전단원의 서울 공연 제의에 즉석에서 찬성했다. 다음날 계약을 체결했다. 의향서(MOU) 체결을 건너뛸 정도로 양측이 볼쇼이 서울 공연에 열성적이었다. 레퍼토리는 한국인들에게도 널리 알려진 〈백조의 호수〉와 〈지젤〉로 정했다.

서울에 돌아와서 필자는 경악했다. 동아일보사가 한발 앞서 고스콘서트와 MOU를 체결했다는 것이다. 88문화올림픽 때 서울에 온 문화성의 담당 과장을 통해서 MOU를 성사시킨 것이 확인되었다. 이제는

214

친구가 된 독일인 컨설턴트에게 전화를 걸어 전후사정을 설명하고 어찌하면 좋을지 묻자 그는 걱정 말라고 했다. 문화성과 고스콘서트에는 볼쇼이극장이 체결한 계약을 무효화시킬 힘이 없다고 말했다. "내가 뻬레스뜨로이까라 하지 않았소." 정말 그랬다. 동아일보사는 삼성 회장실로 항의서한을 보내고 김병관 회장이 모스끄바로 가서 문화성에서 기자회견까지 했다. 그러나 사정은 달라지지 않았다. 신구체제가 교체되는 아주 작은 틈새에서 동아일보는 구체제와 손을 잡고 필자는 뻬레스뜨로이까 물결을 탄 새 체제를 활용했다. 그리하여 1990년 3월 25일 ~4월 3일 세종문화회관 대강당에서는 볼쇼이 전속 오케스트라까지 250여명의 전단원이 서울에 와서 그리고로비치 안무의 〈백조의 호수〉와 〈지젤〉 전막을 한국 최초로 공연했다. 사업적으로 큰 성공이었을 뿐 아니라 노태우 대통령과 이건희 삼성회장이 관람한 유례없는 히트였다. 여세를 몰아 중앙일보사는 그뒤에도 볼쇼이 전단원을 두번 더 초청했다.

얄타에서의 '미안한 점심'에서는 소련의 안쓰러운 과거를 보고, 볼쇼이 서울 공연에서는 소련/러시아의 미래를 본 셈이다. 다만 소련의 입장에서 아쉬운 것은 개혁이 고르바초프의 비전대로 진행되지 않았고, 고르바초프 자신이 갈팡질팡했으며, 사회주의에서 시장경제로 이행하는 과정에서 두 제도가 혼재하는 기간에 일대 혼란이 일어나 개혁에 반대하는 보수파의 쿠데타가 일어난 것이다. 개혁파인 러시아공화국 대통령 보리스 옐친(Boris Yeltsin)은 쿠데타를 진압하고 정치적 라이벌이던 고르바초프를 공산당 서기장 자리에서 축출하는 어부지리를 얻었다. 그러나 옐친의 승리는 소련제국의 와해 위에서 쟁취한 것이었다. 미국과 함께 세계를 양분, 지배한 소련제국은 눈 깜짝할 사이에 붕괴되었다.

고르바초프가 공산당 서기장에 취임한 1985년 140억 루블이던 소련의 재정적자가 1989년에 이르러서는 그보다 8배에 가까운 920억 루블로 뛰었다. 이것은 소련 전체 세출의 24퍼센트, 국민총생산(GNP)의 12퍼센트에 해당하는 규모다. 고르바초프 정권은 이 거대한 재정적자에 통화증발이라는 가장 손쉬워 보이는 방법으로 대응했다. 결과는 뻔했다. 물자의 뒷받침 없는 화폐의 증발은 인플레이션을 가져왔다. 소련 국가통계 위원회의 발표로는 1989년의 인플레이션 수치가 7.5프로였다. 그러나 서방세계의 소련 전문가들은 소련의 공식통계를 믿지 않고 인플레이션이 적어도 그 두배는 될 것으로 추측했다. 그리고 1990년 4월까지 소련의 인플레이션은 20퍼센트로 올랐을 것으로 보았다. 몇번에 걸친 대규모 파업의 결과로 1989년 봄에서 1990년 봄까지의 1년 사이에 소련 노동자들의 평균 임금만 해도 20퍼센트가 오른 상황이었다.

중앙이 통제하는 계획경제의 틀은 이미 무너지고 그것을 대신하는 시장경제는 정착되지 않은 데서 오는 혼란으로 생산성이 떨어져 통화량과 상품의 불균형은 더욱 악화될 수밖에 없었다. 예컨대 소련정부는 1988년에 3.9프로였던 공업생산의 성장률이 1989년에는 1.9프로로 떨어졌다고 발표했다. 이 통계 숫자도 정치적인 이유로 물타기를 한 것으로, 실제로 공업생산성이 떨어진 폭은 더욱 컸을 것으로 보인다.

1989년의 곡물생산도 2억 톤이 넘는 것으로 보고되었지만 창고시설과 수송수단의 부족으로 그중 3분의 1이 수확 현장이나 수송 과정에서 썩고 말았다. 그래서 소련은 가뜩이나 모자라는 외화 60억 달러를 써서 미국, 캐나다, 아르헨티나로부터 3,600만 톤의 곡물을 수입해야 했다. 그 결과 무역적자는 1988년의 세배가 되는 65억 달러로 뛰었다. 결국 1990년 1월에는 소련이 수입대금을 결제할 수 없는 지경에 이르러 세계의 무역업계에 큰 충격을 주었다. 제때에 갚지 못한 수입대금은 10억 달러 정도로 추산되었다. 이런 사정으로 소련은 1990년 2월과 3월 런던 금 시장에 상당량의 금을 내다 판 것으로 알려졌다.

1990년 여름부터 이라크가 쿠웨이트를 점령한 페르시아만 사태로 국제원유가가 크게 오르고 '소련제국'의 궤도를 벗어난 동유럽국가들이 소련의 석유와 천연가스를 수입할 때 종래의 '코메콘가격'이 아니라 국제시장가격으로 대금을 결재하게 되면서 비로소 소련의 무역수지는 개선되기 시작했다. 그러나 석유와 천연가스가 소련의 경제위기 자체를 근본적으로 해결해주지는 못했다. 소련경제는 급속히 빈사(瀕死)상태로 빠져들어갔다. 고르바초프가 소련경제를 오랜 침체와 위기에서 구하겠다는 구호를 들고 공산당 서기장에 취임하고 1986년 최초의 경제개혁안을 내어놓은 사정을 생각하면 참으로 아이러니컬한 일이 아닐수 없다. 증발된 화폐는 남아돌고 살 물건은 없다. 탄광에서는 갱도에서 석탄을 뒤집어쓰고 나온 광부들이 비누가 없어 모래로 몸을 씻어야 할지경에 이르렀다. 연인원 7백만명의 노동시간을 날린 1989년의 탄광파업을 '비누파업'이라고 부른 것도 그런 이유에서다. 상품의 뒷받침 없이 5천억~5,500억 루블의 돈이 떠다니는 경제에서 가격이라는 말은 의미를 잃었다. 기업 간의 거래와 도매 단계에서는 화폐가 기능을 잃고 물물교환이 행해지고 있었으니 그 이상 무슨 설명이 필요하랴.

뻬레스뜨로이까는 어디로 갔는가. 모스끄바 택시 운전수의 말대로 고르바초프의 뻬레스뜨로이까(Perestroika)는 간 데 없고 뻬레스뜨렐까(Perestrelka, 전투 또는 사격전)만 판을 치는가. 아니면 고르바초프가 행동은 없이 말만 하는 나토(NATO: No Action Talk Only)여서 그런가.[5]

---

5) 같은 책 331~33면.

이런 물음에 대해서 결론부터 말하면, 소련의 전례 없는 경제 파국은 고르바초프의 개혁의 수순이 틀리고, 고르바초프가 정치적인 이유로 급진 개혁파와 보수파 사이에서 확고한 개혁 의지와 비전을 제시하는 대신 절충주의로 일관했기 때문이다. 1989년 고르바초프는 6천 킬로의 국경을 맞대고 있는 중국과의 관계개선을 위해서 베이징을 방문했다. 가던 날이 장날이라고, 그가 베이징에 머무는 동안에 톈안먼 사건이 발생했다. 고르바초프는 귀국 후 정치국 회의에서 중국에서 본 덩 샤오핑(鄧小平)의 개혁이 잘못되어가고 있다고 보고했다. 고르바초프는 톈안먼 사태는 정치개혁을 먼저 한 다음에 경제개혁을 해야 한다는 자신의 생각을 확인해준 것이라고 말했다. "정치개혁이 먼저다. 왜냐하면 정치개혁은 말과 개념으로 할 수 있는 것이다. 민주화, 글라스노스뜨, 모든 금기의 파기는 배가 고파도 수행할 수 있다."[6]

전 총리 김종필은 중국 국가주석 장 쩌민(江澤民)을 방문했을 때 집무실에 철골상춘(鐵骨常春)이라는 액자가 걸려 있는 것을 보고 장 쩌민에게 철골은 공산당 일당독재, 상춘은 성과가 많은 경제개혁을 의미하는 것 아니냐고 물었다. 장 쩌민은 그렇다고 대답했다. 중국은 일당독재를 단단히 유지하면서 경제개혁을 단행했고, 고르바초프의 소련은 일당독재체제를 허물어 중앙의 통제가 들지 않는 환경에서 경제개혁을 실시한 것이다.

뒤에 설명하지만 1990년 10월 19일 고르바초프가 제안하고 소련최고회의가 채택한 시장경제 이행의 '최종안'이야 말로 고르바초프의 타협과 절충주의의 표본이다. 고르바초프의 개혁은 국민들의 생활과 직결

---

6) Valentin Falin, *Politische Erinnerungen* (München: Droemer Knaur 1993) 482면.

된 농업개혁과 소비물자의 생산보다는 기계공업을 위시한 기간산업의 개혁으로 시작되었다. 첫번째 단추를 잘못 끼운 것이다. 소련의 기간산업은 거대한 관료조직이다. 고르바초프는 관료들의 저항이 가장 강한 데서 개혁을 시작했다. 기대한 성과가 나올 수 없었다. 기간산업의 개혁이 성공해도 그 열매가 국민생활의 개선으로 연결되기까지는 시간이 걸릴 수밖에 없었다.

1980년대 중반에 집권한 고르바초프에게 부과된 시대적인 ─ 그리고 소련적인 ─ 과제는, 이미 한계를 드러내기 시작한 경제의 양적인 확대 정책에 제동을 거는 것이었다. 그러나 고르바초프는 2000년까지 국민소득과 공업총생산을 두배로 늘린다는 장밋빛 목표를 세우고 성장가속 (Uskorenie)을 경제개혁의 기본전략으로 삼았다. 그러면서도 그는 동시에 뻬레스뜨로이까를 통해서 경제제도를 개선한다는 정책을 제시했다.[7]

1988년 제정된 '협동조합법'은 가장 과격한 경제개혁이었다. 1928년 레닌의 신경제정책이 폐기된 이래 처음으로 서비스, 제조업, 대외무역에서 기업의 사유를 허용하는 것이었다. 실시 초기에는 협동조합 기업에 높은 세금을 부과하고 고용을 제한했다가, 이후에 개인소유를 장려하기 위해서 그런 제한을 폐지했다. 협동조합법이 시행되면서 소련 곳곳에 협동조합 레스토랑, 상점, 공장이 생겼다.

계획경제에서 기업의 독립채산제를 기둥으로 하는 새로운 체제로 바꾸는 것은 혁명이나 다름없는데 일시적이나마 성장률의 희생 없이 경제제도의 체질을 개선하겠다는 것은 두마리의 토끼를 쫓겠다는 것이었다. 그러나 고르바초프는 어느 한마리의 토끼도 잡지 못했다. 소련에

---

7) 김영희, 앞의 책 333~34면.

서는 기업활동이 국가발주(國家發注)에 의존하고 원자재를 국가가 관리했다. 그런 체제에서 독립채산제가 기대한 만큼의 성과를 내기는 어려웠다. 농지를 가족이나 개인집단에 임대하는 아리엔다(Arienda, 임대차농업)도 사실상의 개인농업을 장려하자는 취지에서 나왔지만 집단농장과 국영농장의 관리자들과 농업 관료들의 저항으로 부분적으로만 실시되었다.

관료들의 저항과 방해로 협동조합의 운영도 위축되었다. 또한 고르바초프 자신이 협동조합 활동의 규제를 완화하기도 하고 강화하기도 했다. 1988년 5월의 협동조합법은 조합영업을 장려한 것이고 1989년 10월에는 규제를 강화하는 쪽으로 법을 고쳤다. 뻬레스뜨로이까의 물결을 타고 기업을 해보겠다는 야심가들은 예측 불가능한 정책에 좌절하고, 일반 시민들은 상점의 텅 빈 진열대 앞에서 한숨을 지었다. 정부는 불신의 대상이 되었다. 신뢰와 계약이 시장경제의 기본원리라면 크렘린의 보수와 급진의 풍향에 따라 흔들리는 고르바초프의 방식으로 시장경제의 실현을 통한 소련경제의 기사회생은 기대하기가 어려웠다.

1986년에 시작한 불로소득추방운동은 고르바초프가 앞을 내다보지 못하는 정책으로 자승자박 당한 경우의 표본이다. 소련에서 생산은 선(善)이다. 그리고 상업과 서비스업은 비생산활동이고 거기서 얻는 이득은 불로소득으로 간주되어 불신과 비판의 대상이 되었다. 오랜 세월 동안 경제활동은 물자를 생산하는 것이라고만 이해되어왔고, 그외의 경제활동은 정당한 평가에서 제외되어온 것이다. 다시 말하면 소련 사람들의 재래식 사고방식으로는 아이디어, 정보, 문화, 기회의 제공, 자본의 운영 같은 소프트 자본주의 경제활동의 대부분은 비생산활동으로, 높은 평가가 아니라 비판의 대상이었다. 이런 상황에서는 국민들에게

220

물자를 생산하는 것만이 경제활동이 아니라는 것, 그리고 현대의 경제활동에서 소프트웨어가 차지하는 비중이 얼마나 중요한가를 인식시켜야 했으나 오히려 그는 정반대의 운동을 펼친 것이다.

불로소득추방운동이 농업에 입힌 타격은 컸다. 고르바초프의 농업개혁은 개인, 생산대(Brigada), 생산반(Zveno)이 생산의욕을 갖고 주도권을 발휘하여 일정 분량의 생산품을 자유시장에서 팔 수 있도록 하는 방식을 기본으로 한다. 그러나 불로소득을 죄악시하는 풍토에서는 증산된 농산물의 시장 거래가 제한받지 않을 수 없었다.

고르바초프의 경제개혁은 1970년대 말 중국의 경제개혁과 대조적이다. 덩 샤오핑은 인민공사를 해체하는 농업개혁과 소비물자의 증산으로 경제개혁을 시작했다. 마오 쩌둥이 강행한 인민공사 대신 개인책임제, 가족책임제라는 방식의 자영농업을 허용한 결과 농민들은 급속히 생산의욕을 되찾고 식료품과 기본적인 소비물자를 공급할 수 있었다. 중국과 소련의 개혁모델의 장단점은 긴 역사의 시간으로 판단할 일이다. 그러나 어쨌든 중국 모델은 1989년의 톈안먼 사건을 촉발했고 소련 모델은 상점의 상품 진열대를 텅 비우고 제국 내 여러 공화국에서 민족분규를 일으켰다는 것은 우리가 이미 확인한 사실이다.

한가지 다행인 것은 고르바초프를 비롯한 소련 지도층이 지금까지의 경제개혁이 실패였음을 시인했다는 것이다. 국민들의 일상생활에 필요한 수요를 충족시키지 못하는 개혁은 그 장기적인 이상이 아무리 고매해도 국민의 지지를 받을 수가 없다. 노벨평화상까지 받은 고르바초프의 국내에서의 인기가 외국서는 상상도 못할 만큼 낮다는 사실이 그것을 증명한다.

농산물의 증산 — 그리고 차질 없는 저장과 수송 — 은 소비물자의 증산과 함께 고르바초프 정권의 운명과 경제개혁의 성패를 좌우하는 것이었다. 시장경제로 간다고는 했지만 소비재를 대량 공급하여 통화와 물자의 균형을 잡아주지 못했다. 이런 배경에서 고르바초프는 소비물자의 증산과 통화안정을 최우선 과제로 삼고, 소비물자의 증산을 위해서 군수산업을 민수산업으로 대폭 전환하는 계획도 새로운 경제전략에 포함시켰다. 그러나 이 전략은 탱크공장에서 유모차를 만들 계획이라는 야유를 불러왔고 군 내부의 불만을 더욱 자극했다. 군대의 이반은 고르바초프의 정치생명의 종말을 재촉했다.

소비물자의 긴급 추가수입이라는 대증요법, 일부 모험주의자들이 조심조심 시작한 협동조합, 그리고 완만한 템포로 확산되고 있는 임대차농업이라는 자영농업이 시장경제가 정착될 때까지 고르바초프 체제를 지탱해줄 것인가. 국민들은 인내심을 갖고 상품진열대가 비어 있는 상점 앞에 줄을 서서 기다려줄 것인가. 대답은 "노"였다. 고르바초프는 시장경제로 간다고 거듭 강조했지만 시장은 모습을 나타내지 않았다. 그런 약점을 잡은 크렘린의 반개혁 보수파들이 고르바초프 축출 음모를 꾸몄다.

외무장관 그로미꼬의 외교책사로 일하다 당 중앙위원회 서기 겸 국제국장으로 승진하여 고르바초프의 사실상의 외교보좌관 역할을 한 발렌쩐 팔린은, 국내에서든 국외에서든 뻬레스뜨로이까는 없었다고 단언한다. "전체주의정권이 권위주의독재로 바뀌었을 뿐이다. 고르바초프는 무기한의 권력을 탐하지는 않았다. 그는 범법에 해당되는 행동을 하지 않았다. 그는 의자 밑에 도끼를 숨겨두는 것보다는 마이크 들기를 좋아했다."[8] 팔린의 이 말은 "패자에게 역경 있을진저"(Vae Victis)라는

8) Valentin Falin, 앞의 책 500면.

라틴어 경구로 된 소제목 아래 나왔다. 크렘린 굴지의 독일문제 전문가였던 그는 고르바초프가 1990년 7월 캅카스에서 독일 총리 헬무트 콜과 가진 회담에서 독일 통일에 동의한 직후, 소련이 독일 통일에 동의해준 댓가를 충분히 받지 못했다고 비판하며 소련 공산당 중앙위원 서기 겸 국제국장 자리를 박차고 나온 인물이다.

결국 고르바초프의 브레인들이 의욕적으로 연구하고 검토하여 작성한 시장경제 이행은 돌연히 연기되었고, 이는 공산당의 보수파, 시장경제하의 생활에 불안을 느끼는 국민들, 그리고 노동조합의 반대 때문이었다. 이제 이 시장경제 이행안을 자세히 살펴보기로 하자.

멀고 먼 시장경제의 길

시장경제를 도입하면 처음으로 정부의 통제를 벗어난 물가는 폭등하기 마련이다. 1990년 1월 폴란드가 물가통제를 폐지하고, 통화를 평가절하하고, 대외무역의 문호를 개방하고, 부실기업을 폐쇄하여 시장경제로 이행했을 때 초인플레이션과 많은 실업자가 생겼다. 국민들의 생활수준은 3분의 1로 떨어졌다.

고르바초프는 폴란드의 사정을 면밀히 검토하고 나자 그런 충격요법을 쓸 자신이 없었다. 공산주의체제를 강요당한 지 40년밖에 안 되는 폴란드에는 시장경제 아래서 생활한 경험이 있고 따라서 통제경제보다는 시장경제가 보다 나은 생활을 보장한다고 믿는 사람이 많았다. 반면에 70년 이상 공산주의체제 아래 살아온 대부분의 소련인들은 공산주의체제의 파탄을 눈앞에 목격하면서도 시장경제의 이점을 잘 몰랐다.

1990년 3월 15일 소련최고회의에서 59퍼센트의 득표로 대통령에 선출된 고르바초프는 국민들의 절대적인 지지를 받은 폴란드 총리 마조비에츠키와 같은 과감한 조치를 취하는 것은 모험이라고 판단한 것 같다.

그런 판단에도 일리가 있었다. 경제의 시장화로 한때라도 물가가 폭등하고 수천만명의 실업자가 생기면 당내 보수파와 관료층이 일제히 공세를 취할 것이었다. 그런 혼란 속에서 민족분규는 악화되고 군부가 평소의 불만을 조직적으로 발산할지도 몰랐다. 소련과 폴란드의 이런 차이가 고르바초프에게 신중한 행보를 강요한 것이다.

공산당 서기장은 당을 지휘하고 당의 통제를 받는다. 그러나 대통령은 인민대의원대회에서 선출되기 때문에 당의 통제 밖에 있다. 그래서 고르바초프는 굳이 대통령 감투를 하나 더 쓴 것이다. 그는 대통령에 취임하고부터는 소련경제의 회복을 위해서는 시장경제로 갈 수밖에 없다고 거듭 강조했다. 고르바초프의 그런 생각은 언론을 통해서 널리 선전되었고, 그 구상을 구체화한 것이 니꼴라이 리시꼬프(Nikolai Ryzhkov) 총리를 중심으로 고르바초프의 경제팀들이 1990년 4월 중순에 작성한 31개 항목의 경제개혁안이다.

지금까지 정부가 통제해온 물가 중에서 70퍼센트를 통제에서 해제하여 시장 메커니즘에 맡긴다. 국영기업과 국유재산의 70퍼센트를 개인이나 기업체에 임대 또는 양도하고 산업·경제를 담당하는 정부의 부처를 폐지한다. 일부 기업은 주식회사로 바꾸어 주식의 매매를 위해 증권시장을 연다.[9]

---

9) 김영희, 앞의 책 337~38면.

편의상 리시꼬프안이라고 부르는 이 개혁안의 내용은 이와 같다. 그리고 고르바초프는 이후 몇번이나 경제개혁안 뒤집기를 반복하게 된다. 고르바초프는 1990년 4월 중순까지도 리시꼬프안에 열성적이었다. 그는 4월 12일 크렘린을 방문한 미국의 민주당 소속 상원의원들에게 리시꼬프안의 31개 항목을 자세히 설명했다. 그런 고르바초프가 12일 후에 그 개혁안을 연기한다는 결정을 내렸다. 그리고 그로부터 한달 뒤 리시꼬프안을 손질한 새 경제개혁안을 최고회의에 제출했다. 고르바초프의 변덕에 당 간부들, 정부 관리들, 개인기업을 하고 있거나 시작하려는 사람들, 소비자인 일반 국민들은 정신을 차릴 수가 없었다. 새 개혁안은 2단계로 되어 있다.

제1단계는 1991년에서 92년 말까지 가격제도를 전면적으로 개혁하고, 세제를 고치고 상업은행을 신설한다. 전체상품 중에서 15퍼센트는 가격을 자유화하고 85퍼센트는 국가통제하에 둔다. 가격에 관한 한 통제와 자유가 공존하는 기간이다. 1993년에서 95년까지는 제2단계로 국유기업을 민영화하여 시장경제를 집중적으로 육성하면서 국가통제를 대폭 줄인다. 다만 에너지, 교통, 운수 같은 기간산업은 국영으로 둔다. 관련 법률은 1990년 말까지 정비를 끝낸다.[10]

새 리시꼬프안의 제1단계에는 농산물의 도매가격을 평균 55퍼센트 인상하는 내용도 있다. 그것을 소매가격으로 보면 소고기가 3배, 생선

---

10) 같은 책 338면.

이 2.5배, 설탕이 2배, 빵이 3배, 식용유가 2.5배, 유제품이 2배 오르는 셈이었다. 식료품에 대한 국가보조금은 지금까지의 연간 1,300억 루블(국가예산의 5분의 1)에서 450억 루블로 줄어드는데, 국가보조를 줄이되 폐지하지는 않는다는 계획이었다. 물가를 올리면 봉급생활자와 연금생활자뿐 아니라 전체 인구의 40퍼센트가 넘는 빈곤층의 생활이 크게 위협받게 되므로 거기에 대비해서 물가인상으로 늘어나는 정부 수입의 70퍼센트를 고정 수입자와 빈곤층 지원에 쓴다고 되어 있다.

이 리시꼬프안의 특징은 '덜 자본주의적' '덜 시장적'이라는 것이었다. 이 개혁안은 상품의 수급관계를 토대로 가격을 정하는 시장경제 또는 자본주의의 요소와 사회주의적 요소를 혼합한 것이면서도 사회주의적 요소가 더 강하다는 평가를 받았다. 예를 들면 막대한 정부보조금이 나가는 빵, 석유, 석탄, 철강 등은 생산가격에 가깝게 가격을 올리지만 제1단계가 끝나도 그 가격은 수급관계를 토대로 해서가 아니라 정부가 결정한다. 거기다가 정부는 최대의 수요자라는 입장에서 어떤 제품을 얼마나 생산할 것인가를 결정하는 데 강력한 발언권을 갖는다. 최고회의에서 옐친의 급진개혁파는 이 개혁안의 템포가 너무 느리다고 반대했고 보수파는 개혁이 너무 급진적이라 국민에게 주는 고통이 크다는 이유로 반대했다. 그러자 리시꼬프는 개혁안을 7월부터 실시하기 전에 국민투표에 붙이자고 제안했다.

리시꼬프안이 발표되자 야단이 났다. 전국에서 맹렬한 식료품 사재기 열풍이 불었다. 물건을 사기 위해 지방에서 도시로 원정을 가는 사람들이 줄을 잇고, 대도시는 원정 오는 외지인들을 막는 '경제봉쇄 조치'를 취하는 촌극이 벌어졌다. 사정이 급박해지자 고르바초프는 방미 중인 6월 3일 국민투표안 철회를 발표하고 7월부터 일부가격을 인상하기로 한 계획도 연기해버렸다. 국민투표를 실시할 경우 고르바초프에게는 승산이 없었다. 고르바초프는 또 한번, 이미 내린 결정을 번복했다.

소련이 시장경제로 가는 길은 그렇게 멀고 복잡했다. 다음에는 누가 어떤 개혁안을 들고 나올 것인가. 그러나 또 하나의 시장화 계획이 나오기까지는 그리 오래 걸리지 않았다. 이번에 등장한 사람은 급진개혁파의 지도자요 고르바초프의 최대 라이벌인 러시아공화국 최고회의 의장 옐친과 그의 경제 브레인 스따니슬라프 샤딸린(Stanislav Shatalin)이었다. 그들은 1990년 8월 1일 러시아공화국의 경제를 개혁하기 위한 시장경제 이행 500일안을 러시아공화국 최고회의에 제출하기 위해 준비하고 있었다.

고르바초프는 때를 놓치지 않고 리시꼬프안에서 샤딸린안으로 갈아탔다. 그는 옐친에게 공동으로 작업팀을 만들어 샤딸린안을 토대로 소련에 시장경제를 도입하는 개혁안을 만들 것을 제안했다. 1990년 5월 옐친이 러시아공화국 최고회의 의장 선거에 출마했을 때 그를 낙선시키기 위해서 대항후보까지 내던 때의 고르바초프를 생각하면 놀라운 정치적 방향전환이다. 그만큼 고르바초프의 사정이 급했다는 의미다. 시장경제 도입 500일 샤딸린안은 1990년 9월 11일 소련최고회의에 제출되었고, 같은 달 24일 찬성 323, 반대 11의 압도적인 지지로 채택되었다. 서방세계의 언론들은 이것을 옐친이 지도하는 급진개혁파의 승리로 평가했다.

소련최고회의가 채택한 샤딸린안의 내용이 얼마나 급진적이고 시장경제적인지 보자. 소련의 계획경제를 시장경제로 전환하는 500일의 기간은 네 단계로 나누어진다.

제1단계(첫 100일간)

―개인, 법인을 막론하고 경제활동을 자유화하여 국가 소유의 기업·자산·토지를 주식회사화, 사유화 또는 매각한다.

―1990년 말까지 50~60개의 국영기업을 주식회사로 바꾼다.

―토지개혁을 실시하여 집단농장과 국영농장의 토지를 농민들에게 개인소유로 불하한다.

―재정적자의 삭감을 위한 긴급조치를 취한다.

―1991년 1월부터 일체의 국가보조금과 조성금을 폐지한다.

―국립은행을 연방준비제도로 개편한다.

―모든 국립 특수은행은 주식회사로 바꾼다.

―1990년 11월 모스끄바에 주식시장을 개설한다.

―1991년부터 국정가격은 원칙적으로 생활필수품에 한정하고, 계약가격 또는 자유가격을 확대한다.

제2단계(100~150일)

―주식회사로 바꾸는 국영기업의 숫자를 1천~1,500개로 한다.

―상점과 식료품 생산기업의 50퍼센트를 사유화한다.

제3단계(250~400일)

―국가가 소유하는 기본 생산시설의 30~40퍼센트를 주식회사로 바꾸거나 매각 또는 임대한다.

―시장경제에 필요한 주택시장을 창설한다.

―모든 가격의 70~80퍼센트가 국가통제에서 벗어난다.

―루블화가 교환성을 갖게 하는 전제로 국내에서 외화의 사용이 자유화되고, 기업은 독자적으로 무역활동을 벌인다.

제4단계(400~500일)

―모든 기업의 70퍼센트 이상, 건설·수송·상업의 80~90퍼센트를 민영화한다.

―노동시장이 열리고 노동력의 이동이 자유화된다.[11]

이 개혁안을 보도한『중앙일보』1990년 9월 25일자 5면 기사는 '공산경제 70년 마감 자본주의 실험'이라는 제목을 달고 있다. 실험은 성공할 수도 있고 실패할 수도 있다는 것을 암시하는 제목이다.

샤딸린안에 따르면 500일이라는 짧은 기간에 국영기업의 70퍼센트를 민영화하여 주식회사나 개인소유로 바꾸고, 일부 생활필수품을 제외한 모든 상품의 가격을 자유화한다. 국유재산은 대부분 매각하고, 토지와 주택의 매매도 자유로이 할 수 있게 된다. 거주제한을 해제하여 노동력의 수요공급 관계에 따라 누구나 일자리를 찾아 자유로이 거주지를 옮길 수 있다. 소련에서는 획기적인 조치다. 은행도 주식회사로 하고 증권시장도 연다. 가격을 자유화하므로 국고보조는 없어지고 소매가격이 생산가격에 미치지 못하는 소련 특유의 모순이 시정된다. 기업이 국가통제를 벗어나 주식회사나 개인소유가 되면 적어도 10개 이상의 정부 부처가 존재 이유를 잃고 폐지된다. 상점과 공장들이 개인경영으로 넘어가면 지방관서의 규모와 인원도 대폭 줄게 된다.

고르바초프가 샤딸린안을 지지한 것은 옐친을 의식해서다. 샤딸린안은 공화국에 많은 권한을 이양한다. 고르바초프 자신이 반대하는 가운데 옐친의 꼬리표가 붙은 시장경제의 이행계획이 대부분의 공화국에서 채택된다면 고르바초프의 권위와 영도력은 심각한 위협을 받는다. 따

---

11)『중앙일보』1990년 9월 25일, 5면.

라서 고르바초프로서는 옐친과 '불안한 동맹'이라도 맺어 급진적인 개혁안에 보수적인 물을 타면서 자신의 입지를 강화하기 위한 시간을 벌고자 했을 것이다.

1990년 9월 28일자 『뉴스위크』는 고르바초프가 지금은 시장경제에 대해서 열성을 보이는 것같이 말하지만 소련은 그가 결단을 주저한 댓가를 비싸게 치르고 있다고 논평했다.

고르바초프가 자본주의경제만이 소련이 선택할 길이라는 확신을 가진 것은 진보적인 경제학자 니콜라이 페트라코프가 그의 경제 보좌관이 된 지난 1월의 일이다. 3월에 대통령이 된 고르바초프는 대통령령으로 시장경제를 채택하는 데 충분한 권한을 부여받았다. 그러나 그는 전원합의(Consensus)에 의한 개혁을 시도했다. 그가 급진파와 보수파 간의 균형 위에서 중간노선의 개혁안을 찾으려고 하는 6개월 동안 소련국민들은 참으로 힘든 시기를 보냈다. 이제야 그는 극적인 경제개혁을 수용할 의사가 있는 것 같다. 그가 5년 동안 표류하면서 아무 행동도 취하지 않은 결과 소련경제는 더욱 붕괴되고 민중들의 분노는 커졌다.[12]

고르바초프가 마침내 극적인 경제개혁을 수용할 태도를 보였다는 『뉴스위크』의 판단은 좀 성급했다. 고르바초프가 1990년 10월 16일 소련최고회의에 제출하여 19일 채택된 '국민경제의 안정화와 시장경제 이행에 관한 기본방침'이라는 최종 절충안은 극적인 개혁과는 거리가 있는

---

12) *Newsweek* 1990년 9월 28일, 18면.

것이었다. 고르바초프는 정치적인 타산으로 한때 등을 돌렸던 리시꼬프안에 다시 접근했다. 고르바초프는 방향감각을 잃은 사람 같았다.

절충안의 한계

최고회의는 이미 1990년 9월 24일 고르바초프가 지지하는 샤딸린안을 채택했다. 그런데 어떻게 같은 최고회의가 다른 개혁안을 채택할 수 있는가 하는 의문이 당연히 생긴다. 소련최고회의의 토의와 법안 채택의 과정은 복잡하다. 9월 24일 최고회의는 샤딸린안을 '원칙적으로' 승인한 것이다. 원칙적으로 승인된 법안이나 결의안은 토의를 거쳐 수정이 가능하다. 10월 19일 채택된 개혁안은 9월 24일 채택된 개혁안을 연방최고회의의 4개 위원회, 각 공화국 최고회의, 그리고 모스끄바와 레닌그라드 시장들과의 협의를 통해서 조정한 것이었다.

고르바초프는 샤딸린안을 최고회의에 상정할 때 이미 거기에 리시꼬프안의 내용 일부를 반영시킬 뜻을 분명히 밝혔다. 그러나 최고회의가 채택한 절충안은 샤딸린안을 골격으로 하고 거기 리시꼬프안을 반영시킨 것이 아니라 리시꼬프안을 골격으로 하고 있다. 주객이 뒤바뀐 것이다. 채택된 최종 절충안의 내용을 보자.

제1단계 비상조치 단계
예금 금리를 인상한다. 소유를 국유화 또는 사유화한다. 토지개혁을 실시한다. 도매물가와 정부에 의한 수매가격의 인상을 제한한다.
제2단계 금융제도를 엄격히 하고, 유연한 가격형성 제도를 도입하는

단계

민영화의 규모를 확대하고 소기업을 늘리고 국민소득을 사회적으로 보호하는 조치를 취한다. 연료·원료·자재의 3분의 1 이상이 국정가격을 유지한다.

제3단계 시장형성 단계

주택시장을 형성하고, 임금개혁을 실시한다. 가격 자유화의 범위를 더욱 넓히고 세제와 대출금리를 고쳐 기업활동의 활성화와 투자증대를 촉진한다.

제4단계 안정화 기간이 끝나는 단계

경제의 비독점화·민영화·사유화가 현저하게 진전된다. 경공업·식품공업·농업·서비스 부문의 활동을 촉진한다. 국내에서의 루블의 교환성을 실시한다.[13]

고르바초프는 최고회의에서 자신의 개혁안에 대한 표결이 있기 전, 토론을 종결하는 연설에서 주식과 협동조합 등의 공적 소유와 사적 소유가 공존하는 "다양한 소유형태를 인정하는 혼합경제"로 가야 한다고 강조했다. 시장경제의 기초가 되는 사유재산 제도에 대해서는 "역사적인 전통과 사회환경으로 인해서 주식소유, 협동조합소유, 집단소유 등의 공공적인 소유형태가 필요하다. 사유재산은 그것이 효과적이라고 인정되는 범위 안에서 존재할 권리를 갖는다"고 주장했다. 토지소유에 관해서는 그것이 대단히 중요한 문제이고, 토지개혁을 즉각 실시한다고 말하는 데 그쳤다. 시장경제가 본격적으로 시행되기 위해서는 토지

---

13) 『朝日新聞』 1990년 10월 20일, 7면.

를 포함한 사유재산 제도를 기초로 하는 자유로운 경제활동의 원칙이 전제되어야 한다. 그런데 고르바초프의 최종 절충안은 사기업이 경제활동에서 차지하는 비중에 대해 소극적이고, 토지의 개인소유와 매매에 대해서도 역시 소극적이다.

고르바초프의 절충안은 '어떻게'(How to)에 관한 구체적인 언급을 피하고 있다는 인상을 주었다. 샤딸린안의 분량이 200페이지가 넘었던 것에 비해서 절충안은 66페이지로 축소되어 있다. 시장화의 방법으로는 민영화, 비독점화 등의 구상이 제시되었을 뿐 추진에 필요한 법안이나 구체적인 조치에 관한 언급이 빠져 있었다.

고르바초프는 '혼합경제'라는 표현을 썼다. 그러나 절충안에 나타난 개혁의 실체는 서방세계에서 이해되는 혼합경제와는 달랐다. 앞에서 설명한 바와 같이 사기업의 활동과 토지의 개인소유에 대해서 소극적인 입장을 취하고 있다는 의미에서 고르바초프의 절충안은 사회주의의 틀을 벗어나지 못했다. 소련의 관영 타스통신이 "이 계획으로 소련이 자본주의국가가 되지 않는다는 것이 확실해졌다. 그러나 동시에 또 하나 중요한 의문이 남아 있다. 그것은 소련에 시장이 등장할 것인가라는 의문이다"라고 논평한 것도 절충안의 한계를 지적한 것으로 볼 수 있다.

리시꼬프의 연방정부안에 가까운 절충안이 채택된 데는 관료층의 저항이 작용한 것으로 보인다. 사적인 경제활동에 기초를 두는 시장경제로 이행하면 거대한 관료기구는 필요하지 않게 된다. 샤딸린안은 정부기구의 대폭축소와 보조금 지급의 중지, 농장폐쇄 등을 전제로 하기 때문에 관료층의 필사적인 반대에 부딪쳤고, 관료층의 압력과 고르바초프의 정치적 타산이 일치하여 당초의 기대보다 시장요소가 덜 들어간 절충안이 나온 것이다.

국가가 가격을 계속 통제하는 대상 품목도 샤딸린안은 일차적인 생활 필수품으로 한정하고 있는데 절충안에는 자재까지 국가가 결정하는 가격의 대상에 들어 있었다. 상품의 수요와 공급의 관계라는 시장법칙에 따라 결정되어야 할 가격의 폭이 한정되고, 특히 자재가격을 정부가 결정한다는 것은 고르바초프 절충안의 중요한 한계의 하나라고 하겠다.

절충안도 시장경제 이행을 네 단계로 나누고, 전체적인 이행기간을 대강 1년 반에서 2년으로 잡고 있다. 기간은 샤딸린안과 큰 차이가 없었다. 그러나 기업의 민영화와 가격의 자유화에 관해서 샤딸린안이 명시한 실시시기와 규모 등의 구체적인 목표가 없다. 500일로 못을 박은 샤딸린안도 현실성이 없다는 비판을 받았지만 구체적인 목표가 빠진 개혁안으로는 국민들에게 장래에 대한 확실한 비전을 제시할 수 없었다.

샤딸린안에는 기업의 민영화와 가격자유화의 목표가 제시되어 있다. 제3단계까지는 상업·요식업·서비스업의 60퍼센트 이상을 비국유화하고, 가격의 70~80퍼센트를 자유화한다고 밝히고 있다. 마지막으로 공업의 70퍼센트 이상이 민영화된다. 그러나 절충안에는 민영화와 자유화의 규모를 나타내는 목표가 없었다. 뿐만 아니라 민영화의 과정은 장기간에 걸친다는 구절, 이행의 제2단계에서는 연료·원료·자재는 전체 상품의 3분의 1 이상을 국정가격하에 유지한다는 구절은 샤딸린안과 비교해서 절충안이 경제에 대한 정부 통제와 관리를 고수하겠다는 의미다. 그래서 절충안은 샤딸린안에서 후퇴한 보수적인 개혁이라는 평가를 받는다.

예상대로 옐친은 즉각 그리고 강력히 고르바초프의 절충안에 반발했다. 옐친은 고르바초프의 개혁안이 6개월 안에 실패로 끝날 것이라고 주장하면서 러시아공화국은 공화국 최고회의가 1990년 9월 11일 채택한 샤딸린안에 따라서 자체의 통화를 발행하는 등 시장경제 이행계획을 독자적으로 강행하겠다고 선언했다. 실제로 러시아공화국은 11월 1일을 기해서 샤딸린안에 따른 경제개혁에 착수하여 연방 소유의 기업과 자원을 싸고 심각한 마찰이 예상됐다.

　정치적인 타협의 수단으로 제출하고 채택된 시장경제 이행계획은 결과적으로 고르바초프와 옐친, 그들이 대표하는 온건 개혁파와 급진 개혁파의 권력투쟁을 격화시키는 불씨가 되고 말았다. 고르바초프와 옐친의 대립은 연방정부와 러시아공화국 정부의 대립이었고, 그 대립의 파문은 연방정부와 다른 공화국들과의 관계에까지 미쳤다. 이렇게 말썽의 소지를 안은 채 소련경제는 시장경제로 향한 발걸음을 내딛게 된다.[14]

신사고 외교

　신사고 외교라 불리는 고르바초프의 외교정책은 경제정책과는 다르게 세계사적인 성과를 냈다. "21세기의 정치는 인간의 모습을 하고 인류적 가치에 바탕을 둔 것이어야 합니다." 2001년 12월 고르바초프가 한국을 방문했을 때 필자와 가진 단독회견에서 한 말이다.[15] 이런 사고를 하는 고르바초프였기에 시민혁명이 동유럽 전체를 휩쓸어 공산당정권들이 벼랑 끝에 몰렸을 때, 소련이 바르샤바조약기구 회원국들의 내

---

14) 김영희, 앞의 책 343~47면.
15) 필자와의 인터뷰, 『뉴스위크』 한국판 2001년 12월 5일. 이 책의 부록에 수록되어 있다.

정에 간섭하지 않을 것이며 그들 국가는 스스로의 운명을 자주적으로 결정할 권리를 행사할 수 있어야 한다는 입장을 분명히 밝혔던 것이다.

발렌찐 팔린은 뻬레스뜨로이까 이전의 시기에는 외무장관 안드레이 그로미꼬 아래서 외교정책을 보좌하고 고르바초프 집권 이후 뻬레스뜨로이까 시대에는 소련 공산당 중앙위원회 서기와 인민대표회의 의원(국회의원에 해당)을 지낸 소련의 외교통이다. 에곤 바를 상대로 모스끄바 조약의 실무협상을 담당한 이후 서독 주재 대사로 임명되기도 했다.

그런 팔린이 회고록에서 고르바초프가 신사고 외교를 처음 생각한 계기를 상세히 소개한다. "마거릿 대처는 1984년 영국을 방문한 고르바초프를 만나보고 그가 미래의 소련 개혁 정치가가 될 재목임을 알아챘다는 말을 반복했다. 내게 분명했던 것은 고르바초프가 이 영국 방문 때 자신의 새로운 자질을 발견하고 냄비를 태우는 것은 신이 아니라는 생각을 굳혔다는 사실이다. 그때 고르바초프는 권력의 맛을 보고, 권력으로 거둘 수확이 많다는 것을 확인하고 자신이 권력자가 되면 소련의 외교정책은 달라질 것이라고 결심했다."[16] 냄비를 태우는 것은 신이 아니라는 말은 일을 그르치는 것은 신이 아니라 사람이라는 의미다.

고르바초프의 외교정책의 산실은 알렉산드르 야꼬블레프(Alexander Yakovlev)가 지휘하는 '경제·국제관계연구소'였다. 그러나 팔린에 의하면 야꼬블레프에게도 나중에 신사고 외교로 불리게 되는 고르바초프의 새 외교정책이 어떤 것이어야 하는가에 대한 구체적인 구상이 없었다. 그러나 고르바초프는 소련의 전통적인 외교기조를 버리고 자신이 보는 세계관을 토대로 한 외교노선이 필요하다는 것을 알았다.

---

16) Valentin Falin, 앞의 책 466~67면.

1985년 권력을 잡은 고르바초프가 신사고 외교의 준비로 가장 먼저 취한 조치는 전통외교의 상징적 인물인 외무장관 그로미꼬를 아무 실권이 없는 국가원수 자리로, 그루지아공화국 내무장관 셰바르드나제를 새 외무장관에 임명한 것이었다. 셰바르드나제는 중앙무대에서 요직을 지낸 적이 없는 외교의 문외한이었다. 고르바초프는 당시의 서독 외무장관 디트리히 겐셔(Hans-Dietrich Genscher)가 내무장관 출신이면서도 탁월한 외교협상가로 변신한 사실을 참고한 것으로 알려졌다. 그러나 고르바초프의 속셈은 외교의 문외한을 외무장관 자리에 앉혀놓고 큰 역할은 자신이 하겠다는 것이었다고 보인다.

　고르바초프 신사고 외교의 제1탄은 1986년의 단계적 핵무기 폐기 선언이었다. 고르바초프는 시간을 지체하지 않고, 1985년 11월 제네바에서 소련을 '악의 제국'이라고 매도한 미국 대통령 레이건을 만나 단계적 핵무기 폐기를 포함한 포괄적인 군비축소를 제안했다. 레이건의 소련정책은 일반인들에게는 스타워즈(Star wars)로 더 널리 알려진 전략방위 프로그램(SDI, Strategic Defense Initiative)을 기둥으로 한다. 소련을 천문학적 예산이 드는 군비경쟁으로 끌어들여 소련경제를 파탄으로 이끌고, 그리하여 궁극적으로 소련 자체를 무너뜨린다는 데 방향을 맞춘 것이었다. 그래서 제네바에서 고르바초프를 만난 레이건은 군축에 전혀 열성을 보이지 않았다. 그러나 고르바초프는 포기하지 않았다. 두 사람은 1986년 11월 11~12일 아이슬란드 수도 레이캬비크(Raykjavík)에서 다시 만났다. 이 회담도 손에 잡히는 성과 없이 끝났다. 회담은 스타워즈에 발이 걸려 고꾸라졌다. 고르바초프는 정상회담을 마치고 가진 기자회견에서 소련은 미국이 죽음에 이르는 군비확장을 하는 것을 방관하지 않을 것이며, 미소 정상회담은 잠시 중단된 것이지 완전히 끝난 것은 아니라고 말했다.

고르바초프는 레이건을 만날 때마다 안전보장에 있어서의 평등을 강조했다. 쉽게 말하면 힘의 균형이다. 소련은 미국과 스타워즈 같은 경쟁을 할 경제력이 없었다. 고르바초프가 힘의 균형을 강조한 것은 미국에게 군비경쟁을 하지 말자, 두 나라가 보유한 핵탄두를 단계적으로 줄여나가자, 스타워즈를 중단하라는 주문이었다. 그러면서도 고르바초프는 '이에는 이로' 대응하는 전략에는 한계가 있다고 말하여 소련 측의 선제적인 양보를 암시했다. 실제로 고르바초프의 소련은 핵무기와 재래식 무기에 의한 선제공격의 일방적인 포기를 선언했다. 레이건과 고르바초프의 1987년 세번째 정상회담에서 중거리핵전력협정이 체결될 수 있었던 것은 고르바초프의 정치적·군사적 양보의 산물이었다. 1989년 모스끄바에서 열린 아버지 조지 부시와 고르바초프의 정상회담에서는 제1차 전략무기감축협정(Strategic Arms Reduction Treaty, 약칭 START 1)이 체결되었다. 그리고 1989년 12월 3일 부시와 고르바초프는 지중해 몰타에서 만나 함께 냉전종식을 선언했다. 그것은 소련과 동유럽국가들이 냉전이든 열전이든 전쟁을 치를 힘도 의사도 없는 상황, 자본주의로의 전환이 최종단계에 이른 현실을 두 수퍼 파워의 수뇌가 냉전종식 선언이라는 형식에 담아 온 세상에 선포한 것이다. 신사고 외교의 큰 업적이다.

한국에도 고르바초프 신사고 외교의 봄바람이 불었다. 1990년 9월의 한국과 소련의 외교관계 수립도 고르바초프의 신사고 외교로 성사된 것이다. 한국은 관계정상화의 댓가로 소련에 30억 달러의 장기차관을 제공하기로 했다. 그러나 실제로 집행된 것은 14억 5천만 달러였다. 수교를 위한 차관협상 대표였던 노태우 정부 경제수석 보좌관 김종인에 따르면

한소수교에는 미국 국무장관 조지 슐츠(George Shultz)의 역할이 컸다.

고르바초프는 6천 킬로미터의 국경선을 사이에 두고 팽팽하게 대치하고 있던 중국에 대해서도 화해정책을 썼다. 중국도 호응했다. 그러나 그가 중국을 방문한 것이 1989년이었던 것을 보면 그의 대외정책에서 최우선 순위는 미국과의 군비축소, 서유럽국가들과의 관계개선, 유럽 전체의 평화적 질서의 확립이었음을 알 수 있다.

늦게 오는 자는 벌을 받는다

소련은 1979년 아프가니스탄을 침공해 연인원 62만명의 소련군을 투입해 전쟁을 벌이고 있었다. 고르바초프는 이 군대를 1989년 2월 완전히 철수했다. 또한 1968년부터 시행해온 브레즈네프 독트린을 폐기하여 동유럽국가들에 사실상 독자적인 노선을 허용했다. 동독도 예외는 아니었다. 그는 1989년 10월 7일 동독 공산당 서기장 에리히 호네커의 초청을 받고 동독정권 수립 40주년 기념식에 참석하러 베를린에 도착했다. 베를린-쇤펠트(Berlin-Schönefeld) 공항에서 호네커와 함께 차를 타고 동독 권력의 심장부 판코프 구역에 있는, 당 서기장의 집무실과 관저가 있는 니더쇤하우젠성으로 가는 연도에는 플래카드를 든 수천명의 동베를린 시민들이 늘어서서 "고르비! 고르비!"를 외쳤다. 고르바초프와 나란히 앉은 호네커의 표정은 돌처럼 굳었다. 그는 고르바초프를 초청한 것을 후회했을 것이다.

고르바초프는 호네커뿐 아니라 당 정치국원들 전원과의 회담을 제안했다. 호네커와의 단독회담을 마친 고르바초프는 정치국원들과 만났다. 그가 동베를린을 방문할 때는 동유럽의 시민혁명이 절정에 이르고, 헝가리와 체코슬로바키아에서는 동독시민들의 탈출 행렬이 이어지고 있었다. 그 바람을 타고 동독에서도 개혁을 요구하는 시위가 확산되고 있었다. 고르바초프는 동독 지도자들에게 자신의 뻬레스뜨로이까 개혁의 당위성을 설명하고 호네커와 다른 정치국원들에게도 동독의 개혁의 필요성을 역설했다. 고르바초프는 그 자리에서 뒤에 널리 알려진 말을 했다. "너무 늦게 오는 자는 벌을 받는다."

호네커가 작심하고 반론을 폈다.

동독 지도자들은 무엇이 동독에 좋고 나쁜지를 [당신들보다] 더 잘 압니다. 전체를 보면 동독의 생활수준은 서유럽의 생활수준보다 낮지 않습니다. 노동자 계급, 취업자들, 청년들은 우리 사회주의통일당의 정책을 지지합니다. 어려움이 있지만 그것은 외부에서 흘러든 것들입니다. 최근에 나는 소련의 마니또고르스끄를 방문했습니다. 시 당국이 내게 시내를 둘러보자고 하여 나는 사양하고 내 수행원들이 갔습니다. 그들이 돌아와서 하는 말이 시내의 상점에는 소금과 성냥조차도 없다는 것이었어요.

고르바초프는 회담을 마치고 수행원들과 공원을 산책하면서 말했다. "우리는 최악의 사태에 대비해야 하는가? 우리가 할 수 있는 일은 다 했다. 힘의 입장에서 자신을 지지해달라는 호네커의 요구는 들어줄 수 없다."[17] 고르바초프는 호네커와 다른 정치국원들에게 1953년의 반복은

---

17) 같은 책 486~87면.

없다고 말했다. 1953년 동베를린 폭동을 소련군이 진압한 것을 두고 한 말이다. 고르바초프의 해석으로는 소련-동독의 군사동맹은 외적의 침입에만 적용되는 것이다. 이렇게 되면 호네커의 실각은 시간문제였다. 그러나 고르바초프 자신의 정치생명도 경각에 달려 있었음을 고르바초프와 그의 참모들은 눈치채지 못했다. 소련 공산당 정치국의 보수세력들과 군부 강경파들의 고르바초프 축출음모는 한층 구체화되고 있었다.

8월의 쿠데타

1987년 5월 28일 오후 4시 15분, 마티아스 루스트(Matthias Rust)라는 19세의 서독 청년이 세스나 경비행기를 몰고 모스끄바 심장부 크렘린의 붉은 광장에 착륙하는 충격적인 사건이 일어났다. 그는 핀란드를 이륙해 750킬로를 아무 방해도 받지 않고 크렘린 광장까지 날아온 것이다. 마티아스는 크렘린 광장 위를 낮게 세바퀴 돈 뒤 착륙했다. 소련이 발칵 뒤집혔다. 소련이 자랑하는 방공망이 10대의 민간인이 모는 경비행기에 어이없이 뚫려 소련군이 세상의 웃음거리가 되었다. 그날은 더군다나 소련 국경수비대 창설기념일이었다. 고르바초프는 이 사건을 군 길들이기의 기회로 이용했다. 국방장관과 방공사령관을 파면했으며 장성 여러명을 퇴역시키고 군 요직에 대대적인 교체인사를 단행했다. 군은 스스로의 잘못을 인정하면서도 고르바초프에 대한 적개심을 불태웠다.

1990년 인민대표자회의에서 소비에트연방 대통령에 선출된 후부터 고르바초프는 의회와 행정부와 대통령을 자문하는 평의회와 심지어는 당 정치국과도 주요 정책을 상의하지 않고 독단적으로 결정하는 일이 잦았다. 그는 국민을 대표하는 인민대표자회의에서 선출된 국민의 대통령을 자처했지만 당과 정부의 중추세력의 마음은 고르바초프를 떠나고 있었다. 고르바초프는 뻬레스뜨로이까가 '혁명 중의 혁명'이라고만 계속 강조했다.

1991년 8월 2일, 1986년 고르바초프의 단계적 비핵화선언의 기획자의 한 사람이던 소련군 총참모장 쎄르게이 아흐로마네프 원수가 고르바초프의 의도적인 소련군 무시에 항의하여 자살하는 사건이 일어났다. 아흐로마네프는 이런 유서를 남겼다. "나는 나의 삶의 의미인 조국이 와해되어 모든 것이 사라지는 것을 보고 살 수가 없다."[18] 충격을 받은 군 지도부의 동요가 더 활발해졌다. 당 간부들과 정부 관료들과 군 간부들의 지지를 크게 잃은 고르바초프는 모반에 맞설 손발이 다 잘린 꼴이 되었다. 쿠데타의 조건이 갖추어졌다는 의미다.

정치와 경제의 구조를 개조(Restructuring)하고 정보를 공개하는 고르바초프의 뻬레스뜨로이까와 글라스노스뜨에 공산당의 보수파들이 반발한 것은 예상된 일이었다. 고르바초프가 보수파의 저항이 행동으로 옮겨져도 찻잔 속의 태풍으로 끝날 정도일 것이라고 얕잡아 본 것이 큰 화를 불렀다. 보수파들의 반발 움직임과 때를 같이하여 소비에트연방을 구성하는 여러 공화국에서 비러시아계 소수민족들이 독립 아니면 자치의 확대를 요구하는 불길한 움직임이 일어나기 시작했다.

고르바초프의 정치생명을 끊고 소련제국을 무너뜨린 1991년 8월 보수파들의 실패한 쿠데타를 설명하기 위해서는 보리스 옐친을 먼저 소

---

18) 같은 책 477면.

개할 필요가 있다. 옐친은 젊은 시절 건축기사로 일하다 1961년 공산당에 입당했다. 그리고 빠르게 승진에 승진을 거듭하여 1976년에 스베르들롭스끄(Sverdlovsk)주 공산당 제1서기에 올랐다. 고르바초프는 집권 후 옐친을 공산당 모스끄바 지구당 제1서기에 임명했다. 한국의 서울시장 격이다. 옐친은 모스끄바 시정부에서 정치개혁을 추진하면서 연방 차원의 개혁을 주장하다 보수파의 반발을 만나 1987년 러시아공화국 제1서기 자리에서 해임되었다. 그러나 1989년 실시된 소련 최초의 자유총선거에서 89프로를 득표하여 높은 대중적인 인기를 과시했다. 1990년 공산당을 탈당한 옐친은 러시아공화국 최고소비에트 의장에 당선되었고 1991년 소련의 새 헌법에 따라 실시된 러시아공화국 대통령 선거에 출마하여 57프로의 득표로 당선되었다. 옐친이 러시아공화국 대통령으로서 가장 먼저 취한 조치는 러시아공화국의 주권을 선언하고 공화국 내에서 소련의 법률을 정지시킨 것이다.

1991년 3월, 소비에트연방 잔류 여부를 묻는 국민투표 결과, 전국적으로는 잔류 지지가 다수였다. 그러나 발트3국과 아르메니아, 그루지아가 먼저, 그리고 우크라이나가 뒤이어 소비에트 연방을 탈퇴했다. 나머지 아홉개 공화국은 느슨한 독립국가연합(CIS)을 구성하는 데 합의했다.

고르바초프의 뻬레스뜨로이까, 옐친의 모스끄바 시정부 개혁, 공화국들의 연방 이탈에 소련제국 붕괴의 위기를 실감한 KGB 의장 블라지미르 끄류츠꼬프(Vladimir Kryuchkov)는 부통령, 총리, 국방장관, 내무장관, 심지어 고르바초프의 비서실장까지 끌어들여 쿠데타를 모의하고 그 주체세력으로 국가비상사태위원회를 구성했다. 그런 움직임을 안 1991년 7월 29일, 고르바초프와 옐친, 카자흐스탄공화국의 누르술탄 나자르바예프가 1991년 7월 29일 끄류츠꼬프를 포함한 보수세력의 축출을 논의했다. 그들의 허술한 논의는 끄류츠꼬프의 KGB에 도청당해 결과적으로 보수파의 쿠데타를 서두르게 만들었다.

1991년 8월 4일 고르바초프는 8월 20일 모스끄바로 돌아올 예정으로 크림반도의 포로스에 있는 별장으로 향했다. 미국 대통령 조지 부시와 역사적인 전략무기감축협정에 조인하기 위해서라는 이유였지만 고르바초프 개인의 정치생명뿐 아니라 미국과 세계를 양분하고 있는 수퍼파워 소비에트제국의 운명이 크게 요동치는 상황에서 최고지도자가 모스끄바를 떠난다는 것은 상식 밖의 행보로 생각되었다. 그는 정보에 어두웠거나 쿠데타 위협을 과소평가했다.

국가비상사태위원회 대표들이 마지막으로 고르바초프와 담판하러 포로스로 갔다. 그들은 고르바초프에게 국가비상사태를 선포하고 대통령직을 부통령 겐나지 야나예프(Gennady Yanayev)에게 넘기라고 요구했다. 고르바초프가 거절하자 국가비상사태위원회는 고르바초프를 별장에 연금한다. 외부로 통하는 전화선이 끊기고 별장은 보수파에 충성하는 군인들에 포위되었다.

8월 19일 국가비상사태위원회가 방송매체들을 통해서 비상사태를 선포하고 부통령 겐나지 야나예프가 대통령 권한대행을 자처했다. 모스끄바 외곽에서 대기하던 쿠데타 진영의 기갑사단과 공수부대가 모스끄바로 진입했다. 이 소식을 들은 옐친이 카자흐스탄 방문을 중단하고 모스끄바로 돌아왔다. 옐친을 그때 공항에서 체포하지 않은 것이 쿠데타 실패의 가장 큰 원인이 될 줄 그들은 몰랐다. 세계의 이목은 러시아공화국 최고 소비에트 건물 벨리돔에 쏠렸다. 벨리돔을 포격하려는 쿠데타군과 그들을 저지하려는 시민들이 대치했다. 시민들은 인간띠를 만들어 쿠데타군의 포격과 건물 진입을 저지했다. 일부 쿠데타군 지휘관들이 이탈하여 러시아공화국에 충성을 맹세했다. 벨리돔 앞에 모여드는 시민들의 숫자가 점점 늘었다. 그때 8월 쿠데타 촌극과 관련된 가장 인상적이고 세인들의 기억에 오래 남을 극적인 장면이 벌어졌다.

옐친이 쿠데타군의 탱크에 올라가서 시민들에게 개혁의 정당성과 쿠데타의 부당성을 역설하는 호소력 넘치는 열변을 토한 것이다. 옐친의 연설 장면은 소련 국영 텔레비전은 물론 전세계의 신문과 방송에 생생하게 중계되었다. 『뉴스위크』는 그 장면을 표지에 실었다. 미국과 서유럽국가들은 소련의 쿠데타를 비난하면서 쿠데타로 집권한 정부에는 일체의 경제지원을 하지 않겠다는 경고를 연일 발표했다. 서방세계의 그런 단결된 거부반응은 쿠데타 세력에는 숨이 막히는 압박이었다. 그러나 이미 루비콘강을 건넜다. 일단 거사는 성공시키고 봐야 했다.

8월 21일 쿠데타군의 탱크들이 벨리돔으로 가는 길목의 바리케이트를 돌파했다. 성난 시민들이 탱크에 불을 지르고 몇몇 청년들은 탱크로 뛰어올랐다. 그런데 벨리돔에서 합류하기로 한 알파부대와 빔펠부대는 오지 않았다. 사태가 불리하게 전개되는 것을 직감한 국방장관 드미뜨리 야조프가 모스끄바에 진입한 군대에 철수명령을 내렸다. 쿠데타 지도자 끄류츠꼬프가 동료들과 함께 고르바초프를 만나러 크림반도로 날아갔다. 그러나 고르바초프는 그들을 만나는 것 자체를 거부하고 그들에게 해산명령을 내렸다. 8월 22일 고르바초프와 함께 모스끄바로 돌아온 끄류츠꼬프 일당은 공항에서 체포되었다. 8월 24일 고르바초프는 공산당 서기장 자리에서 물러나 대통령직만 유지했다. 그러나 그의 권위는 이미 땅에 떨어졌다. 고르바초프와 옐친이 동등한 자격으로 권력을 공유한 기이한 이원정부가 탄생했다. 11월 6일 러시아공화국 내에서 공산당 활동을 금지하는 조치가 내려졌다.

정부의 각료 자리는 옐친의 사람들로 채워졌다. KGB 의장, 내무장관, 공군참모총장 자리는 고르바초프가 내정해놓은 인물들을 제치고 옐친이 임명한 사람들이 차지했다. 소비에트연방 의회에서 거구의 옐친이 잔뜩 왜소해지고 주눅이 든 고르바초프에게 옐친 자신이 임명한 각료 명단을 제시하면서 "어서 명단을 읽으시오!"라고 고함을 질렀다. 소련의 1인자가 바뀌는 역사적인 순간을 극적으로 상징하는 그 장면도 옐친의 탱크 위 연설과 함께 세계인들의 기억에 오래 남을 만하다.

소련은 잠시나마 고르바초프와 옐친의 공동정부가 지배하는 나라가 되었다. 1991년 9월 6일 미국 ABC 방송이 짓궂은 프로를 방송했다. 메인뉴스의 스타 앵커 피터 제닝스(Peter Jennings)가 고르바초프와 옐친 두 사람을 동시에 모스끄바의 ABC 스튜디오에 불러내 나란히 앉혀놓았다. 고르바초프는 잔뜩 주눅이 든 표정이었다. 제닝스와 두 사람이 주고받은 문답은 그때 소련이 어디로 표류하고 있었던가를 웅변해준다.

제닝스 많은 시청자들이 두분의 관계를 궁금해합니다.

옐친 고르바초프는 내 정치생명이 끝났다고 생각하고, 나는 그가 대통령으로서 능력이 없다고 생각한 때가 있었습니다.

고르바초프 한때는 그런 질문에 대답하기가 어려웠지만 지금은 아주 간단해요. 두 사람이 겪은 어려움이 다 지나갔습니다.

제닝스 공산주의체제가 계속 유지되어야 한다고 생각하십니까?

고르바초프 우리가 경험한 역사를 통해 공산주의는 실패했다고 확실히 말할 수 있어요.

옐친 공산주의는 미사여구로 치장된 유토피아적 발상입니다. 다른 공산주의국가들도 이런 사실을 곧 깨닫게 될 겁니다.

제닝스 나는 1983년 소련 공군기가 격추한 KAL 007편에 타고 있던 269명 희생자들의 유족회 회장인데요, 269명의 희생자들의 사체를 반환하고 보상할 용의가 있습니까?

옐친 유족회와 협조할 용의가 있고 도울 용의가 있습니다.

제닝스 쿠바 주둔 소련군을 철수할 생각이 있습니까?

(고르바초프와 옐친이 당황한 표정으로 서로를 바라보고 먼저 답변하라고 손짓을 한다. 방청객들이 폭소를 터뜨린다.)

고르바초프 옐친 대통령이 답변하시죠.

옐친 현재 유럽에서 진행 중인 것처럼 쿠바에서도 점진적으로 소련군을 철수할 계획입니다.[19]

이 방송 장면은 두 명의 소련 공동 대통령 중에서 누가 우위에 섰는가를 선명하게 보여줬다. 대통령 고르바초프는 권력과 소비에트연방공화국을 지키기 위한 최후의 수단으로 '소비에트 경제운영관리위원회'를 만들었다. 그러나 소련 대통령과 공화국 대통령들이 구성한 소련국가위원회가 소비에트 경제운영관리위원회를 대체했다. 이런 조치들이 취해지는 가운데에서도 소련제국 해체는 급속히 진행되었다. 1991년 12월 25일, 마침내 고르바초프는 대통령직에서도 물러났다. 다음날 소비에트연방은 공식적으로 해체되었다.

소련과 소련권의 해체를 지켜본 프란시스 후쿠야마는 『역사의 종말』

---

19) http://www.nytimes.com/1991/09/07/world/soviet-turmoil-gorbachev-yeltsin-session-committed-to-common-work.html.

(*The end of History*)에서 역사는 자유민주주의의 승리로 끝났다고 선언
했다. 그러나 사회주의체제의 붕괴는 역사의 종말이 아니라 새로운 시
작을 의미하는 것이었음이 그뒤의 세계가 실증한다. 독일 시사주간지
『슈피겔』은 소련의 붕괴를 "한번도 입지 않은 웨딩드레스 팝니다"라
는 비극적인 광고 문구에 비유했다. 소련제국의 어이없는 소멸은 막강
한 힘을 가지고도 적절히 쓸 줄 몰랐던 공산당 서기장 겸 대통령과, 뻬
레스뜨로이까와 글라스노스뜨 개혁에 중세의 종교재판(Inquisition)
같은 가혹한 판결을 내렸던 반개혁 보수세력의 합작품이다. 독일인들
의 입장에서 보면 모골이 송연해질 일이었다. 고르바초프의 실각과 소
련의 해체가 1년 3개월 전에 일어났더라면 독일 통일은 무기한 늦춰졌
을 수도 있었다. 소련제국이 해체된 마당에 독립국가연합 소속의 어느
누구도, 옐친도, 고르바초프가 행사한 소련의 지도자로서의 권위와 힘
을 가지고 서독에 크게 양보한 캅카스의 결단을 내리지는 못했을 것이
다. 독일 총리 앙겔라 메르켈이 박근혜 대통령을 만나 독일 통일은 행운
(Glücksfall)이었다고 말한 것도 이런 배경에서일 것이다.

제6장

/

통일이 시야에

1989년 11월 9일, 베를린장벽 무너지다

1989년 초 서독 주재 미국대사 버논 월터스(Vernon Walters)는 에곤 바와 환담을 나누는 자리에서 자신의 대사 임기 중에 독일이 통일될 것이라고 예언하여 바를 놀라게 했다. 그는 확신에 찬 어조로 말했다. "통일은 홍수처럼 밀려와요. 거기 맞서려고 하면 홍수에 휩쓸려 갑니다." 에곤 바가 아는 한 월터스가 독일 통일의 최초의 예언자였다.[1] 바의 표현으로, 외교의 백전노장인 월터스의 통찰력이 참으로 놀랍다.

"너무 늦게 오는 자는 인생의 벌을 받는다"는 고르바초프의 경고는 실행되고 있었다. 동독 지도부는 정치·경제·사회 체제의 개혁을 게을리하여 우선 경제가 파산 직전의 벼랑 끝에 섰다. 생산성은 서독의 40프로 수준으로 떨어지고, 1970년 20억 서독마르크였던 외채는 1989년 490억 마르크로 뛰었다. 1990년 기준으로 외채 상승을 억제하는 경제정

---

1) Egon Bahr, *Zu meiner Zeit* (München: Karl Blessing Verlag 1996) 570면.

책을 쓰려면 국민 생활수준을 현재의 55프로로, 최악의 경우에는 30프로까지 떨어뜨릴 각오를 해야 하는 실정이었다.[2]

이미 1980년부터 라이프치히 성니콜라이 교회에서 시작된 통일을 위한 기도회는 매주 월요집회로 이어졌고, 이는 동독의 시민운동 세력을 결집시켰다. 월요집회의 참가자수는 1989년 9월 4일 천여명, 10월 2일 2만여명에서, 동독정부가 라이프치히 시위를 무력진압하지 않는다고 발표한 10월 9일 이후 급격히 늘어 16일 12만명, 23일 30만명, 11월 6일 40만명이 되었다. 민주화를 목전에 둔 헝가리에서 8월 오스트리아와의 국경철책을 제거하자 헝가리에 머무르던 2만여명의 동독인들이 바로 서독으로 향했고, 프라하와 바르샤바의 서독대사관을 "점령"한 서독 이주 희망자들도 폴란드와 체코슬로바키아 정부가 동독인의 출국제한을 해제하자 일제히 서독행 기차를 탔다.

이런 급박하게 변화하는 상황이었지만 베를린장벽 붕괴는 짐작하기 어려웠다. 동독체제의 종말의 시작을 알리는 베를린장벽 붕괴가 얼마나 갑작스럽게 왔는가는 그날의 헬무트 콜의 일정이 웅변해준다. 1989년 11월 9일, 장벽이 열리기 여섯시간 쯤 전인 그날 정오에 콜은 폴란드 방문길에 올랐다. 콜의 외교안보보좌관 호르스트 텔칙은 콜이 착잡한 심정으로 본을 떠났다고 회고한다.[3] 아마도 계속되는 변화의 조짐에서 콜은 무언가 예감했던 것이 아닐까. 그러나 폴란드 방문은 콜에게 특별한 의미가 있었기에 미룰 수는 없었다. 그는 독일이 국제사회에서 존경받는 지위를 누리려면 프랑스, 이스라엘, 폴란드 세 나라와의 화해

---

2) Helmut Kohl, *Ich Wollte Deutschlands Einheit* (Frankfurt am Main: Propyläen 1996) 114면.
3) Horst Teltschik, *329 Tage: Innenansichten der Einigung* (Berlin: Siedler Verlag 1991) 11면.

가 필수적이라고 인식했다. 프랑스, 이스라엘과의 화해는 콜의 '정치적 아버지' 아데나워가 50년대 말~60년대 초에 실현했고, 콜은 폴란드와의 최종적 화해로 나치독일의 악행의 가장 큰 부분을 청산한 아데나워의 역사적인 과업을 완성하고 싶었다.

콜의 폴란드 방문일정에는 폴란드 총리 타데우시 마조비에츠키, 대통령 보이체크 야루젤스키, 자유노조 쏠리다르노시치 지도자 레흐 바웬사와의 회담 외에 아우슈비츠(Auschwitz)와 크라쿠프 방문이 들어 있었다. 독일계가 많이 사는 옛 슐레지엔 지방의 흐라스타바(Chrastava)에서 그의 방문을 맞아 특별히 열리는 가톨릭 미사에 참석하여 연설을 하는 것도 또 다른 의미 있는 일정이었다.

정상회담의 주요 의제는 (1) 국경선 문제, (2) 나치독일의 폴란드 침공과 점령에 대한 배상, (3) 독일계 소수민족의 권리, 세가지였다. 콜은 바르샤바에 도착하자마자 반체제 지식인 출신인 마조비에츠키와 회담을 했다. 국경선 문제는 브란트 정권이 소련과 체결한 모스끄바조약과 폴란드와 체결한 바르샤바조약에서 이미 오데르-나이세 강을 폴란드의 서부국경선으로 인정했기 때문에 큰 이견이 없었다. 독일계 국민들의 권리문제에 대해서도 마조비에츠키는 관대한 입장을 취했다. 그러나 배상문제에서 두 나라의 입장 차이가 컸다. 나치독일은 폴란드 점령기간 중에 백만 단위에 이르는 폴란드인들을 학살하고 2백만명의 폴란드 젊은이들을 독일로 끌고 가서 강제노동을 시켰다. 재산 약탈과 토지의 강제 수용에 대한 배상이 폴란드가 요구하는 주요 항목이었다. 콜-마조비에츠키의 1차 회담은 서로의 입장확인으로 끝났다.

그날 저녁의 급박한 순간은 콜의 회고록에 정리되어 있다. 회담이 끝난 뒤, 옛 폴란드왕국의 국왕 다음 서열 라즈빌 후작이 자택으로 쓰던 내각평의회(Ministerrat) 건물에서 마조비에츠키가 콜을 귀빈으로 만찬을 주최했다. 콜과 그의 수행원들이 영빈관에서 막 출발하려는 순간 본에서 총리실 실장 루돌프 자이터스(Rudolf Seiters)가 숨이 턱에 닿은 목소리로 콜에게 전화를 걸어왔다. 바로 베를린장벽이 열렸다는 급보였다. 만찬이 진행되는 동안에도 자이터스의 더 상세한 후속보고가 전달됐다. 대변인 자니 클라인이 콜과 마조비에츠키의 대화에 끼어들어 서독 하원이 통일을 예감하고 즉흥적으로 독일국가를 불렀다고 전했다. 콜은 수많은 동베를린 시민들이 새로 열린 통로를 통해서 서베를린으로 넘어가고 젊은 시민들이 방벽에 올라가 망치로 벽을 허물고 있다는 보고를 듣고도 도무지 믿어지지가 않았다.[4] 장벽이 완전히 개방된 것은 밤 10시경이었다.

본에서 보내온 장벽 붕괴의 경위에 관한 보고는 어처구니없는 것이었다. 동독 공산당 베를린 지부장이었다가 최근에 공보 담당 정치국원이 된 귄터 샤보프스키(Günter Schabowski)가 저녁 6시 55분 정례 기자회견에서 그날 당 중앙위원회가 가결한 동독인의 서독 방문 제한을 완화한 개정 여행법을 설명하다 실언을 하여 장벽이 열렸다는 것이었다. 보고에 따르면 샤보프스키는 당 서기장 에곤 크렌츠가 건네준 새 여행법을 제대로 읽고 소화시키지 못한 채 기자들 앞에 섰다. 그는 새 여행규칙에 따라 동독시민 누구든지 서독여행을 신청하면 즉시 허가할 것이라고 말했다. 언제부터 발효되느냐는 질문에 그는 "당장"이라고 대답했다. 서베를린 여행에도 해당되느냐는 질문에도 "물론"이라고 대답했다.

---

[4] Helmut Kohl, 앞의 책 126면.

동독인들 대부분이 국경 전면개방에 관한 뉴스를 서독의 ARD 방송 8시 뉴스를 통해 들었고, 수만명의 동베를린 시민들이 사실 확인을 위해 땅거미가 짙은 장벽 주변에 몰려들었다. 정부는 국경수비대 경비원들에게 어떤 지침도 내리지 않았다. 몰려든 시민들에 압도된 경비원들이 국경의 바리케이트를 열었고 일부 시민들은 장벽에 올라가 벽을 부수고 또 다른 시민들은 나팔을 불고 춤을 추고 환호했다. 이어진 사흘 동안 동독 군인들이 방벽을 뚫고 통로를 열어 2주 사이에 3백만명의 동독인들이 서독을 방문하여 100마르크씩의 환영금을 받았다.[5]

콜은 만찬이 끝나고 바로 프레스센터가 있는 매리엇 호텔로 가서 기자들 앞에 섰다. 예상된 질문이 쏟아졌다. "이 사태를 어떻게 평가하십니까?" "언제 통일이 됩니까?" 콜은 바로 이 순간 세계역사의 새로운 장이 열리고 있다, 긴 시야에서 볼 때 통일은 앞으로 올 세대가 실현시킬 것이다, 역사의 수레바퀴가 도는 속도가 빨라졌다고 대답했다.

콜은 그의 참모들과 매리엇 호텔에서 대책을 논의했다. 거기서 처음으로 텔레비전으로 베를린장벽이 무너지는 장면을 보았다. 그는 빨리 베를린으로 가야 했다. 문제는 폴란드 방문 일정을 일시 중단하고 귀국했다가 돌아와서 나머지 일정을 소화하느냐, 아니면 폴란드 방문 자체를 아주 중단하느냐였다.

베를린장벽 붕괴에 폴란드는 민감한 반응을 보이고 있었다. 베를린장벽의 붕괴가 독일 통일을 의미하는 것이라면, 폴란드는 다시 8천만 인구를 가진 빅 파워와 국경을 맞대고 살아야 한다. 동독이 사라지면 바르샤바조약기구도 해체된다. 마조비에츠키는 다음날로 예정된 폴란드

5) http://www.dailynk.com/korean/read.

대통령 야루젤스키와의 회담을 취소하는 것은 폴란드에 대한 모욕이라는 말로 콜의 귀국을 막으려 했다. 그러나 콜은 폴란드 방문 일시 중단으로 마음을 굳히고 마조비에츠키를 설득했다. 10일 아침 본에서 두개의 급한 보고가 잇달아 날아들었다. 첫 보고는 그날 저녁에 서베를린 번화가 쿠르퓌르스텐담(Kurfürstendamm)에 있는 카이저 빌헬름 교회 근처에서 기민당이 주최하는 군중대회가 열릴 예정으로 콜이 와서 연설을 해야 된다는 것이었다. 두번째 보고는 더 급한 것이었다. 그날 저녁이 아니라 오후에 사민당 소속 서베를린 시장 발터 몸퍼(Walter Momper)가 시청 앞 광장에서 주최하는 군중대회가 열린다는 것이었다.

호르스트 텔칙은 몸퍼가 의도적으로 콜이 물리적으로 참석하기가 어려운 시간에 군중대회를 계획했다고 의심했다. 콜은 1961년 8월 13일 베를린에 장벽이 세워질 당시 총리 아데나워가 베를린에 가지 않아 장벽 규탄행사는 그때의 시장 빌리 브란트가 각광을 독점하는 행사가 되었고 아데나워가 여론의 지탄을 받은 전례를 기억했다. 콜은 모든 수단을 동원하여 몸퍼가 여는 대회에 참석하여 연설을 하지 않으면 안 된다고 마음을 굳혔다.

서독 공군 소속인 콜의 전용기는 동독 상공을 날 수 없고 서베를린의 공항에 착륙할 수도 없었다. 서베를린의 지위는 그런 것이었다. 콜의 전용기는 스웨덴 상공을 날아 함부르크에 도착했다. 거기서 콜은 미국대사 월터스가 주선한 미 군용기로 바꿔 타고 오후 4시에 서베를린 템펠호프 공항에 도착했다. 공항에서 시청까지 최고속도로 질주했다. 시청 광장의 연단에는 벌써 전 총리 빌리 브란트, 외무장관 디트리히 겐셔, 시장 몸퍼를 포함한 귀빈들이 자리를 잡고 있었다. 연단 아래서는 수만명의 군중들이 괴성까지 지르면서 열광하고 있었다.

256

콜의 연설 차례가 오기 전에 텔칙이 고르바초프가 보낸 긴급 전문을 건넸다. 고르바초프는 콜에게 동독 수뇌부가 어려운 결정을 내렸다, 이 상황에서 사태가 격앙되지 않게 진정시켜 달라, 동베를린에서도 군중대회가 열린다는 보고를 받았다, 최선을 다해 혼란(Chaos)을 막아달라고 요청했다. 그때 소련군의 개입을 유도하려는 동독 슈타지와 크렘린의 보수파들이 조작한 보고를 받고 고르바초프가 콜에게 긴급히 자제와 사태의 통제를 요청했었다는 사실이 나중에 고르바초프 스스로의 고백으로 밝혀졌다. 베를린장벽이 무너진 날, 고르바초프가 동독 수뇌부에 소련군은 개입하지 않을 것이라는 점을 분명히 밝혔다는 것도 나중에 알려졌다.[6]

콜이 연설을 시작하자 군중들이 요란한 휘파람과 고함으로 야유를 날렸다. 군중의 다수가 사민당 지지자들이었음을 보여준다. 그래도 콜은 군중들의 야유에 압도당하지 않고 비행기 안에서 준비한 연설을 했다. 그는 독일 역사에 있어서의 그날의 의미를 설명하고, 독일인들이 어떻게 행동해야 하는가를 설득력 있게 말했다.

우리는 지금 중대한 시험대 앞에 섰습니다. 우리는 최근 동베를린, 드레스덴, 라이프치히와 다른 수많은 도시에서 사려분별의 메시지를 들어왔습니다. 우리는 현명하게 행동해야 한다는 메시지를 들었습니다. 현명한 행동은 냉정하고 분별 있는 행동을 의미하고, 과격한 언동을 자제하고, 국제정치와 유럽과 독일 전체의 차원을 보라는 의미입니다. …… 동독 주민들에게도 의사표시의 자유, 언론의 자유, 노

---

6) Helmut Kohl, 앞의 책 130~32면.

조를 만들 자유, 정당을 만들 자유, 비밀투표의 자유를 누릴 권리가 있습니다. 우리는 동독 주민들이 그런 자유를 얻기 위한 투쟁을 지지합니다.[7]

콜의 연설은 그날, 그 시간, 그 장소에 가장 적절한 내용의 것이었다. 베를린장벽 붕괴를 보고 세계인들이 환호하고 독일인들은 행복했지만 서독을 포함한 서방세계의 지도자들은 동독에 주둔 중인 소련군 22개 사단의 존재, 고르바초프가 크렘린 보수파들의 압박에 굴복하여 1953년 동베를린 폭동을 소련군 탱크가 진압한 역사를 되풀이할 가능성을 심각하게 우려했다. 동독 전역에서 벌어지고 있는 시위사태가 통제를 벗어나면 장벽 붕괴가 가져다준, 아니 하늘이 독일인들에게 선물한 통일의 기회를 날려버릴지도 모르는 일이었다. 연설 후반부의, 동독인들의 자유를 위한 투쟁을 지지한다는 콜의 발언은 다소 자극적이었지만 정치가 콜로서는 하지 않을 수 없는 말이었다.

독일의 1989년을 돌아보면서 한국인들은 스스로에게 물어야 한다. "미래의 어느날, 북한의 주요 도시들이 먹을 것과 자유를 요구하는 군중들의 시위의 쓰나미에 휩쓸릴 경우 우리는 어떻게 행동할 것인가?" "주변 4강 지도자들로부터 냉정하고 분별 있게 행동하라는 요청을 받는다면 우리는 무엇을 해야 할까?" 우리는 베를린의 1989년 11월 9일을 평양의 모년 모월 모일로 옮겨놓고 우리의 행동을 구상해둬야 한다.

11월 10일 본으로 돌아간 헬무트 콜은 2차대전의 승전국으로 독일 전체와 베를린에 권리와 의무를 동시에 갖고 있는 4강 지도자들과의 전화

7) 같은 책 133면.

통화에 매달렸다. 피를 말리는 통일외교의 시작이었다. 그는 4강의 반응이 저마다 다를 것을 예상했다. 특히 영국의 태도가 걱정되어 밤 10시에 마거릿 대처에게 가장 먼저 전화를 했다. 대처는 텔레비전 보도를 보고 사태의 대강을 파악하고 있었다. 콜은 대처에게 베를린의 축제 분위기를 설명했다. 대처는 불편한 심기를 감추지 않았다. 대처는 12개국 유럽공동체 정상회의를 제안했다.

콜이 미국 대통령 조지 부시와 전화통화를 한 것은 밤 10시 30분, 워싱턴 시간 오후 4시 30분이었다. 콜은 전날 저녁 카이저 빌헬름 기념교회 근처에서 열린 100만명의 군중들에게, 미국이 아니었으면 오늘 베를린장벽은 개방되지 않았을 것이라고 말하여 큰 갈채를 받았노라고 부시에게 '보고'했다. 부시는 독일의 성공과 신의 축복이 있기를 바란다고 말했다. 콜은 부시의 말에서 미국과 서독의 긴밀한 유대관계의 건재를 확인했다.

콜은 하루가 지난 다음날 아침 프랑스 대통령 프랑수아 미떼랑에게 전화를 걸었다. 콜은 10일 쿠르퓌르스텐담 대로의 군중대회 분위기는 빠리의 샹젤리제에서 열리는 7월 14일 혁명기념일 행사를 방불케 했다고 설명하는 순발력을 발휘했다. 콜은 동독 주민들이 정당과 노조 결성의 자유를 요구하면 사태가 어려워질 수도 있다고 전제하고, 동독 공산당 서기장 에곤 크렌츠에게 특사를 보낼 예정이라는 것도 알렸다. 미떼랑은 '위대한 역사의 순간'을 맞은 독일인들에게 축하를 보낸다고 말했다.

11일 베를린 사태에 대한 소련의 공식 입장이 나왔다. 콜과 그의 참모들은 소련 외무성 대변인 겐나지 게라시모프(Gennady Gerasimov)의 논평이 신중한 데에 일단 안도의 숨을 길게 쉬었다. 게라시모프는 베를린 경계선 개방의 결정은 전적으로 동독의 주권 행사이고 새 여행지침은 현명한 것이라고 논평했다. 그러나 게라시모프는 베를린장벽 개방이 동서독 국경선의 소멸을 의미하는 것이 아니고 사태를 정상화시키는 조치의 일환이라고 덧붙였다. 게라시모프는 고르바초프가 장벽 개방의 청신호를 보내지 않았다는 말로 베를린장벽 붕괴가 소련에게도 전혀 예상하지 못한 일이었다는 사실을 솔직히 인정했다.

사태는 결단을 내렸던 당사자인 에곤 크렌츠의 예상을 뛰어넘어 확대되고 악화되었다. 크렌츠는 '그날의 사나이'의 이미지를 앞세워 서독에서 수십억 마르크의 재정지원을 받아 시민들의 궐기에 요동치는 동독을 안정시킬 속셈이었다. 그러나 사태는 그의 계산과는 반대 방향으로 전개되었다.[8] 크렌츠의 비극은 전국적인 시위사태의 본질을 잘못 읽은 데서 시작된 것이다. 동독시민들이 체감한 상대적 빈곤이 시위의 원인 중 하나이기는 했지만 그들의 요구는 기본적인 자유를 보장하는 개혁이었다. 거기에는 헬싱키 프로세스가 보장한 언론과 표현의 자유, 집회·결사의 자유, 거주·이동의 자유가 포함된다. 철저히 고립되고 통제된 북한과는 달리 동독시민들은 동유럽의 다른 나라들로 여행할 수가 있었고 서유럽의 라디오방송을 듣고 텔레비전을 제한된 범위에서라도 시청할 수가 있었다. 그들은 북한 주민들은 상상할 수도 없는 수준의 상대적인 풍요와 자유를 이미 누리고 있었다.

그리고 동서를 불문하고 독일인들은 1848년 유럽대륙을 휩쓴 자유주의혁명의 유전자를 갖고 태어난 사람들이다.[9] 라이프치히 시위 군중들

---

8) 같은 책 139면.

9) 1848년 혁명은 프랑스 나폴레옹전쟁을 청산하고 유럽대륙에 보수적인 구질서를 회복한 빈체제에 반발한 자유주의혁명이다. 1848년 혁명으로 빈체제는 무너졌다.

이 "우리가 국민이다"(Wir sind das Volk)라는 구호를 외친 것은 주권자인 국민의 권리를 행사하겠다는 요구였다. 그 구호가 "우리는 하나의 국민이다"(Wir sind ein Volk)로 변증법적 변화를 일으키면서 동독 주민들의 통일에의 열망이 발산되었다. 크렌츠는 좁은 시야로 동독 주민들의 요구를 경제적인 것으로만 해석하려고 했다. 그것은 발터 울브리히트같이 스탈린주의자의 카리스마를 갖지 못한 크렌츠의 태생적인 한계이기도 했다. 그래서 크렘린도 불만이 많았던 것이다.

11월 10일 그의 일생을 통해서 가장 극적이고 바쁜 날을 보낸 서독 총리 헬무트 콜은 11일 정오에 고르바초프와 전화회담을 했다. 콜은 냉정을 촉구한 고르바초프의 전날 메시지에 답하여 사태의 발전은 과격하지 않게 조용히 진행되어야 한다고 말하고, 서독은 동독인들의 탈출로 인한 동독의 인구감소를 원하지 않는다고 강조했다. "사태가 불안정하게 진전되지 않기 위해서는 동독 주민들이 고향에 남아 있어야 합니다." 콜은 고르바초프에게 했던 경제지원의 약속도 반드시 이행할 것이라고 확인했다.

고르바초프는 가속이 붙은 동유럽의 변화에 대해 각국은 각자의 사정에 맞게 속도를 조절해야 한다고 강조했다. 또한 자유와 민주주의와 보다 나은 경제생활을 위한 동독의 변화에는 시간이 필요하며, 변화에는 불안정한 사태가 따르기 때문에 모든 나라들이 책임의식을 갖고 신중한 자세로 동독 사태에 대처해야 한다고 말했다. 콜도 고르바초프의 말에 동의하고, 서독과 소련의 관계와 두 나라 지도자들의 개인적인 친분관계가 긍정적으로 발전한 것은 특별한 축복이라고 말했다. 고르바초프와의 전화 대화로 콜은 승전국 4강의 수뇌들을 상대로 한 통일외교의 첫 단계를 마무리하고 11일 오후 3시경 폴란드 방문의 나머지 일정

을 소화하기 위해 바르샤바로 떠났다.[10]

바르샤바의 분위기는 하루 사이에 크게 경직되어 있었다. 9일과 10일 동독에서 일어난 사태를 본 폴란드 지도자들은 강력한 통일독일의 출현을 두려워하고 있었다. 폴란드 대통령 야루젤스키는 콜에게 동독 사태가 폴란드를 궁지로 몰고 있다는 걱정을 쏟아냈다. 야루젤스키의 말은 독일 통일에 대한 폴란드인의 당연한 우려인 동시에 동독 사태가 폴란드로 역류하여 폴란드 국민들을 더 많은 자유, 더 나은 생활의 요구로 몰아붙일 위험성에 대한 경계였다.

콜은 야루젤스키에게 그의 우려를 이해는 하지만 동의는 할 수 없다고 말했다. 콜은 독일인들에게 조국통일은 가슴 깊이 새겨진 소망이라고 말하고, 폴란드의 애국자로서 귀하는 바르샤바의 분단을 용납할 수 있겠느냐고 공세를 취했다. "내 판단이 옳다면 동독 공산당의 권력독점은 끝났습니다. 독일이 통일된다고 해도 그건 19세기와 같은 독일 민족국가의 형태가 아니라, 이웃 국가들과 합의하에 유럽의 지붕 아래서 이루어지는 통일일 것입니다"[11]

콜은 독일과 폴란드 관계가 천년 만에 처음으로 우호관계로 발전했으며 독일 통일이 폴란드의 국가이익과도 합치한다고 설득했다. 야루젤스키는 상호 신뢰의 중요성을 강조한 뒤 고르바초프가 뻬레스뜨로이까 프로그램을 완성하도록 지원을 아끼지 말아야 한다고 강조했다. 동독 사태를 보고 고르바초프와 그의 뻬레스뜨로이까 개혁의 앞날을 걱정한 것은 야루젤스키만이 아니다. 부시도, 대처도, 미떼랑도 그랬다.

---

10) Horst Teltschik, 앞의 책 27~29면.
11) Helmut Kohl, 앞의 책 144~45면.

그중에서도 가장 초조한 사람은 콜이었다. 동독 사태를 구실로 크렘린의 보수파들이 고르바초프의 개혁을 좌절시킨다면, 특히 실제로 일이 진행된 대로 고르바초프를 대통령과 당 서기장 자리에서 축출한다면 독일 통일의 꿈은 신기루로 끝날지 모를 일이었다. 그래서 콜에게는 동독 사태와 고르바초프의 운명은 시간과의 싸움이기도 했다. 결론부터 말하면 콜은 시간과의 싸움에서 승리하여 고르바초프가 실각하기 전에 통일을 실현했으니 하늘은 독일인들에게 참으로 관대하고 친절했다고 말할 수 있겠다.

흐라스타바에서 알폰스 노솔(Alfons Nossol) 주교 집전으로 열린 독일·폴란드 합동미사는 두 나라 우호관계를 상징하는 행사가 되었다. 노솔은 오랜 적대관계에 있던 두 민족의 '진정한 화해의 기적'이 일어났다는 내용의 설교를 했다. 콜과 폴란드 총리 마조비에츠키는 신자들 앞에서 뜨겁게 포옹하여 두 나라 간의 새로운 관계의 시작을 알렸다. 콜은 독일 역사의 가장 암울한 장(Chapter)을 기록한 아우슈비츠 유태인 수용소 자리를 처음으로 방문하여 다시 한번 폴란드 국민들에게 나치독일의 만행에 대한 독일정부의 반성과 사죄를 표했다. 과거를 대하는 독일인과 일본인의 극명한 차이를 보여주는 또 하나의 사례다.

콜은 폴란드 방문이 독일 통일 과정의 큰 발자취였다고 만족했다. 콜은 폴란드와 여러개의 합의문에 서명하고, 독일계 소수민족의 보호에 관한 구체적인 보장을 받고, 폴란드에 수십억 마르크 규모의 경제지원을 약속했다. 콜은 자신의 이번 방문으로 오데르-나이세 국경선에 대한 폴란드의 불안을 불식시켰다고 평가했다. 모든 합의는 공동선언으로 확인되었다.[12]

---

12) 같은 책 147~48면.

설득의 시작

동독 인민의회는 1989년 11월 13일 한스 모드로프(Hans Modrow)를 새 총리로 선출했다. 모드로프는 동독 기민당(Ost-CDU)을 중심으로 급조된 정당연합(Blockpartei) 소속 4개 정당 대표들이 참가한 연립정부를 구성했다. 다음 해에 동독의 첫 민선 총리가 되는 로타르 드 메지에르(Lothar de Maiziere)도 그중 한 사람이다. 동독에 초기단계의 다당제가 도입된 것이다.

모드로프는 첫 시정연설에서 개헌과 선거법 개정, 법치국가 실현에 대해서는 애매모호한 언급을 하고 넘어갔다. 그는 피폐한 경제를 언급하면서도 계획경제의 폐지는 약속하지 않았다. 그의 시정연설에서 가장 주목을 끈 것은 서독에 두 주권국가 간의 '계약공동체'(Vertragsgemeinshcaft)를 제안한 것이다. 모드로프는 그의 정권이 동독국민들의 광범위한 정치적 합의에 의해 지지를 받는다는 환상을 갖고 있었다. 그래서 그는 '좋은 사회주의'를 열망하는 '동독의 인민'을 강조했다. 그러나 그와 그의 동지들이 기대한 사태의 호전은 일어나지 않았다.

소련 외무장관 셰바르드나제는 동독 지도부의 과감한 개혁 의지를 공개적으로 지지했다. 그리고 고르바초프는 같은 시기 모스끄바에서 학생들을 상대로 한 연설에서 독일 통일은 오늘의 현실정치와 무관하다고 말했다. 그러면서도 그는 "역사가 어떻게 전개될 것인지는 아무도 모른다"고 말하고 "기다리면 좋은 일이 일어난다"는 속담을 인용했다.[13]

---

13) 독일어로는 kommt Zeit, kommt Rat.

모드로프 정권이 출범한 11월 18일 콜은 프랑스 대통령 미떼랑이 소집한 12개국 유럽공동체 정상회의에 참석하기 위해 빠리로 향했다. 물론 회의 의제는 독일 사태와 관련된 유럽의 문제였다. 대처는 유럽의 현상(Status quo)은 유지되어야 한다, 국경문제는 의제가 될 수 없다는 말로 독일 통일에 반대의사를 표시했다. 대처가 말한 국경은 폴란드의 서부국경뿐 아니라 동서독 국경도 의미했다. 동서독 국경을 현상대로 유지하자는 말의 알맹이는 동서독이 하나로 통일되어서는 안 된다는 것이었다.

콜은 서독을 제외한 나머지 나라들이 독일 통일에 대한 유보적인 태도를 취하고 있음을 감지했다. 미떼랑도 2주 전 본에서 독일 통일 지지를 표명했지만 그는 "나의 이름으로" 대신 "프랑스의 이름으로"를 고집했다. 콜은 미떼랑의 그런 말투에서 프랑스 정계의 반통일적 분위기를 읽었다. 콜이 보기에 헤이그와 로마, 그리고 어디보다도 런던의 독일에 대한 불신이 뚜렷했다. 그들은 이제 독일인들은 다시 통일에만 관심이 있고 유럽에는 관심이 없다고 생각했다. 심지어 라팔로[14]의 망령까지 불려 나와 독일이 또 다시 소련/러시아로 기울고 있다는 의혹까지 제기되었다. 독일 통일 경계론자들은 천문학적으로는 맞고 정치적으로는 틀린 "해는 동쪽에서 뜬다"는 평범한 진리까지 끌어들였다.[15] 이렇게 동독 사태는 통일 쪽으로 흘러가는데 콜 앞에는 이웃나라들과 승전 4강을 설득해야 하는 힘겨운 도전이 놓여 있었다.

콜은 평범한 정치인이었다. 그러나 총리로서 독일과 세계역사의 대

---

14) 3장 각주9 참고.
15) Helmut Kohl, 앞의 책 195면.

전환기를 맞은 그의 시야는 범유럽적으로 확대되고 시간의 압박을 받을수록 통찰력은 예리해졌다. 겨울이 눈앞에 닥쳤다. 개혁의 팔부능선을 넘은 폴란드, 체코슬로바키아, 특히 소련의 고르바초프가 국민들에게 겨울을 날 에너지와 최소한의 식료품을 공급하지 못하면 개혁은 파산하고 보수세력의 반동정치가 들어설 위험이 잠복해 있었다. 콜은 독일 통일을 동서유럽 전체를 포괄하는 틀에 '편입'(Einbettung)시킬 의향과 필요를 강조하면서, 서방 강대국 수뇌들에게 독일문제를 전체 유럽의 틀에서 접근하자고 촉구했다.

11월 22일 스트라스부르에서 열린 유럽의회(European Parliament) 특별총회에 참석한 콜은 유럽 분단과 독일 분단의 일체성을 강조하고, 분단 극복을 위해서 동유럽에서 진행되는 개혁을 강력히 지지, 지원하자고 호소했다. "런던, 로마, 빠리, 헤이그, 더블린만 유럽이 아닙니다. 바르샤바, 부다페스트, 프라하, 소피아, 베를린, 드레스덴, 라이프치히도 유럽입니다. 옛 유럽대륙의 통합이 이루어져야 독일 통일도 가능합니다. 우리의 독일정책과 유럽정책은 동전의 양면입니다."[16] 콜의 "유럽은 엘베강에서 끝나지 않는다"는 말은 동유럽과 소련을 관념의 지도에서 지워버린 아데나워의 정의보다는 우랄산맥 서쪽지역은 모두 유럽이라고 말한 샤를 드골의 큰 스케일의 정의에 가까운 것이었다.

콜은 독일 통일은 유럽통합의 일부라는 '아인베퉁'(Einbettung, 영어로는 Embedding)의 논리로 독일 통일에 대한 이웃 국가들, 승전 4강, 그중에서도 독일 통일의 열쇠를 쥔 소련의 이해를 구하는 데 외교력을 집중했다. 콜의 논리는 독일이 추구하는 비전은 '독일의 유럽'이 아니

---

16) 같은 책 151면.

라 '유럽의 독일'이라는 차원으로 발전했다. 1871년 통일국가가 된 이후 독일이 이렇게 몸을 낮춘 적은 없었다. 라팔로의 망령에도 불구하고 콜은 독일국민과 나치정권을 혼동하지 않는다는 고르바초프의 확고한 입장에 크게 고무되었다.

11월 20일 라이프치히의 월요집회에는 25만명이 참가했다. 할레(Halle), 셈니츠(Schemnitz), 드레스덴(Dresden), 코트부스(Cottbus), 동베를린의 시위행진에도 수만명이 참가했다. 라이프치히의 시위자들이 "우리가 국민이다"의 구호를 "우리는 하나의 국민이다"로 바꾼 것도 이날의 행진에서였다. 그런 어수선한 분위기에서 콜의 특사 루돌프 자이터스가 에곤 크렌츠와 한스 모드로프를 만났다. 크렌츠와 모드로프는 자이터스에게 개혁을 계속하겠다는 의지를 확인하고, 동독정권의 기반을 뒤흔들고 있는 반체제운동의 힘을 뺄 목적으로 서독으로 가는 통행로 33개를 더 열겠다고 약속했다. 그러나 그것은 공짜 약속이 아니었다. 크렌츠는 서독에 긴급 재정지원을 요청했다. 자이터스는 지원의 전제조건으로 자유선거와 헌법개정과 법치주의를 요구하는 서독의 기존의 입장을 다시 한번 환기시켰다.

자이터스는 크렌츠에게 직접투자의 가능성 타진, 그럴 경우의 투자 보호 조치, 경제교류의 장애물 제거 등을 요구하는 문서를 건넸다. 자이터스는 연말까지 동독 이주민들에게 주는 환영금(Begrüssungsgeld)을 계속 지급하겠다고 말하고, 동독을 방문하는 서독인들에게 부과하고 있는 최소 외환 교환제도를 철폐하라고 요구했다. 동독 공산당 기관지 『노이에스 도이치란트』는 콜이 통일된 독일국가 수립만 노리고, 동독 지원은 동독이 주권을 가진 사회주의국가이기를 포기한 뒤에나 하려고 한다고 비난했다.

그 무렵 콜의 고민은 동독의 대화상대가 누구인지 확실치 않다는 것이었다. 고르바초프와의 전화통화에서 콜은 크렌츠의 해임이 시간문제라는 사실을 알았다. 고르바초프의 보좌관 니콜라이 포르투갈로프는 11월 21일, 크렌츠가 12월로 예정된 동독 공산당 전당대회에서 살아남지 못할 것이라고 말하고 다녔다. 야당과 연정 파트너인 자민당은 콜에게 크렌츠와의 회담을 빨리하라고 독촉하고 있었다. 그러나 콜은 서두르지 않았다. 그가 보기에 크렘린이 동독 개혁을 주도할 사람으로 낙점한 것은 모드로프였다.

10개항 통일 프로그램

11월 28일 콜은 참모진들과의 집중적인 토론을 거쳐 통일로 가는 10개항의 프로그램을 발표했다. 10개항의 내용을 요약하면 아래와 같다.

1. 동독에서 넘어오는 이주민에게 당장 필요한 조치를 취한다. 이주민에게 주는 환영금은 근본적인 해결책이 아니다. 동독정부가 이주자들에게 필요한 외화를 지급해야 한다. 동독을 방문하는 서독인에게도 일정 액수 이상의 외환교환을 강조하는 조치를 폐지해야 한다. 그래야 쌍방향의 교류가 활발해진다.
2. 동서독 간 경제·과학·기술·문화 협력으로 동독의 전화선을 빠른 시일 안에 연결하고, 하노버-베를린 간 철도를 놓는다.
3. 동독이 정치와 경제 시스템을 근본적으로 바꾸면 서독은 폭넓은 지원을 제공한다. 공산당의 권력독점을 폐지하고 법치주의를 도입하여

정치범 처벌에 관한 법률을 폐지해야 한다. 동독이 시장경제의 조건을 만들고 개인들의 경제활동을 허용하고 외국에 투자를 개방하면 동독 경제는 회복된다.

4. 모드로프가 제안한 계약공동체를 수락한다. 동서독 관계의 특수성은 모든 영역에서 더욱 긴밀한 합의망(Nets von Vereinbarungen)을 요구한다.

5. 이제 통일의 방식을 논의할 때가 왔다. 우리의 정치적인 결정을 의심할 사람은 없다. 나는 동독 주민들이 통일에 관한 논의를 기다린다고 확신한다. 민주주의국가와 비민주주의국가 간의 연합체[17] 구조는 넌센스다. 국가연합은 민주적인 동독하고만 가능하다. 자유총선거가 실시된 뒤에라야 동서독 국가 간 위원회, 전문가 위원회, 의회 간의 위원회 설치가 가능하다.

6. 독일의 미래의 구조(Struktur)는 유럽의 미래의 구조에 편입된다. 1989년 소련과 서독의 공동선언은 유럽 각국의 영토보존과 안보를 존중하는 유럽 공동의 집의 기초를 제공한다.

7. 유럽대륙과 독일에 대한 유럽공동체의 의미에 관해서 콜은 범유럽적인 사명과 유럽공동체의 책임을 강조한다. 많은 유럽인들은 유럽공동체와 유럽 자체를 유럽통합의 경제적인 측면에서만 보려고 한다. 유럽의 정체성은 문화뿐 아니라 자유, 민주주의, 인권, 자유결정권으로 다양성을 확보한다. 헬싱키 프로세스는 범유럽적 구조의 핵심이기 때문에 적극적으로 발전시켜야 한다.

---

17) 국가연합(Confederation)은 복수의 주권국가들이 동맹조약을 맺어 느슨하게 결합한 체제다.

8. 헬싱키 프로세스는 동서유럽국가들뿐 아니라 미국과 캐나다가 참가하고 있기 때문에 그 적용범위는 밴쿠버에서 블라지보스또끄까지 미친다. 콜이 통일독일의 나토 잔류 언급을 생략한 것을 주목한 사람은 많지 않다. 콜은 독일이 나토 탈퇴를 댓가로 통일을 하는 것은 상상도 할 수 없는 일이지만, 이 시점에서 통일독일의 나토 잔류를 강조하는 것은 어리석은 짓이라고 생각했다. 그것은 무엇보다도 소련에 대한 배려였다.

9. 핵무기와 화학무기, 재래식 무기의 감축에 관한 내용이다.

10. 통일이 서독정부의 불변의 정책목표다. 통일로 가는 길은 험하다. 지금은 아무도 최종적인 답을 모른다.

콜은 의도적으로 언제까지 통일한다는 시간 설정을 피했다. 콜은 10개항 발표 당시 통일은 3~4년 뒤에 실현될 것으로 예상했다.[18]

계속되는 반대

동독뿐 아니라 미국을 제외한 대부분의 서방국가들은 콜의 10개항 프로그램에 비판적인 반응을 보였다. 전반적으로 현시점에서 국가연합은 좋지만 통일은 반대라는 입장이었다. 소련 외무장관 셰바르드나제는 고르바초프와 함께 로마를 방문한 기회에 독일의 보복주의(Revanchismus)를 경계하고 통일독일은 유럽의 안정을 파괴할 것이라는 소련의 귀에 익은 입장을 되풀이했다. 이딸리아 외무장관 잔니 델 미껠리스

---

18) Helmut Kohl, 앞의 책 160~67면.

가 셰바르드나제의 견해에 동의했다가 서독대사의 추궁을 받고 입장을 뒤집는 해프닝까지 일어났다.

콜의 10개항 프로그램을 가장 격렬하게 비판한 것은 영국의 『더 타임즈』였다. 『더 타임즈』는 1989년 10월 말 베를린장벽이 붕괴하기도 전에, 탄생하지도 않은 '제4제국'의 망령까지 불러내어 독일이 통일되면 아일랜드 서부 해안 건너편에 있는 섬 아란에서 블라지보스또끄까지 독일의 패권이 미칠 것이라는 타임즈답지 않은 선동적인 주장을 한 바 있었다. "그런 전망에 영국과 프랑스와 다른 유럽국가들이 불안을 느끼는 것은 당연하다. 소련만이 동독에 탱크를 진입시켜 '제4제국'의 등장을 막을 수 있다." 『더 타임즈』에는 유감스러운 일이지만 이제 소련에게 그런 힘은 없었다.[19]

서독 외무장관 디트리히 겐셔는 빠리에서 프랑스 대통령 미떼랑을 만나 콜의 10개항 프로그램에 대한 이해를 구했다. 겐셔의 보고에 따르면 미떼랑은 유럽이 1차대전 발발 직전인 1913년의 상상의 세계로 되돌아가고 있다는 우려를 표명했다. 미떼랑은 독일이 통일되면 유럽국가들은 8천만 독일인의 힘과의 균형을 모색해야 할지도 모른다고 말했다.[20]

외부사정은 콜에게 국내의 통일정책에만 몰두하는 것을 허락하지 않았다. 당장 프랑스 대통령 미떼랑이 12월 20~22일 동독을 방문한다고 엘리제궁이 발표했다. 미떼랑은 12월 6일 이미 우크라이나의 키에프에서 고르바초프를 만나 독일에 대한 공동대책을 논의했다. 프랑스 대통령의 방문은 동독의 국제적인 위상을 높일 것이었다. 미떼랑의 동독 방

19) 같은 책 183~84면.
20) 같은 책 184~85면.

문 효과를 최소화해야 했다. 급박하게 결정된 콜의 동독 방문 날짜는 12월 19일, 미떼랑의 동베를린 도착 하루 전이었다. 그러나 베를린의 특수한 지위 때문에 서독 총리는 동베를린을 방문할 수 없었다. 그래서 콜이 선택한 도시는 드레스덴이었다. 12월 2~3일 지중해의 말타에서 열린 부시-고르바초프 정상회담의 주요 의제도 독일문제였다. 그들이 회담 끝에 냉전의 종식을 공동으로 선언한 것도 독일문제 해결을 전제로 한 것이었음은 말할 것도 없다. 콜이 의지할 사람은 조지 부시뿐이었다. 부시는 동유럽에 정치적 지진이 일어난 초기부터 독일 통일 지지의 입장을 분명히 했다.

부시는 1952년 미국·영국·프랑스가 서독과 체결한 독일조약은 '그날'이 오면 그들 서방 3개 전승국들이 독일의 자기결정권을 지지한다는 약속이었다고 해석하고, 지금이 바로 '그날'이라고 인식했다. 서독은 평화조약의 성격을 띤 독일조약으로 일정한 조건하의 주권을 회복했었다. 그런 조약이 존재한다는 것, 미국 대통령이 지금 동유럽에서 일어나는 사태에 대한 그 조약의 적실성(Relevancy)을 인정한다는 것, 그것은 서독의 행운이요 콜에게는 큰 축복이었다.

콜은 독일문제의 최종적인 해결, 실질적으로는 통일의 승인을 목적으로 구성된 2+4(동서독+전승 4개국)회의에서 독일 통일의 정당성과 필연성을 효과적으로 역설했다. 그는 기회가 주어진 모든 공개석상에 나가 독일 통일의 지지를 호소했다. 부시의 확고한 지지는 확보됐다. 고르바초프와 미떼랑은 사석에서는 독일 통일에 적극적으로 반대했고 ― 특히 미떼랑의 반대는 완강했다 ― 공개석상에서는 신중하게 반대했다. 콜은 고르바초프와 미떼랑은 설득의 여지가 있다고 봤다.

문제는 영국의 대처였다. 그의 독일 통일 반대는 완강하고 신념에 찬

것이어서 뚝심 좋은 콜로서도 어찌할 바를 몰랐다. 대처는 자신의 입장을 회고록에 상세히 기록해놓았다. 그 내용을 요약하면 아래와 같다.

1990년 초반 유럽의 어젠다는 단일통화와 함께 정치적 통합(Union)이었다. 정치적 통합의 배후에는 특별한 프랑스-독일 어젠다가 있었다. 프랑스는 독일을 견제할 강력한 유럽이사회(European Council)를 희망했다. 그러나 프랑스는 유럽의회의 힘이 강화되는 데는 반대했다. 프랑스인들은 신념보다는 전술적인 유럽 연방주의자들이었다. 서독은 다른 이유와 다른 수단으로 정치적 통합을 바랐다. 서독에 있어 유럽의 정치적 통합은 조속한 통일의 실현과 거기서 얻는 많은 혜택에 대한 댓가였다. 콜은 유럽의 정치통합으로 그의 통일독일이 비스마르크의 제2제국이나 히틀러의 제3제국과는 다르다는 것을 보여줄 수 있다고 계산했다. 그런 이유에서 콜은 더 큰 권위와 실권을 가진 유럽의회를 주장했다. 독일인들은 신념에 의한 연방주의자들이었다. 이러한 입장의 차이는 있었지만, 프랑스는 독일·프랑스 추축(Axis)에서 주니어 파트너였음에도 독일이 바라는 정치적 통합을 적극 밀었다.

대처는 1990년 6월 15일 아일랜드의 더블린에서 열린 유럽이사회에 참석했다. 대처는 더블린 회의에서 소련에 재정지원을 밀어붙이려는 독일·프랑스 자거노트(Juggernaut)[21]에 제동을 걸었다고 만족했다. 대처는 소련과 동유럽국가들에 대한 원조는 실질적인 개혁을 돕는 확실한 목표를 가지고 제공되어야 하고, 구체제의 생존을 위한 산소텐트의 역할을 해서는 안 된다는 입장이었다.

---

21) 19세기 힌두교 사원의 수레(Jàgannãtha)에서 유래한, 잔인하게 파괴적이고 저지할 수 없는 거대한 힘이나 물체, 운동.

그러나 대처가 보기에 콜과 미떼랑은 권력정치와 화려한 제스처를 즐겼다. 두 사람은 회의가 개막되기 전에 소련에 수십억 달러 규모의 차관 제공을 제안한다는 데 합의해놓고 나머지 참석자들에게 지지를 강요했다. 대처가 반대했다. 그는 어떤 회사의 이사들이 그런 식으로 회사를 운영하느냐고 따졌다. 콜과 미떼랑은 대처의 반대를 극복하지 못하고 뜻을 접었다.[22]

1989년 여름 호네커가 실각하고 동유럽국가들이 하나둘 자유민주주의와 시장경제를 도입하면서 독일 통일은 유럽의 모든 정치적 논의의 중심의제가 되었다. 대처는 함께 독일 통일을 저지할 '동맹'을 찾았다. 그러나 서방세계에서 그와 뜻을 같이할 지도자는 거의 없었다. 미떼랑과 고르바초프뿐이었다.

소련은 처음에는 통일된 독일의 등장에 강력하게 반대하는 것처럼 보였다. 그러나 고르바초프의 계산이 바뀌었다. 독일이 통일되면 중도좌파 정권이 들어서서 소련의 오랜 목표인 독일의 중립화와 비핵화가 성사될 것이라고 생각했다. 그것이 소련의 희망사항이요 착각이었음은 이미 주지의 사실이다.

1989년 9월 마거릿 대처는 모스끄바로 가서 고르바초프와 독일문제를 논의했다. 대처는 고르바초프에게, 나토 회원국들이 말로는 독일 통일을 지지하지만 내심으로는 걱정을 한다고 설명했다. 또한 프랑스 대통령 미떼랑도 자신과 같은 생각이라고 말했다. 이에 고르바초프도 소련도 독일 통일에 반대한다는 의사를 밝혔다. 그 말에 고무된 대처는 그의 생각으로는 성급하고 무모하게 진행되는 독일 통일에 제동을 걸 결

---

22) Margaret Thatcher, *The Downing Street years* (New York: HarperCollins 1993) 760~63면.

심을 굳힌다. 대처는 동독에 진정한 민주정부가 들어설 것이고, 통일은 이웃 국가들과 다른 나라들의 이해를 충분히 반영하여 고려할 별개의 문제라고 생각했다.

베를린장벽 붕괴 다음날 콜의 전화를 받은 대처는 동독 사태에 대한 고르바초프의 걱정이 크니 그와 접촉하라고 권했다. 그 다음날 영국 주재 소련대사가 고르바초프의 메시지를 갖고 대처를 방문했다. 동독의 시위군중이 동독에 주둔하고 있는 소련군을 공격할 사태를 걱정하면서 그런 일이 일어나면 심각한 결과가 초래될 것이라는 내용이었다. 그러나 콜은 통일을 더욱 서둘렀다. 그는 하원 연설에서 동독 주민들에게 그들의 미래를 결정할 권리가 주어져야 하고 외부의 조언은 필요 없다고 주장했다. 서독 외무장관 겐셔는 사석에서는 영국 외무장관 더글라스 허드(Douglas Hurd)에게 독일인들은 통일 논의를 피하고 싶어한다고 말했지만 콜의 톤은 강성으로 바뀌고 있었다.

이런 배경에서 미떼랑이 유럽공동체 정상회의를 소집했다. 거기에는 새로 취임한 동독 공산당 서기장 에곤 크렌츠도 초청되었다. 대처는 빠리로 떠나기 전 부시에게 보낸 메시지에서 최우선 과제는 동독에 진정한 민주주의를 도입하는 것이라는 견해를 되풀이하고 이 시점에서 독일 통일을 논의하는 것은 적절치 않다고 말했다. 부시는 대처의 견해에 동의한다는 답신을 보냈다.

회의는 11월 18일 열렸다. 미떼랑은 유럽의 국경문제가 의제에 올라야 하는가를 묻는 말로 회의를 개막했다. 콜이 먼저 발언했다. 그의 40분에 걸친 연설은 국경선 문제는 토의의 대상이 아니고 독일인에게는 미래에 대한 자유로운 선택권이 허용되어야 한다는 말로 끝을 맺었다. 스페인 총리 펠리페 곤살레스가 콜의 발언을 중단시키려다 실패했다.

대처가 반격에 나섰다.

동유럽에서 진행되는 변화는 영웅적이지만 도취감(Euphoria)에 빠져서는 안 됩니다. 변화는 이제 시작되었을 뿐이고 진정한 민주주의와 경제개혁까지는 시간이 걸립니다. 국경선의 변경이 있어서는 안 됩니다. 헬싱키 프로세스의 최종합의가 시행되어야 합니다. 국경선 변경과 독일 통일을 주장하면 고르바초프를 위기에 빠뜨리고 국경선 변경을 요구하는 판도라의 상자가 열립니다.[23]

11월 24일 대처는 캠프 데이빗에서 부시와 만났다. 부시의 태도는 다정했지만 정신은 딴 데 가 있고 불안해 보였다. 대처는 빠리에서 한 말을 되풀이하여 국경선 변경과 독일 통일 논의의 불가함과 고르바초프 지원의 중요성과 시급성을 강조했다. 부시는 대처의 말에 정면으로 반대를 하지는 않았지만 콜과의 사이에 문제가 있느냐고 묻는 데 그쳤다. 대처가 콜의 10개항 통일 프로그램을 들은 것은 워싱턴에서 돌아온 직후다. 그는 콜이 서방 동맹국들과 한마디의 상의도 없이 통일 프로그램을 발표한 데 분노했다.

콜은 1989년 12월 6일 고르바초프와 회담을 하러 말타로 갈 준비를 하는 부시에게 다음과 같은 내용의 안호전문을 보냈다.

(1) 동유럽의 안정을 무너뜨리는 것은 동유럽 관영언론들이 주장하는 것처럼 서방세계의 개입 때문이 아니라 동유럽국가들이 수십년 동

---

23) 같은 책 793~94면.

안 개혁을 게을리하고 국민들을 억압해온 결과다.

(2) 고르바초프의 지금까지의 정책은 환영할 만하다. 고르바초프의 뻬레스뜨로이까가 동유럽의 개혁을 가능하게 하고 속도를 내게 한다.

(3) 고르바초프는 바르샤바조약기구 회원국들을 구속한 브레즈네프 독트린을 폐지하여 동유럽국가들에게 자기결정의 권리를, 국민들에게는 자유선거를 허용했다.

(4) 고르바초프는 말타에서 내정불간섭의 원칙은 모든 나라, 특히 동독에 군대를 주둔시키고 있는 소련에 해당된다는 점을 확인해야 한다.

콜은 부시에게 고르바초프는 자신이 결정한 정책을 추진할 인물이지만 국내에서 저항에 부딪치고 있어 외부의 지원이 필요하다고 지적했다. 뻬레스뜨로이까의 파산과 고르바초프의 실각의 가능성을 걱정한 콜은 부시의 고르바초프 지지를 다양한 설명과 표현으로 호소하고 압박했다.

대처는 독일 통일을 막거나 지연시키는 최종, 최선의 길은 영국·프랑스 추축(Axis)라고 봤다. 1989년 12월 8, 9일 프랑스 스트라스부르에서 열린 유럽이사회에서 대처는 미떼랑과 두번 독일문제를 논의했다. 미떼랑은 콜의 10개항 통일 프로그램에 매우 비판적이었다. 미떼랑은 독일은 항상 움직이고 유동적이라고 불평했다. 그렇게 말하면서도 미떼랑은 콜이 너무 나가버렸다고 체념어린 말을 했다. 그는 과거에 큰 위험이 닥칠 때마다 프랑스와 영국이 특별한 관계를 맺었는데 지금이 그런 때라고 말했다. 대처와 미떼랑은 힘을 합치자고 합의했다. 대처는 마땅한 방법을 찾은 것은 아니지만 자신과 미떼랑은 적어도 독일 통일의 자거노트를 견제할 의지가 있음을 확인했다. 그것이 좋은 시작이라고 대처는 생각했다.

회의에서 네덜란드 총리 루트 루버스(Ruud Lubbers)는 콜의 10개항 프로그램이 통일을 촉진할 것이라고 말하면서 독일인의 자결권을 주장하는 것은 위험한 일이고 하나의 독일국민을 언급하지 않는 것이 바람직하다고 주장했다. 용기 있는 발언이었다. 그러나 콜은 그런 말에는 전혀 개의치 않고 독일은 영토의 3분의 1을 잃는 것으로 2차대전의 댓가를 충분히 치렀다고 주장했다. 콜은 오데르-나이세 국경선은 법률문제가 되어서는 안 된다는 말로 국경문제에 대해 애매한 태도를 취했다. 콜은 폴란드인의 두려움과 민감성을 그때도 그뒤에도 이해하지 못했다.

미국의 입장은 베를린을 방문하고 있던 국무장관 제임스 베이커(James Baker III)의 12월 12일 기자회견을 통해서 나왔다. 베이커는 네 개의 원칙을 제시했다. (1) 그 결과에 대한 고려 없는 자결권, (2) 독일의 나토 잔류와 유럽공동체 편입, (3) 통일은 평화적·단계적이여야 할 것, (4) 국경문제에 있어서 헬싱키 프로세스 최종의정서 원칙이 지켜져야 할 것. 12월 14, 15일 브뤼셀에서 열린 나토 정상회의에서 부시는 고르바초프와의 말타 회의에 관한 보고를 한 뒤 독일 통일에 관해서는 베이커가 한 말을 확인했다. 그가 유럽국가 정상들이 압도적으로 많은 자리에서 유럽통합을 강조한 것은 미국이 유럽 연방주의자들의 편에 선다는 확실한 메시지였다. 대처는 독일 통일에 관해서 미국에 더는 기대할 것이 없다고 판단했다.[24]

---

24) 같은 책 795면.

동독, 해빙의 시작

　헬무트 콜은 통일의 여정에서 가장 결정적인 경험이 1989년 12월 19일의 드레스덴 방문이었다고 회고한다. "나는 드레스덴-클로체 공항에 내리자마자 확실히 깨달았다. 이 정권은 끝났다. 이제 통일이다!"[25] 터미널 건물의 창문마다, 지붕 위에도 수천명의 시민들이 검정·빨강·노란색 서독 국기를 흔들면서 콜 일행을 환영했다. 모드로프가 돌처럼 굳은 표정으로 콜을 맞았다. 공항에서 벨뷔 호텔로 가는 연도에도 수천명의 시민들이 도열하여 "콜, 독일의 총리" "헬무트, 헬무트, 독일, 독일"을 연호했다. 콜 옆자리에 앉아 그 광경을 지켜보는 모드로프의 얼굴에서는 당황한 표정이 사라지지 않았다. 콜은 모드로프에게 저런 광경에 신경 쓰지 말라, 이성적인 회담으로 저 사람들의 희망과 기대에 부응하는 것이 중요하다고 위로했다. 모드로프는 동독 전국에서 특별열차들이 드레스덴으로 운행되고 있다고 말했다. 콜의 연설을 듣고, 운이 좋으면 먼 데서라도 그의 얼굴을 한번 보고 싶은 동독인들을 태운 특별열차였다.

　콜과 모드로프는 단독회담을 했다. 모드로프는 동독의 기존 입장을, 콜은 잘 알려진 서독의 입장을 밝혔다. 그러나 두 사람은 이제 개혁은 되돌릴 수 없다는 데 의견의 일치를 보았다. 뒤이어 열린 확대회의에서 모드로프는 준비된 원고를 읽어 내려갔다. "사태가 걱정이다. 통일 논의가 과열되어 폭력사태가 일어날 위험도 있다. 지금 동독이 필요한 것은 내부적인 안정이다." 모드로프는 1990~91년에 부담조정(Lastenaus-

---

25) Helmut Kohl, 앞의 책 213면.

gleich)을 위해 150억 마르크의 지원을 요청했다.

콜은 모드로프에게 10개항 통일 프로그램을 상기시키고, 연방제가 독일이 갈 방향이지만 아직은 논의할 시기가 아니라고 말했다. 그는 '부담조정'은 개념 자체가 적절치 않다며 대규모 경제지원을 거절했다. 콜과 모드로프는 국가연합제를 거쳐 연방제로 가는 첫걸음인 '계약공동체'의 틀 안에서 여러 분야의 협력을 지원할 몇개의 공동위원회를 설치하자는 데 합의했다. 그외에도 경제협력을 위해서 협력협정과 투자보호협정도 체결하기로 했다. 민간기업의 참여 없이 동독경제를 일으킬 수 없다는 콜의 인식을 반영한 협약들이다.

콜과 모드로프는 또 동독에 대한 구체적인 지원 조치로 20억 마르크의 여행자 기금을 조성하고, 동독경제 재건 기금을 20억 마르크로 증액하고, 동독에 대한 물품지원 차관의 상한선을 60억 마르크로 1.5배 상향 조정하는 데 합의했다. 동독에 대한 직접 지원과 차관의 총액이 1천억 마르크에서 3천억 마르크로 증액된 것이다.

그 대신 동독은 서독인들에게 동독 방문 비자를 면제하고, 크리스마스 이전에 정치범들을 석방하고, 1990년 1월 1일부터 동독을 방문하는 서독인들에게 적용하는 환율을 1서독마르크 대 3동독마르크로 결정했다. 두 사람은 마지막으로 12월 22일 동서 베를린 시장이 참석한 가운데 30년간 닫혀 있던 브란덴부르크 문을 연다는 데도 합의했다.[26]

콜의 마지막, 그리고 그가 가장 긴장하고 신경을 쓴 일정은 2차대전 중 영국군의 폭격으로 파괴된 드레스덴 성모교회(Frauenkirche) 옆에 임시로 설치된 연단에서 10만명의 군중과 1천명 이상의 기자들 앞에서

---

26) 같은 책 215~16면.

하는 연설이었다. 그는 자신이 현장의 분위기에 휩쓸려 세계여론이 민족주의적이라고 비판할 실언을 하지 않을까, 군중들이 독일국가의 제1절 '독일, 가장 위대한 독일'(Deutschland, Deutschland über alles)을 즉흥적으로 합창하지 않을까 두가지를 걱정했다. 그는 연설원고의 단어를 신중히 고르고, 드레스덴 카펠크나벤 지휘자 콘라트 바그너를 초청하여 만에 하나 군중들이 독일국가를 부르기 시작하면 "모두 하느님께 감사하자"는 옛 찬송가를 선창해달라고 요청했다. 그러나 군중의 규모를 본 바그너는 그 많은 군중들을 찬송가로 유도할 수는 없겠다고 말했다.

콜은 군중들의 "헬무트" "우리는 하나의 국민이다"라는 구호와 박수소리가 요란한 가운데 연설을 시작했다. 그는 새해 초에 동서독이 계약공동체협정을 체결할 것이라고 모드로프와의 합의를 설명했다. 그는 자신의 정부가 동독 주민들의 경제생활 개선을 위해 가능한 모든 조치를 취할 테니 고향을 떠나지 말라고 호소했다. 그는 군중들의 도를 넘는 행동을 제지할 목적으로 이렇게 말했다. "우리가 공동의 미래로 나가는 길은 험하고 더딘 것입니다. 유럽과 세계에는 우리 독일인들만 살고 있지 않습니다.[27]

영국·프랑스·소련의 반대

1990년 1월 20일 대처와 미떼랑의 회담이 예정되었다. 미떼랑은 지난해 크리스마스에 동베를린을 방문하여 독일문제에 대한 프랑스의 관심

[27] 같은 책 220면.

을 과시한 바 있었다. 그러나 공식석상에서는 독일 통일에 반대하는 진심을 털어놓지 않았다. 심지어 그는 기자들에게 자신은 독일 통일에 제동을 거는 사람들의 그룹에 속하지 않는다고까지 말했다. 대처는 미떼랑과의 회담에서 미떼랑의 이 정신분열증을 극복할 수 있을 것이라고 낙관했다.

엘리제궁 회담에서 대처는 동독의 붕괴가 임박한 것 같고, 1990년 안에 독일 통일이라는 문제에 직면할 것이라고 말했다. 미떼랑은 콜의 행동에 기분이 상해 있었다. 미떼랑은 독일인들이 자결권을 가질 권리가 있지만 유럽의 정치적 현실을 뒤집을 권리는 없다고 말했다. 독일 통일이 모든 것에 우선하는 데 동의할 수 없다고도 말했다. 미떼랑은 독일인들은 그들의 통일에 찬성하지 않는 사람은 모두 적으로 간주한다고 불평했다. 그러나 문제는 유럽에 독일 통일을 막을 세력이 없다는 것이었다. 미떼랑은 갈팡질팡했다. 대처는 그렇게 비관적이지 않았다. 대처는 영국과 프랑스가 가능한 모든 수단을 동원하여 독일 통일의 속도를 늦출 수 있다고 주장했다.

다른 나라들은 공개적으로 발언하려고 하지 않았다. 특히 서독의 투자를 유치해야 하는 폴란드, 체코슬로바키아, 헝가리는 침묵으로 일관했다. 대처는 미떼랑에게 서독이 동유럽국가들을 마음대로 휘두르게 해서는 안 되기 때문에 영국과 프랑스가 그들 국가들과의 연결고리를 찾아야 한다고 말했다.

미떼랑은 프랑스의 외교노선의 방향을 바꾸고 싶지 않았다. 그에게 주어진 선택은 독일이라는 거인을 견제하기 위해 유럽연방을 신속하게 추진하거나, 아예 연방의 꿈을 접고 드골 노선으로 돌아가 프랑스의 주권을 지키면서 세력균형 정책을 추구하는 양자택일이었다. 후일 대처는, 결국 미떼랑이 프랑스를 위해 나쁜 선택을 했지만 독일 통일을 막을 수 없다는 판단은 결과적으로 옳았다고 인정했다.

대처의 완강한 태도에 질린 콜은 다시 부시에게 지원을 청했다. 부시는 주저 없이 미국과 독일 관계를 미국과 영국 관계보다 우위에 둔다는 신호를 발신했다. 콜에게는 다행스럽게도, 그때 대처는 높은 인플레이션에 대한 책임문제로 재무장관과 심각한 불화를 일으켜 보수당 내에서 지위가 위태로웠다. 그런 와중에도 대처는 고르바초프와 미떼랑과의 공동전선으로 독일 통일 저지에 공세적인 노력을 기울였다.

독일 통일에 대한 대처의 반대가 얼마나 완강했던가를 보여주는 에피소드 하나가 남아 있다. 대처는 1989년 9월 모스끄바를 방문하여 고르바초프와 독일 통일 저지방안을 논의했다. 대처는 회담 도중 고르바초프에게 녹음기를 끄라고 요청했다. 고르바초프는 녹음기를 껐다. 그리고 회담이 끝난 뒤 기억을 더듬어 대처의 말을 기록했다.

독일 통일은 전후 유럽 국경선의 변경을 의미한다. 영국과 서유럽의 어느 나라도 독일 통일에 관심이 없다. 독일이 통일되면 국제적인 안정이 무너지고 안보를 위협한다. 소련과 마찬가지로 영국도 동유럽권의 불안정과 바르샤바조약기구의 붕괴를 원치 않는다.[28]

베를린장벽이 무너진 다음날 대처는 재빨리 고르바초프에게 서한을 보내고 복사본을 콜에게도 보냈었다. 콜의 외교안보보좌관 호르스트

---

28) John O'Sullivan, *The President, the Pope, and the Prime Minister* (Washington, D.C.: Regnery History 2005) 312~13면.

텔칙이 11월 10일자 일기에 대처의 서한에 관한 기록을 남긴 것을 보면, 콜과 마찬가지로 대처도 동독의 철저한 개혁이 안정의 가장 확실한 초석이라고 강조했으며 대처는 동독이 개혁할 분야로 자유선거, 다당제, 완전한 이동의 자유, 진정한 민주주의, 민주주의를 뒷받침하는 경제제도를 나열했다. 콜의 의견과 일치하는 것이 인상적이다. 대처는 콜과의 전화통화에서 불안정(Destabilization)은 피해야 하고, 어느 서방국가도 동독과 소련의 내정에 간섭하거나 그들의 안보이해를 위태롭게 해서는 안 된다는 데 의견의 일치를 보았노라고 고르바초프에게 설명했다. "나는 이 서한이 사태를 많이 호전시키는 효과를 낼 것을 확신한다."[29] 텔칙의 확신은 성급한 희망사항이었음은 그 이후의 대처의 반통일 행보가 실증할 것이었다.

콜은 콜대로 대처의 생각이 시대착오적이라고 비판했다.

내가 그녀라면 통일된 독일과 유럽의 확고한 통합을 위해 노력하겠다. 그러나 대처에게 그런 생각은 생소하기만 하다. 언젠가 나는 대처와 처칠에 관한 대화를 나누었다. 그때 나는 대처가 처칠 이전의 시대, 19세기 세력균형의 시대에 살고 있는 것 같다는 인상을 받았다. 독일문제에 관한 한 대처의 전후시대는 끝나지 않았다. 대처는 아직도 유럽의 주도권은 영국이 쥐고 있다고 착각한다.[30]

1990년 2월 콜의 모스끄바 방문 때 고르바초프는 통일은 독일인들이

---

29) Horst Teltschik, 앞의 책 21~22면.
30) Helmut Kohl, 앞의 책 196면.

자주적으로 결정할 문제라고 선언했다. 그러나 독일 통일이 가까워질수록 고르바초프가 크렘린의 보수파와 군부로부터 받는 압력은 가중되었다. 그래서 고르바초프는 4월 18일 다시 통일독일의 나토 잔류를 받아들일 수 없다는 입장을 확인했다. 다음날 프라하에서 열린 바르샤바조약기구 외무장관회의에서는 소련 외무장관 셰바르드나제가 강한 어조로 통일독일의 나토 잔류 반대 입장을 밝히고 다른 회원국들의 지지를 호소했다.

소련은 또한 동서독 화폐통합에 이의를 제기하고 나섰다. 본 주재 소련 대리대사는 동서독이 화폐·경제·사회 통합에 관한 조약을 체결하는 것은 소련의 기본적인 이해를 해치고 동독의 후계정권이 전 정권의 국제적인 임무를 계승하지 않을 위험이 있다고 주장했다. 그러나 항의의 수준이 낮은 것으로 보아 그것은 소련 국내용인 것이 분명했다. 콜 정부의 입장에서는 통일의 완성에는 소련과의 최종적인 또 하나의 합의가 필요불가결하다고 생각되었다. 콜의 통일외교에 넘을 높은 산이 하나 더 남아 있다는 의미다.

4월 20일 콜에게 위로가 될 뉴스가 날아들었다. 대처가 부시와의 버뮤다 회담에서 마침내 통일독일이 아무 제한 없이 독일영토 전체를 지배한다는 데 합의했다는 것이다. 대처는 부시와의 회담에서 소련이 결국은 통일뿐 아니라 통일독일의 나토 군사기구 잔류를 받아들일 것이라고 말했다. 부시도 동의했다. 서독은 이 소식을 영국의 특별한 호의로 해석했다.

대처는 3월 30일 런던에서 가진 콜과의 회담에서는 2+4회의에 폴란드 대표의 초청을 관철한 바 있다. 콜은 폴란드 국경선 문제에서 입장을 굽힐 생각이 없음을 다시 한번 분명히 했었다. 그것은 역사의 흐름에 역행하는 콜의 잠깐의 오만이었다. 콜은 4강으로부터 무거운 압력을 받은 뒤에야 1990년 11월 폴란드와 특별 국경조약을 체결하게 된다.[31]

콜은 독일이 통일을 위해서 중립이라는 댓가를 지불할 생각이 없다는 입장을 기회 있을 때마다 강조했다. 콜은 대처와의 회담을 마친 뒤 영국 텔레비전 방송과의 인터뷰에서 "마거릿은 훌륭한 레이디"라고 추켜세웠다. 그러나 대처는 "영국은 친구도 모르고 적도 모른다. 오직 영국의 국가이익만 안다"는 말이 어울리는 정치가다. 대처와의 오찬과 기자회견으로 통일에 관한 영국과 서독 간의 분위기는 크게 개선되었다고 콜의 외교안보보좌관 텔칙은 평가했다.[32]

58년 만의 자유총선거

동독의 붕괴 과정에 가속이 붙었다. 1990년 1월 22일자 『슈피겔』은 마침내 시민혁명의 꽁무니만 쫓는 모드로프 정권의 '붕괴'(Kollaps)를 예언했다. 군중시위의 구호는 이제 "SED 물러나라" "독일은 하나의 조국이다"로 발전했다. SED는 물론 동독 공산당인 사회주의통일당의 약자다. 새로 창당되는 정당들과 정치·사회 단체들도 통일을 요구했다. 콜은 동독의 군소정당들과의 제휴를 모색했다.

1990년 3월 18일 동독에서 58년 만에 첫 자유총선거가 실시되었다. 원래 5월로 예정되었던 선거를 사태의 급박한 진전으로 앞당겨 실시한

---

31) Horst Teltschik, 앞의 책 796~99면.
32) 같은 책 189면.

것이다. 유권자의 93.38퍼센트가 투표에 참가한 선거 결과, 동독 기민당을 중심으로 4개 보수 군소정당으로 구성된 "독일을 위한 연합"(Allianz für Deutschland, 이하 알리안츠)이 압승하여 192석을 차지하였고, 당초 압승이 예상되던 사민당은 88석을 차지하는 데 그쳤다. 서독의 사민당 총리 후보 오스카어 라퐁텐(Oskar Lafontaine)과 서베를린 시장 발터 몸퍼를 위시한 사민당 지도부가, 동독 공산당 서기장 에곤 크렌츠가 체제 붕괴를 막아보려고 궁여지책으로 내어놓은 개혁 프로그램을 자본주의와 공산주의 사이의 훌륭한 제3의 길이라고 지지하면서 통일에는 소극적인 입장을 취했기 때문이다. 사민당 당수 한스요헨 포겔도 정보·표현·여행의 자유가 크렌츠의 개혁을 판단하는 기준이 되어야 한다는 입장을 취하면서도 통일을 적극적으로 지지하지 않았다.

『슈피겔』지는 선거결과를 '콜에게 꿈 같은 결과'라고 평가했다. 얼마 전에 콜을 '본의 얼간이'라고 조롱한 슈피겔 발행인 루돌프 아우크슈타인(Rudolph Augstein)은 콜이 다시 권력본능을 증명했다고 평하고 그러나 서둘면 궁지에 몰린다고 경고했다. 콜과 그의 참모들은 본의 이딸리아 식당 이졸라 디시아에서 샴페인을 마시며 동독에서의 승리를 자축했다.[33]

알리안츠가 단독정부를 구성하는 데는 8석이 모자랐다. 콜은 그런 선거결과를 신의 선물이라고 환영했다. 지금같이 어려운 상황에서 단독정권은 적절하지 않다는 것이 그의 생각이었다. 콜과 알리안츠 당수 드메지에르는 사민당과 자민당까지 포함한 연립정부 구성에 합의했다. 콜 앞에는 새 의회의 구성, 새 정부 수립, 동독의 독일연방 편입 결정,

---

33) 같은 책 176~77면.

7월 1일 시작하여 여름까지는 완료해야 할 화폐통합 협상 같은 급하고 큰 과제들이 산적했다. 1990년 4월 13일 드메지에르를 총리로, 사민당 소속 마르쿠스 메켈을 외무장관으로 하는 동독의 대연정이 출범했다.

4월 16일 호르스트 텔칙은 새 동독정부의 외교정책에 관한 자문을 구하는 드메지에르의 요청을 받고 동베를린을 방문했다. 드메지에르는 3·18 총선으로 구성된 인민의회(국회)에서 행할 시정연설을 준비하고 있었다. 텔칙과의 두시간에 걸친 회담에서 드메지에르는 서독정부의 정책노선과 다른 세가지 입장을 밝혔다. 하나는 폴란드 총리 마조비에츠키의 제안을 받아들여 통일 전에 서독과 동독이 폴란드와 국경조약에 가서명하자, 둘은 통일독일의 나토 잔류는 전유럽 안보체제가 실현될 때까지만 과도기적으로 하자, 셋은 퇴역당하는 장교와 하사관 들은 정권에 위협이 될 것이기 때문에 동독 국민군(NVA)을 해산하지 않겠다는 것이었다.[34]

드메지에르의 이런 입장은 그가 콜의 '꼭두각시 과도정권'의 수반이 아니라 독자노선을 걸을 수 있는 동독 총리라는 착각에서 비롯된 것이었다. 박근혜 대통령이 2014년 3월 독일을 방문하기 전과 방문 중에 드메지에르의 자문을 구한 것도 그의 위상을 실제 이상으로 과대평가한 결과다. 드메지에르보다는 오히려 동방정책의 설계·수행자 에곤 바를 만나는 것이 훨씬 유익했을 것이다.

드메지에르는 4월 19일 시정연설에서, 전적으로 새로 시작할 의지를 밝히면서도 동독 제도의 완전 청산은 어렵다고 말했다. 그러나 그사이 서독의 막후압력이 들어가, 드메지에르는 폴란드 국경선 문제에는 언

---

34) 같은 책 197~98면.

급을 피했다. 드메지에르 연설의 기조는 서독 기본법 23조에 의한 통일이라는 개념이었다. 그것은 동독이 자발적으로 독일연방공화국에 들어간다는 의미였다.[35] 콜과 그의 참모들은 드메지에르에 대한 자신들의 영향력이 통한 것에 만족했다.

이런 과정이 진행되는 중에도 동독시민들의 시위는 동독체제의 붕괴를 재촉했고, 서독으로의 탈출 인파는 끊이지 않았다. 콜은 세개의 역사적인 과제를 풀어야 했다. (1) 통일을 시야에 두고 동독 사태를 소련군의 개입 없이 안정시키면서 민주화와 시장경제를 도입하는 것, (2) 2＋4회담에서 전승 4개국의 지지를 받는 것, (3) 통일의 마지노선으로 남은 고르바초프와의 건곤일척의 담판이 그것이었다.

고르바초프의 입장은 두가지였다. 하나는 동독의 개혁이 어떤 경우에도 궁극에 가서 현존 국경선을 변경하고 독일 통일로 마무리되어서는 안 된다는 것이고, 둘은 역사의 필연이 작동하여 독일이 통일되더라도 통일독일은 나토에서, 아니면 최소한 프랑스처럼 나토의 군사기구에서 탈퇴하거나, 바르샤바조약기구 회원국인 동독을 흡수했으므로 바르샤바조약기구에 가입해야 한다는 것이었다. 고르바초프는 통일 대신 모드로프의 국가연합안을 지지했다. 그것은 동서독 두 주권국가의 연합이므로 연방제로 통일하는 것과는 성격이 다르다.

---

35) 같은 책 202면.

분수령 넘은 통일열차

서독 각지에서는 통일에 반대하는 시위와 토론회가 잇달아 열리고 있었다. 정치 쪽에서는 사민당 소속 자를란트주 총리 오스카어 라퐁텐이 서독의 사회보장제도가 받을 위협을 거론하며 서독에 직장과 주택을 미리 구한 동독 이주민들만 받아들이자고 주장했다. 그는 2월 말 라이프치히에서 열린 당대회에서 급속한 화폐통합을 경계하고 성급한 통일에 반대한다고 말했다. 좌파 지식인들도 사민당과 뜻을 같이해, 동독이 소련에 갚아야 할 배상금(Reparationszahlungen) 7,270억 마르크를 서독이 갚아주자는 사민당의 이른바 '브레멘 이니셔티브'(Bremer Initiativen)를 지지하면서 공개서한과 연판장을 통해 성급한 통일의 경제적 부작용과 '대독일 민족주의'의 부활을 경고했다. 노벨문학상 수상작가 귄터 그라스는 통일보다는 국가연합제(Conföderation)로 가자고 주장했다. 콜은 그들의 주장을 역사철학적으로 반박했다. "만약 우리가 이 운명적인 순간에 재정적인 이유로 통일의 기회에서 물러선다면 독일연방공화국은 역사에서 퇴장해야 한다."[36]

1990년 초부터 속도를 높여온 통일열차는 2월 7일 내각에 총리를 위원장으로 하는 '통일위원회' 설치를 거쳐 5월 18일 참으로 가파른 분수령 하나를 넘었다. 콜과 드메지에르, 서독 재무장관 테오 바에겔과 동독 재무장관 발터 롬베르크, 그리고 연방은행 총재 칼-오토 푈과 재무차관 한스 티트마이어, 동서독 재무성과 연방은행의 고위관리들이 본에 위치한 총리공관인 샤움부르크궁(Palais Schaumburg)의 옛 각료회의실에

---

36) Helmut Kohl, 앞의 책 260~61면.

서 긴장과 환희가 교차하는 표정들을 하고 모였다. 바에겔과 롬베르크는 뒤에서 콜과 드메지에르가 지켜보는 가운데 동서독 화폐·경제·사회 통합협정에 서명했다. 칼-오토 푈의 표현을 빌리면 3개월 전만 해도 불가능하다고 생각된 일이 기적처럼 일어난 것이다. 바에겔과 푈의 지휘로 재무성과 연방은행의 실무자들이 서독 내의 금융·경제 전문가들의 자문을 받아 철야작업까지 하면서 만들어낸 협정이다.

당시의 사정에 대해 김동명은 이렇게 분석했다.

동독경제는 서독에 비해 노동생산성은 30~40프로 수준, 임금은 3분의 1 수준이었다. 1 대 1의 비율로 화폐를 교환해도 동독기업은 임금 차원에서 서독에 비해 경쟁력을 가지리라는 것이 서독 경제팀의 판단이었다. 서독 경제팀은 경제·화폐 통합으로 동독 지역에서 서비스 분야 사업이 팽창할 것이라고 예측했다. 그래서 동독 주민들로 하여금 처음부터 서독마르크를 소유하도록 계획한 것이다. 조기 화폐통합 결정으로 콜 총리는, 단계적 통일론자이며 서독으로 넘어오는 동독인들에게는 노동허가와 서독의 사회보장 지원을 거부해야 한다고 주장한 사민당 총리후보 라퐁텐과의 차별성을 크게 부각하여 그해 12월 2일 전체 독일 연방하원 총선거에서 압승할 수 있었다.[37]

동독인들이 동독마르크를 서독마르크로 교환하는 조건을 보자. 동독 주민의 임금, 봉급, 보조금, 연금, 집세, 임대료 등 반복적이고 정기적인 지급에는 1 대 1의 교환비율을 적용했다. 동독마르크로 표시된 채권과

---

37) 김동명 『독일 통일, 그리고 한반도의 선택』(한울 2010) 217면.

채무는 2 대 1로 교환되었다. 개인예금에 대해서는 14세 이하는 2천 마르크, 15~59세의 경우는 4천 마르크, 60세 이상은 6천 마르크까지 1 대 1 환율이 적용되었다. 이 금액을 초과하면 2 대 1의 비율, 생명보험과 민간보험회사의 지급액에 대해서도 2 대 1의 비율이 적용되었다. 비거주자의 경우 1989년 12월 31일 이전 예금은 2 대 1, 그후의 예금은 3 대 1의 환율을 적용했다. 화폐통합 결과 실제 교환비율은 1 대 1.7~1.8로 나타났다.[38]

　서명이 끝나자 콜은 지금이 독일국민의 일생에 역사적인 순간의 하나요 통일로 가는 여정의 의미 있는 첫걸음이라고 말했다. "독일인의 희망과 동경(Sehnsucht)이 실현되는 행복한 시간입니다. 수십년 만에 꿈이 현실이 되었습니다. 독일과 유럽 통합의 꿈 말입니다." 드메지에르도 이제 통일은 불가역적(unumkehrbar)이라고 감격했다.[39] 동독 시위자들은 "서독마르크가 우리에게로 오지 않으면 우리가 간다"고 외쳤다. 콜은 동독인들의 서독 이주행렬을 막고 12월로 예정된 동서독 동시 선거에서 승리하기 위한 정치적 계산에서 통화통합을 서둘렀다. 그는 통일과 정치적인 야망의 두마리 토끼를 동시에 잡으려고 했다. 그리고 그는 목표를 이뤘다.

---

38) 같은 책 218면.
39) Helmut Kohl, 앞의 책 240~41면.

두개의 독일, 하나의 경제질서

화폐·경제·사회 통합협정은 1990년 7월 1일 발효되었다. 준비는 철저했다. 동서독 경계선의 차단봉이 치워졌다. 서독마르크가 과거에 제국은행으로 쓰이던 당 중앙위원회 건물 지하창고에 쌓였다. 1년 안에 1천억 마르크가 동독에 공급된다. 서독 예산의 4분의 1에 해당되는 거액이다. 콜은 동독에 대한 마르크 공급을 독일판 마셜 플랜에 비유했다. 마르크를 동베를린까지 운반하는 것은 상상을 초월한 '작전'이었다.

알렉산더 광장에 있는 도이치은행 지점이 가장 먼저 동독마르크를 서독마르크로 교환해주기 시작했다. 시중에서의 동서독 화폐 교환비율은 1 대 7 내지 1 대 10이었고, 동독의 생산잠재력은 서독의 10프로 수준에 불과했기 때문에 동서독 화폐의 적정 교환비율은 1 대 4로 평가되었다. 그러나 콜은 임금과 연금과 일정금액 이하의 저축에 대해서는 1 대 1 교환율을 적용하여 평균 1 대 1.83으로 교환케 하여 동독 지역의 물가와 임금이 상승하여 동독경제가 자생력을 잃는 요인의 하나를 제공했다.[40] 신용대부 잔고와 기업의 채무에는 1 대 2의 환율이 적용되었다. 동독의 연금제도를 서독의 연금제도에 맞추는 개혁도 시작되었다. 1 대 4의 환율로 동독의 연금생활자와 봉급을 받던 직장인들의 수입이 하룻밤 사이에 네배로 뛰었다. 한 사람이 바꿀 수 있는 돈은 평균 800마르크였고 1991년 7월 1일까지는 6,100마르크를 교환할 수 있었다. 은행 앞에는 수천명의 시민들이 줄을 서서 차례를 기다렸다. 하늘에서는 폭죽이 터지고, 샴페인 터뜨리는 소리가 들리고, 자동차들은 경적을 울렸다. 동

---

40) 염돈재 『독일 통일의 과정과 교훈』(평화문제연구소 2010) 280~81면.

독 전역에서 마르크 파티가 열렸다.[41]

이렇게 두개의 독일은 하나의 경제질서로 통합되고, 사회주의 계획경제만 알던 동독에 시장경제를 도입하고, 국유재산을 민영화하고, 기업들의 구조조정에 필요한 지원을 제공하는 역사적인 과업들이 숨 쉴 틈도 없이 뒤따랐다. 동독의 축제 분위기와는 달리 서독사회는 화폐·경제 통합의 부담을 걱정하는 침울한 분위기와 동서독마르크의 1 대 1 교환비율에 대한 불만이 지배적이었다. 콜은 그들을 향해 '증세 없는 통일'로 서독국민들의 부담을 최소화하겠다고 약속했다. 그러나 통일 후의 사정은 콜의 약속을 배반했다. 1 대 1 교환비율은 처음부터 통일 후 치를 동서독 동시 총선거를 염두에 둔 콜의 정치적 계산에서 나온 것이었다.

---

41) Helmust Kohl, 앞의 책 410면.

제7장

/

콜의 통일외교

통일을 하려면 동독정권의 붕괴 프로세스와 외부환경의 조성이 보조를 맞춰야 했다. 콜은 3월 18일 동독 최초의 자유총선거를 치르고, 5월 18일 화폐·경제·사회 통합에 관한 동서독 조약을 체결하고, 7월 1일부터 동독 은행들이 동독마르크를 서독마르크로 교환해주는 것과 동시에 통일외교에 초인적인 노력을 쏟았다. 콜의 1990년 초반의 일정은 그가 얼마나 정력적으로 통일외교에 올인했는가를 잘 보여준다.

1월 4일 대서양 연안의 별장에서 미떼랑과 회담
2월 10일 크렘린에서 고르바초프와 회담
2월 24일 캠프 데이비드에서 부시와 회담
3월 30일 런던에서 대처와 회담
4월 25일 엘리제궁에서 다시 미떼랑과 회담
4월 28일 더블린 유럽공동체 특별정상회의
5월 5일 2＋4회담에 외무장관 겐셔 파견
7월 10일 휴스턴 G7 정상회의

1990년 1월 4일, 미떼랑

미떼랑은 1990년 1월 4일 콜을 대서양 연안 가스꼬뉴 지방 라체에 있
는 별장으로 초청했다. 공식적이고 의전이 요란한 엘리제궁에서의 회
담과는 다르게, 호젓한 라체 별장에서 두 사람은 훨씬 인간적인 분위기
로 솔직하게 대화를 나눴다. 미떼랑은 많은 질문을 했다. 통일의 형식과
조건은 무엇인가? 유럽의 현존 국경선은 그대로 유지되는가? 미떼랑이
'현존 국경선'이라고 할 때 폴란드의 서부국경선 오데르-나이세를 의
미하는 것인지 아니면 동서독 국경선까지 의미하는가는 그때까지도 분
명하지 않았다. 그는 언젠가 동서독 국경선을 '특별한 성격'의 경계선
이라고 말한 바 있었다.

미떼랑의 국경선 개념은 그가 제안한 '말의 진정한 의미에 있어서의
유럽연합체'로 다소 분명해졌다. 그는 유럽연합체의 중요한 조건으로
동유럽국가들의 다당제, 자유선거, 대의제도, 정보의 자유를 제시했다.
소련은? 헬싱키 프로세스의 최종합의에는 소련뿐 아니라 미국과 캐나
다도 서명을 했기 때문에 그 나라들도 포함해 생각해야 한다는 입장을
밝혔다. 미국과 캐나다는 이미 이 모든 조건들을 갖춘 나라들이다. 그래
서 미떼랑이 하고 싶었던 말은 소련이 그런 조건을 충족해야 한다는 것
이었다. 그리고 미떼랑이 정말 묻고 싶었던 것은 유럽연합체가 출범하
면 유럽에 새로운 세력균형이 생겨 프랑스가 통일된 독일과 균형을 잡
는 균형추 역할을 해야 하는가였다.

미떼랑은 독일은 통일될 것이지만 독일 통일이 유럽통합을 방해하는 방식이어서는 안 된다고 굳게 믿었다. 미떼랑의 완화된 태도와는 달리 프랑스 관료사회는 언제든지 독일 통일에 제동을 걸 수가 있는 분위기였다. 서독 측은 독일 통일에 대한 프랑스의 유보적인 자세가 의외가 아니라고 말해왔다. 콜은 미떼랑에게 통일된 독일은 유럽공동체에 편입되어 프랑스와 함께 유럽통합의 견인자 역할을 할 것이라고 약속했다. 미떼랑은 독일문제와 소련문제가 연계되어 있는데 소련의 민족주의적 요소가 독일 통일에 걸림돌이 될지도 모른다고 생각했다. 그러나 그는 독일이 현명하게 처신하면 고르바초프의 이해를 얻어낼 수 있을 것이라고 말했다. 미떼랑은 독일 통일과 유럽통합의 동시진행의 필요성을 강조하고, 궁극에 가서는 동서독이 조약을 체결하여 통일되는 사태를 받아들였다.[1]

1990년 2월 10일, 고르바초프

1월 24일 『빌트차이퉁』이 고르바초프의 외교안보보좌관 니콜라이 포르투갈로프와의 센세이셔널한 인터뷰를 보도했다. 『빌트차이퉁』은 소련이 서독의 여론 조작에 자주 활용하는 슈프링어계의 대중지다. 포르투갈로프는 문제의 인터뷰에서 독일 통일에 대한 소련의 기본적인 태도 변화를 발신했다. "동독국민이 통일을 원하면 통일은 되는 것이다. 우리

---

1) Horst Teltschik, *329 Tage: Innenansichten der Einigung* (Berlin: Siedler Verlag 1991) 97~99면.

는 어떤 경우에도 그들의 결정에 반대하거나 간섭하지 않는다."[2]

소련은 1989년 6월 고르바초프가 본을 방문한 이후 독일 통일에 대한 입장을 여러차례 뒤집었다. 그것은 소련 내 보수파와 군부가 가하는 압력의 그때그때의 강약에 따라 바뀌는 것이었다. 그러나 고르바초프는 동독 사태가 되돌릴 수 없는 수렁으로 빠져들고 있다는 것을 아는 현실주의자였다. 고르바초프와 콜은 라인강변을 산책하면서 흉금을 터놓고 대화를 나누었다. 두 사람 사이에 화학반응(Chemistry) 같은 인간관계가 싹텄다. 고르바초프는 콜을 믿을 수 있는 사람, 약속을 지키는 사람으로 인식했다. 고르바초프가 콜에게 만약 1989~90년 겨울에 모스끄바와 레닌그라드가 식량부족 상태를 만나면 도와줄 수 있겠느냐고 불쑥 물었다. 콜은 한순간의 주저도 없이 "야!"(Ja, yes)라고 대답했다.

1990년 초 소련대사 율리 크비진스키가 콜을 방문하여 1989년 6월에 고르바초프에게 한 약속을 지킬 수 있느냐고 물었다. 콜은 경제장관 이그나츠 키흘레에게 지시하여 소련에 대한 지원을 조용히 진행하도록 했다. 콜이 고르바초프와의 회담을 위해 모스끄바로 떠나는 2월 9일부터 2억 2만 2백만 마르크 상당의 식료품이 소련으로 실려 갔다. 2월 중순까지 5만 2천 톤의 소고기통조림, 1만 5천 톤의 돼지고기, 2만 톤의 버터, 1만 5천 톤의 분유, 5천 톤의 치즈, 많은 양의 구두와 남성·여성용 기성복, 그리고 일용품 들이 소련에 지원되었다. 결과적으로 콜이 고르바초프와 만나는 결정적 시기에 서독이 모스끄바와 레닌그라드 시민들의 겨울나기를 물질적으로 지원할 기회를 잡은 것은 콜과 독일을 위한 큰 행운이었다. 2월 10일의 회담에서 고르바초프가 독일 통일에 확실한 청

---

2) 같은 책 114면.

신호를 보냈던 것이다.

고르바초프는 이렇게 말했다. "소련과 서독과 동독 간에는 독일 통일과, 통일을 위해 노력할 독일인들의 권리에 관해서 견해의 차이가 없습니다. 독일인들은 자신들이 어떤 길을 가야 하는지 압니다. 동서독의 독일인들은 이미 역사에서 교훈을 얻었다는 것과 독일이 전쟁을 일으키지는 않을 것이라는 것을 증명했습니다." 고르바초프의 말을 받아 적던 콜의 외교안보보좌관 호르스트 텔칙은 속으로 환호했다. "돌파구가 열렸어! 고르바초프가 통일에 동의했어. 헬무트 콜의 승리야."[3] 콜의 모스끄바 방문 이튿째 되는 날 공산당 기관지 『프라우다』는 1면에 고르바초프 서기장과 콜 총리가 독일인들이 원한다면 스스로의 결정으로 통일을 할 수 있다는 데 합의했다고 대서특필했다.[4]

고르바초프는 3월 6일 모스끄바를 방문한 동독 총리 모드로프에게도 독일 통일의 절차가 유럽통합의 절차에 편입되어 진행된다면 모두가 이해할 것이라고 말했다. 모드로프를 수행한 동독정부 대변인은 고르바초프와 모드로프가 통일은 단계적으로 진행되어야 한다는 데 합의했다고 발표했다.[5]

1990년 2월 24일, 부시

1990년 2월 24일 부시와 콜의 캠프 데이빗 회담은 주위환경부터 좋았

---

3) 같은 책 140면.
4) 같은 책 280~81면.
5) Jens Hacker, *Deutsche Irrtümer* (Berlin: Ullstein 1992) 39면.

다. 미국 대통령의 공식 별장인 캠프 데이빗은 워싱턴에서 115킬로 떨어진 캐톡틴산 언덕, 58헥타르의 부지에 지은 열한채의 산장으로 이뤄져있다. 주위는 온통 떡갈나무 숲이다. 외국의 국가원수나 정부수반은 덜레스 국제공항에서 대통령 전용 헬리콥터로 30분을 날아 캠프 데이빗으로 안내된다. 그날은 토요일이라 주인과 손님 모두가 편한 복장이었다. 텍사스 출신 국무장관 제임스 베이커는 아예 양털 점퍼에 멋진 카우보이 장화를 신고 공항에서 콜 내외와 수행원들을 영접했다. 부시와 퍼스트레이디 로라도 털모자가 달린 방한복 차림으로 손님을 맞았다. 부시는 골프 카트를 직접 몰고 콜 내외를 숙소로 정해진 산채로 안내했다. 2월의 찬바람이 캐톡틴산 언덕에 잔설을 뿌려 분위기를 초현실의 세계로 만들었다.

그러나 세시간이나 걸릴 회담 테이블에 마주앉은 부시와 콜 앞에는 너무나 현실적이고 절박한 독일문제가 놓여 있었다. 콜은 소련과 동유럽에서 현재 진행되는 사태를 평가한 뒤 다음과 같이 정리될 수 있는 말을 했다.

1. 유럽공동체의 정치통합이 실현되면 독일에 대한 유럽인들의 불안은 감소될 것이다.

2. 동독이 카드짝으로 세운 집같이 무너질 것인지는 아무도 예측할 수 없다. 지금은 동독 사태를 안정시키는 것이 중요하다.

3. 동서독의 통화·경제·사회가 통합되면 동독은 3~5년 안에 자립할 수 있을 것이다.

4. 폴란드인에게 서부국경선의 안전을 보장하는 것이 중요하다.

5. 2+4프로세스에 폴란드를 참석시키는 문제는 별도로 논의해야 한다.

302

6. 나토군이 지금의 동독영토에 진출해서는 안 된다.

7. 동독 주둔 소련군에 대해서는 과도기적 조치를 강구해야 한다.

8. 서독에 배치한 미국의 전술핵무기(SNF)는 어떻게 할 것인가?

9. 나토의 관할권을 확장하지 않겠다는 베이커 국무장관의 말은 무슨 뜻인가?

부시는 이에 대해, 전술핵무기 문제는 1992년에 결정하기로 되어 있고 그 문제를 누구의 압력에 밀려 결정하지는 않을 것이며, 유럽의 안정을 위해서 서독 주둔 미군을 그대로 유지할 것이라고 밝혔다. 또한 통일된 독일이 나토에 잔류하지 않으면 유럽의 안정이 흔들릴 것이라고 예측하면서 독일 통일에 대한 다른 나라들의 불안은 긴밀한 협의로 해소할 수 있을 것이라고 말했다. 콜이 도착하기 전에 마거릿 대처와 한시간 전화통화를 했고 대처가 독일 통일을 수락했다는 반가운 뉴스를 전하기도 했다. 부시는 서독이 폴란드 국경선 문제에 입장을 분명히 하는 것이 통일의 부담을 덜 것이라고 충고했다. 2+4프로세스에 관해서도 논의할 의제를 분명히 정하는 것이 중요하고, 승전 4개국의 독일문제 조기 개입은 동서독 간에 진행되는 프로세스에 방해가 될 것이라고 말했다. 다음날도 이 논의는 이어져 콜은 독일 통일과 폴란드 국경선 변경을 연관시켜서는 안 된다고 다시 한번 밝히고 부시도 전적으로 동의했다.[6]

그래도 폴란드 국경선 문제는 전체적인 독일문제의 논의에서 뒷자리로 물러나지 않았다. 마조비에츠키는 폴란드와 동서독이 오데르-나이세를 폴란드의 서부국경선으로 인정하는 국경조약에 가서명을 하고 통

---

6) Horst Teltschik, 앞의 책 158~62면.

일독일 정부가 정식으로 서명해야 한다고 고집했다. 마조비에츠키는 사전에 승전 4개국들과 상의하여 동의를 얻어냈다. 소련 외무장관 셰바르드나제는 보란 듯이 폴란드 대사를 접견하고 폴란드 국민이 국경선 문제로 불안해하는 데 이해를 표시하고 2+4협상에 폴란드도 참석하여 발언하게 하자고 제안했다. 콜은 폴란드의 2+4협상 참가를 거부했다. 이제 아무도 통일의 대세를 막을 수 없다고 자신한 콜의 태도는 오만에 가까울 만큼 고자세였다. 콜은 각료회의에서 오데르-나이세 국경선과 관련하여 자신에게 쏠리는 기대를 충족시킬 수 없다고 말했다. 그는 외부의 압력을 강하게 느끼면서도 1990년에 치러질 동서독 동시 총선거를 포함한 여덟개의 선거를 의식하여 강경자세를 풀지 않았다.

1990년 4월 28일, 더블린의 통일 컨센서스

콜의 치열한 통일외교는 1990년 4월 28일 아일랜드 수도 더블린에서 열린 유럽공동체 특별정상회의에서 8부 능선을 넘었다. 서독을 제외한 나머지 회원국 정상들 간에 마침내 독일 통일을 지지하는 컨센서스가 성립되었다. 12개국 수뇌들은 독일 통일을 전체적으로는 유럽의 발전, 구체적으로는 유럽공동체의 발전에 긍정적인 요소가 될 것이라고 환영했다. 정상회의의 최종 결론에 미떼랑도 기꺼이 동의하고, 대처도 이의를 달지 않았다. 유럽공동체 수뇌들은 독일 통일이 유럽의 '지붕' 아래서 실현되는 데 특별한 의미를 부여하고 동독의 유럽공동체 편입이 마찰 없고 조화롭게 진행되도록 지원한다는 데 의견의 일치를 보았다. 이제 콜에게는 통일을 위한 동방외교만 남았다.

1990년 7월 10일, G7 정상회의

텍사스 휴스턴에서 7월 10일 개막된 G7 정상회의의 중심의제는 고르바초프를 지원하는 문제였다. 회의가 열리기 직전에 고르바초프는 부시에게 서한을 보냈다. 고르바초프는 뻬레스뜨로이까 개혁에 외부의 재정적·경제적 지원이 필요하다고 호소했다. 콜과 미떼랑도 사전에 부시를 강하게 밀어붙이자는 데 합의했다. 주요 국가 수뇌들의 발언을 정리하면 아래와 같다.

부시 소련에 대한 경제지원에 관해서는 미국과 서독의 입장이 다르다. 미국은 쿠바의 카스트로 정권에 수십억 달러를 원조하는 소련을 지원할 수 없다.

콜 뻬레스뜨로이까를 지지하고 지원해야 한다. 그런데 부시와 미국 대표단은 소련 지원에 대해서는 알려고도 하지 않는다. 미국은 소련의 개혁을 지지한다면서도 재정적인 지원은 하지 않겠다고 한다. 미국 대표단은 소련이 국방비를 줄이고 반민주적인 국가들에 대한 지원을 중단하라고 요구한다.

미떼랑 유럽공동체 회원국들은 이 문제에 대한 태도가 일치한다. 지금 중요한 것은 소련의 개혁에 시동을 거는 것이지 소련에 요구를 하는 것이 아니다. 미국이 작성한 공동선언 초안은 유해하다. 지금이 소련의 사정을 개선할 기회다. 고르바초프가 실패하면 우리는 비싼 댓가를 치르게 된다. 소련에 지원 거절을 통보하는 것은 근본적인 실책이다.

부시는 콜과 미떼랑의 논리에 손을 들었다. 미국의 초안을 수정해서 채택된 공동선언은 G7이 소련과 중동부유럽의 개혁운동을 지원한다고 약속했다. 재정지원에 관해서는 G7과 유럽공동체가 국제통화기금, 세계은행, 유럽재건개발은행과 긴밀히 상의하여 소련의 경제사정을 검토해 연내에 의미 있는 지원을 하겠다고 선언했다. 고르바초프와 통일에 관한 마지막 담판을 위한 모스끄바 방문을 목전에 둔 콜에게는 결정적이고 고무적인 외교 성과였다.

콜이 미국의 지지를 받아내려고 감동적인, 아니 '눈물겨운' 노력을 한 에피소드가 있다. 콜은 미 국무장관 제임스 베이커의 부인으로부터 회의장에서 멀지 않은 곳에 베이커의 어머니가 산다는 말을 들었다. 그는 6개국 수뇌들이 모두 서명한 편지 한통을 베이커의 어머니에게 보내자고 제안했다. 모두 찬성했다. 콜은 편지를 받고 감동한 베이커의 어머니가 편지를 액자에 넣어 고이 간직한다는 말을 나중에 들었다. 베이커가 콜에게 가졌을 감사한 마음은 짐작하고도 남는다. 또한 사흘의 회의 기간 중 다른 대통령과 총리 들이 한 사람씩 리무진을 타고 이동을 할 때 콜은 일반 버스를 이용했다.[7] 시야에 들어온 통일의 기회를 놓치지 않기 위해서 가능한 모든 수단을 동원해야 하는 콜의 공교(公交)는 그런 섬세한 사교(私交)의 뒷받침으로 큰 성과를 거둘 수 있었다.

---

7) Helmut Kohl, *Ich Wollte Deutschlands Einheit* (Frankfurt am Main: Propyläen 1996) 416~19면.

1990년 7월 16일, 다시 고르바초프

7월 14일 밤 헬무트 콜은 모스끄바에 도착해 레닌 언덕에 있는 외무성 영빈관 빌라 모로소프에 여장을 풀었다. 다음날 오전 고르바초프가 영빈관으로 와서 양측의 외교안보보좌관과 통역만 참석한 회담을 가졌다. 이날의 고르바초프와 콜의 대화는 그 내용과 그것이 미칠 파장에서 세계외교사에 길이 남을 가치가 있는 것이었다. 그것은 총성 없는 전쟁이라고 해도 과장이 아니다.

콜이 비스마르크의 말로 포문을 열었다. "인간 자신은 아무것도 하지 못한다. 인간은 그냥 사건 속을 지나가는 신의 발자국 소리를 듣고 그 옷자락을 붙잡을 기회를 기다린다. 그게 전부다."[8] 그러나 아무나 사건 속의 신의 발자국 소리를 들을 수 있는 건 아니다. 평범한 정치인의 이미지를 가지고 총리가 된 콜은 자기 앞에 놓인 기회, 신의 발자국 소리를 놓치지 않은 탁월한 정치인이었다. 고르바초프도 콜의 말에 동의했다.

콜은 바로 본질적인 문제로 들어갔다. 그는 동독 주둔 소련군의 미래, 통일독일의 나토 잔류, 통일독일의 군대 규모에 대해서 합의를 보는 것이 중요하다고 운을 뗐다. 콜은 이 세가지가 서독과 소련이 극복해야 하는 마지막 장애물이라고 말하고 양측이 사전에 각자의 입장을 밝히는 문서를 교환하자고 제안했다. 고르바초프는 동의하지 않았다. 그러나 의미심장하게도 고대 그리스 철학자 헤라클리투스(Heraclitus)의 만물

---

8) Arnold Oskar Meyer, *Bismarck's Glaube: nach neuen Quellen aus dem Familienarchiv* (München: C. H. Beck 1933) 7면에 소개된 말. 독일어로는 "Man kann nicht selber etwas schaffen, man kann nur abwarten, bis man den Schritt des Gottes durch die Ereignisse hallen hört: dann den Zipfel seines Mantels fassen ── das ist alles."

유전(萬物流轉), 모든 것은 변한다는 말을 인용하여 자신의 입장이 바뀔 여지가 있음을 암시했다. 콜의 비스마르크 대 고르바초프의 헤라클리투스, 역사의 새 장을 여는 큰 정치가들의 면모가 드러난다.

핵심 문제는 통일독일의 나토 잔류였다. 고르바초프는 통일독일에서의 나토의 적용범위와 동독 주둔 소련군 문제에서는 모호한 태도를 취했다. 콜이 독일은 통일과 동시에 주권을 완전히 회복하는 것이냐고 물었다. 고르바초프는 "물론"이라고 짧게 대답했다. 그는 통일독일이 과도기를 거치지 않고 주권을 회복한다는 것을 처음으로 확인한 것이다. 콜은 이미 우리 두 사람은 통일독일 전체가 나토 회원국이 된다는 데 의견일치를 보지 않았느냐고 물었다. 그러나 고르바초프는 통일독일이 법적(de jure)으로는 나토 회원국이지만 실제(de facto)로는 옛 동독은 거기 소련군이 주둔하고 있기 때문에 나토의 영향권에 들어가지 않으며, 과도기가 만료될 때 소련군의 철수문제를 협상하자고 말했다. 그는 소련군 철수에 관한 협상을 남겨둠으로서 통일독일에 대한 지렛대를 확보해둘 계산이었다.

고르바초프는 콜의 불만에 찬 표정을 읽고 그를 달랬다. "우리가 여기서 시작한 대화를 캅카스에서 계속합시다. 산 공기를 마시면 모든 게 더 잘 보입니다." 그러나 콜은 버텼다. "회담의 결과가 통일독일의 완전한 주권과 제한받지 않는 나토 잔류가 보장되어야 캅카스로 갈 겁니다. 그렇지 않으면 본으로 돌아가겠습니다." 고르바초프는 콜의 말에 "예스"라는 말도 "노"라는 말도 하지 않고 "우리는 캅카스로 가야 합니다"라는 말만 했다. 그제야 콜은 자신의 뜻이 성사될 것을 직감했다.[9]

---

9) Helmut Kohl, 앞의 책 422~26면.

고르바초프는 콜과 함께 캅카스로 떠나기 전날 공산당 중앙위원회 국제국장 발렌찐 팔린과 긴 전화통화를 했다. 고르바초프의 마지막 말은 "기차는 이미 떠난 것 같소"였다. 그 무렵 외교의 문외한인 소련 외무장관 셰바르드나제는 서독 외무장관 겐셔에게 설득당해 4(승전 4개국)+2(동서독)의 표현을 2+4로 바꾸는 데 동의해줬다. 팔린은 고르바초프에게 콜과의 캅카스 회담에서 다음의 세가지를 명심하라고 건의했다.

1. 근본적으로 다른 두개의 경제체제와 상호 적대적인 사회구조를 기계적으로 융합하는 방식으로 동독이 독일연방에 편입되면 소련과 동독은 바람직하지 않은 도덕적·정치적 댓가를 치를 것이다. 서독의 법규범을 동독 지역에 적용하면 지난 40년간 동독에서 행해진 수많은 것들이 불법적인 것이 되어버린다.

2. 통일독일은 나토, 적어도 그 군사기구에 남아서는 안 된다. 독일 전역에 핵무기를 배치해서도 안 된다.

3. 동독에 있는 소련 소유의 재산은 정치적 합의에 서명할 때까지 관리되어야 한다.

팔린의 건의를 받은 고르바초프는 가능한 모든 노력을 하겠지만 "기차는 이미 떠났다"를 되풀이했다. 고르바초프는 이런 마음가짐으로 콜과 함께 캅카스로 갔다. 그는 이미 콜이 원하는 것을 다 내줄 수밖에 없다는 각오를 하고 갔다는 것이 팔린의 증언으로 밝혀졌다.[10]

---

10) Valentin Falin, *Politische Erinnerungen* (München: Droemer Knaur 1993) 492~94면.

콜은 고르바초프와 함께 리무진을 타고 공항으로 나가는 도중에 통일독일의 군대 규모를 거론했다. 고르바초프는 그 문제는 외무장관들 간에 30만명선에서 합의가 되지 않았느냐고 말했다. 콜은 37만명을 주장했다. 고르바초프는 침묵으로 응수했다.

공항에는 대통령 전용기 일류신62(IL62)가 이륙준비를 마치고 대기하고 있었다. 고르바초프와 콜은 전용기 뒷편에 화려하게 꾸며진 대통령 살롱에 마주 앉았다. 통역 말고는 아무도 배석하지 않았다. 고르바초프는 캅카스의 고향 마을 쁘리볼노예 이야기를 했다. 그곳에는 볼셰비키혁명 후 농업협동조합이 생겼고, 스딸린의 집단농장 강행 때 고르바초프 자신은 집단농장의 지배인이 되었다. 고르바초프는 타고난 조직력을 발휘하여 마을 주민들의 생활을 견딜 만한 수준으로 끌어올렸다. 나치 점령시대에도 그 정도의 생활수준을 유지한 것이 꼬투리가 잡혀 소련군이 마을을 수복한 뒤 고르바초프는 잠시 나치에 부역한 혐의로 체포되기도 했다.

고르바초프의 전용기는 광활한 러시아의 대지 위를 두시간 날아 스따브로뽈 공항에 도착했다. 스따브로뽈은 고르바초프가 젊은 시절 8년이나 공산당 지부 서기(시장에 해당)로 활동한 캅카스의 대표적인 도시다. 공항에는 수백명의 주민들이 나와 그들을 환영했다. 고르바초프는 콜을 공산당 지방소비에트 건물로 안내했다. 서기 집무실에서 고르바초프는 텔레비전 카메라맨의 요청으로 자신이 일하던 책상의 의자에 앉아 "모든 것이 여기서 시작됐다"고 감회어린 말을 했다.

스따브로뽈에서 일행은 헬리콥터를 타고 몇분을 날아 추수 끝난 들판에 내렸다. 젊은 농촌 아가씨들이 빵과 소금을 가지고 금의환향한 고르바초프와 그의 손님을 맞았다. 고르바초프는 캅카스의 오랜 전통에 따라 빵에 소금을 뿌린 뒤 두쪽으로 잘라 하나를 콜에게 건넸다. 콜은 그의 고향 라인지방의 전통대로 세번 십자성호를 긋고 빵을 먹었다. 고르바초프와 콜은 탈곡기를 타고 농장을 돌아봤다. 고르바초프는 탈곡기를 몰면서 소련 농업이 해결하지 못한 문제를 이야기했다. 저질의 저장시설과 교통 인프라의 부족으로 곡식의 상당량이 농장의 창고와 수송 도중에 썩어버린다고 그는 한탄했다. 한숨짓는 고르바초프와는 달리 콜에게는 넓은 대지, 검은 땅, 군데군데 쌓인 밀 더미가 인상적이었다.

일행은 다시 헬리콥터를 타고 눈 덮인 캅카스산맥을 비스듬히 날아 젤렌추크스카야계곡의 울창한 숲속 마을 아르키스에 내렸다. 거기서도 스따브로뽈에서처럼 주민들이 일행을 환영했다. 고르바초프의 별장(다차)는 소나무 숲속의 개활지에 있었다. 별장 옆으로 수량이 제법 많은 젤렌추크스카야강이 흘렀다. 주위는 온통 낙엽송이었다. 콜이 게스트룸에 들어서자마자 고르바초프가 산책을 나가자고 했다. 콜은 검정색 니트 재킷, 고르바초프는 풀오버 스웨터 차림으로 강을 따라 걸었다. 고르바초프는 기분이 좋았다. 두 사람은 그 순간만은 큰 정치 이야기를 잊고 신과 세상사를 이야기했다. 콜은 회담 조짐이 좋다고 예감했다.[11]

고르바초프와 콜이 짧은 첫 회담을 가진 것은 밤 10시였다. 첫 쟁점은 역시 통일독일의 나토 잔류였다. 콜은 어떤 경우에도 독일의 나토 회원국 자격의 제한은 받아들일 수 없다고 못을 박았다. 이번에도 고르바초프는 묵묵부답이었다. 회담을 마치고 콜은 게스트룸으로 돌아와 베란다로 나갔다. 환상적인 밤이었다. 하늘에는 별이 빛나고 눈앞에는 캅카스 산맥의 검은 실루엣이 초현실적으로 펼쳐져 있었다.

---

11) Helmut Kohl, 앞의 책 428~32면.

다음날 오전 10시에 열린 전체회의에서 고르바초프는 서독 외무장관 디트리히 겐셔의 두툼한 노트를 보고 익살을 날렸다. "그걸 밤새 다 쓴 겁니까?" 겐셔가 고르바초프의 위트를 재치 있게 받았다. "이건 내가 준비한 노트의 일부일 뿐입니다." 이렇게 회담은 박장대소로 시작되었다.

회담은 장장 네시간이나 걸렸다. 결과는 센세이셔널한 것이었다. 고르바초프는 놀랍게도 회의 벽두에 통일 후 서독군이 옛 동독 지역과 베를린에 주둔해도 좋다, 소련군이 철수한 뒤 통일독일군은 나토에 편입되어도 좋다, 통일독일의 병력은 콜이 제시한 37만명을 수용한다고 말했다. 콜과 겐셔가 이를 농담으로 알고 어리둥절한 표정으로 서로를 쳐다볼 정도였다. 캅카스로 오기 전 모스끄바에서 열린 돌파구가 최종적인 결실을 맺어 콜의 가장 중요한 목표가 드디어 달성된 것이다.[12]

콜은 고르바초프에게 50억 마르크의 차관 제공을 약속했다. 당시의 환율로 31억 달러 정도의 액수였다. 고르바초프는 독일 통일을 31억 달러의 헐값에 판 셈이다. 콜은 외교협상사상 유례없는 성공을 하고 고르바초프는 정치생명이 단축되는 일생일대의 실수를 한 것이다. 고르바초프에게는 경제가 급했던 것이 사실이다. 서독의 마르크가 시급히 필요했다. 그러나 통일이 기정사실로 받아들여진 이상 콜은 통일독일의 나토 잔류와 통일독일군의 규모에서 고르바초프의 최대의 양보를 받아내는 데 전력을 쏟았다. 고르바초프의 지나친 양보에 분노하여 당 중앙위원회 서기 겸 국제국장직을 내던진 발렌찐 팔린이, 고르바초프가 좀더 버텼으면 50억 마르크의 다섯배, 열배는 더 받을 수 있었다고 말한 것이 현실을 크게 벗어난 예측은 아니다. 독일인들의 입장에서 보면 일

---

12) Horst Teltschik, 앞의 책 338면.

부 서독 지식인들의 불평과 반대에도 불구하고 콜은 전쟁 한번 하지 않고 분단된 독일을 하나로 통일한 영웅이 되었다.

캅카스 합의는 고르바초프의 정치생명의 종말의 시작이었다. 예상대로 크렘린 보수파와 군부의 테르미도르가 암암리에 시작되었다. 앞서 인용한 대로 독일 시사지 『데어 슈피겔』은 1990년의 소련을 "한번도 입지 않은 신부 드레스 팝니다"는 광고를 낸 나라에 비유했다.[13] 고르바초프는 7월의 공산당 대회에서 그를 축출하려는 보수파의 도전을 산뜻하게 물리친 뒤 자신감이 지나쳤던 것 같다. 그를 기다린 것은 '성공의 저주'였다. 동독의 탈락으로 바르샤바조약기구의 해체는 절차만 남겨둔 시간문제였다. 고르바초프와 콜은 동독이 불참한 가운데 동독의 운명을 재단했다.

1989년 1월 베를린장벽 붕괴로 시작된 헬무트 콜의 불요불굴의 통일외교는 한적한 캅카스 산자락, 별이 총총한 밤하늘 아래서 화려한 대단원의 막을 내렸다. 콜은 먼저 조지 부시의 탄탄한 지지를 확보해놓고, 프랑스의 미떼랑의 저지선을 넘고, 가장 완고한 장애물인 영국의 대처로 하여금 독일 통일에 찬성은 하지 않되 반대는 못하게 만드는 데 성공했다. 그리고 이제 통일로 가는 길목의 마지막 장애물 고르바초프를 넘었다. 통일의 외부조건이 완전히 갖추어졌다. 콜은 이제부터 사실상 그의 '괴뢰정부'가 통치하는 동독과의 협상으로 통일의 마지막 절차에 전념할 수가 있게 되었다.

독일의 저명한 언론인·역사학자 테오 좀머는 콜의 통일외교를 이렇게 평가했다.

---

13) Valentin Falin, 앞의 책 506면.

나는 콜의 팬은 아니지만……. 콜은 주변국의 우려에도 불구하고 통일정책을 밀어붙였어요. 일부에서는 통일 준비를 위한 헌정위원회 같은 것을 만들어 몇년의 과도기를 두자는 의견도 나왔지만 콜은 듣지 않았지요. 대처 영국 총리나 미떼랑 프랑스 대통령은 통일독일이 서유럽을 이탈해 동유럽권에 합류할 것이라고 불안해했지만 콜은 그런 우려도 깨끗이 잠재웠습니다. 나는 그의 업적을 높이 평가합니다.[14]

에곤 바의 표현을 빌리자면 콜은 "생각할 수 없는 것을 생각"하여 독일 역사, 유럽 역사, 세계 역사의 새 장(Chapter)을 열었다. 아무 실적도 없는 취임 초의 미국 대통령 버락 오바마(Barack Obama)에게 노벨평화상을 준 노르웨이의 노벨평화상위원회가 콜의 큰 업적을 외면한 것은 이해가 안 된다.

콜은 고르바초프와의 캅카스 회담 결과 통일 직후 독일과 소련관계를 안정, 예측가능, 신뢰, 함께 추구하는 미래를 지향하는 우호·협력조약을 체결할 것이라고 독일국민들에게 보고했다. 그의 약속대로 사실상의 독일·소련 평화조약인 독일·소련 조약은 1990년 11월 10일 본에서 체결된다. 공식 통일 한달 하고 7일 뒤의 일이다.

---

14) 필자와의 인터뷰, 『중앙일보』 2014년 10월 10일. 이 책의 부록에 수록되어 있다.

더는 못 버티겠다는 드메지에르

캅카스 회담에서 '개선'한 콜은 오스트리아 잘츠부르크에 있는 풍광
명미한 호반도시 상트 길겐으로 휴가를 갔다. 그런데 8월 2일 비서실장
발터 노이어가, 동독 총리 드메지에르가 콜을 급히 만나고 싶어한다고
보고했다. 콜은 전화로 하자고 말했으나 노이어는 드메지에르가 독대
를 원할 뿐 아니라 이미 전용기로 잘츠부르크 공항에 내렸다고 전했다.
한 시간 뒤 비서실장 귄터 크라우제를 대동하고 도착한 드메지에르는
동독 사태가 악화되어 이미 합의한 날짜인 12월 2일 동서독 동시선거까
지 버틸 수가 없다, 서독이 수십억 마르크를 동독에 쏟아부었음에도 불
구하고 동독경제는 파산 직전이다, 모든 것이 혼란(Chaos)에 빠질 것이
라고 숨넘어가는 소리를 했다. 그는 해결책으로 동독의회에 의한 연방
편입 결의와 동서독 동시선거를 10월 14일로 앞당기자고 제안했다. 그
날은 동독 5개주 의회 선거가 예정된 날이었다. 콜은 드메지에르의 제
안에 동의했다.

콜과 드메지에르는 밤늦은 시간까지 함께 포도주를 마시면서 크라우
제가 연주하는 피아노 반주에 맞춰 노래를 불렀다. 독일 정치인들의 긴
급상황 속의 여유가 드러난다. 그날 밤은 그렇게 기분 좋게 끝났다. 그
러나 베를린으로 돌아간 드메지에르가 희비극 같은 일을 저질러 콜을
당황하게 만들었다. 드메지에르는 연정 파트너나 알라안츠의 원내 대
표단과 일체의 상의 없이 기자들 앞에서 10월 14일 동독의 편입, 주 의
회 선거와 동서독 동시 총선거 실시를 단독으로 발표해버렸다. 콜은 드
메지에르의 독단적 행위로 동시선거와 의회 선거가 모두 물거품이 될
지도 모른다고 걱정했다.

사민당은 선거를 앞당기는 것은 콜과 드메지에르의 공모에 따른 것이라고 해석했다. 사민당의 콜·드메지에르 음모론에 따르면 선거와 동독의 독일연방 편입이 늦을수록 동독 사태는 악화되어 총선에서 사민당 총재 후보 라퐁텐의 집권 가능성은 커진다. 그래서 콜과 드메지에르가 부랴부랴 선거와 동서독 통합을 앞당겼다고 본 것이다. 헌법학자들의 일치된 견해는 연방 총선거를 앞당기려면 헌법을 개정해야 한다는 것이었다. 사민당의 동의 없이는 개헌이 안 된다.

동서독 통일조약을 위한 협상도 어려워졌다. 통일조약의 비준은 하원의원 3분의 2 찬성이 필요한 헌법(기본법) 개정을 전제로 하는데 사민당의 지지 없이는 불가능했다. 통일조약을 위한 1차 협상에서 동서독 사이에서뿐 아니라 양측의 대표단 안에서도 의견이 갈렸다. 각자의 정치적 이해와 전술이 다르고 총선거를 계산하기 때문에 동서독 간 권리의 균등화, 앞으로의 재정제도, 재산권, 슈타지 문서 처리, 임신중절 처벌 같은 구체적인 쟁점들에 대한 의견조정이 어려웠다.

동독 측은 베를린의 지위에 관한 합의 없이는 통일조약에 찬성할 수 없다고 고집했다. 그러나 서독 하원의원 다수가 베를린을 통일독일의 수도로 하는 데 반대하는 입장이었다. 사민당의 앞선 지도자들인 쿠르트 슈마허(Kurt Schumacher), 에른스트 로이터(Ernst Reuter), 빌리 브란트는 베를린이 통일독일의 수도가 되어야 한다는 입장이었는데 1980년대부터 사민당 지도부는 베를린을 수도로 하는 것은 민족주의적 발상이라는 쪽으로 노선을 선회했다.

협상이 회를 거듭하는 사이 동독의 드메지에르 대연정이 파열음을 내기 시작했다. 드메지에르가 사민당 소속 재무장관 발터 롬베르크와 무소속이지만 사민당의 후원을 받는 농업장관 페터 폴라크를 해임하는

316

위기의 사태가 벌어졌다. 다른 두명의 각료가 이 조치에 항의하여 사퇴했다. 결국 동독 사민당(Ost-SPD)은 대연정에서 탈퇴했고 그 결과 통일조약 협상은 더욱 어려워졌다.

그러나 본의 교통부 청사에서 통일조약 협상이 진행되고 있는 사이인 8월 22일에서 23일로 넘어가는 시각에, 동독 인민의회는 10월 3일을 기하여 동독이 독일연방에 가입(Beitritt)한다는 결의안을 3분의 2 이상의 찬성으로 가결했다. 콜은 흥분되었다. 통일조약 협상과 2+4의 협상도 그날까지는 끝나야 했다. 콜은 하원 연설에서 동독 인민의회가 3·18 총선거에 나타난 동독국민들의 기대를 충족시켰다고 감사의 말을 했다. 콜은 전 사민당 총재 슈마허가 1949년 9월에 한 말을 인용했다. "사회적·정치적·문화적인 성격의 의견차이가 아무리 커도, 우리는 독일통일을 동일한 온정, 동일한 정치적 결단으로 처리해야 합니다."[15]

1990년 8월 31일, 마침내 통일조약

동독 사민당의 대연정 이탈로 통일조약 협상은 엎친 데 덮친 격이 되었다. 동독 사민당 당수 볼프강 티어제(Wolfgang Thierse)는 주·시·군의 지원금을 늘리고, 현재의 기본법을 계승하지 않고 새로 전독일 헌법을 제정하자는 자신들의 요구가 관철되지 않으면 통일조약 협상을 좌절시키겠다고 공개적으로 위협했다.

통일조약 협상의 실질적인 이슈는 동독정권 시절 국유화된 재산을

---

15) Helmut Kohl, 앞의 책 452~56면.

원소유자들에게 반환할 것인가 배상을 할 것인가, 동독에서는 합법적이고 서독에서는 불법적인 임신중절을 어떻게 할 것인가, 통일비용을 독일연방에 새로 들어오는 동독 5개주에도 부담시킬 것인가, 동서독 사회의 균일화를 위한 부담조정(Lastenausgleich)은 어느 수준까지 할 것인가 등 모두 합의가 쉽지 않은 것들이었다. 그러나 서독 측 협상 수석 대표인 내무장관 볼프강 쇼이블레(Wolfgang Schäuble)는 유능한 협상가였고 그의 협상 파트너 권터 크라우제도 유연한 자세를 잃지 않았다. 그들의 혼신의 노력과, 승자와 패자의 협상이라는 숨길 수 없는 현실이 협상의 뒷바람이 되어주었다.

1990년 8월 31일, 협상 8주 만에 동베를린에서 9조 6항, 장장 1천 페이지에 달하는 역사적인 통일조약(Einigungsvertrag)에 양측이 서명했다. 통일조약은 동독의 독일연방 가입에 관한 규정, 기본법 개정, 앞으로의 재정에 관한 법규, 동독 지역의 행정조직, 동독 5개주와 서독 11개주의 구조적 조화를 포함해서 통일 후에 예상되는 수많은 문제들을 세부까지 망라했다.[16]

이것으로 통일의 내부적 조건도 모두 갖추어졌다. 많은 복잡한 문제들이 잡다하게 얽힌 통일조약 협상이 8주 만에 끝난 데 대해 나토와 유럽공동체 회원국들은 모두 놀랐다. 3월 18일 동독 최초의 자유총선거로부터 통일조약이 체결된 9월 31일까지는 6개월 반의 지극히 짧은 기간이다. 그사이에 동독 인민의회는 10월 3일을 공식 통일의 날로 못 박은 연방편입을 결의했다. 1989년 11월 9일 베를린장벽 붕괴로 시작된 독일의 통일 과정은 종종걸음에서 뜀박질로, 뜀박질에서 질주로 가속이 붙

---

16) 같은 책 464면.

은 것이다.

2+4조약으로 통일절차 완결

독일 통일은 2차대전 승전 4개국 미국·소련·영국·프랑스가 조약으로 승인해야 완결된다. 독일 통일의 국제법적 승인을 위해서는 필요불가결한 절차다. 서독은 이를 위해 2월 13일 오타와에서 열린 나토와 바르샤바조약기구 외무장관회의에서 2+4회담을 처음으로 제안했다.

나토 회원국들은 통일독일이 나토 군사기구에 잔류하되 동독 지역으로는 활동영역을 확대하지 않는다는 서독 외무장관의 '겐셔 플랜'을 지지했다. 소련은 그 시점에서 독일의 중립화가 동유럽국가들의 지지조차 받지 못할 것임을 알았다. 실제로 폴란드와 헝가리와 체코슬로바키아 외무장관들은 영국 외무장관 허드에게 통일독일이 대서양동맹에 편입되기를 바란다는 의사를 전했다. 미국 국무장관 제임스 베이커는 나토의 영향력을 (독일의 심장부를 흐르는) 엘베강 너머로는 확대하는 일이 없을 것이라고 선언했다. 오타와 회의 참가국들은 서독의 2+4회담 제의에 동의했다.[17]

독일 전문가이며 고르바초프의 외교보좌관인 발렌찐 팔린은 오타와 회의 기간 중에 스트라스부르에서, 소련은 아직도 통일독일의 군사적 지위에 관해 최종적인 결정을 내리지 않았음을 확인시켰다. 팔린은 통일독일은 군사행동을 취하지 않을 것과 국경선을 변경하지 않는다는

---

17) Jens Hacker, 앞의 책 46~47면.

약속을 해야 하며, 그런 확인이 평화조약에 들어가야 한다고 말했다.[18)

제1차 2+4회담은 5월 5일 본에서 열렸다. 여기서는 첫째 국경선 문제, 둘째 유럽 안보구조의 개혁과 관련된 정치·군사 문제, 셋째 베를린 문제, 4개국의 독일과 베를린에 대한 권리와 책임을 해소하는 최종적인 국제법적 조치에 관한 문제가 채택되었다. 셰바르드나제는 콜과의 짧은 회담에서 통일독일의 나토 편입에 대한 소련의 반대의사를 다시 확인했다. 그는 통일독일의 나토 편입은 유럽의 안정을 위협한다고 주장하고는 타협점을 찾아보자고 말했다.

회담에서 셰바르드나제는 독일 통일의 내적 문제(시기와 방법)와 외적 문제(안보정책)를 분리해서 논의하자고 제안하여 서독과 서방 3개국 대표들을 놀라게 했다. 그는 독일 통일의 내·외적 문제를 동시에 해결하려고 애쓸 필요가 없다고 주장했다. 또한 독일 통일 후 4개국이 권리를 포기할 때까지 4년의 유예기간을 두자고 제안하여 서독을 긴장시켰다. 4년의 과도기에 4개국이 독일과 베를린에 대한 권리와 군대를 유지하는 것이 통일의 안정된 진행에 도움이 될 것이라는 게 이유였다. 셰바르드나제는 회담 개막 전날 서방 언론들이 이 회담은 2+4가 아니라 1+5로 성격 규정을 했는데 그들이 말하는 1이 소련임은 짐작하기 어렵지 않다고 불평을 늘어놓았다. 회담에서 나머지 5개국이 소련을 '왕따'시키고 있다는 협박 겸 엄살이었다. 그때까지 독일 통일 지지를 주저하던 영국 대표 더글라스 허드가 셰바르드나제의 말을 받아, 소련은 독일 문제를 군축과 헬싱키 프로세스 강화와 동맹의 성격 변화 같은 큰 틀에서 볼 필요가 있다는 의견을 내놓았다.

---

18) Valentin Falin, 앞의 책 48면.

6월 22일 베를린에서 열린 2차 회담에서야 비로소 셰바르드나제는 평화협정에 대신하는 최종적 국제법적 규정으로 독일 통일을 승인한다는 서독의 제안을 수락하겠다고 밝혔다. 서독과 서방 3개국은 5월 5일 회담에서, 2차대전이 끝난 지 45년이나 되는 지금 평화조약을 체결하는 것은 문명사회에서는 전례가 없는 일이라는 일치된 입장을 밝힌 바 있다. 평화조약을 고집하면 소련은 문명국가 자격이 없다는 암시였다.

고르바초프가 모스끄바와 깝카스에서 통일에 관한 콜의 요구를 모두 수락한 것과 때를 같이하여 7월 16일 빠리에서 열린 3차 회담은 깝카스의 '돌파구'를 반영하여 특기할 만한 논란 없이 끝났다. 깝카스에서 "개선"한 콜은 통일독일과 소련이 3~4년 안에 실시될 소련군의 동독 철수에 관한 새로운 협정을 체결할 것이고, 역시 3~4년 안에 독일군 병력을 37만명으로 감축할 것이라고 발표했다. 30만명을 주장하던 소련이 양보한 것이다. 콜은 소련군이 철수한 뒤 나토에 편입된 독일군이 핵무기와 로켓을 보유하지 않고 동독 지역에 주둔할 것이라고도 밝혔다. 1994년까지 필요할 것으로 예상된 1,150억 마르크의 통일비용은 연방, 주, 시·군에 할당되었다.

또한 폴란드 외무장관도 참석한 빠리 3차 회담에서는 폴란드의 서부 국경에 관한 최종합의가 성립되었다. 베이커는 그 사실을 "통일독일은 동·서독과 동·서베를린으로 구성될 뿐 그 이상도 이하도 아니다"라는 말로 종결지었다. 통일독일과 폴란드는 그해 11월 15일 오데르-나이세를 폴란드의 항구적인 서부국경선으로 인정하는 국경조약을 체결하게 된다. 폴란드 국민들의 오랜 숙원이 풀리고 통일독일은 국제사회에서 높은 신뢰를 얻었다.

동독 주둔 40만 소련군의 철군비용도 소련이 요구한 최고 180억 마르크를 서독안대로 120억 마르크 플러스 30억 마르크의 무이자 차관으로 합의되었다. 철군비용이라는 것은 동독에서 철수하는 40만 소련군과 가족 20여만의 수송비용, 주택건설, 퇴역 후 재취업을 위한 직업교육, 자녀들의 전학비용 등이 포함되기 때문에 120억 마르크 플러스 30억 마르크, 92억 달러는 큰돈이 아니다. 콜이 캅카스 합의에서 고르바초프에게 약속한 31억 달러와 합쳐 도합 120억 달러 조금 넘는 돈으로 서독은 동독이라는 나라를 통째로 얻었다. 미떼랑과 대처가 저지하려다 실패하고 동유럽국가들이 경계한 유럽의 빅 파워는 그런 경위로 등장했다.

1990년 9월 12일 모스끄바에서 열린 4차회담에서 '독일문제의 최종 결정에 관한 조약'인 2+4조약이 체결되었다. 조약 7조의 규정으로 독일은 국내외 문제에 관한 완전한 주권을 회복했다. 1955년의 서독이 나토에 가입하고 동독이 바르샤바조약기구에 가입함으로써 두개의 독일이 주권을 회복한 뒤 35년 만에, 이제 2+4조약으로 통일된 독일의 주권이 회복된 것이다. 독일은 11월 9일 소련과 우호·파트너십·협력조약을 체결했다.[19)]

독일 통일과 유럽통합은 동전의 양면 같은 것이었다. 독일 통일로 기대된 것은 실질적 유럽통합의 진전과 동·서유럽 전역에서 헬싱키 프로세스를 강화하고 실천하는 것이었다. 소련·동유럽 사회주의체제의 붕괴로 나토는 2+4회담의 약속을 깨고 과감한 동방확대 정책을 추진했다. 옛 바르샤바조약기구 회원국들이 속속 나토와 유럽공동체와 유럽연합에 가입하는 것을 소련은 저지할 방법이 없었다. 그러나 나토 확대가 소련이 자국의 앞마당으로 생각하는 우크라이나까지 뻗어오자 소

19) Jens Hacker, 앞의 책 49~56면.

련이 반발했다. 소련은 나토와 유럽공동체 가입을 결정한 우크라이나의 크림반도를 침공하여 점령하고 러시아계가 다수인 다른 동부 우크라이나까지 러시아에 편입하려고 하는 상황이다. 우크라이나가 나토의 무모한 동방확대의 희생양이 되어도 미국을 포함한 나토와 유럽공동체 회원국들에는 외교적 항의 말고는 취할 대책이 없다. 독일 분단과 유럽 분단의 종말은 독일인들에는 축복, 우크라이나인들에는 '저주'라고도 할 수 있을 것이다.

브란덴부르크 광장, 환희의 송가

1990년 10월 3일, 베를린의 옛 제국의회의사당 앞 광장에는 초저녁부터 수십만의 군중이 몰려들기 시작했다. 의사당의 현관에는 3색 독일국기가 가을밤의 바람에 펄럭였다. 군중들은 독일국기와 푸른 바탕에 12개의 별이 그려진 유럽공동체기를 흔들어 독일 통일과 유럽통합이 함께 간다는 메시지를 날렸다. 그 현관 입구는 1918년 사민당 소속 바이마르공화국 초대총리 필립 샤이데만(Philipp Scheidemann)이 독일 최초의 공화국을 선포한 역사적인 자리다.

그 시각 콜과 동·서독 지도자들은 동독 총리인 드메지에르의 초대로 독일 아카데미 광장의 극장에서 동독정권의 공식적인 종말을 선포하는 행사에 참석하고 있었다. 라이프치히의 게반트하우스 오케스트라가 쿠르트 마주어의 지휘로 베토벤 교향곡 9번의 〈환희의 송가〉를 연주했다. 콜 부부와 참석자들은 감격의 눈물을 흘렸다. 베토벤이 166년 전에 이 날을 위해 교향곡 9번에 〈환희의 송가〉를 넣었을 것 같은 생각이 들었다. 게반트하우스 오케스트라의 연주는 제국의회의사당 앞 광장에 확성기로 중계되었다.

아카데미 광장 극장의 행사가 끝난 뒤 콜과 귀빈들은 의사당 앞으로 자리를 옮겼다. 통일독일이 출범하는 역사적인 순간, 자정이 되자 연방 공화국 대통령 리하르트 폰 바이츠제커(Richard von Weizsäcker)가 유명한 통일연설을 했다. "독일 통일은 독일민족의 분단의 종말을 의미할 뿐 아니라 유럽통합의 한 부분입니다. 우리는 대외적으로는 불안과 경계심을 다독이고, 대내적으로는 통일에 동반되는 희생을 각오할 필요가 있습니다." 먼 이상과 눈앞의 현실이 조화된 바이츠제커의 연설은 그 깊은 통찰로 세계시민들에게 큰 감명을 주고 길이 기억되고 있다. 〈환희의 송가〉와 군중들의 열광과 합창, 사방에서 들리는 젊은이들의 연주로 10월 3일 독일 통일의 밤은 새로운 희망과 도전이 기다리는 10월 4일로 넘어갔다.

1991년 9월 크렘린 보수파와 군부의 실패한 쿠데타로 고르바초프가 실각한 뜻밖의 사태를 회고하면, 독일 통일은 불과 1년여의 차이로 좌절의 위기를 모면했다. 소련·동유럽 사회주의체제의 해체와 독일 통일을 보고 미국의 역사학자 프란시스 후쿠야마는 헤겔을 인용하여 "역사는 끝났다"고 선언하여 서방세계에서 열광적인 환영을 받았다. 그러나 그는 틀렸다. 역사는 끝나지 않았다. 독일 통일 후 세계 곳곳, 특히 중동과 유럽과 아시아에서 새로이 역사적인 사건이 잇달아 일어나고 있다. 인간이 있고, 국가가 있고, 인간들의 정치·경제·문화 활동이 있는 한 모순은 쌓인다. 모순이 정·반·합(Thesis-antithesis-synthesis)을 무한 반복하면서 크고 작은 '사건'의 모습으로 역사는 계속된다.

독일 통일 또한 아데나워의 서방정책, 브란트의 동방정책, 헬무트 콜

324

의 동방정책과 서방정책이 유럽통합의 틀 안에서 독일 통일로 지양(止揚, Aufheben) 되었다는 의미에서 변증법적이다. 콜이 베를린장벽 붕괴에서 통일까지의 1년이라는 짧은 기간에 소련의 통일 '승인'을 얻어내고 폴란드의 통일 반대를 잠재운 동방정책과, 통일을 유럽통합의 틀에 편입시켜 미국의 지지를 확보하고 프랑스와 영국을 포함한 주변국가들의 거대한 통일독일의 등장에 대한 우려와 경계심을 잠재운 서방정책은 외교사에 남을 업적이다.

독일 시사주간지 『데어 슈피겔』은 2014년 9월 14일자에서 독일 통일의 변증법적 성격을 이렇게 설명했다. "통일은 변증법적이었다. 서독은 합병을 통해서 동독을 서방화(westlich)하고, 서독 자신은 정치문화와 반자본주의와 사회주의에 대한 애정(Liebe)을 통해서 부분적으로 덜 서방적(weniger westlich)이거나 더 동방화(östlicher)되었다."

강력한 통일국가 독일의 재등장에 안보상의 불안을 느낀 동서유럽 국가들은 통일독일을 어떤 시선으로 바라볼까. 통일독일은 나토에 적극적으로 참여하고, 병력의 수준과 전체적인 군사력을 스스로 제한하여 서방동맹국들과 소련뿐 아니라 아직은 취약한 민주주의를 실시하는 동유럽국가들의 경계를 해소했다. 통일독일의 유럽통합 주도와 참여는 유럽의 정치사정이 변해도 독일이 군사대국으로 돌변하지 않는다는 확신을 동서유럽국가들에 심어주었다.[20]

---

20) Robert O. Keohane, Joseph S. Nye, and Stanley Hoffmann ed., *After the Cold War: International Institutions and State Strategies in Europe, 1989-1991* (Cambridge, MA: Center for International Affairs 1993) 33면.

제8장

/

동서독인들의 마음의 벽

무너지지 않은 마음의 벽

　1984부터 94년까지 서독 대통령을 지낸 리하르트 폰 바이츠제커는 남아공의 넬슨 만델라(Nelson Mandela), 체코슬로바키아의 바츨라프 하벨과 함께 세계의 '3대 양심'으로 추앙받는 정치가다. 2차대전 당시 나치독일의 군대가 소련의 레닌그라드를 포위하고 있던 1944년 바이츠제커는 육군 중위로 연대 부관이었다. 연대장이 외출한 사이 옛 프로이센의 상류사회 출신 청년 장교 여섯명이 술을 마시면서 히틀러의 만행을 규탄하던 도중 성미 급한 장교 한명이 술의 힘을 빌려 벽에 걸린 히틀러의 초상화를 권총으로 쏘는 일이 벌어졌다. 나머지 장교들은 도덕적·현실적 딜레마에 빠졌다. 권총을 쏜 동료를 신고하면 그는 처형될 것이고 신고를 하지 않은 채 사건이 알려지면 여섯명 모두가 군법회의에서 중형을 받을 것이었다.

　그때 한 장교가 권총을 뽑아 이미 흉한 몰골이 된 히틀러의 초상을 쏘았다. 다른 장교들도 그를 따랐고 여섯명의 공범자들은 전쟁이 끝날 때까지 그 사건에 침묵을 지켰다. 그들 여섯명 중의 한 사람이 서독의 한 언론사에 그 일화를 이야기하면서 사건이 세상에 알려졌는데, 두번째로 히틀러의 초상화를 쏘아 위기를 모면한 사람, 그가 바로 바이츠제커다.

필자는 1997년 4월 베를린의 페르가몬박물관 근처에 있는 바이츠제커의 사무실로 그를 방문하여 인터뷰를 하는 행운을 얻었다. 한시간여의 대화 중에서 통일 후의 내적 통합에 관한 부분을 소개한다.

김 독일은 1990년 통일된 뒤 경제·사회·문화·심리적인 통합에 어려움을 겪고 있습니다. 그동안의 통합 실적을 어떻게 평가하십니까?

바이츠제커 가장 어렵고도 중요한 문제가 경제와 통화의 통합이었어요. 1990년 여름 화폐가 통합된 뒤 동독 사람들은 갑자기 평생 처음으로 경화(硬貨, Hard currency)를 갖게 되고, 이딸리아, 심지어는 멀리 카리브해안으로 휴가여행을 갈 수 있게 되었습니다. 그런 게 사정을 어렵게 만들었어요. 동독 지역에서 경화로 봉급을 주려면 그들이 생산한 상품을 수출해야 하는데 동독상품의 주요 시장인 동유럽국가들은 경화를 갖고 있지 않았어요. 그래서 동독 지역 경제는 파탄을 맞은 겁니다. 서독의 마르크권에 편입된 동독과는 달리 경화를 가지지 않은 폴란드, 체코슬로바키아, 헝가리 같은 나라들은 그들의 화폐가치와 임금과 사회보장제도를 균형 있게 키워갔습니다. 비용이 적게 드니 한국, 일본 같은 나라들이 투자를 할 수가 있었습니다.

심리적인 통합도 쉽지가 않았어요. 동독 지역 사람들은 매일같이 시장경제와 관련된 법률·관행·규정과 마주쳐야 했고 거의 모든 것을 바꿔야 했습니다. 슈타지는 가족 간, 친구 간 인간관계를 파괴했지요. 그래서 과거청산은 어려운 문제입니다. 화해를 모색하지 않고 진실만 밝히려는 것도 큰 부담입니다. 통합에는 생각했던 것보다 시간이 오래 걸립니다.

김 동독 시절의 파워 엘리트들을 처벌하는 과제와 동서독 간의 화해를 실현하는 과제가 상충하는 문제를 어떻게 해결하는가는 한국인들의 관심의 대상입니다.

바이츠제커 체코슬로바키아의 알렉산데르 둡체크는 1968년 프라하의 봄을 주도한 사람이죠. 그는 용기와 인격을 갖춘 그 나라 최초의 개혁자였어요. 그런데 체코슬로바키아는 1991년 둡체크같이 과거에 공산당원이었던 사람들을 공직에서 영원히 추방하는 법률 제정을 검토했어요. 러시아에서는 옐친이 공산당원이었기 때문에 그런 문제는 없었지요. 과거에 대한 진실을 밝혀 정의를 실현하되, 화해를 목적으로 하지 않는 진실은 비인간적입니다.[1]

"과거에 대한 진실을 밝혀 정의를 실현하되 화해를 목적으로 하지 않는 진실은 비인간적"이라는 바이츠제커의 통찰은 우리가 언젠가는 올 정치적·법적 통일 이후 남북한 사람들 간의 내적 통합을 하는 벅찬 도전을 만날 경우를 대비하는 데 소중한 교훈이요 충고가 된다.

독일 시사주간지 『데어 슈피겔』은 2014년 9월 15일호에 통일 25주년 기념 특집기사를 실었다. 디르크 쿠르뷰바이트(Dirk Kurbjuweit)가 쓴 기사는 이렇게 시작된다.

서독은 동독을 합병하여 시민혁명의 과실을 자신의 정책의 성과로

---

1) 필자와의 인터뷰, 『중앙일보』 1997년 4월 28일. 이 책의 부록에 실려 있다.

변화시킬 것이다. 동독의 것은 아무것도 남는 게 없이 동독국민들은 낯선 환경에 던져질 것이다. 동독 혁명가들은 동독을 합병하라는 우호적인(freundlich) 초청장을 냈다. 그러나 서독은 적대적으로(feindlich) 동독을 병합하여 동독 것을 모두 말살하고 근절할 것이다. 기대가 컸다. 그러나 베를린장벽 붕괴 후에 느낀 혁명의 황홀감, 샴페인에 취한 것 같은 얼큰한 기분은 날아가버렸다. 서독은 허세를 부리면서 새롭고 예스러운(neualten) 악의 제국을 향해 뒤쪽 방향으로 발전할 수도 있다.

이 예언적 기사는 다분히 냉소적이고 아이러니가 넘친다. 글은 이렇게 계속된다.

혁명에는 두개의 목표가 있다. 하나는 옛것을 끝장내는 것이고, 다른 하나는 새로운 것을 시작하는 것이다. 첫번째 목표는 1989년에 성취되어 동독이 해체되었다. 그러나 두번째 목표는 어려움을 만났다. 서독이 동독에 덧씌워져 새로 등장한 것은 오래전부터 알려진 것들 뿐이다. 서쪽이 동쪽으로 확대된 것이다.[2]

이 기사는 동서독의 물리적·법적·정치적 통일 뒤에 오는 내적 통합(innere Einheit), 화학적 통합, 영어 표현으로는 'Internal integration'의 어려움을 잘 나타내고 있다. 필자가 베를린장벽 붕괴 25주년 기념일인 2014년 11월 9일 독일을 방문하여 동방정책의 설계·집행자 에곤 바를 포함해 역사학자, 동독 출신 관리 들, 무너진 장벽 주변에 모여 열광하

2) Dirk Von Kurbjuweit, "Die eigensinnige Republik," *DER SPIEGEL* Nr. 38 (15.9.2014).

는 시민들을 만나 집중적으로 물어본 것도 내적 통합이 어디까지 진행되었느냐는 것이었다. 돌아온 답은 거의가 "아직 아니다"(Noch nicht)였다.

에곤 바의 반응은 구체적이었다.

25년 전 우리는 "우리는 하나의 국민"(Wir sind ein Volk)이라고 외쳤지만 아직도 오시(Ossie, 동독 것들), 베시(Wessie, 서독 것들)라는 상호 멸칭을 쓰는 차별이 사라지지 않았어요. 내적 통합이 아직 끝나지 않았다는 말입니다. 나는 그 이유를 통일정부가 25년 전 빌리 브란트와 헬무트 콜이 공유했던 통찰을 무시했기 때문이라고 생각해요. 콜은 통일독일 총리로서의 첫 성명에서 "이제 우리는 외적 통일을 이루었으니 우리의 큰 목표는 내적 통합"이라고 강조했어요. 그러나 통일정부는 동독 독재체제 전체의 잘못을 포괄적으로 다루지 않고 개인별 피해보상과 명예회복을 위해 개별심사에 치중했습니다. 슈타지의 범행을 주로 추적한 겁니다. 사회주의통일당의 일당독재가 아니라 슈타지에서 모든 잘못이 비롯되었다는 인상을 남겼어요. 슈타지는 일당독재의 하수인에 불과했는데도 말입니다. 한국은 독일의 그런 실책을 저지르지 않기를 바랍니다.[3]

독일 외무성에서 아시아·아프리카·호주·라틴아메리카와의 문화·언론 관계를 담당하는 과장급 관리 마티아스 비어만은 동독 외무성 관리 출신으로 통일독일의 외무성에 채용된 소수의 한 사람이다. 그는 필자

---

3) 필자와의 인터뷰, 『중앙일보』 2014년 11월 28일, 26면. 이 책의 부록에 수록되어 있다.

와의 오찬 대화에서 자신이 통일 후에 외교관으로 살아남은 사연을 이야기했다. 그는 영어·중국어·러시아에 능통한 유능한 외교관으로 통일이 될 당시 중국 주재 동독대사관에 근무 중이었다. 동독정권 해산으로 그는 일단 '백수'가 되었다. 그는 통일독일 외무성에 재취업을 신청하는 과정에서 거의 신상 털기 수준의 자격심사를 받아야 했다. 심사원들이 중점적으로 물은 것은 슈타지에 협력했는가였다. 비어만은 자기처럼 까다로운 심사를 통과하여 통일독일의 외무성에서 제2의 인생을 시작한 전 동독 외교관은 전체의 20프로 이내라고 말했다.

동독 엘베강변 도시 토르가우에서 태어나 자라고 라이프치히대학에서 언론학을 전공한 동독 출신 청년 마틴 란크가 통일독일의 경쟁사회에 적응하는 것도 순탄치 않았다. 비정규 계약직을 전전하고 있는 그는 불만에 가득 차 있었다. 란크는 자신과 비슷한 처지의 동독 출신 청년들이 SNS를 통해 느슨한 연결망을 만들어 정기적으로 모임을 갖고 정보를 교환하고 신세한탄도 함께한다고 말했다. 동독 출신이라서 차별대우를 받느냐는 질문에 그는 주저 없이 "야"(Ja, yes)라고 대답했다. 란크는 자신과 같은 연령대, 같은 전공을 한 서독 출신들은 안정된 직장을 갖는 데 어려움이 없는 것이 분명하다고 말했다. 5~10년 전까지만해도 동쪽이라는 의미의 Ost와 그리움이라는 의미의 Nostalgie의 합성어 오스탈기(Ostalgie)라는 말이 유행한 것도 상대적인 박탈감을 느끼는 옛 동독인들의 과거에 대한 향수를 나타내는 현상이었다. 장벽은 무너지고 통일은 되었어도 동서독인들을 갈라놓은 마음의 벽은 아직 완전히 사라지지 않았다는 의미에서 통일은 진행 중이다. 독일이 이럴진대 남북한 통일 후 남북한 사람들 간의 내적 통합이 얼마나 어려울 것인가는 쉽게 예견된다.

독일의 역사학자 이마누엘 가이스(Imanuel Geiss)는「독일 통일의 딜레마」라는 글에서 통일 후 동서독 갈등의 보다 근본적인 배경을 아래와 같이 분석해냈다.

정신적·정치적·인프라적으로 X데이(X-day)에 전혀 준비하지 못한 것이 독일 통일의 가장 이상한(curious) 측면의 하나다. 독일은 공산주의와 소련 해체의 부산물로 통일되었다. 통일은 즉각 현재와 미래에 불길한 영향을 미치는, 1945년 이래 최악의 위기로 발전했다. 독일인들은 그 실체를 정직하고 합리적으로 분석하지 않은 여러 종류의 딜레마에 빠졌다. 통일에 대한 독일인들의 반응은 혼란상태로 남아있고, 역사적으로 명확한 사고의 부재로 자기파괴적으로 되어간다.
통일은 서독 측의 의식적인 행동 없이(by default) 왔다. 소련의 아프가니스탄 철수, 폴란드와 헝가리 민주화개혁으로 소련은 10년에 걸쳐 힘을 잃었다. 소련에 결정타를 먹인 것은 동독이다. 서독은 대부분의 사람들이 일어나지 않기를 바라는 사태가 눈앞에 전개되는 데 놀라 사태를 방관했다. 독일인들은 행복한 무지(blissful ignorance)로 독일과 유럽에 기회와 위기를 가져올 독일 통일의 가능성을 간과했다. 그 이유는 소비에트 공산주의와 소련의 붕괴가 상상도 할 수 없는 일이었기 때문이다.[4]

그러나 통일 25년의 시점에서 돌아보면 가이스의 카산드라적 예언과

---

4) Imanuel Geiss, "The Dilemmas of New Germany since Unification, 1989~1990," ed. Klaus Larres and Panikos Ponany, *The Federal Republic of Germany since 1949* (London: LONGMAN 1996) 157~58면.

앞에 소개한 디르크 쿠르뷰바이트의 예언적 분석은 부분적으로만 맞다는 것을 알 수 있다. 아직도 동서독의 내적 통합은 진행형이고, 오시와 베시 간의 마음의 벽의 잔재는 남아 있으며, 동독 지역의 생산성과 생활수준이 서독 지역보다 약간 떨어지기는 하지만, 그 정도면 통일총리 헬무트 콜이 약속한, 동서독이 함께 번영하는 파라다이스는 아닐지라도 결코 나쁜 성적은 아니다.

다만 동독 지역 젊은이들은 부지불식간에 정체성의 위기(Identity crisis)에 시달리고 있다. 필자는 7일 동안의 짧은 기간이긴 했지만 독일에 체류하면서, 차세대 독일인들이 어느 나라 사람이냐는 질문을 받았을 때 '독일인'이라고 말하지 않고 '유럽인'이라고 대답하는 날이 머지않아 올지도 모른다는 인상을 받았다. 앞에 소개한 마틴 란크는 통일을 기준으로 4세대까지 내려가면 독일인보다는 유럽인이라는 인식이 보편적으로 받아들여질 것 같다고 말했다. 그런 변화는 독일 통일과 유럽통합이 동시에 진행된 결과라고 하겠다.

동서독의 사회·경제·교육의 격차는 통일독일 정부의 구체적인 동독 체제 청산작업에서 시작되었다. 자유민주주의와 시장경제의 틀 안에서 동독 파워 엘리트의 처리, 국유기업과 재산의 민영화, 교육개혁 같은 큰 과제들이 어떻게 처리되었는지를 자세히 살펴보자. 한반도에 독일의 1989~90년 사태가 올 경우 북한의 파워 엘리트, 특히 군부의 반응을 고려하면 독일 통일정부가 동독의 파워 엘리트들을 어떻게 정리했는지 또는 통일체제에 얼마나 수용했는지는 우리에게 소중한 벤치마킹의 대상이 될 것이다.

파워 엘리트의 처리

동독 지배체제의 근간을 이룬 파워 엘리트, 소련식으로는 노멘클라투라(Nomenklatura)의 규모부터 보자. 동독 당 간부 집단의 규모는 동독 성인 인구 1,200만명의 3퍼센트에 해당하는 35만~40만으로 추산되었다. 거기에 슈타지 간부 약 10만명, 군대와 경찰의 고급장교 약 3만명, 비밀경찰 간부 약 15만명, 공산당 이외의 군소정당 간부들을 합하면 동독정권의 파워 엘리트는 180만으로 집계된다.[5]

동독과 통일협상을 벌였던 통일정부 내무장관 볼프강 쇼이블레는 슈타지의 인물보호국(Personenschutz)을 통째로 서독 정보부에 편입시켜 통일 후 안정적으로 업무를 수행할 수 있었다. 통일 후 택시 운전사의 대부분은 슈타지 출신이었다. 보험회사에서도 개인에 대한 다양한 정보를 가진 그들을 선호했다.

통일정부는 동독 관료들을 일괄 해고하지 않고 개별적으로 동독 시절의 비밀경찰 서류를 통해 검증을 거쳐 해고나 재고용이냐를 결정했다. 해고의 범위와 방식은 해당 기관의 우두머리가 결정했다. 연방의회에 진출한 개별 의원들의 검증은 불가능했다. 이러한 민주주의 기관의 검증은 성공하지 못했다. 오늘날 적어도 동독 비밀경찰 출신 1만 7천여명이 통일정부의 관료로 일하고 있다.[6] 이것은 무슨 뜻인가. 앞에 소개

---

5) Thomas Ammer, "Fragen zu Struktur und Methoden der Machtausübung in der SED-Diktatur," *Machtstrukturen und Entscheidungsmechanismen im SED-Staat und die Frage der Verantwortung* (Baden-Baden: Nomos 1995) 463~71면. 올리버 클로스「독일 통일 과정에서 동독 권력 엘리트의 처신」, 한독사회학회 엮음『독일 통일과 동독 권력 엘리트』(한울 2011)에서 재인용.

6) 한독사회학회 엮음『독일 통일과 동독 권력 엘리트』(한울 2011) 38면.

한 대로 통일정부는 동독의 잘못을 포괄적으로 다루지 않았다는 에곤 바의 진단과 일치한다는 의미다.

통일정부는 특히 주정부 아래 시·군·구 단위의 기초자치단체에서 행정의 경험이 풍부한 동독 시절 테크노크라트들의 노하우를 필요로 했다. 그래서 통일정부는 옛 동독 혁명가들의 집요한 요구를 받아들여 정의를 실현할 것인가, 아니면 통일 후 동독 지역의 안정된 관리와 행정의 지속성을 위해서 정의 실현을 제한하고 동독 출신 테크노크라트들을 참여시킬 것인가라는 딜레마에 빠졌다. 그리고 결국은 중도노선을 택했다.

동독 지역의 주정부 행정 분야에는 서독 출신들이 많이 임용되었다. 행정에서는 법적인 이해가 중요한 요소인데 동독 출신 중에는 그런 조건을 갖춘 인재가 드물었기 때문이다. 연방 차원의 정치인 비율에서는 동독 출신이 22.3프로로 독일 인구 전체에서 차지하는 동독 인구의 비율과 거의 비슷했다. 지방정치에서는 동독 출신이 85.9프로를 차지했다. 2016년 현재 독일의 대통령 요아힘 가우크(Joachim Gauck)와 총리 앙겔라 메르켈이 모두 동독 출신이라는 것이 이채롭다. 경제 분야는 동독 출신이 0.4프로로 성적이 너무 빈약하다. 통일 후 동독 지역 기업의 대부분이 서독인이나 외국인의 소유로 넘어간 결과다.[7]

그러나 반체제운동을 했던 사람들, 동독 공산당 일당독재 아래 고통을 받았던 사람들의 불만은 크다. 그들은 "우리는 정의를 원했는데 얻은 것은 법치뿐"이라고 개탄했다. 그것은 동독 파워 엘리트들의 행적을 심사할 때, 동독의 실정법이 허용한 행동이라면 비록 그것이 서독 실

---

7) 같은 책 73면.

정법 위반행위라고 해도 기소하지 않는다는 원칙을 적용한 데 대한 불만이었다. 동독의 권력 엘리트들은 통일 후 그들에 의해 고통받은 일반 동독인들과는 달리 매우 좋은 대우를 받고 있다. 재산을 몰수당하지도 않았으며 그들의 모든 특권도 상실되지 않고 퇴직연금도 잘 받고 있다. '통일조약'에는 원칙적으로 행위 당시 동독법 규정에 따라 불법행위를 처벌하도록 되어 있어 과거 청산에는 여러가지 제약이 따랐다. 따라서 동독 공산정권 당시 반법치국가적·정권적 범죄에 대한 처벌은 주로 국경 탈출자에 대해 총격을 가하도록 결정한 당 정치국원과 국경에서 직접 총격을 가한 국경수비대 병사 들에 대해 이루어졌다.

동독의 정권적 범죄행위와 관련하여 1996년 9월 30일 현재 1만 9,972건의 고발이 접수되었다. 그중 기소된 것은 367건(2.5퍼센트)에 불과하고 이들 중 경제 관련 범죄가 166건, 법조인의 법률왜곡 행위 94건, 국경 살상사건이 80건이었다. 동독정권 고위층에 대한 재판은 1992년 11월 12일 호네커 전 서기장에 대한 재판으로 시작되었다. 호네커는 15회의 공판이 있은 후 간암으로 인해 재판이 끝날 때까지 생존할 수 없다는 진단에 따라 1993년 1월 13일 석방되고 그해 4월 사건은 동결되었다. 다섯명의 국방위원도 함께 기소되었으나 슈타지 장관 에리히 밀케(Erich Mielke)를 제외한 네명은 병보석으로 풀려났다. 밀케는 계속 수감되었다가 87세의 고령에다 형량의 3분의 2를 채웠다는 이유로 1995년 8월 석방되었다. 국경 탈출자에 대한 발포명령을 내린 고위장성 아홉명에 대해서는 3년 내지 6년의 중형이 선고되었으나 36명의 발포 병사들은 집행유예로 석방되었다.[8]

---

8) 염돈재 『독일 통일의 과정과 교훈』(평화문제연구소 2010) 315~17면.

동독 공산당 서기장 에리히 호네커의 운명은 통일정부가 동독 파워 엘리트들을 얼마나 무르게 처리했는지를 잘 보여주는 사례다. 호네커는 통일 직후 소련으로 망명했다가 소련이 해체되어 독일로 압송되었다. 그는 동독을 탈출하려던 시민 192명이 사살된 것과 관련하여 재판을 받았다. 재판 도중 그는 간암으로 병보석되어 칠레로 망명한 뒤 1994년 사망했다. 당시 북한은 호네커의 유족들에게 조의를 표하는 전문을 보냈다. 그가 모스끄바에 있을 때 북한이 망명처를 제공하겠다고 제의했으나 호네커가 있는 곳에서는 항상 장벽이 무너지고 경계선이 열린다는 동독의 가시 돋친 유머 때문에 제안을 철회한, 웃지못할 이야기도 있다.[9]

동독 인민군의 해체

동독은 바르샤바조약기구에서 소련 다음가는 중심국가였다. 그래서 동독군의 해체는 통일독일군에 흡수된 일부가 나토에 편입되는 것을 의미함과 동시에 바르샤바조약기구의 해체가 시간문제라는 것을 의미하기도 했다. 동독군의 처리에 대해 동서독군의 통합이라고 성격을 규정하지만 통합은 적절한 표현이 아니다. 선별적 흡수라는 편이 더 정확할 것이다. 동독 인민군(NVA)은 1989년 시민혁명 진압에 동원되지도 않았고, 1989~90년의 통일 과정에서 저항도 하지 않았다. 통일이 그렇게 갑자기 와서 급속하게 진행되었음에도, 적대관계에 있던 두개의 군

---

9) 같은 책 49면.

대 중 하나가 다른 하나에 큰 충돌과 저항 없이 흡수될 수 있었던 가장 직접적인 이유가 이것이다.

1990년 10월 1일 동독의 탈퇴와 함께 바르샤바조약기구의 해체도 시작되었다. 바로 그날 동독의 군축·국방부 장관의 이름으로 동독 인민군의 모든 육해공군 장성, 55세 이상의 모든 군인, 의무대를 제외한 모든 다른 부서의 여성 사관후보생들이 해임통고를 받았다. 군사법 및 군 정책 핵심 간부들은 대부분 그전에 이미 군을 떠났다.[10]

1990년 4월 현재 17만명이던 동독 인민군은 지속적으로 감소하여 통일된 10월 3일 인민군 병력은 9만명뿐이었다. 그 9만명이 통일정부의 옛 동독 인적 청산의 대상이었다. 그중 징집된 군인 4만명을 빼고 5만명의 장교와 부사관을 대상으로 통일독일군에 편입할 것인가를 결정하게 되었다. 1990년 10월 3일 그들은 일단 독일 연방군 군복을 입고 근무를 시작했다.

그러나 동독 인민군과 서독 연방군은 상대에 대한 기대와 재량권이 달랐다. 명백히 약자였던 인민군 안에는 불안과 좌절감이 팽배했다. 당시 연방군과 인민군은 서로에 대한 정보가 부족한 상태에서 짧은 기간 안에 인수절차가 끝나야 했다. 그래서 1990년 여름부터 동독 인민군과 다른 무장조직 소속원 들의 최대 관심사는 누가, 언제, 어떤 조건으로 군복을 벗어야 하는지, 연방군에 편입되는 군인들은 얼마 동안이나 근무할 수 있을지였다. 이런 문제들과 관련해서 10월 3일 이후 취해진 조치들은 대부분의 우려가 기우가 아니었던 것으로 확인되었다.[11]

---

10) 통일부 『독일 통일 총서: 군사 분야』 (2013) 175면.
11) 같은 책 130~31면.

독일 연방군에 편입된 옛 동독 인민군 장교들을 기다리고 있는 것은 유쾌한 일들이 아니었다. 우선 장군과 제독 들은 한 사람의 예외도 없이 군복을 벗고 민간인 신분으로 돌아가야 했다. 연방군에 편입된 장교들은 한두 계급 강등되었다. 연방군 장교들은 동독 출신 장교들을 동료로 대접하지 않았다. 연방군 병사들은 인민군 출신 장교들의 명령과 지시를 제대로 따르지 않았다. 고령의 장교, 정치장교, 그리고 동독 인민군 기무사 소속 군인 들은 1990년 10월 3일부터 업무를 중지해야 했고, 6개월 후에는 급여의 일부를 지급받는 조건으로 해고되었다. 그들은 스스로를 통일의 패배자라고 생각했다. 인민군 중에서 연방군에 인수된 사람들도 곧 바로 서독 출신 연방군 군인들과 동등한 대우를 받지 못했다. 1995년 여름이 되어서야 인민군 장교였던 사람 중에 몇명이 연방군 대대장으로 승진했다. 2008년부터 전 인민군 소속 여의사 한명이 연방군의 의무병과 장군으로 근무하게 되었다.[12]

결과적으로, 9만명의 동독 인민군 중 독일 연방군에 편입된 1만 1천명을 제외한 나머지 군인들은 스스로 전역하거나 강제 퇴역당했다. 장교들 중 1994년까지 자발적으로 전역한 수는 1만 1천명이었고 나머지 5,600명이 연방군에 정규직으로 지원하여 3,200명만 받아들여졌다. 그리고 그들 중 1,400명은 슈타지에 협력한 전력이 드러나 퇴역당했다. 부사관으로 강등된 인민군 장교는 600명이나 되었다.[13]

Vae victis. 패자는 비참하도다. 망국의 군인들의 처지가 그랬다. 그들은 총 한방 쏘아보지도 못하고 패자가 되었다. 군영을 떠난 자를 기다리

---

12) 같은 책 134면.
13) 같은 책 135~36면.

는 것은 불안한 퇴역생활이었고, 통일독일군의 군영에 남은 행운아들은 서독 출신 장교들의 은근한 차별대우와, 패자가 된 전 동독 인민군 출신 장교들의 명령에 따르기를 주저하는 서독 출신 병사들을 마주해야 했다.

동서독정부 간에 진행된 통일협상은 사실상 동독의 '항복' 조건의 논의였다. 1989~90년 식물국가의 처리에 관한 기이한 협상이 진행되는 동안 동독 인민군의 손발은 묶여 있었다. 1989년 10월 28일 바르샤바조약기구 외무장관회의가 브레즈네프 독트린을 공식 폐기한 뒤 소련이 동유럽의 국내문제에는 일체 개입하지 않으며 그들이 어떤 정치·경제체제를 선택할 것인지는 그들의 자유라는 입장을 분명히 한 뒤로, 동독지도부는 동독체제 자체가 시민혁명의 쓰나미에 휩쓸려 침몰위기를 만났어도 인민군을 동원하여 쓰러지는 나라를 구해볼 시도조차 할 수가 없었다. 소련의 고르바초프는 1953년 동베를린 폭동, 1956년 헝가리 폭동, 1968년 프라하의 봄을 탱크로 진압한 부끄러운 역사를 반복하고 싶지 않았다. 그런 소련이 동독에 40만 대군을 주둔시키고 있었으니 동독군의 행동반경은 군영 내로 제한될 수밖에 없었다. 동독 인민군이 시민혁명을 무력으로 진압하라는 명령을 받았어도 그 명령에 복종했을지 의문이다.

동독은 숨넘어가는 순간까지 소련의 충실한 위성국이었다.

인민군 해산보다 어려웠던 국영기업 민영화

공식명칭 독일민주공화국(DDR)인 동독은 비록 허무하게 해체되기는 했어도 40년간 존재한 국가였다. 1990년 10월 붕괴 당시 국토면적은 남한보다 약간 큰 10만 8,333제곱킬로미터, 인구 1,600만명, 개인소득 9,700달러의 외견상 착실한 중견국가였다. 동독은 대기업에서 작은 상점과 식당까지 국영이었다. 작은 도시국가도 아닌 이런 중견국가의 국유재산을 민영화하여 40년간 유지해온 사회주의 계획경제를 자본주의 시장경제로 전환하는 것은 단일조직인 동독 인민군을 해체하는 것과는 비교도 할 수 없을 만큼 어려운 작업이었다.

1990년 3·18 총선거로 구성된 동독 인민의회는 6월 17일 '국유재산의 민영화와 개편을 위한 법률'(Treuhandgesetz, 이하 신탁법)을 제정했다. 모드로프 정부가 3월 1일 각료회의에서 "인민재산의 성실한 관리를 위한 정부기구"인 신탁청(Treuhandanstalt, 약칭 THA)을 설립하기로 가결할 때만 해도 그 임무는 국유재산을 맡아서 시장경제의 원리에 따라 기업을 경영하여 이익을 창출하는 것이었다. 그러나 3·18 총선에서 동독 기민당이 주도하는 보수연합정당 알리안츠가 압승한 뒤 신탁청에 맡길 임무는 국유재산의 단순한 위탁경영이 아니라 민영화로 방향을 선회했다.

1990년 6월 17일 제정, 7월 1일 발효된 신탁법에 따라 설립된 신탁청은 8,500개의 국영기업, 240만 헥타르의 농지와 산림, 슈타지 소유 재산, 인민군의 재산, 대규모 주택건설사업, 모든 제약회사의 재산을 처리해야 하는 무거운 임무를 떠맡았다. 10월 3일 통일 후에는 정당과 거대 사회단체들의 재산도 인수했다. 신탁청은 4만 5천개의 공장을 거느린 7,894개의 국영기업을 소유하게 되었고 휘하의 종업원은 410만명으로 동독 전체 일자리의 40프로 이상을 차지했다.

신탁청은 1994년 12월 31일 해체될 때까지 1만 5,102개의 기업체를 매각하고 호텔, 식당, 약국, 서점 등 소규모 사업장 2만 5,030개를 민영화하였으며 4만 6,552건의 부동산을 매각했다. 민영화의 건수는 모두 9만 1,042건이나 되었다. 총 매각대금은 666억 마르크로 당초 기대한 6천억 마르크에 훨씬 미달했다. 그것은 외형과는 달리 너무 낡고 노후해서 사겠다고 나서는 사람이 없는 기업이 많았던 탓이다. 매각한 1만 5천여개의 기업 중에서 동독인이 인수한 것은 6프로, 외국인이 매입한 것은 9프로에 불과하고 나머지는 서독 기업으로 넘어갔다.[14]

　동독의 국영기업을 매입한 서독 기업들이 가장 먼저 취한 조치는 경영합리화다. 거기에는 당연히 구조조정이 따랐다. 그 과정에서 4백만명의 근로자 중 250만명이 일자리를 잃었다. 그래서 동독에서 신탁청은 '길들일 수 없는 괴물'(Das unzähmbare Ungeheuer)이라는 비난을 받았다.[15] 1991년 4월, 초대 신탁청장 데틀레프 로베더(Detlev Rohwedder)가 암살된 것도 동독 지역에 팽배했던 신탁청에 대한 원한과 무관하지 않아 보인다. 암살범은 동독 인민군 출신인 것으로 추측되었다. 그러나 2014년 11월 10일 베를린에서 만난 역사학자 게르하르트 리터(Gerhard Ritter) 교수는 동독 지역 주민들의 소득수준이 서독 지역의 85프로까지 따라왔고, 2~3년 전부터는 동독인들의 서독 이주가 중단되었다고 말했다. 동독 지역 사람들의 최고의 증오대상이었던 길들일 수 없는 괴물의 활약이 성과를 냈다는 의미로 해석된다.

---

14) 송태수 「독일 통일 과정의 사회갈등과 거버넌스: 신탁청의 구동독 경제재편 문제 고찰」, 『국정관리연구』 제4권 제2호, 2009.
15) *Die Zeit*, 2014년 11월 6일.

문단에 횡행한 슈타지의 요괴

슈타지는 동독 전체 인구의 6프로에 해당되는 100만명의 조직원을 가진 방대한 스파이 기구였다. 인체의 세포처럼 동독사회의 모든 분야에 침투한 슈타지는 '빅 브라더'의 감시의 눈이었다. 독일 통일 후 9천 페이지가 넘는 슈타지 비밀문서가 공개되어 학자·작가·관리·예술인·과학자·언론인·일반 직장인 들이 슈타지에 협력한 사실들이 속속 밝혀졌다. 슈타지 문서는 '판도라의 상자'였다. 통일독일 사회는 슈타지 문서에 의거한 폭로와 비난, 공격과 비방이 난무했다.

문단도 예외는 아니었다. 문단이 앓은 통일 후유증이 특별히 시선을 끈 것은 동독의 상당수 이름 있는 작가들이 슈타지 논쟁에 휘말렸기 때문이다. 거기다 작가들이 원래 글 잘 쓰고 말 잘하고 논쟁을 좋아한다는 특성 때문이기도 할 것이다. 통일 이후 통일독일에 동독문학의 유산을 어떻게 접목시킬 것인가는 동서독 작가들이 당면한 최초의 과제였다. 이들은 동서독의 펜클럽, 작가동맹, 베를린 예술아카데미를 하나의 조직으로 통합하는 문제를 논의하였고, 이 과정에서 동료 문인들을 제명한 작가동맹 문제가 자연스럽게 제기됐다. 특히 1979년 작가동맹 베를린 지부가 다수의 작가들을 제명한 '전과'가 문제로 부상했다.

작가끼리의 고발, 작가들에 대한 일반사회의 단죄가 꼬리를 물고 터졌고, 그것을 신문·잡지 들이 확대 재생산해냈다. 서독 펜클럽에서 연일 신문 서평란을 장식하는 포스트모던적인 매카시즘에 반대하는 입장을 표명할 정도로 사태는 심각했다. 동독체제에서 통일독일체제로의 방향전환과 그 전사(前史), 그리고 무엇보다도 작가들의 자기정당화와 타인 고발이 넘쳐나는 개인적 보고, 에세이집, 개인별 작가의 선집이 쏟

아져 나왔다.[16]

세계적인 명성이 있는 동독의 유명 여류작가 크리스타 볼프(Christa Wolf)가 1990년 5월에 출판한 『뒤에 남은 것』[17]이 집중포화를 맞은 것은 통일 전후에 진행된 슈타지 논쟁의 성격을 상징적으로 드러낸다. 『뒤에 남은 것』은 볼프의 자전적인 작품으로 슈타지의 감시를 받는 여류작가의 하루가 내면의 불안과 강한 자기주장을 담아 세밀하게 묘사되어 있다. 그러나 출판시기가 장벽 붕괴와 때를 같이하면서 작가가 자신을 슈타지 박해의 희생자로 포장한 위선적인 자기정당화라는 공격을 받았고 작품의 미학적·문학적 요소는 주목을 끌지 못했다.

1991년 6월 또 하나의 충격적인 사건이 터졌다. 1980년대 진보적 젊은 지식인들이 많이 모여 자유로운 라이프 스타일을 즐기던 동베를린의 노동자 주택가 프렌츠라우어 베르크(Prenzlauer Berg)를 거점으로 새로운 시(詩) 운동이 일어났다. 이 시 운동은 공적인 문학정책에 대항하는 하나의 가능성 또는 저항 또는 포스트모던의 새 양식, 희망의 별로 주목을 받았다. 그런데 프렌츠라우어 베르크 시인집단의 지도자 가운데 한 사람인 자샤 안더슨(Sascha Anderson)이 여러해 동안 슈타지의 협력자로 활동하면서 동료 작가들의 동향을 슈타지에 수시로 보고한 사실이 밝혀진 것이다. 안더슨은 '계몽과 예절'을 벗어난 공격을 받았다. 크리스타 볼프나 자샤 안더슨 말고도 많은 작가, 시인, 평론가들이 혹은 슈타지 스파이로, 혹은 위선적인 자기정당화의 글을 발표했다는 이유로 혹독한 공격의 대상에 올랐다.[18]

---

16) 原田 縛, 『統合ドイツの文化と社會』(九州大學出版會 1996) 186~87면.

17) Christa Wolf, *Was bleibt* (Berlin: Aufbau Verlag 1990).

18) 原田, 앞의 책 199~90면.

극작가 롤프 호흐후트(Rolf Hochhuth)는 비판받는 작가들을 옹호하는 글에서 "모든 청산(Abrechnung)은 부당하다"고 단정하고, 동독 같은 체제에 살았다면 자신도 체제 비판자 정도가 아니라 체제 순응자가 되었을 것이라고 일갈하기도 했다.[19]

문단의 이런 슈타지 파문은 통일독일의 일종의 성장통이요, 전체주의적 동독체제의 청산 과정이었다. 이는 통일 후의 사회통합이 진행되는 과정에서 저절로 진정되었지만 그런 소동 때문에 독일 통일의 서사가 문학으로는 승화되지 못한 것을 아쉬워하는 사람들이 적지 않다.

---

19) 같은 책 187면.

제9장

독일 통일에서 무엇을 배울 것인가

한국과 독일의 차이

독일 통일의 교훈을 말할 때 가장 먼저 지적되어야 할 것이 한국과 독일의 상황 차이다. 한국과 통일 전의 독일은 같은 분단국가라는 것 말고는 유사성보다 차이가 더 크다. 한국과 독일은 어디가 다른가.

1. 독일의 분단은 소프트한 분단(Soft division)이고 한국의 분단은 하드한 분단(Hard division)이다. 1945년에서 61년까지는 동서독 간의 왕래와 교역이 비교적 자유로웠다. 그러다 1948~49년 소련과 동독에 의한 베를린 봉쇄의 홍역을 치르고, 1961년 8월에는 베를린장벽이 세워지면서 동서 베를린 시민들의 왕래가 끊겼다. 그러나 빌리 브란트 시장의 서베를린 당국은 분단국가·분단도시 주민들의 고통과 불편을 최대한 덜어줄 목적으로 동독정부와 협상을 벌여 1963년 통행증협정을 체결하는 데 성공했다. 주민들의 분단의 고통을 덜어주는 것, 이것이 1969년 브란트 집권 후 본격적으로 추진하게 될 동방정책의 키워드 가운데 하

나인 '작은 조치'(Kleine Schritte)의 첫 사례다.

통행증협정의 성사로 크리스마스, 부활절, 새해 같은 명절에는 서베를린 시민의 동베를린 방문이 허용되었다. '저쪽'이나 '이쪽'에 사는 가족이 위급상황일 때도 가족 방문이 허용되었다. 동독에 필요한 노동력이 아닌 연금 생활자들의 서독과 서베를린 방문에 대한 제한도 완화되었다. 동독국민들은 여행제한이 아니라도 스페인이나 이딸리아나 그리스로 휴가여행을 갈 만한 경제적인 여유가 없었다. 그러나 같은 코메콘 경제권인 동유럽의 이웃나라들로 여행하는 것은 어렵지 않았다. 서유럽에 비해 동유럽은 물가가 훨씬 싸다는 매력도 있었다.

1975년 헬싱키 프로세스 최종의정서(Final Act)가 채택된 이후에는 여행제한이 더욱 완화되었을 뿐 아니라 서독 방송과 영국의 BBC 방송을 듣고 볼 기회도 크게 늘었다. 1968년 프라하의 봄의 충격과 자극, 1980년대 초부터 일어난 폴란드의 자유노조운동의 폭풍이 동독으로 불어 동서독 분단은 사실상 절반은 해제되었다고 할 수 있다. 절반의 통일이거나 절반의 분단이다. 주민들의 국내여행까지 허가사항으로 제한하는 북한, 가까운 공산권 국가라고 해도 중국과 소련, 러시아뿐인, 철저히 고립된 북한에 비하면 동독은 열린 사회였다.

2. 한국과 동서독 간의 가장 크고 중요한 차이는 독일에서는 한국의 6·25 같은 전쟁이 없었다는 사실이다. 한반도는 휴전 후에도 북한의 크고 작은 도발로 상시 긴장상태가 계속되었다. 2000년대에 들어와서는 북한이 사실상의 핵보유국이 되어 남한이 받는 안보위협은 최고조에 달하고 당국 간 대화도 중단과 재개를 무한 반복하면서 초긴장 속의 불안한 평화가 유지되고 있다. 동서독 주민들 간에는 남북한 주민들이 서

352

로에게 갖는 불신과 적대의식이 없었다. 적대의식은 동독 파워 엘리트들이 잘사는 서독에 가진 감춰진 경쟁심리 아니면 열등감의 표출 정도였다. 통일을 논의하려면 핵문제가 그 출발점이 되어야 하는 남북한의 사정이 동서독 간에는 존재하지 않았다.

3. 한국에는 1990년의 소련같이 통일에 결정적인 열쇠를 쥔 나라가 없다. 그 나라만 공략, 설득하면 되는 그런 대상이 없다는 말이다. 미국·중국·러시아·일본의 이해가 마주치고 충돌하는 한반도에서는 어느 한 나라가, 그게 미국이든 중국이든 통일에 결정적인 발언권을 가진 나라는 없다. 서독 브란트 정권의 동방정책을 설계하고 추진한 에곤 바는 독일 통일은 모스끄바에서 시작된다는 인식으로 출발했다. 소련은 동독에 20~22개 사단의 병력을 주둔시키고 있었다. 동독에 시민혁명이나 폭동이 일어난다면 1953년 동베를린 폭동, 1956년 헝가리 폭동, 1968년 프라하의 봄 때와 같이 소련군 탱크가 바르샤바조약기구 군대를 거느리고 진입하여 무자비하게 진압할 위험이 항상 열려 있었다.

고르바초프가 1989년 5월 톈안먼 사건이 벌어지는 와중에 베이징에 도착한 것은 독일 통일을 위해서는 참으로 다행이었다. 귀국 후 그는 인민대표자회의 연설에서 자신이 직접 목격한 톈안먼 광장 사태를 보고하고 중국 인민군의 탱크에 깔려 죽은 200여명의 희생자들과 9천여명의 부상자들에게 동정을 표하는 형식으로 중국 당국의 무리한 시위진압을 우회적으로 비판했다.[1] 정권의 부패를 규탄하고 개혁과 인권의 존중을 요구하는 시위를 군 탱크를 동원해 진압한 중국정부를 간접적으

---

1) Mikhail Gorbachev, *Memoirs* (New York: Doubleday 1996) 492면.

로라도 비판한 것은 동유럽권에서 유사한 사태가 벌어질 경우 소련이 취할 태도를 예시하는 것으로 해석되었다.

4. 서독에서는 정권이 바뀌어도 통일을 시야에 두고 후속 정권이 앞선 정권의 정책을 계승하여 추진한 데 반해, 한국의 대북정책은 정권교체와 함께 바뀌어 일관성이 없다. 노무현 정부가 김대중 정부의 대북 햇볕정책을 계승한 것이 유일한 예외다. 두번의 남북정상회담까지 성사시킨 김대중·노무현 정부의 대북 화해·협력 정책은 2008년 이명박 정부가 들어서면서 사실상 백지화되었다. 한국판 ABC(All but Clinton)이다. 2001년 공화당의 조지 W. 부시가 대통령에 취임하여 전임 민주당의 클린턴 정부 정책을 모두 뒤집은 것을 빗댄 유행어다. 이명박 정부는 '비핵·개방·3000'이라는 대북정책 공약으로 대선을 치렀다. 북한이 먼저 핵을 버리고 사회를 개방하면 10년 안에 북한의 1인당 GDP를 3천달러로 올려주겠다는 공약은 예상대로 북한의 반발을 샀다.

그러나 한편으로는 정상회담을 위해 남북한 밀사들이 싱가포르에서 비밀접촉을 하기도 했다. 북한이 도저히 받아들일 수 없는 '선비핵화'를 요구하면서도 남북정상회담의 화려한 각광은 받고 싶은 이명박 정부의 이율배반적인 정책으로 남북관계는 크게 후퇴하여 북한은 핵·미사일 실험을 잇달아 실시했다. 천안함 사건과 연평도 포격같이 북한의 도발은 김정은 시대에 와서 더욱 빈번하고 거칠어졌다.

독일의 경우는 어떤가. 서독의 초대 총리 콘라트 아데나워가 1949년부터 1963년까지 14년간 정권을 안정적으로 운영하면서, 1870~71년부터 2차대전까지 세번의 큰 전쟁을 치른 프랑스와의 관계를 먼저 개선하는 서방정책(Westpolitik)을 성공적으로 수행했다. 아데나워가 서방정

354

책으로 프랑스를 비롯한 서방국가들, 특히 유럽의 이웃나라들과의 관계를 탄탄한 우호의 반석 위에 올려놓았기 때문에 그 연장선상에서 브란트 정부의 동방정책(Ostpolitik)도 가능했다. 독일 통일에 필요한 외부적 조건의 절반은 아데나워의 서방정책으로 갖추어졌기 때문에 브란트와 그의 후임 헬무트 슈미트는 "서부전선 이상 없다"의 호조건 속에서 동방정책에 올인할 수 있었다.

한국의 '서방정책'은 미국과 일본과의 관계를 확실한 우호·협력의 바탕 위에 올려놓는 것이다. 이 정책은 1989~90년의 독일처럼 통일이 시야에 들어왔을 때 비로소 가동되는 것이 아니다. 독일 통일은 아데나워의 1949년부터 헬무트 콜의 1990년까지 41년간 일관성을 갖고 지속적으로 수행한 서방정책과 동방정책의 산물인 것이다. 우리는 어떤가. 일본과의 관계는 위안부 문제에 걸려 최저수준에 머물다 2015년 12월 말 '일본정부의 책임통감'을 받아내는 수준에서 봉합되었다. 그러나 어느 총리도 개별 국회의원들의 입에 재갈을 물리지는 못한다. 그래서 일본 정치인들의 망언은 앞으로도 계속 나올 것이고, 일본대사관 앞 소녀상은 언제 터질지 모르는 시한폭탄으로 남았다. 한일관계는 언제든지 후퇴할 가능성을 안고 있다.

한일 간의 우호·협력 관계는 눈앞의 한미일 삼각 안보협력을 넘어서 긴 시야의 통일정책의 중요한 일부다. 한일 협력관계가 강화되면 중국에 대한 한국의 발언권도 강화된다. 박근혜 정부는 미국과 일본으로부터 중국 편향이라는 의혹을 받을 만큼 한중 밀월관계에 도취해 있었다. 윤병세 외교부장관은 한국을 향한 미국과 중국의 러브콜은 축복이라고 말했다. 그러나 "내 사랑 안 받아주면 가만두지 않겠다"는 협박이 동반된 러브콜은 경계의 대상이다. 2016년 1월 한국이 오랜 침묵 끝에 요격

미사일 사드(THAAD, Terminal High Altitude Area Defense, 고고도 미사일 방어체계)의 한국 배치 검토(사실상의 수용)를 밝혔을 때 중국이 보인 반응은 한국정부가 자랑한 이른바 한중 밀월관계가 파경을 맞을 수도 있다는 신호였다.

2016년 1월 6일 북한이 수폭실험이라고 주장하는 4차 핵실험을 했을 때 중국이 처음 보인 태도 또한 중국과 밀월관계에 있다는 한국에는 실망스러운 것이었다. 4차 핵실험이, 중국과 미국이 유엔 안보리 역사상 가장 강력한 제재결의를 주도하는 계기가 된 것은 다행이다. 그러나 유엔 안보리가 강력한 대북제재를 결의하고 미국과 일본이 독자적으로 금융제재를 추가해도 중국 중앙정부가 북한에 제공하는 석유와 식량을 끊지 않는 한, 그리고 동북3성이 북한과의 작은 규모의 상업거래까지 끊지 않는 한 북한은 장마당을 중심으로 서민경제를 굴려갈 수 있다. 중국이 할 역할이 더 있다는 말이다. 하지만 중국에는 중국의 이해가 있다. 4차 핵실험과 그 직전 모란봉악단의 베이징 공연 불발 같은 일이 있어도 중국은 북한의 붕괴를 초래할 정도로 평양을 압박할 생각이 없다. 중국은 한반도가 통일되어 미군이 주둔하는 통일한국과 국경을 맞대는 상황을 원치 않는다. 그만큼 중국에 대한 북한의 전략적 가치는 여전히 높다.

지금 한국의 통일외교는 한반도에 평화를 정착시키는 외교로부터 시작해야 한다. 통일은 북한에서 급변사태(Big bang)가 일어나지 않는 한 긴 평화의 과정 끝에 오기 마련이다. 북한과의 중층적·다변적인 대화가 필요하다. 고비마다 북한이 몽니를 부려도 인내심을 갖고 신뢰를 쌓아가야 한다. 한미일 안보협력으로 대북 억지력을 충분히 갖추면서 동시에 한국·미국·일본이 북한과 대화를 하는 투 트랙 접근이 필요하다.

베를린장벽 붕괴 후 서독 총리 헬무트 콜이 고르바초프를 상대로 벌인 통일외교는 초인적인 것이었다. 한국은 아데나워-브란트-콜로 이어진 넓은 의미의 통일외교를 면밀하게 복기(復碁)하면서 교훈을 얻는 것이 중요하다.

5. 독일 통일에는 교회의 역할과 언론의 협조가 있었다. 정치범 석방을 위한 뒷거래, 이른바 프라이카우프(Freikauf)는 교회의 이니셔티브로 시작되고 언론이 알면서도 침묵을 지켰기 때문에 1962년부터 1989년 베를린장벽이 무너질 때까지 계속될 수 있었다.

서독정부는 1962년부터 1989년 11월 베를린장벽 붕괴까지 27년간 총 34억 6,400만 마르크 상당의 댓가를 지불하고 동독 정치범 33만 755명과 그 가족 25만여명을 서독으로 데려왔다. 정치범 한명당 약 10만 마르크(6만 2천 달러)를 지불한 셈이다. 동서독 정치범 석방거래는 1962년 서독개신교연합회가 옥수수, 석탄 등 트럭 세대분의 물품을 몸값으로 지불하고 동독에 수감되어 있던 성직자 150여명을 서독으로 데려온 것을 계기로 시작되었다. 종교인들의 성직자 석방노력이 성공을 거두자 다음 해인 1963년 서독정부도 동독정부와 교섭하여 32만 마르크(약 1억 7천만원)의 현금을 지불하고 정치범 여덟명과 서독에 부모를 가진 어린이 20명을 서독으로 데려오는 데 성공했다. 성직자 및 정치범 석방노력이 결실을 거두자 서독정부는 이 사업을 정부 차원에서 적극 추진하기로 하고 세부집행은 개신교연합회 간부진에 위임하여 기존의 동독교회 지원사업과 동일한 형식으로 추진토록 했다.[2]

---

2) 염돈재 『독일 통일의 과정과 교훈』(평화문제연구소 2010) 93~94면.

무신론은 공산당정권 이데올로기의 핵심이다. 그러나 동독에서는 루터파의 전통이 강해 동독정권이 교회의 존재를 부정하지는 못했다. 교회의 종교활동, 교회가 거두는 세금, 사회복지 활동은 용인되었다. 서독의 독일복음주의교회(EKD)에는 동독의 독일민주공화국 복음주의연맹(BEK 또는 BUND)이라는 확실한 사업파트너가 있었다. 북한에는 교회다운 교회가 없는 것이 한국과 독일의 또 하나의 의미 있는 차이다.

정치범 석방을 위한 동서독의 비밀거래는 언론의 입장에서는 빅뉴스였다. 그래도 서독 언론들은 대의를 위해서 그 뉴스를 보도하지 않고 참았다. 만약 언론들이 프라이카우프를 보도했다면 체면을 손상당하고 국제적으로는 인신매매의 비판을 받았을 동독정부가 그 사업을 계속할 수는 없었을 것이다. 1962년 미국 케네디 정부가 쿠바 남부해안 픽스만을 공격했다가 실패한 사건이 있었다. 『뉴욕타임즈』는 픽스만 공격 계획을 사전에 알았다. 그래도 『뉴욕타임즈』는 국가안보가 걸린 그 계획을 보도하지 않았다. 만약 한국이 북한에 거액의 몸값을 지불하고 수용소에 갇혀 있는 정치범들을 남한으로 데려오는 사업을 하고, 이것이 한국 언론에 알려졌을 경우 한국 언론은 서독 언론들처럼, 또는 1962년의 『뉴욕타임즈』처럼 침묵할 수 있을까.

어떻게 할 것인가

남북한 '우리 민족끼리의 통일'은 환상이다. 평화든 통일이든 미국과 중국의 합의된 지지, 러시아와 일본의 적극적인 지지 없이는 불가능하다. 그래서 장기적인 시야에서 미·중·러·일 4강과의 관계개선을 축적

해나가야 한다. 독일의 경우 아데나워의 서방정책, 브란트의 동방정책, 콜의 통일정책은 모두 통일의 외적 조건을 갖추는 것이었다. 1990년의 동서독 통일협상은 베를린장벽 붕괴로 시작되어 급속도로 진행된 통일 절차를 마무리하는 형식에 불과했다. 동독에서 소련의 존재감은 너무 컸다. 동유럽 이웃나라에서 일어난 시민혁명에 포위된 동독은 서독에 대해 효과적인 지렛대(Leverage)를 갖고 있지 않았다.

그러나 북한은 다르다. 북한은 동독이 가지지 않은 핵·미사일을 가졌다. 개성 주변에 배치된 방사포들은 서울을 불바다로 만들 수 있다. 북한은 노동 미사일이나 대포동 미사일까지 쓸 것도 없이 스커드 미사일만으로 평택의 미군기지와 계룡대에 파괴적인 공격을 가할 수가 있다. 북한 주변에는 개혁세력에 도미노처럼 쓰러지는 폴란드·체코슬로바키아·루마니아·헝가리·불가리아 같은 이웃들도 없다. 그래서 북한은 그의 의지와 이해에 반한 통일에 저항할 힘이 있다는 사실을 통일정책의 계산에 넣어야 한다.

통일은 내적 조건과 외적 조건이 갖추어져야 가능하다. 내적 조건은 당국 간 회담의 하이 폴리틱스(High politics)로 긴장을 완화하고 협력의 틀을 만드는 것, 그리고 민간 분야 교류의 확대·활성화로 이루어진다. 당국 간 회담에서는 개성공단의 재개와 확장, 금강산 관광 재개, 이산가족상봉, 군사적인 긴장완화의 방법을 논의하여 의미 있고 지속 가능한 합의를 하는 것이다.

그러나 참으로 불행한 일은 박근혜 대통령이 북한의 4차 핵실험과 뒤이은 장거리 로켓 발사에 대한 대응으로 개성공단을 폐쇄해버린 것이다. 개성공단은 북한이 남침회랑을 가로막는 완충지대다. 그렇게 전략적 가치가 높은 개성공단을 폐쇄한 것은 남북관계에서 돌아올 수 없는

다리 하나를 건너버린 셈이다. 한 나라의 최고지도자는 감정 조절, 특히 분노 조절을 할 줄 알아야 하는데 박 대통령에게는 그런 자질이 없어 보인다. 박 대통령은 공단폐쇄가 북한에 줄 경제적인 타격만 고려했지 거기서 초래될 정치적·전략적 손실을 계산하지 못했다. 개성공단은 경제적으로뿐 아니라 정치적·전략적·심리적으로도 황금알을 낳는 거위 같은 존재였다. 그 거위를 단칼에 죽여버린 것이다. 남북관계에서 개성공단이 차지하는 역할을 고려하면 큰 실책이었다.

민간인단체와 개인 들의 풀뿌리 교류에서 할 수 있는 일은 많다. 산림녹화 지원, 합작 김치사업, 농어업 기술지원, 북한이 가장 필요로 하는 비료와 식량과 어린이용 분유와 의약품·의료기기의 지원이 가시적인 효과를 낼 때 전반적인 남북관계는 개선의 궤도에 오를 것이다. 독일의 경우를 보면서 북한의 당·군·정부의 파워 엘리트들이 통일 후 자신들의 신분과 입지를 걱정하지 않도록 지금부터 북한 엘리트 처리방침을 연구해둘 필요가 있다. 당국자회담이나 민간교류에는 북한 군부에 돌아갈 '평화의 배당금'이 포함되어야 한다. 북한의 군부 강경파가 남북 화해정책의 비토 파워, 호전적 도발행위의 주체이기 때문이다. "나쁜 행동에 보상 없다"는 원칙도 유연하게 운용할 필요가 있다.

통일은 준비하되 말하지 않는다

에곤 바는 동서독 관계개선을 위해서는 큰 담론보다 작은 행동들이 중요하다는 인식으로 동방정책을 설계했다. 브란트 정부가 취한 작은 행동은 어떤 것이 있었느냐는 필자의 질문에, 바는 촌각의 주저함도 없

이 1963년 브란트의 서베를린 시정부가 동독과 체결한 통행증협정을
들었다. 그 협정으로 많은 동독인들의 분단의 고통을 덜어주었다는 설
명이었다.[3] 그러나 실상을 보면 브란트/바는 작은 실천보다는 큰 외교
에 주력했다. 동독을 주권국가로 인정하고, 소련과 불가침조약을 체결
하고, 폴란드와 오데르-나이세를 폴란드의 서부국경선으로 인정하는
바르샤바조약을 체결한 것은 작은 사회적인 조치가 아니라 통일의 바
탕을 까는 큰 정치적 행보였다.

한국도 대북정책과 함께, 통일이라는 이름이 붙지 않은 통일외교를
병행해야 한다. 통일외교의 두 기둥은 한미관계와 한중관계다. 한반도
상황을 동심원에 비유해보자. 맨 바깥 원이 미중 패권경쟁이고, 그 안에
있는 원이 한중일 관계고, 이들 두개의 원에 둘러싸인 맨 안쪽의 원이
한반도 문제다. 이들 세 원은 상호작용을 한다. 특히 맨 바깥의 미중 대
립의 원은 맨 안쪽의 한반도의 원에 직접적인 작용을 미친다. 그래서 남
북한 '우리 민족끼리의' 통일은 환상이라는 것이다.

한국은 미중 경쟁을 활용하는 예술의 경지의 외교전략을 가져야 한
다. 비스마르크 외교의 신기(神技)나 적어도 에곤 바의 전략적 사고가
필요한 때다. 미국은 한국을 중국 포위망에 끌어들이려고 한다. 미국으
로서는 인도양에서 한반도에 이르는 중국 포위망의 끊어진 고리(Miss-
ing link)를 잇기 위해서 한국을 미사일방어망(MD, Missile Defence)에
가입시키고 한국에 사드를 배치하는 것이 필수적이다. 이것은 중국의
안보이해에 정면 배치된다. 한국과 미국이 MD체계의 정보망을 공유하
는 선에서 타협하고, 사드 배치문제는 길게 시간을 끄는 것이 상책이다.

---

3) 필자와의 인터뷰, 『중앙일보』 2014년 11월 28일. 이책의 부록에 실려 있다.

미국은 사드 배치는 타협의 여지를 두지 않고 관철하고 싶어한다. 사드는 요격미사일, X-밴드 레이더, 통제장치의 세 파트가 한 세트를 이룬다. 미국은 사드가 중국이 아니라 북한을 표적으로 하는 것이어서 중국이 걱정하고 반대할 이유가 없다고 주장한다. 그러나 중국이 경계하는 것은 사드의 미사일 파트가 아니라 한국에서 바다 건너 산둥성 칭다오에 기지를 둔 북해함대의 동향과, 인공위성과 연동하여 쓰촨성을 비롯한 중국 내륙의 미사일기지까지 들여다볼 수 있는 X-밴드 레이더다. 남한에 사드가 배치되면 중국은 미국과 일본을 겨냥한 태평양 전략을 다시 짜야 한다. 이런 전략적 가치 때문에 미국은 한국에 사드를 배치해야 하고 중국은 그것을 막아야 한다. 그러나 미국정부를 통해서 들어오는 무소불위의 미국 군산복합체의 압력을 당할 힘이 한국에 없는 것이 문제다. 박근혜 대통령이 2016년 1월 사드의 한국 배치 용인을 암시한 발언, 잇달아 나온 한민구 국방장관의 한발 더 나간 발언도 이런 사정을 배경으로 한 것이다.

한국은 사드 딜레마를 어떻게 해결할 것인가. 다시 독일의 경우를 보자. 소련은 1978년 나토 회원국들의 반대를 무릅쓰고 동독과 체코슬로바키아에 SS-20 중거리 핵미사일을 배치했다. 1961년 소련의 쿠바 미사일기지를 둘러싸고 핵전쟁 일보 직전에서 타협한 미국의 케네디 대통령과 소련의 흐루쇼프 공산당 서기장이 작동시키고 닉슨과 브레즈네프가 진전시킨 동서 데탕트가 좌초위기에 빠진 것이다. 제네바에서 속도를 내고 있던 동서 포괄적인 군축협상도 흔들렸다. 나토 회원국들은 이중결정(Double-track decision)이라는 카드로 대응했다. 한편으로는 군축협상을 계속하면서 다른 한편으로는 서유럽에 SS-20에 대응할 중거리 핵미사일(INF) 퍼싱2와 크루즈미사일 토마호크를 배치하기로 결정한 것이다.

그러나 어느 나라에 배치할 것인가의 문제에서 회원국들은 "우리는 아니오"라는 자세로 발들을 뺐다. 님비(not in my yard) 현상이었다. 그때 국방장관 출신인 서독 사민당 정부 총리 헬무트 슈미트가 여론의 격렬한 반대, 연일 벌어지는 시위에도 불구하고 퍼싱2의 서독배치를 받아들이는 결단을 내렸다. 동독에 SS-20이 배치된 것은 서유럽의 어느 나라보다도 서독에 직접적인 위협이 되었기 때문에 서독만은 우리는 싫소라고 말할 처지가 아니었다. 퍼싱2는 7분이면 모스끄바에 도달하는 효과적인 억지력이었다. 그리하여 1983년 12월부터 1984년 4월 사이에 18기의 퍼싱2가 무트랑엔 미군기지에 배치 완료됐다.

동독에 실전 배치된 소련의 SS-20은 서독에는 한국에 대한 북한의 핵·미사일과 같은 위협이었다. 그래서 서독은 긴 통일외교를 펼치는 과정에 있었음에도 불구하고, 그리고 서독-소련 관계의 일시적 후퇴를 각오하고 퍼싱2 배치를 받아들였다. 박근혜 대통령은 2016년 1월 신년 대국민담화 겸 기자회견에서 사드 문제는 철저히 한국의 국가이익을 중심에 두고 결정하겠다고 말했다. 사드 배치는 논의되지 않고 있다는 태도로 일관하던 한국정부가 처음으로, 그것도 최고위 수준에서 사드 배치 고려를 언급했다.

사드는 방어용 요격미사일 체계이고 퍼싱2는 공격용 미사일이라는 차이가 있다. 그러나 그 배치에 관한 한 서독의 경우 소련, 한국의 경우 중국과의 관계를 후퇴나 악화시킬 소지가 크다. 한국에는 미국정부의 압력, 미국정부와 의회와 싱크탱크들을 배후에서 조종하는 군산복합체의 괴력을 당해낼 힘이 없다. 한국은 결국 한 세트 2조원이 넘는 사드를 최저 한 세트, 최고 네 세트 받아들일 수밖에 없을 것이다. 그러므로 사드 배치까지는 최대한 시간을 끌면서 대 중국외교는 사드 배치의 불가피성을 설득하는 데 초점을 맞춰야 한다. 그런 문제 해결이 외교부와 청와대 외교라인 참모진의 존재 이유 아닌가. 중국과의 사드논쟁에서 한국은 사드의 한국 배치는 중국이 자초한 것이라는 논리를 펼 수 있다. 중국이 적어도 북한의 4차 핵실험과 장거리미사일 발사를 저지했다면 사드의 한국 배치가 그렇게 급물살을 타지는 않았을 것이다. 중국정부가 언론을 앞세워 한국이 사드 배치의 댓가를 크게 치를 것이라고 위협하는 것은 명·청 시대도 아닌 지금 대국주의적 오만이다.

한국은 일본과의 관계를 개선을 넘어 한층 업그레이드하면서, 동시에 미국과 일본으로부터 중국 편향이라는 오해와 비판을 받는 수준까지 한중 우호·협력을 강화해야 할 것이다. 그러나 대 중국외교는 사드뿐 아니라 북한문제, 경제협력, 문화교류 등 모든 분야를 포괄하는 틀로 진행해야 한다. 1989~90년 헬무트 콜의 통일외교 같은 초인적 노력이 요구된다. 대중 외교인력을 대폭 늘리고 공공외교를 더욱 강화할 필요가 있다.

핵문제는 어떻게?

통일은 북한 핵을 피해 갈 수 없다. 그러나 북한이 핵을 포기하지 않을 것임은 어느새 상식으로 정착했다. 미국의 관심도 비핵화보다는 핵 비확산이다. 2016년의 시점에서 보면 오바마 정부는 '전략적 인내'라는, 모호한 정책 아닌 정책으로 9년을 허송했다. 북한은 미국과 국제사회가 인정하든 말든 핵보유국을 자처한다. 김정은의 전략은 핵실험을 한두번 더 해 핵탄두의 소형화·경량화의 목표를 달성하고, 미국 동부지역까지 타격할 수 있는 대륙간탄도미사일(ICBM)의 대기권 재진입 기술을 확보한 뒤 핵보유국들에 핵군축 협상을 제의하는 것이다.

목마른 사람이 우물을 파기 마련이다. 북핵에서 목마른 사람은 한국이다. 핵협상 교착상태를 타개할 시도로 나온 것이 2016년 1월 박근혜 대통령의 북한을 제외한 5개국회담 제안이다. 그러나 핵무기를 가진 북한을 제외한 5개국회담에서 북한 비핵화 방안을 논의하는 것은 비생산적이다. 한국과 주변 4강이 모여 할 수 있는 것은 목소리를 하나로 모아 북한을 압박하는 것뿐이다. 그러나 북한은 그런 압박에 이골이 난 나라다. 6자회담의 속개를 주장하는 중국이 박근혜 대통령의 5개국회담 제안에 머뭇머뭇 동의한 것도 예상된 일이었다. 미국·중국·러시아·일본과 사전 입장조율 없이 불쑥 내민 5개국회담으로는 5개국 간의 의견조정도 어렵다.

북한은 핵·미사일 개발의 명분을 미국의 적대적인 대북정책에서 찾는다. 북한 지도자는 실제로 체제의 위협을 느끼기도 하지만 대내적으로 정치적 입지강화를 위해서도 핵·미사일 개발이 필요하다. 그러나 경제를 살려 백성들이 최소한 굶주리지는 않게 해야 하는 벅찬 과제를 외면할 수도 없다. 그래서 나온 것이 핵·경제 병진정책이라는 것이다. 그러나 유엔 안보리 주도의 대북 국제제재 아래서 핵·경제 병진의 경제 부분이 크게 휘청거리기 시작했다. 핵·경제 병진은 결코 지속 가능한 정책이 될 수 없음을 김정은 위원장이 너무 늦기 전에 깨달아야 한다.

북한 비핵화의 가장 현실적인 방법은 첫 단계로 핵 모라토리움의 실현이다. 북한이 핵실험을 거듭하는 것은 핵탄두의 소형화와 경량화를 위해서다. 핵탄두의 숫자를 늘리고 그것들을 탑재하여 미국 본토까지 안전하게 닿을 장거리 미사일의 사정거리를 확보하는 것은 시간의 문제이지 기술의 문제가 아니다. 북한이 안고 있는 기술의 문제는 ICBM의 대기권 재진입 기술이다. 북한이 가령 미국의 뉴욕이나 워싱턴을 겨냥해서 발사한 ICBM이 대기권에 재진입하는 속도는 마하 20이나 된다. 그때 공기마찰로 6천~7천 도의 열을 받아 핵탄두의 표면을 깎아내는 감삭(Ablation)이라는 현상이 일어난다. 북한은 아직 적정 수준의 감삭기술을 확보하지 못했다. 미국과 중국과 러시아에서 그 기술을 훔쳐오려고 했지만 실패했다. 감삭기술이 없으면 핵탄두의 경량화·소형화가 이루어져도 미국 본토 공격은 불가능하다. 감삭기술의 확보에는 앞으로 2~3년 이상은 걸릴 것으로 전문가들은 예측한다.

그래서 일단 핵 모라토리움을 걸어야 한다. 그런데 거기에는 댓가가 따른다. 한국은 중국과 러시아의 지원을 받아 미국과 일본에 북한과의 수교를 강력히 촉구해야 한다. 다만 북미·북일 수교는 북한 비핵화의 필요조건이지 충분조건은 아니다. 충분조건은 지금의 휴전체제를 평화체제로 전환하는 것이다. 핵 모라토리움 아래 미국과 일본이 북한과 수교하고, 휴전체제를 대체한 평화체제 아래서 일정한 시간이 흐르는 사이에 북한이 한국과 미국과 일본의 평화의지, 미국이 북한체제를 위협하지 않는다는 확신이 설 때가 모라토리움을 비핵화로 전환 가능한 시기다. 북미수교는 북한이 국제통화기금과 세계은행, 아시아개발은행에서 경제개발에 필요한 자금을 빌려 쓸 문을 열어준다. 이런 일에 한국이 적극 나서는 것이 중요하다. 북한에 핵 포기부터 요구하는 방식으로는 핵문제가 해결될 수 없다.

과정으로서의 통일부터

2016년 현재는 꿈같은 이야기지만 가령 평양에 남한 대표부, 서울에 북한 대표부가 서고, 서울대학과 김일성대학, 포항공대/KAIST가 북한 김책공대와 학생·학점 교류를 하고, 평양에 한국 언론사 특파원이, 서울에 북한 로동신문과 조선중앙통신과 조선중앙TV 특파원이 파견되고, 서평(경평)축구와 기타 종목의 스포츠교류가 정례화되고, 서울시향과 평양교향악단이 자주 교차방문 연주를 하고, 이산가족들이 수시로 상봉하는 데까지 남북관계가 호전되었다고 가정하면 남북한은 사실상의(de facto) 통일을 이룬 것이나 다름없다.

이것은 이루지 못할 꿈이 아니다. 한국이 대북정책을 과감하게 생활밀착형으로 전환하여 북한이 절실히 필요로 하는 의료기기와 약품, 비료와 식량, 어린이들이 먹을 분유를 아낌없이 제공하는 단계를 앞당겨야 한다. 김치도 대북정책에 큰 역할을 할 수 있다. 배추를 재배하고 김치를 생산하는 것까지 북한에서 이뤄질 수 있을 것이다. 김치는 건강식품으로 세계적인 각광을 받고 있어 수출시장도 확대될 전망이다. 남북한이 같이하는 김치사업처럼 이상적인 윈윈 사업은 없을 것이다. 이런 이니셔티브에는 5·24 조치의 해제와 금강산 관광재개가 선행되어야 한다.

동서독은 통일되는 날까지 98개의 도시들이 자매결연을 맺어 서독의 지자체들이 동독의 파트너 도시들을 지원했다. 통일 후에는 그 숫자가 폭발적으로 늘어서 1990년 10월에는 854개 도시가 되었다.[4] 한국의 통일 준비에도 시·군 단위까지의 지방자치단체들이 적극 참여하여 풀뿌

---

4) http://www.stgb-brandenburg.de/987.html.

리 교류를 넓혀나가야 한다. 북한은 남한의 인도적 지원과 풀뿌리 교류 제안을 판도라의 상자로 알고 처음에는 극도로 신중한 반응을 보일 것이다. 그래서 인내심이 요구된다. 북한의 거부반응에도 좌절하지 않고 생활밀착형 대북정책을 펴면서 신뢰를 쌓아간다면 북한도 조금씩, 아주 조심스럽게 남한의 지원을 받아들이고 그들이 자신 있다고 생각하고 김정은이 애정을 쏟는 스포츠에서부터 교류에 응해 올 것이다.

중국의 동북3성과 러시아의 극동시베리아에서 북한의 뒷문도 노크할 필요가 있다. 2014년 12월 4만 5천톤의 시베리아산 유연탄을 실은 중국 화물선이 포항에 들어왔다. 유연탄은 시베리아에서 채탄한 것으로 러시아의 하산에서 54킬로 떨어진 나진항까지 철도로 운반하여 중국 화물선에 선적된 것이다. 중국과 러시아를 매개로 한국과 북한이 연결된 고무적인 사례였다. 북한에서 두만강 너머 국경도시 훈춘에 포항제철과 현대아산이 45만평의 부지에 대규모의 물류센터를 건설하고 있는 것도 북한과 중국과 러시아가 참여하는 두만강 유역 개발사업의 실현을 기대해서다. 한국도 러시아 지분 일부를 인수하는 방식으로 참여한다.

동북아다자기구가 필요하다

동북아에서는 미국과 중국의 이해가 충돌할 뿐 아니라 중국 국가주석 시 진핑(習近平)의 웅대한 일대일로(One belt one road)와 아시아개발은행(AIIB)에 잘 드러난 중화세계 부활의 꿈과, 일본 총리 아베 신조(安倍晋三)의 일본의 아시아대국 복귀의 꿈이 충돌하고 있다. 아시아에서 미국 주도의 질서를 지키려는 미국, 태평양의 절반을 차지하려는 중국, 전쟁 가능한 군대를 가진 '보통국가'가 되려는 일본. 이들 강국의 파워게임이 치열한 동북아시아의 역학구도는 한국에는 도전이면서 동시에 기회다.

우리에게는 미중일 3강의 야망을 한 그릇에 담아 제어할 수 있는 동북아다자기구의 필요성이 절실하다. 박근혜 대통령이 제안한 동북아 평화협력 구상을 한중일 3국 정상회의 의제로 올려 다자기구로 발전시키는 것도 하나의 방안이다. 여기에는 미국의 참여가 필수적이다. 서독은 나토·유럽공동체(EC)·유럽연합(EU) 안에서 통일을 추진하여 강력한 통일독일의 등장에 대한 동서유럽국가들의 우려와 경계를 불식시켰다. 한국은 통일이 되어도 이웃국가들을 위협할 강대국은 되지 않는다. 그러나 균형추로서의 전략적 가치는 높다. 미국과 러시아의 참가가 바람직한 동북아다자기구는 미중일 3강의 힘을 수렴하면서 동시에 한반도 통일의 외부적 조건을 만들어내는 이상적인 틀이 될 수 있다.

빌리 브란트는 평화가 전부는 아니지만 평화 없이는 아무것도 못한다고 말했다. 동북아시아의 평화와 안정 속에서 한반도의 지속적인 평화와 안정이 전제되지 않는다면 통일은 가능하지 않다. 그리고 진정으로 통일을 바란다면 통일을 너무 큰소리로 말하지 말아야 한다. 서독도 1989년 11월 헬무트 콜의 10개항 프로그램 발표 이전에는 어느 정부, 어느 누구도 통일을 공개적으로 말하지 않았다. 통일은 떠들수록 멀어지는 역설을 알았기 때문이다.

2018년 출범할 정부의 필수과제

북한의 장기적인 전략은 소량화·경량화 된 핵탄두를 ICBM에 탑재하여 뉴욕과 워싱턴까지 공격할 능력을 갖춘 뒤 남이야 인정하든 말든 핵보유국가의 자격으로 미국과 협상을 벌이는 것이다. 미국이 단번에 거절할 핵군축을 먼저 제안하고는 한발씩 후퇴(양보)하여 핵·미사일 모라토리움(동결)과 북미수교를 교환하려고 할 것이다. 그때 북한이 제시할 조건이 지금의 휴전협정을 대체할 평화협정이다. 그리고 무엇보다도 미국과의 단독 협상을 고집할 것이다.

2016년 2월 미국 국무장관 존 케리(John Kerry)와의 회담에서 중국 외교부장 왕 이(王毅)는 북한 핵과 평화협정을 병행논의하자고 제안했다. 케리도 2016년 4월 히로시마 G7회의에 참석한 기회에, 북한이 비핵화에 성의 있는 조치를 취한다면 평화협정을 논의할 용의가 있다는 내용의 발언을 했다. 중국 외교부장이 평화협정을 핵문제를 포함한 북한문제 해결의 골포스트로 세우고 미국 국무장관이 그 제안에 거의 호응하는 입장을 밝힌 것은 큰 의미를 갖는다. 앞으로 북한문제에 관한 모든 협상은 평화협정이라는 골포스트에 방향을 맞출 것이기 때문이다.

2018년에 출범하는 한국정부는 남북한과 주변 4강이 참가하는 2+2를 관철시켜야 하는 과제를 떠안는다. 주변 4강, 특히 미국과 일본은 한국이 빠진 평화협정 체결이 현실적인 방안이 아니라는 인식을 공유할 것이기 때문에 2+2 자체의 관철은 어렵지 않을 것이다. 그러나 왕이가 세운 평화협정이라는 골포스트까지 가는 여정은 참으로 길고 복잡하고 어려울 것이다. 북한의 내부 사정, 김정은의 권력기반의 강약에 따라 북한은 고비고비마다 미국과 한국이 수락할 수 없는 제안을 들고 나와 협상의 진전을 어렵게 만들 것이다. 그래서 북한과의 협상에는 외과의사 이상의 인내심과 외교전략, 그리고 주변 4강, 특히 미국과의 물샐틈없는 공조가 필요한 것이다. 동북아시아에서의 미중 패권경쟁과 사드 배치문제로 미중 간에 샌드위치 신세가 된 한국의 딜레마를 생각하면 정말 어려운 도전이다.

새 정부는 박근혜 정부의 대북 경직성을 벗고 불가능한 것을 가능하게 만든다는 각오를 가지고 북한문제에 접근하지 않으면 박근혜 정부처럼 아무것도 이루지 못한다. 출발점은 확실하다. 대북 국제제재 국면에서 5·24 조치를 풀고 개성공단 부활과 금강산 관광 재개를 위해 모든 지혜를 동원해야 한다. 시민사회의 대북 인도지원을 과감하게 개방하여 풀뿌리 교류를 확대하는 것이 중요하다는 것이 독일 통일의 교훈이다.

꿈속의 돌팔매질을 상상해본다. 있는 힘을 다해서 던져도 돌멩이는 눈앞에 떨어진다. 허전함을 느낀다. 이 책을 끝낸 필자의 기분이 그렇다. 1차 자료를 접할 수 없는 현실과 필자의 능력의 한계, 2~3차 자료를 토대로 쓴 외국 저서들에 나타난 한국의 부재와 거리감, 독일 통일에 대한 애절한 부러움이 시시포스의 신화 같기도 한 꿈속 돌팔매질로 나타난 것이 아닌가 싶다.

독일 통일의 외적 조건에 관한 제법 자세한 소개가 독자들이 독일 통일을 이해하고 우리의 통일을 준비하는 과정으로서의 평화를 만드는 데에 참고가 된다면 필자의 기대는 충족되고도 남는다. 독일에서 보듯 통일이나 평화는 무엇보다도 대화에서 출발한다. 대화가 인도적 지원으로, 인도적 지원이 풀뿌리 교류로, 그 교류가 과정으로서의 통일 또는 사실상의 통일로 이어지고 이 모든 것들이 축적되어 남북한 신뢰가 쌓이고 북미수교, 휴전체제의 평화체제에 의한 대체로 이어지면 정치적·법적 통일의 날이 온다. 인내심을 가지고 북한을 설득하여 대화하고 평화를 실현하는 것이 중요하다. 이런 것들이 이 책의 핵심 메시지다.

출판계의 불황에도 불구하고 이 책의 출판을 결단한 창비의 전 편집 주간 백영서 교수와 염종선 편집이사에게 감사한다. 세세한 편집상의 문제를 매끈하게 처리한 박대우 인문사회출판부 팀장에게도 감사한다. 이 책의 출판을 지원해준 삼성언론재단 정찬영 이사장과 심상복 이사/ 사무총장에게도 깊은 감사의 말씀을 드린다.

2016년 5월
김영희

요아힘 가우크 대통령 인터뷰

『중앙일보』 2015년 10월 12일자 보도. 사진: 독일정부 제공

요아힘 가우크 독일 대통령이 박근혜 대통령의 초청을 받고 한국에 왔다. 그는 동독 출신이다. 동독 출신 보통 사람들이 옛 서독 사람들에게서 차별대우를 받는다고 불만인 것과는 대조적으로 현재 독일의 대통령과 총리 자리는 동독 출신이 차지하고 있다. 통일 전의 독일과 오늘의 한국은 사정이 많이 다르다. 그래도 우리에게는 통일의 선배 나라에서 배울 것이 많다. 대면 인터뷰는 어려웠기에 필자는 가우크 대통령에게 이메일 인터뷰를 요청했고 쾌락을 받았다. 가우크 대통령이 보내온 답변의 전문을 소개한다.

김영희　이번에 한국을 국빈 방문한 목적이 무엇입니까.

가우크　이번 방문을 통해 우선 한국과 독일의 돈독한 관계를 높이

평가한다는 메시지를 전하고 두 나라 관계를 더욱 강화하고자 합니다. 박근혜 대통령이 지난해 독일을 방문했는데 저는 그때를 좋은 기억으로 간직하고 있습니다. 그래서 저는 박 대통령의 진심 어린 방한 초청을 매우 기쁜 마음으로 수락했습니다. 방한 기간 중 한국 국회에서 연설하게 된 것은 저에게는 매우 특별한 영광입니다. 한국과 독일은 다양한 관계를 맺고 있고 여러 분야에서 협력하고 있습니다. 특히 경제·연구·교육·학술 분야의 협력이 두드러지는데, 양국의 협력은 매우 혁신적이고 미래지향적입니다. 교육 분야 등에서 이를 더욱 발전시키기 위한 여러 가지 구상을 갖고 있습니다. 우리는 양국의 파트너십을 더욱 강화하고자 합니다. 또한 양측 모두에게 중요한 정보 교류를 더욱 심화시켜야 할 것입니다.

김 이번 방한에서 특별히 기대하는 것이 있다면.

가우크 한국과 독일은 유사한 운명을 갖고 있기 때문에 독일 통일 25주년, 한반도 분단 70주년에 이뤄지는 방한은 상징적 의미가 큽니다. 저는 동독 출신입니다. 잘 알다시피 동독은 1989년까지 공산정권이 지배했던 곳으로 자유는 박탈되고 민주주의도 없었습니다. 저는 89년 이전에는 동독에서 민권운동을 했고 독일 통일 이후에는 동독정권의 정보기관인 슈타지(STASI)의 문서 청산을 책임졌습니다. 이런 의미에서 한국을 방문해 판문점을 둘러보고 정치 책임자들, 시민사회 대표자들, 탈북자들을 만나 대화를 나누는 것은 저 개인에게도 특별한 의미가 있습니다. 또한 한국처럼 풍부하고 다양한 문화와 전통을 갖고 있는 나라를 처음 방문한다는 것에 많은 기대를 하고 있습니다.

김 동서독 간에는 아직도 경제적·사회적 불균형이 있는 것으로 알고 있습니다. 지난해 11월 독일을 방문했을 때 동독 청년들이 저에게 같은 또래의 서독 사람들에 비해 취업 등에서 불이익을 당한다고 불평했습니다. 1990년 법적·물리적 통일 이후 경제·사회·문화·심리적으로 화학적 통합(Integration)이 어느 정도 이뤄졌습니까.

가우크 물론 동서독 간에는 예나 지금이나 경제적 차이가 존재합니다. 하지만 변화의 성과는 이제 폭넓게 가시화돼 체감할 수 있게 됐습니다. 동독 지역의 인프라는 우수합니다. 도심들을 정비했고 환경의 질은 통일 이후 상당히 개선됐습니다. 동서독의 경제력을 비교해보면 동독의 경제성과, 고용, 실업률, 임금 등 주요 지수들이 서독에 상당부분 접근했음을 알 수 있습니다. 동독 지역에도 국제적으로 성공을 거두고 있는 중소기업들이 있습니다. 그중 몇몇 기업의 대표들이 저와 함께 한국에 왔습니다. 동독인들은 그들에게 열린 기회를 잘 활용하고 있습니다. 이를 바탕으로 저는 독일의 통일은 경제적으로도, 사회적으로도 상당히 진척을 이뤘다고 말할 수 있습니다. 그러나 몇몇 농촌 지역은 젊은 이들의 이탈현상을 겪었고, 지금도 겪고 있으며, 떠나지 않고 남아 있는 사람들과 정치가들에게 정치적·사회적으로 계속 하나의 도전으로 남아 있습니다.

김 빌리 브란트와 에곤 바의 동방정책은 독일 통일에 어떤 기여를 했습니까. 가우크 대통령께서는 개인적으로 동방정책을 어떻게 평가하십니까.

가우크 '접근을 통한 변화'는 1960년대 초 베를린장벽이 선 뒤 얼마 지나지 않아 빌리 브란트와 다른 이들에 의해 고안되고 추진된 신동방정책의 모토였습니다. 당시 그건 끔찍한 국경의 개방을 유도하는 것을 목표로 한 고도의 혁신적인 아이디어였습니다. 일례로 통행증협정을 통해 동서독 간 교류의 기회를 만들었습니다. 그리하여 헤어졌던 친척들의 상봉이 이뤄지고 접촉이 유지됐습니다. 브란트는 서독 총리로서 신동방정책과 동유럽 이웃 국가들과의 화해에 대한 공로로 노벨평화상을 수상했습니다. 그의 정책은 처음엔 많은 논란이 있었으나 그뒤 후속 정부들이 브란트의 노선을 계승, 발전시켰습니다. 그리하여 수십년간의 분단에도 불구하고 동서독 간 긴밀한 인적 접촉이 꾸준히 이뤄졌습니다. 독일은 분단에도 불구하고 늘 한 민족(Nation)으로 남아 있었습니다. 이것은 훗날 헬무트 콜 총리의 용기 있는 노력과 함께 평화와 자유 속에서의 통일이 성공적으로 이뤄질 수 있었던 전제 조건 중 하나였습니다.

김 한국정부는 대북정책에 대한 가우크 대통령의 조언을 기대할 것입니다. 독일의 분단과 통일 경험을 바탕으로 어떤 조언을 하실 수 있습니까.

가우크 무엇보다도 절대로 희망을 버리지 말라는 말로 한국인들에게 용기를 주고 싶습니다. 북쪽에 사는 한국인들도 자유와 인간의 존엄성을 누릴 권리를 갖고 있습니다. 하지만 구체적인 조언을 하기는 어렵습니다. 1989년 이전 분단 독일의 상황과 오늘날의 분단 한국의 상황은 크게 다릅니다. 역사적·정치적·경제적·사회적으로 그렇습니다. 예컨대 분단 시절을 통틀어 동서독 간에는 친지 간, 그리고 교회 간에 심도 있는 접촉이 유지됐습니다. 따라서 독일의 경험은 제한적으로만 한국에 적용 가능합니다. 사실 베를린장벽의 붕괴는 동서독인들에게도 놀라운 일이었습니다. 물론 성공적 통일의 결정적 요인은 동독 주민 스스로가 그들의 자유를 쟁취하고자 했으며 매우 많은 사람이 용기를 냈고 전체 상황이 유리했기 때문에 그런 노력이 성공을 거둔 것입니다. 자유와 민주주의를 향한 그들의 용기와 소망의 특별한 동기이며 토대는 서독의 살아 있는 성공적인 민주주의가 지닌 매력이었습니다. 또 개방을 향한 서독 연방정부의 오랜 시간에 걸친 일관되고 인내심 있는 노력이 독일의 성공적 통일에 기여했습니다. 그리고 당시 동서독정부와 유럽의 파트너들, 미국과 소련이 점점 더 거세지는 "우리는 한 민족이다"라는 사람들의 외침을 단시간 내에 실질적인 정치와 조약으로 연결시키고 법치국가적이고 민주적 정당성이 있는 방식으로 수용한 것은 그들의 영구적인 역사적 공로입니다.

김 동서독 분단 및 통일 과정에서 소련은 결정적인 역할을 했습니다. 소련은 동독에 20~22개 사단의 병력을 주둔시키고 있었기 때문에 동독인들의 시민혁명을 1953년 동베를린 폭동 때처럼 탱크로 진압할 수 있었을 것입니다. 그러나 한반도 통일문제에서는 독일에서의 소련 같은 결정적 열쇠를 쥔 나라가 없습니다. 미국·중국·러시아에 모두 해당됩니다. 동시에 통일을 위해서는 그들 모두의 지지와 참여가 필수적입니다. 그들 국가와 그들의 상충하는 이해관계를 어떻게 조정해 통일에 활용해야 한다고 생각하십니까.

가우크 한반도의 지금 상황은 동서독 분단과는 비교하기 어렵습니다. 외교적 차원에서도 그래요. 조금 전에 동방정책에 대해 얘기했는데, 동방정책과 유럽안보협력회의(CSCE, 헬싱키 프로세스)는 훗날 평화적 변화를 가져오는 토양이 됐습니다. 이 두가지를 통해 이미 70년대부터 신뢰 구축과 대화가 이뤄졌고 훗날 통일의 초석이 됐습니다. 그러나 독일 통일의 결정적 역동성은 동서독 스스로에게서 나왔습니다. '2+4(동서독, 미국·소련·영국·프랑스) 프로세스'의 당사국들과 독일의 이웃 국가들은 독일 통일에 대해 매우 회의적이었습니다. 따라서 철의 장벽 붕괴 후 독일 통일을 위한 외교적 여건을 마련하는 것은 매우 어려운 과제였습니다. 독일은 이런 문제에서 한국과 기꺼이 경험을 교류할 마음이 큽니다. 이번 방한 기간 중 양국 외교장관이 제안한 '한·독 통일외교정책자문위원회' 회의도 열리고 저도 자문위원들과 만날 예정입니다.

김 한반도 평화와, 가능하다면 통일을 위해서는 북한과 국제사회가 한 테이블에 앉는 것이 중요합니다. 유럽연합(EU) 국가들, 특히 독일은 이 프로세스에서 어떤 역할을 할 수 있을까요.

가우크 무엇보다도 6자회담 같은 국제적 대화 메커니즘이 중요합니다. 모든 참가국에 대해 우리는 늘 대화 지속을 위한 노력을 적극적으로 했습니다. 유럽연합과 독일은 현재 북한과 중요한 대화를 하고 있습니다. 우리는 결코 환상을 갖고 있지 않습니다. 핵문제에서도 그렇습니다. 그럼에도 불구하고 우리는 여러 차원에서 단계적으로 대화 채널을 트고 근본적 신뢰를 구축하는 데 도움이 될 수 있다고 생각합니다. 이 과정에서 독일은 앞으로도 계속 건설적 역할을 수행할 수 있습니다. 2001년 북한과 외교관계를 수립한 이래 우리는 이것을 분명히 보여주고 있습니다. 대화 없는 고착된 대립보다는 심화된 교류가 더 나은 옵션이라고 우리는 생각하며 북한이 이러한 대화를 위한 보다 적극적인 자세를 보이기를 기대합니다.

에곤 바 인터뷰

『중앙일보』 2014년 11월 28일자 보도. 사진: 홍영진 재독일 예술사진작가

에곤 바는 독일 통일의 '원점'이다. '동방정책'이라는 용어와, 동방정책의 핵심 개념인 '접근을 통한 변화'부터가 각각 그의 1957년과 63년 연설에서 처음 사용된 것이다. 미국 대통령 리처드 닉슨은 그를 '브란트의 키신저'라고 불렀다. 바가 설계한 동방정책은 독일 통일의 레일을 깔아 전후 독일과 유럽과 세계사를 다시 썼다. 베를린장벽 붕괴 25주년의 감동이 넘치던 지난 12일, 베를린 시내 사민당사 4층 그의 연구실에서 독일 통일의 1등 공신으로부터 독일 통일의 과정과 남북한 통일에 관한 통찰을 들을 수 있었던 것은 큰 축복이었다. 그것은 10년 이상 별렀던 감동적인 인터뷰였다.

김영희 먼저 동방정책의 핵심 내용인 '접근을 통한 변화'부터 묻겠

습니다. 접근을 통해서 무엇을 변화시켰다는 겁니까.

에곤 바 내가 '접근을 통한 변화'를 처음 밝힌 건 1963년 바이에른주 투칭의 크리스천 아카데미에서였습니다. 우리는 아무도 우리를 위해 베를린장벽을 제거해주지 않는다는 사실을 인정하는 데서 출발했어요. 몇시간이라도 서베를린 주민들이 동베를린으로 가서 가족을 만나는 길을 터주려면 동독 당국과 협상해야 했고, 그러자면 베를린을 분할 점령하고 있던 미·소·영·프 4대국의 승인이 필요했어요. 소련이 선뜻 동의한 건 서베를린에 직장을 가진 동베를린 주민 4만명이 1961년에 세워진 베를린장벽 때문에 직장을 잃어 동베를린 공기가 심상치 않았기 때문이었죠. 질문으로 돌아가면 '접근을 통한 변화'는 처음엔 동·서 베를린, 그다음엔 동·서독, 그리고 마지막에 동·서 관계를 바꾸기 위한 발상이었습니다. 그 말뜻이 워낙 명확하지가 않았기 때문에 오히려 베를린 문제에서 국제관계에 이르기까지 광범위하게 적용될 수가 있었어요.

김 현상인정으로 동·서독 관계를 안정시킨 다음 통일을 생각한다는 구상이었습니까.

바 물론입니다. 내가 1970년 모스끄바에서 그로미꼬 소련 외교부 장관과 협상을 할 때 그가 말했어요. "동·서 경계선에 합의하지 않으면 아무것도 합의하지 못한다. 유럽의 모든 국경선은 상호 합의에 의해서만 변경할 수 있다." 현상동결의 이 원칙은 그뒤 헬싱키 프로세스에 계승되었어요.

김 그러니까 동방정책은 통일정책이 아니라 현상동결을 전제로 하는 긴장완화 정책이었다는 말이죠?

382

　바　그래요. 우리는 통일을 위한 협상 같은 건 하지도 않았어요. 오로지 동·서독 관계와 서독·소련 관계를 개선하려고 했던 겁니다. 통일은 최종 목표이고 긴장완화는 통일의 과정, 방법이었어요. 그때 동·서독 어느 쪽도 주권을 갖고 있지 않았어요. 독일에 대한 주권은 4대 전승국이 행사하고 있었지요. 1969년 빌리 브란트도 총리로서 최초로 발표한 시정연설에서 동독을 국가로 인정하고 독일에 대한 4대국의 주권을 존중한다고 밝혔어요. 4대국의 독일에 대한 권리 존중으로 소련과 협상의 길이 열린 겁니다.

　김　한반도 문제로 넘어가지요. 소련 한 나라가 독일문제에 결정적인 발언권을 가졌던 것과는 달리 한반도 문제에서는 미국·중국 어느 쪽도 독점적인 발언권을 행사하지 못합니다. 러시아와 일본도 마찬가지고요. 그래서 북한이 통일에 관한 유일한 협상 상대인데 그 북한이 통일

전의 동독처럼 통일에 반대를 하는 입장입니다.

바 이론적으로는 북한이 유일한 통일 협상의 파트너지만 실제로는 미국·중국·러시아, 그리고 어쩌면 일본의 참여 없이는 한국 통일은 불가능해요.

김 박사께서는 2013년에 출판한 『빌리 브란트 회고』에서 독일이 한국처럼 민족 분단이 오래 계속되어 분단이 고착되는 비극을 면한 것은 행운이라고 썼습니다. 남북한 통일을 비관적으로 보십니까.

바 지금으로서는 쉽지 않다는 말입니다.

김 한국의 통일 준비에 중요한 질문입니다. 통일독일정부가 동독의 당·군·비밀경찰·정부 간부들을 어떻게 처리했는가는 남북한 모두에게 중요한 관심사입니다. 특히 한반도 통일이 가시권에 들어왔을 때 북한의 파워 엘리트들은 한국의 미래나 민족의 장래보다는 자신의 특권적 지위 상실과 처벌에 대한 두려움으로 통일에 강력히 저항할 것이 예상됩니다. 특히 북한 군부는 핵과 미사일까지 가지고 있어요. 통일독일정부의 동독 파워 엘리트 처리는 어땠습니까.

바 일관성이 없었어요.

김 어떤 의미에서입니까.

바 가령 사회주의통일당 서기장이었던 에리히 호네커는 모스끄바로 갔다가 다시 칠레로 가서 사망했어요. 전 슈타지 수장 에리히 밀케는 2년간 복역했지만 그건 슈타지 수장으로서가 아니라 1930년대에 저지른 살인에 대한 처벌이었지요. 또 한 사람의 슈타지 수뇌 마르쿠스 볼프

는 잠깐 감옥에 갔다 풀려나고. 동독 파워 엘리트들을 차별적으로 다룬
겁니다.

(바는 호네커가 서기장일 때부터 그에게 호의적인 지지발언을 한 사
람으로서 이런 아쉬움을 토로한 것 같다.)

김 후유증이라도 있다는 말씀입니까.

바 25년 전 우리는 "우리는 하나의 국민"이라고 외쳤지만 아직도 오
시(Ossie, 동독 것들), 베시(Wessie, 서독 것들)라는 상호 멸칭을 쓰는 차
별이 사라지지 않았어요. 내적 통합이 아직 끝나지 않았다는 말입니다.
나는 그 이유를 통일정부가 25년 전 빌리 브란트와 헬무트 콜이 공유했
던 통찰을 무시했기 때문이라고 생각해요. 콜은 통일독일 총리로서의
첫 성명에서 "이제 우리는 외적 통일을 이루었으니 우리의 큰 목표는
내적 통합"이라고 강조했어요. 내적 통합은 오로지 화해를 통해서만 가
능해요. 그러나 통일정부는 동독 독재체제 전체의 잘못을 포괄적으로
다루지 않고 개인별 피해보상과 명예회복을 위한 개별심사에 치중했습
니다. 슈타지의 범행을 주로 추적한 겁니다. 사회주의통일당의 일당독
재가 아니라 슈타지에서 모든 잘못이 비롯되었다는 인상을 남겼어요.
슈타지는 일당독재의 하수인에 불과했는데도 말입니다. 한국은 독일의
그런 실책을 저지르지 않기를 바랍니다.

김 박사께서는 가치(Wert)와 화해하라고 충고하시는데 그 가치란
인권 같은 걸 말합니까.

바 그게 아니고 분단시기 두 국가 간의 화해를 말합니다. 누가 더 많
은 잘못을 저질렀는가 계산하지 말아야 해요. 통합에 가치를 두라는 말

입니다.

김 통합과 관련해서 박사께서는 구세대가 사라지고 신세대가 등장하면 통합이 온다고 말하는데, 통일 후의 통합은 차라리 자연법칙에 맡겨둔다는 겁니까.

바 맞아요. 매년 조금씩 통합이 진전되는 겁니다.

김 박사께서는 통일을 위해선 큰 담론보다는 작은 조치가 중요하다고 말했습니다. 그러나 내가 아는 한 동방정책은 당국 간의 접촉과 대화일 뿐 풀뿌리들의 작은 실천과는 무관했다고 생각하는데요.

바 그렇지 않아요. 우리는 작은 조치부터 시작했어요. 대표적인 게 동·서 베를린의 통행증 발급을 성사시킨 거죠. 그렇게 함으로써 우리는 베를린장벽 자체를 무너뜨리지는 못했어도 장벽을 통과하는 단초는 열었습니다.

김 통일이라는 역사적인 큰 과업을 수행하려면 콘라트 아데나워, 빌리 브란트, 헬무트 콜 같은 위대한 정치가를 필요로 합니까.

바 먼저 지적할 것이 있어요. 통일은 어렵습니다. 둘로 분단된 두 나라가 다시 합치는 통일은 쉽지 않아요. 그리고 통일된 체제는 새로운 체제입니다. 그래서 중요한 게 새 체제의 원리입니다. 한국의 새 체제에는 미국·중국·러시아, 그리고 아마도 일본이 포함될 겁니다. 그런데 아직은 새 질서의 원칙이 안 보여요. 새 체제를 충분히 이해하는 많은 지도자가 나와야 할 겁니다.

김 통일(Wiedervereinigung)과 통합(Einheit)은 다르다는 뜻으로 들립니다. 영어로는 Reunification과 Integration의 차이가 되겠는데 둘은 개념적으로 어떻게 다릅니까.

바 통일은 남한 단독으로는 이룰 수 없는 것이고, 통합을 위한 준비는 남한 단독으로 또는 북한과 함께 이룰 수 있는 거지요.

(에곤 바의 이 통찰은 우리에게 시사하는 바가 크다. 그의 말의 취지는 이런 것이다. 정치적·물리적 통일은 한국 혼자는 안 된다. 통일한국은 남북한이 물리적으로 하나로 합쳐진 것 이상의 새로운 체제다. 통일은 주변 4강의 참여로 북한과 함께 실현하는 것이며, 우리의 민족 동질성 회복과 같은 개념인 통합은 정치적 통일의 선행조건인 동시에 통일 후에도 계속될 통일의 과정이다.)

김 아흔둘의 고령이신데도 왕성한 활동을 하시는데 건강유지의 비결은 무엇입니까.

바 좋은 유전자, 아내의 좋은 내조, 식을 줄 모르는 호기심 세가지요.

김 참으로 유익한 말씀 감사합니다.

테오 좀머 인터뷰

『중앙일보』 2014년 10월 10일자 보도. 정리: 전수진, 사진: 김성룡

베를린장벽이 무너져 독일 통일의 길이 활짝 열린 지 25년. 독일은 통일대박을 누리고 있는데 한반도 통일의 전망은 요원하다. 장벽이 무너진 이후 독일 통일 성공 전략 연구에 매진해온 테오 좀머(82) 전 독일 시사주간지 『디 차이트』 발행인과 김영희 『중앙일보』 국제문제 대기자가 만나 독일 통일을 이야기했다. 합리적 진보를 지향하는 『디 차이트』의 국제문제 대기자를 지낸 좀머는 비스마르크를 인용하여 정치인의 리더십을 강조했다. "역사 속을 지나가는 신의 옷자락을 놓치지 않고 잡아채는 것이 정치가의 책무다." 통일의 기회가 급작스럽게 찾아와도 그걸 놓치지 않는 지도자의 감각과 예지를 강조한 말이다.

김영희 며칠 후면 베를린장벽 붕괴 25주년입니다. 통일 후 동서독의

사회·경제·문화적인 통합은 끝난 겁니까.

테오 좀머　동독 지역에서도 동독으로의 회귀를 바라는 사람은 없습니다. 지난 시절에 대한 향수는 있지만 그건 동독에 특정된 게 아닌 보편적 정서지요. 동서 불균형의 문제가 남아 있긴 합니다. 동독 지역의 실업률은 서독 지역보다 두배 가까이 높고 동쪽의 1인당 국민소득은 서쪽의 약 70프로밖에 되지 않아요. 하지만 동독 지역의 물가가 더 싸다는 점 등 복합적 요인을 고려하면 단순히 동독 지역이 더 살기 나쁘다라고 잘라 말할 수는 없습니다.

김　동독 지역의 주민들은 통일독일에서 행복하게 산다고 말할 수 있습니까.

좀머　압도적 다수가 그렇다고 자신 있게 얘기할 수 있습니다. 동독 지역의 라이프치히와 드레스덴에서도 의료기술과 자동차 산업 등이 성장하고 있어요. 전후 서독에서도 모든 지역이 골고루 발전한 게 아니라 '번영의 섬'이라고 부를 수 있는 몇몇 지역을 중심으로 발전이 시작된 것과 같은 이치죠. 흥미로운 건 일방이 아니라 동서 양방향으로 변화가 다방면에서 일어나고 있다는 겁니다. 동서 균일화의 긍정적 단계라고 판단합니다.

김 만사가 완벽할 수는 없는 법. 통일 과정에 잘못된 부분은 어떤 것들입니까. 한국이 참고할 수 있게 말씀해주십시오.

좀머 통일의 과정에서 동서독의 화폐를 일대일로 교환한 정책은 현실성이 없었다는 이유로 지금도 비판을 받습니다. 그러나 그 정책이 경제적으론 옳지 않았을지 몰라도 정치적으로는 유일한 방법이었다고 생각합니다. 동독 국영기업 약 1만 3천개를 민영화한 정책의 경우도 그래요. 그중 10프로의 기업만이 살아남으면서 250만개의 일자리가 증발했다고 비판받지요. 그러나 동독 기업이 무너진 이유는 그들의 주 고객이었던 소련과 동구권이 "통일독일 제품은 필요 없다"고 등을 돌렸기 때문입니다. 다른 정책을 썼다면 또 다른 잘못이 나왔을 겁니다.

김 사회민주당(SPD)은 1969년부터 동방정책으로 동구권과의 화해를 추구해 통일의 길을 열었습니다. 그런데 통일 총리 헬무트 콜은 기회 있을 때마다 사민당이 통일에 반대한다고 비판했습니다. 순전히 정치적인 비판입니까, 아니면 그럴 만했습니까.

좀머 통일이 가능했던 건 99프로가 동방정책을 펼친 덕분이었다고 확신합니다. 콜 총리는 집권하기 이전에는 동방정책을 맹렬히 규탄했습니다. 그러나 일단 집권한 뒤에는 동방정책을 고스란히 계승했어요.

독일에서는 정권이 바뀌어도 정책 노선은 급변하지 않습니다. 연속성을 중시하거든요.

김 한국은 그게 부럽습니다.

좀머 지금이 988년이라고 가정하고 "독일이 언제 통일될 것 같으냐"고 묻는다면 나는 "운이 좋으면 30년 후"라고 답할 겁니다. 그만큼 통일은 느닷없이 찾아왔어요. 그러나 1987년의 경우 600만명의 서독인이 동독을, 500만명의 동독인이 서독을 방문하고 서로 상대방의 방송을 시청할 수 있는 등 동서 간 교류가 허용됐던 점이 통일에 크게 기여했습니다. 이런 교류를 통해 동독 주민들이 자신들의 체제에 답답함을 느껴 대규모 반체제 시위를 벌인 게 큰 동력이 됐습니다.

김 독일 통일이 결과적으로 고르바초프의 입지를 약화시켜 소련제국의 붕괴까지 가져온 건 아닙니까.

좀머 블라지미르 푸틴 러시아 대통령은 소련 붕괴가 20세기의 가장 큰 비극이라고 했지만 독일엔 축복이었지요. 고르바초프가 독일 통일을 지지한 건 그만의 철학적 결단이었다고 생각해요. 당시 서독 주재 소련대사였던 발렌찐 팔린에게 직접 들은 내용입니다만 콜 총리와 고르바초프가 회담한 뒤 팔린이 고르바초프에게 전문을 보내, 독일 통일에 찬성하지 말고 독일을 나토에서 탈퇴시키라고 건의합니다. 그러나 고르바초프는 이렇게 회신했다고 합니다. "발렌찐, 기차는 이미 떠났다네." 소련은 당시 동독 시위를 무력으로 진압할 수 있는 선택지가 있었습니다. 그때 동독 주둔 소련군이 40만명이나 되었어요. 유럽에서 톈안먼 사태 같은 비극이 벌어질 수도 있었어요. 하지만 고르바초프는 무력으로 동독 시위를 저지하지 않았습니다.

김 콜 총리는 어떻게 평가하십니까.

좀머 나는 콜 총리의 팬은 아니지만 그가 통일을 위해 내린 결단을 지지합니다. 비스마르크가 "신이 역사 속을 지나갈 때 그 옷자락을 놓치지 않고 잡아채는 것이 정치가의 임무다"라고 한 말이 있어요. 콜은 그 말 그대로 눈앞에 전개된 기회를 놓치지 않고 주변국의 우려에도 불구하고 통일정책을 밀어붙였어요. 일부에선 통일 준비를 위한 헌정위원회 같은 걸 만들어 몇년간의 과도기를 두자는 의견도 나왔지만 콜은 듣지 않았어요. 마거릿 대처 영국 총리나 프랑수아 미떼랑 프랑스 대통령은 "통일독일이 유럽을 이탈해 동구권에 합류할 것"이라고 불안해했지만 그런 우려도 잠재웠어요. 나는 그의 업적을 높이 평가합니다.

김 콜 말고도 서방정책을 수행해 동방정책의 길을 열어준 콘라트 아데나워와 통일정책으로 직결된 동방정책을 성공적으로 추진한 빌리 브란트 같은 탁월한 지도자가 있어서 통일이 가능했던 것 같습니다. 통일 같은 역사적 과업은 평범함 정치인에게는 벅찬 것입니까.

좀머 역사학도로서 나는 역사의 수레바퀴를 움직인 개인의 힘을 믿습니다. 그러나 어떤 정치인이 비범한지 평범한지는 역사적 순간이 닥쳐오기 전에는 판단하기 힘듭니다. 콜 총리 역시 독일 통일의 기회가 닥치기 전인 재임 초기엔 평범하고 감동을 주지 못한 정치인이었습니다. 하지만 그는 통일의 기회를 확실히 붙잡았고 그후에는 아무도 그의 역량을 의심하지 않았습니다.

김　비스마르크의 충고처럼?

좀머　그렇습니다.

김　박근혜 대통령의 '통일대박론' 이후 다시금 한국엔 독일 통일에서 배우자는 움직임이 활발합니다.

좀머　통일 후 수년간 한국에서 거의 매주 손님들이 와서 똑같은 질문을 할 때도 있었어요(웃음). 헨리 키신저는 "역사는 유추를 통해 우리에게 교훈을 준다"고 한 적이 있는데요. 한반도와 동서독은 상황이 다릅니다만 독일에서 교훈을 유추해볼 수 있겠지요. 핵심은 동서독 모두 핵무기의 위협을 인지하고 이를 기반으로 해서 유럽의 국제적 연합의 틀을 활용해 데탕트를 단계적 협상을 통해 이뤄나갔다는 겁니다. 그런데 한반도와 동북아에선 현재 이런 역할을 할 수 있는 다자기구가 보이질 않습니다. 그러나 이번 방한에선 이와 관련한 움직임을 감지할 수 있었어요. 긍정적 신호라고 봅니다.

김　주변국과 긴밀한 협조가 필요하다는 말씀인가요?

좀머　그렇습니다. 주변국의 이해관계도 살펴야 통일을 이룰 수 있습니다. 동서독도 미국·소련·프랑스·영국과 2+4합의를 했고 북대서양조약기구 나토와 유럽안보협력기구를 통해 단계적 협상을 해나갔습니다. 한반도의 경우 북핵 폐기를 대화의 선결 조건으로 내걸고 있는데 그게 과연 지속 가능한 정책인지 의문입니다. 독일의 경험에 비추어볼 때 이런 문제는 협상의 과정으로 풀어나가야 해요. 북한이 핵에 매달린다고 해도 협상을 우선시하라고 말하고 싶습니다. 북한은 핵을 포기한 리비아의 카다피가 비참한 최후를 맞는 걸 봤습니다. 그래서 핵밖에는 믿을 게 없다고 생각하겠지요. 그럴수록 대화를 해야 한다고 생각합니다.

김 동감입니다.

좀머 언젠가는 때가 올 겁니다. 협상의 결과와 협상의 조건을 혼동해서는 안 됩니다.

김 북한의 파워 엘리트들은 독일 통일 후 동독의 파워 엘리트들이 어떤 운명을 맞는지 촉각을 곤두세우고 지켜봤을 겁니다. 통일정부는 동독 지도층을 어떤 기준으로, 어떻게 처리했습니까.

좀머 범죄를 저지른 자들은 처벌한다는 기본원칙에 충실하되 그렇지 않은 자들은 기소하지 않았습니다. 그들 대부분은 공산주의는 생존을 위한 방식이었을 겁니다. 공산주의 이념 때문만이 아니라 가족을 먹여 살리기 위해, 또 그 사회에서 살아남기 위해 그 길을 택한 것이지요. 오늘날에는 아무도 그들의 과거를 묻지 않습니다.

김 앙겔라 메르켈 총리가 장기집권하고 있는데 그의 리더십의 원천은 무엇입니까.

좀머 독일인들은 그를 '무티'(Mutti, 엄마)라고 부르며 본능적으로 따르는 것 같아요. 그는 지금까지 독일에 없었던 새로운 유형의 정치가라고 생각합니다. 물리학자 출신이라 이데올로기에 좌우되지 않습니다. 가설을 세운 뒤 증명에 실패하면 또 다른 가설을 세우지요. 그가 원자력 발전 진흥 정책을 발표한 약 6개월 후 일본에서 후쿠시마 원전 사태가 터졌어요. 메르켈은 곧바로 그 정책을 백지화했지요. 가늠하기 힘든 정치가입니다. 그러나 하겠다고 한 일은 완수해내고, 그래서 존경받습니다. 자신이 내린 결정의 배경을 설명하지 않고 "대안이 없다"는 말만 한다는 건 단점이에요. 별명이 'TINA'(There is no alternative, 대안이 없다)입니다.

김 반면에 사민당은 전국선거에서나 지방선거에서 계속 부진한 성적을 냅니다. 사민당은 무엇이 문제입니까.

좀머 메르켈 총리가 사민당의 아이디어를 많이 가져가면서 생긴 '기민당의 사민당화' 때문이라고 봅니다. 메르켈 총리도 물러날 때가 올 것이고 그때 기민당이 어떤 정체성을 취할 것인지, 그리고 사민당은 어떻게 대응할 것인지가 주목됩니다.

김 좋은 말씀 감사합니다.

고르바초프 전 소련 대통령 인터뷰

『뉴스위크』한국판, 2001년 12월 5일자 보도. 정리: 강태욱

세계사의 방향을 바꾸어놓은 냉전종식의 주역이면서 동시에 소련·동유럽 사회주의 붕괴의 원인 제공자인 미하일 고르바초프 전 소련 대통령이 무역회사 로약스의 초청으로 한국을 방문해 김대중 대통령과 만나는 등 바쁜 일정을 보내고 떠났다. 그를 신라호텔에서 만나 1990년 한·소 수교의 배경과 그가 추구한 뻬레스뜨로이까(개혁) 정책의 실패 원인, 테러와의 전쟁에 대해 의견을 들었다.

김영희 1990년 당시 북한의 반발을 예상하면서 남한과의 수교를 결정한 배경은 무엇입니까.

고르바초프 그 무렵 전세계적으로 큰 변화가 일어났습니다. 소련과 동유럽에 변화와 개혁의 바람이 몰아치고, 독일이 통일됐어요. 그런 전

396

반적인 변화가 한반도 문제에도 영향을 미쳤습니다. 한반도 분단은 비유를 하자면 몸에 난 상처와 같은 겁니다. 그런 가운데 노태우 대통령을 만나 몇시간 만에 신뢰감을 갖게 됐어요.

김   한반도 분단상황을 몸에 난 상처에 비유하는 것이 재미있습니다. 정치와 휴머니즘은 양립할 수 있습니까.

고르바초프   그럴 수 있고 또 그래야 해요. 20세기에는 많은 사건이 일어나고 많은 것이 성취됐습니다. 그러나 거기에는 엄청난 희생이 따랐어요. 소련만 해도 과학과 학술 등 모든 면에서 발전은 했지만 모두 강요와 탄압이라는 20세기적 방법으로 이뤄졌습니다. 위대한 업적을 남긴 과학자들이 투옥됐어요. 21세기의 정치는 인간의 모습을 하고 인류적 가치에 바탕을 둔 것이어야 합니다. 독재자들이 당당하게 살던 시대는 지났어요.

김   한·소 수교 때 북한의 반응은 어땠습니까.

고르바초프   그때 북한은 소련이 남한과 수교를 하려면 북한의 허락을 받아야 한다고 생각했어요. 그러나 북한이 소련과의 독점적인 관계를 갖겠다는 것은 시대착오적 발상이었습니다. 소련은 이미 동유럽 어느 국가의 내정에도 간섭하지 않았어요. 우리가 북한의 입장을 완전히 무시하려 했던 것은 아니지만 우리 입장에서 한·소 수교의 결정은 당연한 것이었습니다.

김   수교 당시 한국은 소련에 30억 달러의 장기차관 제공을 약속하고 실제로 15억 달러를 줬습니다. 그러나 차관 상환문제를 둘러싸고 한국

과 러시아 간에 문제가 된 것으로 압니다. 한국에서는 노태우 대통령이 달러로 외교관계 정상화를 샀다는 비판까지 받았습니다. 차관 제공의 조건이 분명하지 않았던 것입니까.

고르바초프　차관 도입은 정상적으로 이뤄졌습니다. 한국으로서도 두 나라 관계가 그만큼 활성화된 것이 이득이었다고 생각해요. 비즈니스는 언제든 정치를 쫓아가게 돼 있습니다. 그 당시 소련은 유가 하락으로 5개년계획조차 무산될 정도로 재정적으로 어려움을 겪고 있었어요. 거기에 소련 붕괴로 러시아가 모든 외채를 끌어안게 됐어요. 차관을 상환하는 문제는 채무구조의 조정과 병행해야 합니다. 아까 주한 러시아 대사와 만나서 이 문제가 긍정적으로 해결돼가고 있다는 얘기를 들었습니다.

김　귀하는 뻬레스뜨로이까로 냉전을 종식하고 독일 통일을 가능케

한 20세기의 위대한 정치가로 기록됩니다. 반면에 뻬레스뜨로이까와 글라스노스뜨 정책은 소연방의 붕괴를 초래했어요. 귀하의 개혁·개방 정책이 소련을 해체한 것입니까, 아니면 소련 체제의 모순이 축적되어 이미 그렇게 될 운명에 있던 소련 붕괴를 뻬레스뜨로이까가 앞당긴 것입니까.

고르바초프   소련은 1985년부터 91년 사이에 매우 어려운 시기를 맞고 있었고, 그것을 거의 극복해나가려는 순간에 붕괴를 맞았습니다. 소련 붕괴의 주범은 공산당의 보수적인 관료들이에요. 옐친을 필두로 한 그들은 개인적 이익을 앞세우다 국가를 희생시킨 결과를 초래했습니다. 그것이 혁명의 운명인지도 모르지만……. 혁명은 열정적이고 광적인 사람들이 일으킨다고 하지 않습니까. 그런데 혁명의 단맛은 엉뚱한 사람들이 차지하고 있어요. 최근 러시아에서 실시된 여론조사를 보면 뻬레스뜨로이까에 대한 의견이 서로 엇갈립니다. 그러나 당시 소련이 겪은 시기는 엄청난 전환기였다는 점이 고려돼야 합니다. 적절한 평가는 시간이 지난 뒤에야 가능합니다. 나는 나의 개혁정책이 전반적으로 옳았다고 생각해요. 뻬레스뜨로이까가 아니었다면 종교적 자유를 포함한 인간의 자유와 민주주의, 그리고 다원주의가 가능했을까요? 소련이 대외적으로 개방된 것도 뻬레스뜨로이까와 글라스노스뜨의 큰 성과입니다. 그점에 이의를 제기할 사람은 없을 거예요.

김   귀하의 개혁노선은 자주 중국 덩 샤오핑의 개혁과 대조적이라는 평을 받습니다. 덩 샤오핑은 정치적으로는 일당독재 체제를 유지하면서 경제개혁을 추진했는데 귀하는 경제·정치 개혁의 두마리 토끼를 한꺼번에 쫓다가 정치적인 통제력 상실로 경제개혁에도 실패했다는 지적입니다. 덩 샤오핑이 실용주의자였다면 귀하는 이상주의자였습니까.

고르바초프 중국은 70년대에 이미 문화혁명이라는 정치적 충격을 겪었어요. 소련이 그후 겪은 분열(disintegration) 과정을 중국은 그 당시에 이미 겪은 겁니다. 그러나 강력한 힘을 가진 전체주의국가 소련은 중국과 같은 길을 갈 수 없었어요. 우리는 엄청난 변화를 향해 나아가는 교두보 역할을 맡지 않을 수 없었습니다. 중국은 지금 많은 과제에 직면해 있어요. 중국 측으로부터 앞으로 나아가야 할 민주화 방향에 대해 자주 질문 받아요. 정치가 민주화되지 않은 상황에서 경제를 민주화하는데 따르는 한계 때문입니다. 중국은 이미 대규모 국유기업의 구조조정에서 이런 문제에 봉착해 있습니다. 나는 그들에게 "중국은 중국식대로 하라"고 말합니다. 민주화 과정과 속도도 중국의 안정을 해치지 않는 방향으로 추진돼야 합니다.

김 북한의 김정일 위원장에게는 어떤 조언을 하고 싶습니까.

고르바초프 북한도 자신의 특성과 한반도 정세를 고려한 개혁을 추진해야 합니다. 개혁은 점진적이어야 해요.

김 귀하는 1988년 소련 공산당 제19차 대회에서 동유럽국가들은 자신들의 사회제도와 정치제도를 스스로 결정할 수 있다고 선언했습니다. 그것은 사실상 동유럽 위성국가들의 내정에 간섭하는 권한을 보장한 브레즈네프 독트린의 폐기 선언이었습니다. 그래서 귀하의 연설은 폴란드·헝가리·체코슬로바키아·동독에서 광범위한 민주화운동을 촉발했습니다. 그러나 귀하는 소련군을 동원하지 않았고, 독일은 통일됐습니다. 1989년 당시 귀하는 세계역사와 국제질서에 대한 어떤 비전과 구상을 갖고 그런 역사적인 결정을 내린 겁니까.

고르바초프 러시아 스스로가 인간의 자유와 민주적 가치를 중시하는 선택을 한 상황에서 동유럽국가들에는 그런 가치를 누리지 말라고 강요할 수 있겠습니까. 그뒤 동유럽국가들은 나름대로 힘든 과정을 거치면서 민주화를 해나갔습니다. 이것이 뻬레스뜨로이까의 가장 큰 성과 중 하나입니다. 소련을 포함한 8억 동유럽 인구가 새로운 세계로 진입하게 된 데는 인간의 자유·개방·민주화·권리에 대한 존중 등 우리의 철학이 바탕에 깔려 있었습니다. 생각해봐요. 소련처럼 큰 나라에서 내전은커녕 피 한방울 흘리지 않고 엄청난 변화가 일어나지 않았습니까. 1991년 우리가 개혁정책을 내놓자 많은 사람들은 나를 사회민주주의자라고 비판했어요. 그것은 사회주의와 자본주의의 이분법적 논리로는 설명할 수 없는 문제라고 봅니다. 중요한 것은 인간이 역사를 통해 얻은 모든 가치 있는 것들을 종합해야 한다는 것입니다. 그것이 자유주의적인 것인가, 사회주의적인 것인가는 중요하지 않아요.

김 미국에 대한 테러공격과 미국이 주도하는 테러와의 전쟁은 앞으로의 국제정치 질서를 바꿀 조짐입니다. 아프가니스탄전쟁은 이대로 괜찮습니까.

고르바초프 아프가니스탄은 테러의 국제적 네트워크가 모인 곳입니다. 가장 큰 문제는 탈레반 정권이 전세계적인 반테러 연대를 외면했다는 사실입니다. 탈레반의 상층부는 테러리즘을 먹고 사는 사람들입니다. 미군이 아프가니스탄에 대대적 공격을 가했을 때 아프간 국민 다수가 그것을 크게 환영한 것도 그런 이유 때문이었어요. 물론 아프가니스탄 국민은 미국의 군사행동이 빨리 끝나기를 바라며 전쟁의 장기화를 원치 않아요. 반테러 연대에서도 그점은 충분히 고려돼야 할 것입니다.

김 이스라엘을 일방적으로 지지한다고 생각되는 미국의 중동정책이 바뀌지 않는 한 탈레반 정권을 축출해도 아랍·이슬람권의 국제테러는 근절되지 않을 것이라는 전망에 동의하십니까.

고르바초프 중동문제는 매우 복잡합니다. 그 문제의 해결을 위한 협상도 번번이 진전과 결렬을 반복합니다. 하루속히 정상을 되찾아야 해요. 그러나 중요한 것은 거기서는 승자가 있을 수 없다는 사실을 알고 접점을 찾는 겁니다. 테러사태를 통해 분명해진 것은 테러 근절을 위해 빈곤과의 전쟁이 선행돼야 한다는 점입니다. 빵 한조각과 약 한알이 없어 죽어가는 사람들이 있는 한 테러는 계속될 것입니다.

김 미국은 아프가니스탄전쟁 후에도 우즈베키스탄과 타지키스탄에 군사기지를 유지할 가능성이 커 보입니다. 그렇게 되면 군사·경제적으로 러시아와 중국을 위협하고, 지구 최후의 에너지 자원의 보고인 중앙아시아가 새로운 파워 게임의 무대가 되는 것 아닙니까.

고르바초프 아프간전쟁은 테러 근절의 목적으로만 치러져야 합니다. 미국이 그 이상의 영향력 확대를 노리면 반테러연합 자체가 붕괴되는 결과를 초래할 겁니다.

김 역사가 귀하를 어떻게 기록하기를 바랍니까.

고르바초프 역사는 변덕스럽다는 것을 알고 있어요.

바이츠제커 전 독일대통령 인터뷰

『중앙일보』 1997년 4월 28일자 보도. 정리·사진: 한경환

독일의 전 대통령 리하르트 폰 바이츠제커는 남아프리카공화국 대통령 넬슨 만델라, 체코 대통령 바츨라프 하벨과 함께 '세계의 3대 양심'으로 불린다. 1994년까지 10년 동안 대통령을 지낸 그는 재임 중 독일 통일을 맞아 '통일 대통령'의 영예를 누렸다. 그는 변호사·교수·종교단체 지도자·정치인으로 성공적인 삶을 살면서 자주 '도덕적인 용기'를 실천해 독일국민들이 가장 존경하는 인물이 됐다. 말(연설)이 정치의 중요수단인 유럽에서 그는 명연설가로 알려졌다. 1990년 10월의 통일 연설과 95년 종전(終戰) 50주년 기념 연설은 그후 널리 인용되고 있다. 회고록 집필에 열중하고 있는 그를 베를린 시내 페르가몬박물관 앞에 있는 사무실로 방문해 60분 동안 긴 안목의 이야기를 들었다.

김영희 제2차 세계대전 당시 나치독일의 군대가 소련의 레닌그라드를 포위하고 있던 1944년으로 되돌아가 이야기를 시작하겠습니다. 젊은 장교 여섯명이 모여 히틀러의 만행을 규탄하는 토론을 벌이다가 흥분을 참지 못한 장교 한 사람이 권총으로 벽에 걸린 히틀러의 초상을 쏜 일이 있었지요. 그때 연대 부관이던 각하께서 나서서 모두 히틀러를 쏘자고 제의해 모두가 공범이 된, 이 일이 전쟁 이후 알려졌다고 알고 있습니다. 그때 어떤 심정으로 목숨을 건 모험을 주도했습니까.

바이츠제커 그때 우리는 상부로부터 매일 무책임하고 터무니없는 명령을 받고 있었습니다. 우리는 항상 그런 명령을 아래로 전달해야 하는가, 우리는 어떻게 처신해야 하는가 번민했습니다. 그런 분위기에서 토론하다가 성격이 급한 장교가 히틀러에게 권총을 쏘았던 겁니다.

김 그 사건이 그뒤 각하의 인생에 영향을 미쳤습니까.

바이츠제커 아닙니다. 잊어버리고 살았어요. 그런데 그중의 한 사람이 언론인 마리온 된호프에게 그때의 일을 얘기해 세상에 알려지게 됐지요.

김 각하는 대통령 재직 때 대통령관저에서 빌리 브란트 전 총리의 75회 생일파티를 열었습니다. 여당 소속의 국가원수가 야당 출신의 전 총리를 위해 관저에서 생일잔치를 베푸는 것이 한국에서는 상상할 수 없는 일입니다.

바이츠제커 독일과 유럽에서도 드문 일입니다. 프랑스·영국·이딸리아·스페인에서도 그런 전례가 없는 걸로 압니다. 나는 브란트의 업적을 개인적으로 존경해요. 그가 총리였을 때 나는 야당인 기민당의 동방

정책 대변자였어요. 그러면서도 나는 브란트의 동방정책이 합리적이고 책임 있는 것이라고 생각해 기민당의 정책에 반대했습니다. 브란트는 과거에 공산당원이었던 전력(前歷) 때문에 국내에서 공격받고 있었기 때문에 나는 브란트에게 공개적으로 경의를 표할 필요가 있다고 생각했던 겁니다. 그 생일잔치가 서독의 정치에 다소의 영향을 미쳤습니다.

김 그때 각하는 권력과 도덕의 긴장관계를 얘기했습니다. 한국을 포함한 많은 나라가 지금 권력과 도덕의 균형이 무너져 혼란을 겪고 있습니다. 구미(歐美)에서는 도덕과 권력이 균형을 잡고 있는 반면 동양사회에서는 전통적으로 권력이 우위를 누리고 있는 데서 많은 문제가 일어난다고 말할 수 있을까요?

바이츠제커 독일과 그 이웃나라의 경우로 한정해 대답하겠습니다. 도덕과 권력은 긴장관계에 있습니다. 그것이 유럽형 민주주의의 장점입니다. 우리는 항상 이 긴장관계에 대해 관심을 갖고 논의합니다. 한쪽이 너무 강해져 다른 쪽을 누르면 우리는 균형을 잡는 조치를 취합니다. 도덕이 없는 권력으로는 책임정치를 실현할 수 없고 권력 없는 도덕은 문제를 해결하지 못해요.

김 권력형 부패가 위험수위에 이른 나라에서는 정치와 정치인들의 도덕성에 대한 요구가 현실적이 아닐 정도로 강할 수가 있습니다. 정치에 있어 적정 수준의 도덕성 같은 게 있습니까.

바이츠제커 물론 도덕성을 지나치게 강조하는 것은 잘못입니다. 인간을 그의 본성(本性) 이상으로 개선하자고 민주주의를 하는 건 아니니까요. 민주주의는 결점을 가진 인간을 있는 그대로 대합니다. 정치인들은 그들이 믿는 도덕성이 어떤 것이고, 정치활동에서 어느 수준의 도덕성을 발휘할 수 있고 발휘할 준비가 돼 있는지 분명히 해야 해요. 그 이상은 기대할 수 없지만 그 정도로도 이미 높은 기대라고 할 수 있어요. 도덕으로 국가를 통치하려고 하면 그건 이데올로기가 되어버립니다. 그건 위험해요.

김 한 나라, 한 사회가 집단적으로 도덕적이거나 비도덕적일 수도 있습니까.

바이츠제커 집단적인 도덕성과 비도덕성은 믿지 않아요. 물론 어떤 사회에서는 그 사회의 전통에 따라 특정한 행동이 용납되고 같은 행동이 다른 사회에서는 부도덕한 것으로 취급되는 일은 있어요. 그러나 전통과 관계없이 기본적인 선악의 구별은 가능합니다. 우리의 시장경제와 민주정치에서 찰스 다윈의 적자생존의 원리에 따른 경쟁의 룰만을

406

따를 수는 없어요. 경쟁원리 외에 문명은 일정 수준의 품위(Decency)를 요구합니다. 그것도 너무 강조하면 이데올로기로 타락하겠지만요.

김 독일은 1990년 통일된 뒤 동·서독의 경제·사회·문화·심리적 통합에 많은 어려움을 겪고 있습니다. 그동안의 통합 실적을 어떻게 평가하십니까.

바이츠제커 가장 어렵고도 중요한 문제가 경제와 통화의 통합이었어요. 1990년 여름 화폐가 통합된 뒤 동독 사람들은 갑자기 평생 처음으로 경화(硬貨)를 갖게 되고 이딸리아와 심지어 카리브해안으로 휴가여행을 갈 수가 있게 되었습니다. 그런 게 사정을 어렵게 만들었어요. 동독 지역에서 경화로 봉급을 주려면 그들이 생산한 상품을 수출해야 하는데 동유럽의 국가들은 경화를 갖고 있지 않았어요. 그래서 동독 지역 경제는 파탄을 맞은 겁니다. 서독의 마르크권에 편입한 동독과는 달리 경화를 가지지 않은 폴란드·체코·헝가리 같은 나라는 그들의 화폐가치와 임금과 사회보장제도를 균형 있게 키워갔습니다. 비용이 적게 드니 한국·미국·일본 같은 나라가 투자를 많이 할 수가 있었습니다.

심리적인 통합도 쉽지가 않아요. 동독 지역 사람들은 매일같이 시장경제와 관련된 새로운 법률·관행·규정과 마주쳐야 하고 거의 모든 것을 바꿔야 합니다. 동독 슈타지는 가족 간, 친구 간의 인간관계를 파괴했어요. 그래서 과거청산 문제도 어려운 과제입니다. 화해를 모색하지 않고 진실만 밝히려는 것도 큰 부담입니다. 통합에는 생각했던 것보다 시간이 오래 걸립니다.

김 동독 시절의 간부들을 처벌하는 과제와 동·서독 간의 화해를 실현하는 과제가 상충하는 문제를 어떻게 해결하는가는 한국인들의 관심 거리이기도 합니다.

바이츠제커 체코의 알렉산데르 둡체크는 1968년 프라하의 봄을 주도한 사람이죠. 그는 용기와 인격을 갖춘 그 나라 최초의 개혁자였어요. 그런데 체코는 1991년 둡체크같이 과거에 공산당원이었던 사람들을 공직에서 영원히 추방할 수 있는 법률제정을 검토했어요. 러시아에서는 옐친이 소련 공산당의 정치국원이었기 때문에 그런 문제는 없어요. 과거에 대한 진실을 밝혀 정의를 실현하되 화해를 목적으로 하지 않는 진실은 비인간적입니다.

김 과거를 청산하는 데 독일과 일본은 대조적입니다. 독일은 나치의 잔학행위로 피해를 본 국가와 민족·개인에게 사죄하고 보상을 했습니다. 그러나 일본은 과거에 대해 이웃 피해국가들에 사과하기를 거절하고 히로시마 원폭을 들어 2차대전의 피해자라고 강변합니다.

바이츠제커 내가 대답하기 다소 어려운 질문입니다. 내가 보기에는 일본도 점점 개방적으로 돼갑니다. 나는 1995년 일본에 갔는데 일본의 태도도 바뀐다고 느꼈습니다. 일본 사람들은 독일이 어떻게 과거를 청산했고, 그 결과는 어떤지에 대해 관심을 갖고 있었어요. 예컨대 히로시마 시장은 전쟁과 잔악행위는 히로시마 원자폭탄으로 시작된 게 아니라는 말을 서슴없이 했습니다. 그건 과거문제에 대한 합리적이고 도덕적인 대답이라고 생각해요. 나라마다 해결방식이 다를 수밖에 없습니다.

김 공산주의 붕괴로 민족주의의 망령이 되살아난 것 같습니다. 21세

408

기에 민족주의가 기세를 올릴 것 같습니까.

바이츠제커 민족이 위험한 민족주의로 전락한 것은 19세기 말입니다. 1차대전을 통해 유럽 사람들은 민족주의가 자기파괴적이라는 걸 깨달았습니다. 그러나 민족국가를 초월한 통합의 운동이 시작된 것은 2차대전이라는 엄청난 수업료를 치르고 난 뒤였습니다. 지금은 서서히 유럽에서 국가이성(제나라의 이익을 최우선으로 하는 국가의 기본준칙)이라는 생각이 받아들여지지 않고 있어요. 국가이성을 민족국가 차원에서 정의할 수 없게 돼갑니다. 독일은 통일된 후 놀라울 정도로 민족감정을 드러내지 않았어요. 21세기에 민족주의의 부활을 걱정하는 것은 근거가 없다고 봅니다.

김 민족국가는 20세기에 많은 재앙을 가져왔습니다. 세계화시대에 민족은 부정(否定)하고 극복하고 포기해야 하는 겁니까.

바이츠제커 민족은 극복할 수 없어요. 세계화된 세계라고 해서 국가(Nation)의 역할이 끝난 것도 아닙니다. 지금 유럽은 국가가 행사하던 기능을 초국가적인 조직에 위임하려고 하는데 부분적으로라도 주권의 포기를 환영할 국민이 없습니다. 그들은 따뜻하고 아늑한 고향에 내린 뿌리를 뽑으려 하지 않아요. 그러나 유럽 같은 작은 대륙에서는 경제·기술·환경·안보 등의 문제를 각각의 국가 단독으로 해결하기는 어렵게 됐어요. 위성방송과 자본은 국경을 자유로이 넘나듭니다. 초국가적인 공통의 경제와 안보정책이 성공하기 위해서도 민족이 갖는 문화·정서적 가치는 지켜야 해요.

김 존경받는 대통령, 총리, 정치가의 조건은 무엇입니까.

바이츠제커　역사에 대한 감각과 흥미를 가져야 합니다. 과거에 대한 지식과 책임감이 중요해요.

김　좋은 말씀 감사합니다.

| 참고문헌 |

한국

김동명『독일 통일, 그리고 한반도의 선택』, 한울 2010.

김영희『페레스토로이카 소련기행』, 나남신서 1990.

염돈재『독일 통일의 과정과 교훈』, 평화문제연구소 2010.

올리버 클로스「독일 통일 과정에서 동독 권력 엘리트의 처신」, 한독사
　　회학회 엮음『독일 통일과 동독 권력 엘리트』, 한울 2011.

통일부『독일 통일 총서』군사 분야, 통일부 2013.

한독사회학회 엮음『독일 통일과 동독 권력 엘리트』, 한울 2011.

미국·유럽

Adenauer, Konrad. *Erinnerunge 1953-55*. Stuttgart: Deutsche Verlags-
　　Anstalt DVA 1966.

Aganbegyan, Abel. *Inside Perestroika: The Future of the Soviet Economy*.
　　New York: HarperCollins 1989.

Ash, Timothy Garten. *In Europe's Name*. New York: Vintage Books 1993.

_____. *The Polish Revolution: Solidarity*. New Haven, CT: Yale University Press 2002.

Bahr, Egon. *Ostwärts und nichts vergessen!: Kooperation statt Konfrontation*. Hamburg: VSA 2012.

_____. *Zu meiner Zeit*. München: Karl Blessing Verlag 1996.

_____. *Erinnerungen an Willy Brandt*. München: F. A. Herbig 2013.

_____. *Sicherheit für und vor Deutschland: Vom Wandel durch Annäherung zur Europäischen Sicherheitsgemeinschaft*. München: Carl Hanser Verlag GmbH & Co. 1991.

Baring, Arnulf. *Machtwechsel: die Ära Brandt–Scheel*. Stuttgart: Deutsche Verlags-Anstalt DVA 1982.

Brandt, Willy. *Begegnungen und Einsichten*. Hamburg: Hoffmann und Campe 1976.

_____. *Erinnerungen*. Frankfurt am Main: Propyläen 1989.

Calleo, David. *The German Problem Reconsidered: Germany and the World Order 1870 to the Present*. Cambridge, Eng.: Cambridge University Press 1978.

Campbell, Edwina S. *Germany's Past & Europe's Future*. Washington D.C.: Pergamon-Brassey's 1989.

De Gaulle, Charles. *Memoirs of Hope: Renewal and Endeavour*. New York: Simon&Schuster 1972.

Falin, Valentin. *Politische Erinnerungen*. München: Droemer Knaur 1993.

Geiss, Imanuel. "The Dilemmas of New Germany since Unification, 1989~1990." ed. Klaus Larres and Panikos Panayi. *The Federal Re-*

public of Germany since 1949. London: LONGMAN 1996.

Gorbachev, Mikhail. *Memoirs.* New York: Doubleday 1996.

_____. *Perestroika, 1987.* New York: HarperCollins 1987.

Hacker, Jens. *Deutsche Irrtümer.* Berlin: Ullstein 1992.

Hofmann, Arne. *The Emergence of detente in Europe: Brandt, Kennedy and the Formation of Ostpolitik.* London & New York: Routledge 2007.

Keohane, Robert O., Joseph S. Nye, and Stanley Hoffmann ed. *After the Cold War: International Institutions and State Strategies in Europe, 1989-1991.* Cambridge, MA: Center for International Affairs 1993.

Kissinger, Henry. *White House Years.* Boston: Little, Brown and Company 1979.

Klein, Hans. *Es begann im Kaukasus.* Berlin: Ullstein 1991.

Kohl, Helmut. *Ich Wollte Deutschlands Einheit.* Frankfurt am Main: Propyläen 1996.

Larres, Klaus and Panikos Panayi ed. *The Federal Republic of Germany since 1949.* London: LONGMAN 1996.

Logevall, Fredrik and Andrew Preston ed. *Nixon in the World: American Foreign Relations, 1969-1977.* New York: Oxford University Press 2008.

Maresca, John. *To Helsinki: The Conference on Security and Cooperation in Europe, 1973-1975.* Durham: Duke University Press 1985.

Meyer, Arnold Oskar. *Bismarck's Glaube: nach neuen Quellen aus dem Familienarchiv.* München: C. H. Beck 1933.

Morgan, Michael Cotey "The United States and the Making of the Helsinki Final Act." ed. Fredrik Logevall and Andrew Preston. *Nixon in the World: American Foreign Relations, 1969-1977*. New York: Oxford University Press 2008.

O'Sullivan, John. *The President, the Pope, and the Prime Minister*. Washington, D.C.: Regnery History 2005.

Sarotte, Mary Elise. *Dealing with the Devil: East Germany, Détente, and Ostpolitik, 1969-1973*. Chapel Hill, N.C.: The University of North Carolina Press 2001.

_____. "The Frailties of Grand Strategies: A Comparison of Détente and Ostpolitik." ed. Fredrik Logevall and Andrew Preston. *Nixon in the World: American Foreign Relations, 1969-1977*. New York: Oxford University Press 2008.

Scharz, Hans-peter. *Adenauer, Der Staatsmann 1952-1967*. Stuttgart: Deutsche Verlags-Anstalt DVA 1991.

Schmidt-Häuer, Christian. *Gorbachev: The Path to Power*. London: I.B.Tauris 1986.

Sebestyen, Victor. *Revolution 1989: The Fall of the Soviet Empire*. New York: Vintage 2009.

Serfaty, Simon. *France, De Gaulle and Europe: The Policy of the Fourth and Fifth Republics toward the Continent*. Baltimore: The Johns Hopkins University Press 1968.

Teltschik, Horst. *329 Tage: Innenansichten der Einigung*. Berlin: Siedler Verlag 1991.

Thatcher, Margaret. *The Downing Street years*. New York: HarperCollins

414

1993.

Thomas, Daniel C. *The Helsinki Effect*. Princeton and Oxford: Princeton
University Press 2001.

Vogtmeier, Andreas. *Egon Bahr und die deutsche Frage*. Bonn: Dietz 1996.

Weigel, George. *The Final Revolution*. New York: Oxford University Press
1992.

Wjatscheslaw Keworkow. *Der geheime Kanal: Moskau, der KGB und die
Bonner Ostpolitik*. Mit einem Nachwort von Egon Bahr. Reinbek:
Rowohlt Verlag 1995.

Wolf, Christa. *Was bleibt*. Berlin: Aufbau Verlag 1990.

Zeliko, Philip and Condoleezza Rice. *Germany Unified and Europe Trans-
formed: A Study in Statecraft*. Reprint edition. Cambridge, MA:
Harvard University Press 1997.

일본

妹尾哲志『戰後西ドイツ外交の分水嶺』, 晃洋書房 2011.

阿部謹也『物語近代ドイツの歴史』, 中央公論新社 2013.

若尾祐司·井上茂子『近代ドイツの歴史』, Minerva書房 2005.

永井淸彦·關口宏道『ドイツ現代史を演說で讀む』, 白水社 1994.

羽場久美子『EU(歐洲連合)を知るための63章』, 明石書店 2013.

原田溥『統合ドイツの文化と社會』, 九州大學出版會 1996.

板橋拓己『アデナウアー』, 中央公論新社 2014.

Arthur, Conte, 山口俊章 譯『Yalta, ou le partage du monde』, サイマル出
版會 1964.

420

베를린장벽의 서사
독일 통일을 다시 본다

초판 1쇄 발행 / 2016년 6월 10일

지은이 / 김영희
펴낸이 / 강일우
책임편집 / 박대우
조판 / 박아경
펴낸곳 / (주)창비
등록 / 1986년 8월 5일 제85호
주소 / 10881 경기도 파주시 회동길 184
전화 / 031-955-3333
팩시밀리 / 영업 031-955-3399 편집 031-955-3400
홈페이지 / www.changbi.com
전자우편 / human@changbi.com